Klippert · Pädagogische Schulentwicklung

Heinz Klippert

Pädagogische Schulentwicklung

Planungs- und Arbeitshilfen zur Förderung
einer neuen Lernkultur

Beltz Verlag · Weinheim und Basel

Dr. *Heinz Klippert,* Jg. 1948, Diplom-Ökonom; Lehrerausbildung und Lehrertätigkeit in Hessen; seit 1977 Dozent am Lehrerfortbildungsinstitut der evangelischen Kirchen in Rheinland-Pfalz (EFWI) mit Sitz in Landau. Zahlreiche Veröffentlichungen zum Arbeitsfeld »Schulentwicklung« sowie zum Methodentraining, Kommunikationstraining und zur Teamentwicklung. Trainer, Berater und Ausbilder in Sachen »Pädagogische Schulentwicklung«.

Alle Rechte, insbesondere das Recht der Vervielfältigung und Verbreitung sowie der Übersetzung, vorbehalten. Kein Teil des Werkes darf in irgendeiner Form (durch Fotokopie, Mikrofilm oder ein anderes Verfahren) ohne schriftliche Genehmigung des Verlages reproduziert oder unter Verwendung elektronischer Systeme verarbeitet, vervielfältigt oder verbreitet werden.

Besuchen Sie uns im Internet
http://www.beltz.de

Gesetzt nach den neuen Rechtschreibregeln
Lektorat: Peter E. Kalb

© 2000 Beltz Verlag · Weinheim und Basel
Herstellung: Klaus Kaltenberg
Satz: Satz- und Reprotechnik GmbH, Hemsbach
Druck: Druckhaus Beltz, Hemsbach
Umschlaggestaltung: Federico Luci, Köln
Umschlagabbildung: Tina Kolm, Haßloch
Printed in Germany

ISBN 3-407-62405-0

Inhaltsverzeichnis

Vorwort 9

Einleitung 12

I. Für die Zukunft lernen – oder: Neue Lernformen tun Not!

1. Am deutschen Bildungswesen scheiden sich die Geister 20
2. Mit Tests und Vorschriften lässt sich wenig bewirken! 26
3. Neue Formen des Lehrens und Lernens als Perspektive 31
4. Das »Neue Lernen« im Lichte der Lernforschung 37
5. Das neue Haus des Lernens im Überblick 42

II. Die wichtigsten Eckpunkte der Pädagogischen Schulentwicklung

1. Im Zentrum steht die Unterrichtsreform 46
2. Die Kernziele des PSE-Programms 50
3. Methodentraining als Basisstrategie 56
4. Systematisches Innovationsmanagement 59
5. Innovationszentrierte Teamentwicklung 68
6. Maßnahmen zur Integration der Skeptiker 72
7. Einbindung der pädagogischen Führungskräfte 76
8. Gezielte Eltern- und Öffentlichkeitsarbeit 80
9. Externe Innovationsexperten als Trainer und Berater 84
10. Flankierende Innovationen in den Studienseminaren 89
11. Netzwerkbildung und Netzwerkpflege in der Region 94

III. Einschlägige Qualifizierungsmaßnahmen an der Einzelschule

1. Das Qualifizierungsprogramm im Überblick 100
2. Teilnahme an externen »Schnuppertagungen« 104
3. Einführender Studientag fürs Gesamtkollegium 108
4. Trainingsseminare für wechselnde Schulteams 112

5. Trainingsseminare für eine größere Kerngruppe. 118
6. Teamklausurtage auf Klassen- und Fachebene 126
7. Gezielte Teambesprechungen und Hospitationen. 132
8. Schulinterne Supervision und Evaluation 137

IV. Flankierende Rahmenbedingungen und Regelungen

1. Die Schulleitung als Unterstützungsinstanz 142
2. Sensibilisierung der Elternschaft 147
3. Teamorientierte Personalentwicklung 152
4. Veränderte Stunden- und Stoffpläne 157
5. Innovationsfördernde Klassenraumgestaltung 163
6. Veränderte Leistungsmessung und -beurteilung 168

V. Die Umsetzung der Trainingsprogramme im Unterricht

1. Eigenverantwortliches Arbeiten und Lernen 174
   1.1 Überblick über das EVA-Programm 174
   1.2 Warum EVA-Methoden wichtig sind 180
   1.3 EVA konkret: Vorstellung einer Lernspirale 186
2. Methodentraining mit SchülerInnen 192
   2.1 Überblick über das Trainingskonzept 192
   2.2 Gezieltes Methodentraining lohnt sich 198
   2.3 Einige bewährte Trainingsspiralen 203
   2.4 Tipps zur fachbezogenen Methodenpflege 208
3. Kommunikationstraining mit SchülerInnen 212
   3.1 Überblick über das Trainingskonzept 212
   3.2 Gezieltes Kommunikationstraining lohnt sich 217
   3.3 Gestaltungsvorschlag für eine Trainingswoche 221
   3.4 Anregungen zur Kommunikationspflege 224
4. Teamentwicklung im Klassenraum 229
   4.1 Überblick über das Trainingskonzept 229
   4.2 Gezielte Teamentwicklung lohnt sich 234
   4.3 Gestaltungsvorschlag für eine Trainingswoche 238
   4.4 Praktische Tipps für die »TrainerInnen« 242
   4.5 Teamarbeit konkret: Einige Beispiele 245
5. Korrespondierende Lehr- und Lernhilfen 248

VI. Rückmeldungen aus verschiedenen »Versuchsschulen«

1. Zur Anlage der Befragungsaktion.................... 252
2. Die Gesamtbilanz ist eindeutig positiv!............. 262
3. Was die Lehrkräfte als positiv bilanzieren......... 268
4. Bemerkenswerte Erfolge im Unterricht............. 273
5. Gute Noten für das Unterstützungssystem........ 278
6. Problemanzeigen und strategische Anregungen.. 284
7. Das Fazit der befragten PSE-Verantwortlichen... 287
8. Nachgefragt: Interview mit einem Schulleiter..... 292

VII. Bildungspolitische Schlussfolgerungen und Anregungen

1. Neuorientierung der Lehrerausbildung............. 298
2. Neuorientierung der Lehrerfortbildung............. 303
3. Aufbau überzeugender Trainer-Systeme........... 307
4. Mehr Gestaltungsspielräume für die Schulen..... 310
5. Förderung regionaler Bildungsnetzwerke.......... 313
6. Fazit: Ohne Investition keine Innovation!.......... 317

Literaturverzeichnis.................................... 319

Ein Dankeschön
an alle Mitstreiterinnen und Mitstreiter,
die durch ihre Erprobung des vorliegenden
PSE-Programms mit dazu beigetragen haben,
dass ein gangbarer Weg durch das
Labyrinth der Schulentwicklung
gefunden wurde.

Vorwort

Schulentwicklung tut Not. Darin sind sich Bildungspolitiker, Schulforscher, Lehrplanmacher, Lehrkräfte, Elternvertreter, Wirtschaftsvertreter und nicht zuletzt die unmittelbar betroffenen Schülerinnen und Schüler weithin einig. Beklagt und angemahnt wird vieles: Die SchülerInnen monieren den langweiligen Unterricht und reagieren auf die Lehr-/Lernangebote ihrer Lehrkräfte mit zunehmendem Desinteresse und wachsender Disziplinlosigkeit. Die Betriebe vermissen die konsequente Vermittlung zukunftsgerechter »Schlüsselqualifikationen« wie Selbstständigkeit, Problemlösungsvermögen, Organisationsfähigkeit, Methodenbeherrschung, Kommunikationsfähigkeit und Teamkompetenz. Internationale Vergleichsstudien bescheinigen den Absolventen bundesdeutscher Schulen ein eher mäßiges Niveau und ihren Lehrkräften ein deutlich veraltetes Methodenrepertoire. Besorgte Eltern sehen angesichts dieser Defizite die Studien- und Berufschancen ihrer Kinder bedrohlich schwinden und fordern daher von Bildungspolitikern wie von Lehrern eine zeitgemäßere Unterrichtsarbeit. Die verantwortlichen Bildungspolitiker schließlich plädieren angesichts dieser Krisenstimmung und -symptome für mehr Schulautonomie, für zukunftsgerechtere Schulprogramme und Schulprofile sowie für eine konsequentere Qualitätssicherung und Evaluation. Und die Lehrer selbst? Sie beklagen mit wachsendem Unmut die ständig schlechter werdenden Rahmenbedingungen in den Schulen und fühlen sich angesichts der vielfältigen neuen Anforderungen und Herausforderungen, die von außen an sie gestellt werden, in hohem Maße verunsichert und vielfach auch überlastet.

Die Notwendigkeit wirksamer Schulentwicklung ist also unstrittig. Die Frage ist nur, wie und wo anzusetzen ist. Die zurückliegende Schulentwicklungsarbeit hat sehr stark auf systemische Betrachtungsweisen und umfassende Prozesse der Organisationsentwicklung abgestellt. Dieser Ansatz hat das Manko, dass er ausgesprochen zeit- und arbeitsaufwendig ist und eine relativ abstrakte und vielschichtige Auseinandersetzung mit dem System Schule nach sich zieht, die das alltägliche Unterrichtsgeschäft erfahrungsgemäß kaum erreicht und von daher für den »normalen Lehrer« nur wenig abwirft. Der hier vertretene Ansatz der »Pädagogischen Schulentwicklung« setzt anders an. Er konzentriert sich dezidiert auf den Unterricht und stellt die systematische Kultivierung neuer Lernformen in den Mittelpunkt der Schulentwicklung, und zwar mit einer doppelten Zielsetzung: Zum einen sollen den SchülerInnen zeitgemäßere »Schlüsselqualifikationen« vermittelt werden und zum anderen sollen die verantwortlichen Lehrkräfte mittels der neuen Lehr-/Lernkultur ein Mehr an Entlastung und Berufszufriedenheit erfahren. Dazu werden ihnen vielfältige Unterstützungs- und Beratungsangebote unterbreitet. Wie dieses Unterstützungssystem im Einzelnen aussieht und welche Überlegungen und Maßnahmen sich damit verbinden, wird im vorliegenden Buch ausführlich dargestellt und anhand bewährter Fahrpläne und Qualifizierungsstrategien eingehend konkretisiert.

Gestützt sind die nachfolgenden Ausführungen auf mehrjährige Erfahrungen, die ich im Rahmen meiner Schulentwicklungsarbeit in den kommunalen Schulsystemen in München, Nürnberg und Wien, im Flächenland Steiermark (Österreich), in verschiedenen deutschen Auslandsschulen, in zahlreichen »Versuchsschulen« in Rheinland-Pfalz sowie im Rahmen des Modellversuchs »Schule & Co« in den Regionen Herford und Leverkusen in Nordrhein-Westfalen sammeln konnte. Beteiligt sind an diesem letztgenannten Modellversuch mehr als 50 Schulen und 11 Studienseminare, die sich Pädagogische Schulentwicklung auf ihre Fahnen geschrieben haben und diesbezüglich Unterstützung und Beratung erhalten. Die Resonanz ist ausgesprochen positiv, sodass sich das Land Nordrhein-Westfalen inzwischen bereits darauf festgelegt hat, das in diesem Buch skizzierte Qualifizierungs- und Innovationsprogramm zu einem Schwerpunkt der landesweiten Schulentwicklungsarbeit zu machen. Die Ausbildung entsprechender Trainer und Moderatoren ist im April 1999 angelaufen. Auch Berlin, Niederösterreich und Tirol sind dabei, das PSE-Programm zu implementieren und ihren Schulen entsprechende Angebote zu unterbreiten.

Der ausgeprägte Erfolg des PSE-Konzepts in den letzten Jahren hat zum einen ganz sicher damit zu tun, dass vor dem Hintergrund von TIMSS und anderen Studien recht dramatisch deutlich geworden ist, dass die Verbesserung des Unterrichts zum Knotenpunkt der Schulentwicklung werden muss. Zum Zweiten ist dieser Erfolg aber ebenso fraglos darauf zurückzuführen, dass die Konzentration der Schulentwicklung auf praktische Fragen der Unterrichtsreform und des systematischen Methodentrainings vielen Lehrkräften Mut macht und neue Perspektiven dergestalt eröffnet, dass sich die alltäglichen Probleme und Belastungen im Unterricht relativ wirksam abbauen lassen, ohne dass dadurch unzumutbare Mehrbelastungen entstehen müssen. Genährt wird dieser pädagogische Optimismus durch die zum PSE-Programm gehörenden Unterstützungsangebote (Trainingshandbücher, gezielte Fortbildung, einschlägige Beratung etc.).

Natürlich habe ich die Entwicklung des PSE-Programms nicht ohne inspirierende Gesprächspartner und Wegbegleiter bewerkstelligen können. Ein erster und entscheidender Glücksfall war für mich die mehrjährige Zusammenarbeit mit Dietmar Gschrey, dem Leiter des Pädagogischen Instituts der Stadt München, der mir in den Jahren 1992ff. die Möglichkeit eröffnete, im kommunalen Schulwesen der Stadt München meine mehr oder weniger ausgegorenen Vorstellungen von Pädagogischer Schulentwicklung praktisch zu erproben und gezielt weiterzuentwickeln. Dietmar Geschrey hat mir in unzähligen Gesprächen durch sein unermüdliches Nachfragen, seine unkonventionellen Ideen und seinen strategischen Weitblick vielfältige Anregungen gegeben, von denen ich bis heute zehre. Dank sagen möchte ich ferner Dr. Wolfgang Eckart vom Pädagogischen Institut der Stadt Nürnberg sowie Direktor Paul Kral vom Pädagogischen Institut der Stadt Wien, die mir im Anschluss an meine Münchner Phase abermals Gelegenheit gaben, mein inzwischen deutlich gereiftes PSE-Programm erneut zu erproben und zu verfeinern. Auch ihnen habe ich so manches klärende Gespräch zu verdanken. Und danken möchte ich last but not least Wilfried Lohre, dem Leiter des Modellversuchs »Schule & Co« in Nordrhein Westfalen, in dessen Mittelpunkt mein Konzept der Pädagogischen Schulentwicklung steht. Mit seiner Tatkraft und seinem strategischen Denken und Handeln war und ist er für mich bis heute gleichermaßen Ansporn wie Herausforderung, das PSE-Programm immer weiter auszudifferenzieren und möglichst praktikable Wege zu seiner systematischen Umsetzung in einem großen Flächenland wie Nordrhein-Westfalen zu suchen und zu finden.

Einleitung

Das Thema Schulentwicklung ist »in«. Das lässt sich aus bildungspolitischen Verlautbarungen genauso ablesen wie aus einer Vielzahl von Publikationen, die in den letzten Jahren zum Komplex Schulentwicklung erschienen sind (Dalin/Rolff 1990; Regenthal 1992; Philipp 1992; Bildungskommission NRW 1995; Keller 1997; Schubert 1998; Eikenbusch 1998; Schratz/Steiner-Löffler 1998; Rolff u.a. 1998; Bastian 1998). Die darin vorgestellten Ansprüche und Konzepte stellen über weite Strecken auf das Gesamtsystem Schule sowie auf schulinterne Reflexionen und Veränderungen nach dem Prinzip der »Selbsterneuerung« ab. Das heißt, den Kollegien wird nahe gelegt, sich in eigener Regie auf den Weg zu machen und die bestehenden Herausforderungen und Probleme in der Schule zu lösen. Da ist die Rede von Selbstorganisation und Schulautonomie, von Budgetierung und Evaluation, von Schulprogrammen und Schulprofilen, von Qualitätssicherung und Qualitätsmanagement, von Organisationsentwicklung und Lernender Schule, von Personalentwicklung und Corporate Identity. Diesen und anderen Schlagworten ist eines gemeinsam: Sie werden von vielen Akteuren in den Schulen als eher abgehoben, praxisfern und in gewisser Weise auch bedrohlich wahrgenommen. Bedrohlich deshalb, weil viel gefordert, aber wenig konkrete Unterstützung angeboten wird. Kein Wunder also, dass sich viele Lehrkräfte höchst skeptisch und/oder irritiert zeigen, wenn ihnen Schulentwicklung im obigen Sinne nahe gelegt wird, haben sie doch den nicht ganz unbegründeten Verdacht, dass die ganze Schulentwicklungseuphorie am Ende doch wieder nur in aufwendige Arbeitsbeschaffungsprogramme einmündet, die für die Bewältigung des Schul- und Unterrichtsalltags wenig bringen.

Dass dieser Verdacht durchaus seine Berechtigung hat, lässt sich aus der Schulentwicklungspraxis der letzten Jahre ersehen, die durch ein hohes Maß an Unterrichtsferne gekennzeichnet war und ist. Das unterrichtliche Kerngeschäft spielt bis dato bestenfalls am Rande eine Rolle. Im Vordergrund stehen stattdessen offene schulinterne Diagnose-, Reflexions- und Planungsprozesse, die mit dem in Abbildung 1 (S. 14) skizzierten »Systembezogenen Ansatz« korrespondieren. Beleuchtet, reflektiert und innoviert werden soll das System Schule als Ganzes. Angestrebt wird Organisationsentwicklung (OE) in einem sehr weiten Sinne des Wortes – unter besonderer Berücksichtigung der Arbeitsstrukturen, Arbeitsprozesse und Interaktionsbeziehungen in der jeweiligen Einzelschule. OE-Prozesse in diesem Sinne sind grundsätzlich langfristig angelegt und setzen auf das bereits erwähnte Prinzip der Selbsterneuerung. Als Motor der Schulentwicklung gilt das jeweilige Kollegium, das in einem offenen, planmäßigen, zielorientierten, kooperativen und langfristigen Veränderungsprozess die Schule umgestalten soll (vgl. Rolff 1993, S. 153). Zur Disposition steht dabei grundsätzlich alles. »OE integriert Analyse-, Entscheidungs-, psychosoziale und inhaltliche Lernprozesse.« (Rolff 1995, S. 18).

Entsprechend zeit- und arbeitsaufwendig sind die betreffenden OE-Prozesse. Da werden Befragungen durchgeführt und umfangreiche Daten gesammelt. Da werden Daten ausgewertet und Entscheidungen angebahnt. Da werden Ziele diskutiert und Ziele vereinbart. Da werden Leitbilder entwickelt und Programme aufgestellt. Da werden Arbeitsgruppen gebildet und Arbeitsprozesse geplant. Da werden konkrete Vorhaben implementiert und Datenfeedbacks organisiert. Da werden Kontroversen ausgetragen und Kommunikationsstörungen thematisiert. Da werden Probleme verhandelt und Konflikte aufgearbeitet. Da werden Steuergruppen gebildet und Rechenschaftsberichte angefertigt etc. Kurzum: die Konferenz- und Arbeitsbelastung während dieser OE-Prozesse erreicht rasch ein Ausmaß, das viele gutwillige Lehrkräfte abschreckt. OE in diesem Sinne gleicht vielfach harter Sisyphusarbeit und ist daher nur sehr begrenzt geeignet, Kollegien in der Breite zu mobilisieren und zu einschlägigen Innovationen im unterrichtlichen wie im gesamtschulischen Bereich zu veranlassen.

Unstrittig ist, dass der skizzierte OE-Ansatz in sich stringent ist und auch von seinem Menschenbild her Zustimmung verdient. Ein mündiges Kollegium, das engagiert, kreativ und selbstbestimmt die Gestaltung der Einzelschule in die Hand nimmt, bestehende Probleme selbstkritisch aufdeckt und konstruktiv löst, zukunftsgerichtete Schulprogramme und Schulprofile entwickelt, für die nötige Evaluation und Qualitätssicherung sorgt und bei alledem auch noch eine nachhaltige »Corporate Identity« entwickelt – das ist ganz sicher eine ehrenwerte Option und ohne Frage auch der Wunsch eines jeden Schulreformers. Nur zeigt sich in der Praxis, dass die Zahl der Kollegien, die sich mehrheitlich darauf einlassen, derart umfängliche und belastende Schulentwicklungsprogramme in Angriff zu nehmen, recht gering ist. Am ehesten sind dafür noch jene Kollegien zu gewinnen, denen das Wasser buchstäblich bis zum Hals steht und die daher die Flucht nach vorne antreten (müssen). Und was ist mit den anderen? Sie haben ganz fraglos ebenfalls Innovationsbedarf. Nur wünschen sie in aller Regel, dass kleinere Brötchen gebacken und möglichst konkrete Hilfen für die bessere Bewältigung des Schulalltags geliefert werden. Das ist zumindest die Erfahrung, die der Verfasser in seiner langjährigen SCHILF- und Schulentwicklungsarbeit gesammelt hat. Man mag diesen Pragmatismus bedauern oder auch kritisieren. Am Faktum der begrenzten Belastbarkeit, Risikobereitschaft und der kurzfristigen Erfolgserwartung der meisten Lehrkräfte kommt man indes nicht vorbei.

Das gilt keinesfalls nur für die erklärten Bremser und Querulanten in den Kollegien, sondern auch und nicht zuletzt für die grundsätzlich gutwilligen Lehrkräfte im »Mittelfeld« dieser Kollegien, die leicht 50 und mehr Prozent der Lehrerschaft einer Schule ausmachen. Dieses »Mittelfeld« lässt sich erfahrungsgemäß auf Innovationsprozesse nur dann ein, wenn sie überschaubar sind, nicht zu viel Arbeit machen und möglichst bald greifbare Erfolgserlebnisse und Entlastungsperspektiven im alltägli-

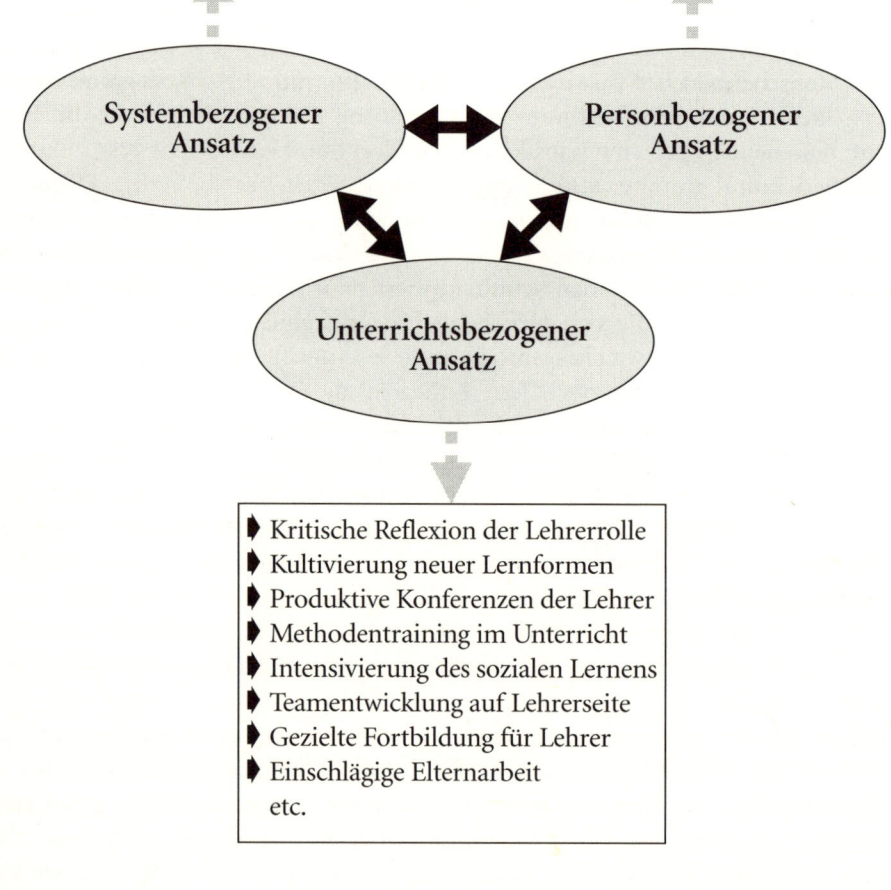

Abb. 01

chen Unterrichtsbetrieb versprechen. Und da die konstruktive Mitarbeit dieses »Mittelfeldes« eine entscheidende Voraussetzung dafür ist, dass Schulentwicklung nachhaltig in Gang kommen kann, müssen vielerorts ganz erhebliche Abstriche vom skizzierten OE-Konzept gemacht werden. Daraus ergeben sich folgende Überlegungen und Konsequenzen:

- Schulentwicklung muss dort ansetzen, wo das Gros der Lehrkräfte Probleme hat und nachhaltigen Innovationsbedarf signalisiert.
- Schulentwicklungsprozesse müssen überschaubar sein und dem Gros der Lehrkräfte das Gefühl vermitteln, »das packen wir«.
- Schulentwicklung braucht unterstützende Rahmenbedingungen, die Mut machen und wirksames innovatives Handeln gewährleisten.
- Schulentwicklung setzt voraus, dass sich die schulischen Akteure bereit und in der Lage sehen, Neues zu versuchen. Und das verlangt einschlägige Fortbildung.
- Schulentwicklung muss so angelegt sein, dass sie rasch zu greifbaren Erfolgserlebnissen auf Lehrer- wie auf Schülerseite führt.
- Schulentwicklung muss die aktuelle Unterrichtskritik reflektieren und einen überzeugenden Beitrag zur Effektivierung der schulischen Bildungsarbeit leisten.

Dies alles spricht dafür, den Unterricht ins Zentrum der Schulentwicklung zu stellen. Der Unterricht ist nicht nur der Kernbereich der Lehrertätigkeit, sondern er stellt auch und zugleich ein äußerst virulentes Problemfeld dar, das viele Lehrkräfte verunsichert, belastet und nach neuen Formen des Lehrens und Lernens fragen und suchen lässt. So gesehen hat Johannes Bastian zweifellos recht, wenn er konstatiert: »Alle Bemühungen um Schulentwicklung bleiben hohl, wenn sie den Unterricht nicht erreichen.« (Bastian 1997, S. 6). Ganz ähnlich argumentiert Hilbert Meyer, wenn er darauf hinweist, dass Schulentwicklung schließlich kein Selbstzweck sei. Ihre einzige Legitimation liege darin, das Lehren, Lernen und Leben in der Schule humaner und erfolgreicher zu machen (vgl. Meyer 1997, S. 47). Und deshalb müsse der erste Schritt zur Schulreform die Erneuerung der Unterrichts- und Methodenkultur im Schulalltag sein (vgl. ebenda, S. 159). Auch in anderen aktuellen Publikationen zum Thema Schulentwicklung wird mittlerweile der zentrale Stellenwert der Unterrichtsentwicklung herausgestellt (vgl. Schratz/Steiner-Löffler 1998, S. 41; Rolff u.a. 1998, S. 14; Eikenbusch 1998, S. 43). Dieser Akzentsetzung kann hier nur zugestimmt werden, da es im unterrichtlichen Bereich in der Tat eine Menge zu verändern und zu verbessern gilt, was im besten Sinne des Wortes zukunftsgerichtete und zukunftsgerechte Schulentwicklung ist.

Ausgeprägter Innovationsbedarf besteht seit Jahren auf dem Gebiet der Unterrichtsmethodik. Angesagt sind Offener Unterricht, Freiarbeit, Wochenplanarbeit, Stationenarbeit, Projektarbeit und andere Formen des eigenverantwortlichen Arbeitens und Lernens der SchülerInnen, ohne dass die amtierenden Lehrkräfte mit diesen Methoden hinreichend vertraut sind. Angesagt sind ferner gezielte Maßnahmen zur Vermittlung elementarer »Schlüsselqualifikationen« im methodischen, im sozialen und im kommunikativen Bereich, die insbesondere vonseiten der Wirtschaft betont und gefordert werden. Auch diesbezüglich beklagen viele Lehrkräfte beträchtliche Defizite und Unsicherheiten. Denn die Lehrerrolle, die sie traditionell gelernt haben, war eine andere: Sie haben während ihrer Ausbildung in erster Linie gelernt zu lehren und den obligatorischen Stoff geschickt und umfassend durchzunehmen, weniger aber offene Lernprozesse zu moderieren und die SchülerInnen zum selbstständigen Arbeiten und Lösen von Problemen in Teams zu befähigen. Gerade auf diese letztere Aufgabe der Moderation und Organisation selbstgesteuerter Lernprozesse aber kommt es mittlerweile immer stärker an.

Baden-Württembergs Kultusministerin Annette Schavan hat vor diesem Hintergrund die Forderung erhoben, die Schule müsse wegkommen von der traditionellen »Belehrungskultur« und sich möglichst konsequent darum bemühen, eine moderne »Lernkultur« aufzubauen und zu pflegen (vgl. STERN 23/1998, S. 20). Anstatt noch länger über Strukturen und Formen zu philosophieren, so Schavan, müsse ins Zentrum der Bildungspolitik endlich wieder die Unterrichtsqualität gerückt werden. Nur, so richtig diese programmatische Aussage auch ist, sie lässt völlig im Dunkeln, wie diese angepeilte Lernkultur erreicht und die besagte Unterrichtsqualität sichergestellt werden soll und kann. Ohne Unterstützungssysteme und nachdrückliche Fortbildung der Lehrerschaft ist erfahrungsgemäß nicht viel zu erreichen. Zwar gibt es in jeder Schule einige Lehrkräfte, die längst auf dem Weg sind, zeitgemäßere Formen des Lehrens und Lernens zu entwickeln und im Unterricht umzusetzen. Aber das gilt keinesfalls in der Breite. In der Breite ist in den meisten Kollegien noch viel Überzeugungs- und Reformarbeit zu leisten, wenn die angemahnte neue Lernkultur wirksam angebahnt und realisiert werden soll.

Die zentrale Bedeutung des Innovationsfeldes Unterricht lässt sich allerdings nicht nur von den gewandelten Qualifikationsanforderungen in Wirtschaft und Gesellschaft her begründen, sondern sie wird von vielen Lehrkräften auch ganz subjektiv eingestanden und betont. Der »Leidensdruck« in Deutschlands Schulen ist groß. Die Belastungen, denen die Lehrerinnen und Lehrer im alltäglichen Unterricht ausgesetzt sind, haben inzwischen ein Ausmaß erreicht, das unverkennbar nach Veränderung und Entlastung verlangt. Da die traditionellen Lehrmethoden bei den SchülerInnen immer weniger ankommen und den differenzierten Bedingungen und Erwartungen in den Klassen immer weniger gerecht werden, wächst die Bereitschaft zur Um- und Neuorientierung der Unterrichtsarbeit. Das zeigt nicht zuletzt der Run auf die vom Verfasser angebotenen Methodentagungen. Die Bereitschaft, neue Methoden zu praktizieren und die SchülerInnen vielschichtiger und konsequenter als bisher zu fordern und zu fördern, ist in den meisten Kollegien recht verbreitet vorhanden – nicht zuletzt deshalb, weil viele Lehrkräfte darin den Schlüssel für mehr Lernerfolg, spürbare Entlastung und größere Berufszufriedenheit sehen.

Von daher ist die Kultivierung neuer Lehr- und Lernformen, wie sie im Weiteren konkretisiert werden wird, ein durchaus tragfähiger Knotenpunkt einer Erfolg versprechenden Schulentwicklung. Diese unterrichts- und methodenzentrierte Schulentwicklungsarbeit wird hier *Pädagogische Schulentwicklung* genannt. Sie ist überschaubar, setzt bei den realen Problemen und Belastungen der Lehrkräfte im Unterricht an, lässt sich mit begrenztem Zeit- und Arbeitsaufwand realisieren, bringt relativ rasch spürbare Erfolge und Verbesserungen und begünstigt durch die vielfältigen Formen der Teamarbeit im Zuge des pädagogischen Innovationsprozesses nicht zuletzt den Teamgeist im jeweiligen Kollegium. Diese und andere Besonderheiten erklären die positive Resonanz, die das Programm der Pädagogischen Schulentwicklung in den letzten Jahren in vielen Schulen, Regionen und (Bundes-)Ländern gefunden hat (siehe Vorwort).

Dreh- und Angelpunkt der angestrebten neuen Lehr-/Lernkultur ist das Eigenverantwortliche Arbeiten und Lernen der SchülerInnen – kurz »EVA« genannt. Diesen EVA-Unterricht verstärkt zu praktizieren und die SchülerInnen diesbezüglich möglichst konsequent zu fordern und zu fördern hat den wichtigen und wünschenswerten Effekt, dass die SchülerInnen sukzessive selbstständiger, zielstrebiger, kreativer und verantwortungsbewusster werden und zunehmend die Fähigkeit erwerben, komplexere Aufgaben bzw. Problemstellungen in eigener Regie – alleine oder in Gruppen – zu lösen. Dieser Anspruch wurde und wird im Übrigen in den letzten Jahren in vielen Lehrplänen und sonstigen Verlautbarungen recht pointiert festgeschrieben. Allerdings steht und fällt EVA damit, dass die SchülerInnen über tragfähige methodische, kommunikative und soziale Kompetenzen und Routinen verfügen. Gerade daran aber mangelt es vielerorts noch ganz erheblich, sodass der propagierte Offene Unterricht häufig auf ziemlich tönernen Füßen steht. Nötig ist von daher auch und zugleich eine verstärkte Methoden-, Kommunikations- und Teamschulung im Unterricht.

Nur, wer leistet diese Qualifizierungsarbeit an unseren Schulen? Die meisten Lehrkräfte haben derartige Qualifizierungsprozesse weder während ihrer eigenen Schulzeit noch während ihrer Ausbildungsphase an der Universität oder im Studienseminar erlebt. Von daher bedarf es zur Fundierung der angestrebten neuen Lehr-/Lernkultur nicht nur einschlägiger Trainingsmaßnahmen für die SchülerInnen im Unterricht, sondern auch und zugleich gezielter Qualifizierungsangebote für die Gruppe der Lehrkräfte im Rahmen einschlägiger Fortbildungsveranstaltungen. Diese Trainingsarbeit ist eine zentrale Aufgabe und Herausforderung für die Lehrerfortbildung – und ein essenzielles Merkmal der hier in Rede stehenden Pädagogischen Schulentwicklung.

Zum Aufbau des Buches: Im ersten Kapitel wird begründet und erläutert, warum neue Formen des Lehrens und Lernens in der Schule wichtig sind und wie das anvisierte »Neue Haus des Lernens« aussieht. Dabei wird auf aktuelle Befunde der Unterrichtsforschung rekurriert, die ziemlich übereinstimmend deutlich machen, dass in Deutschlands Schulen offenbar einiges im Argen liegt. Welche Handlungs- und Problemlösungsperspektiven sich daraus ergeben, wird ansatzweise skizziert.

Im zweiten Kapitel wird das Grundkonzept der Pädagogischen Schulentwicklung näher umrissen. Das beginnt mit der Konkretisierung des Zielsystems und reicht über die einzelnen Ebenen und Strategien des korrespondierenden Innovationsmanagements bis hin zur Ausbildung und Arbeitsweise spezifischer Methodentrainer und PSE-Berater. Auch Fragen der regionalen Netzwerkbildung und Netzwerkpflege werden angesprochen.

Im dritten Kapitel geht es alsdann um die Umsetzung der Pädagogischen Schulentwicklung an der Einzelschule. Gezeigt und erläutert wird, wie der schulinterne Qualifizierungs- und Innovationsprozess in Gang gebracht und systematisch vorangetrieben wird. Dabei spielen Teamarbeit und Teamfortbildung der Lehrkräfte eine zentrale Rolle. Teamfortbildung meint hierbei zum einen die selbstorganisierte schulinterne Weiterbildung und Materialentwicklung (Teamklausurtage, Hospitationen, produktive Fachkonferenzen etc.), zum anderen die systematische Methodenschulung im Rahmen einschlägiger Trainingsseminare mit externen Innovationsexperten als Trainern und Beratern.

Im vierten Kapitel wird in groben Zügen umrissen, welche Rahmenbedingungen notwendig sind und sich in den zurückliegenden Erprobungsphasen bewährt haben, damit der besagte Innovationsprozess an der Einzelschule erfolgreich verläuft. Das beginnt mit der Veränderung der Lehrpläne, der Stundentafeln und der Leistungsbewertung und reicht über die Umgestaltung der Klassenräume, der Sitzordnung und der Konferenzmodalitäten bis hin zur gezielten Teambildung und Teampflege im Kollegium.

Im fünften Kapitel wird detailliert geschildert und veranschaulicht, wie sich Pädagogische Schulentwicklung im konkreten Unterricht niederschlägt und wie die SchülerInnen systematisch an die neuen Lehr-/Lernverfahren herangeführt und in puncto »Schlüsselqualifikationen« trainiert werden. EVA im Fachunterricht, Methodentraining mit Schülern, Teamentwicklung im Klassenraum und Kommunikationstraining mit Schülern – das sind die vier Trainingsfelder, auf die in Kapitel V näher eingegangen wird. Korrespondierende Lehr-/Lernhilfen des Verfassers runden die Anregungen in diesem Kapitel ab.

Im sechsten Kapitel erhalten ausgewählte Schulen aus Rheinland-Pfalz und Nordrhein-Westfalen das Wort, die sich seit rund einem Jahr um die systematische Umsetzung des PSE-Programms bemühen und dabei recht interessante Erfahrungen gesammelt haben. Wie diese Erfahrungen aussehen, was geklappt und was Probleme bereitet hat und wie etwaige Schwierigkeiten gelöst wurden, das steht im Mittelpunkt dieses sechsten Kapitels.

Im siebten Kapitel schließlich werden einige politische Schlussfolgerungen und Anregungen formuliert, die zusammenfassend signalisieren, wie die Bildungsadministration die Implementierung der neuen Lehr- und Lernformen verstärkt unterstützen und dazu beitragen kann, dass die Lehrkräfte die nötigen Kompetenzen erwerben. Das beginnt bei der Neuorientierung der Lehrerausbildung und der Lehrerfortbildung und reicht über den Aufbau eines wirksamen Trainer- und Beratersystems bis hin zur konsequenten Freistellung von Trainern und Lehrerteams für die anstehenden Qualifizierungsmaßnahmen.

I. Für die Zukunft lernen – oder: Neue Lernformen tun Not!

In diesem Kapitel geht es darum, das zentrale Problemfeld heutiger Schulentwicklung näher unter die Lupe zu nehmen – nämlich den Unterricht. Bildungspolitiker, Unterrichtsforscher, Wirtschaftsvertreter, Schüler, Lehrer und Eltern sind sich weithin darin einig, dass wir eine neue Lernkultur brauchen. Moniert werden nicht nur die unzureichenden Lernergebnisse, sondern auch die veralteten Methoden, mit denen hier zu Lande noch immer vorrangig gearbeitet wird. Nähere Hinweise zur aktuellen Unterrichtskritik werden im ersten Abschnitt gegeben. Im zweiten Abschnitt wird sodann skizziert und problematisiert, wie die Bildungspolitik auf die besagte Unterrichtskritik antwortet, nämlich in erster Linie mit Testverfahren und neuen Vorschriften und Auflagen. Dass es auch anders geht, wird in den Abschnitten 3–5 gezeigt, in denen das neue Haus des Lernens sukzessive hergeleitet und erläutert wird.

1. Am deutschen Bildungswesen scheiden sich die Geister

Galt das bundesdeutsche Schulwesen traditionell als vorbildlich und leistungsstark, so hat dieses Bild in den letzten Jahren kräftige Kratzer bekommen. Welcher Art die vorgebrachte Kritik ist und welche Defizite konkret beanstandet werden, das wird im Folgenden im Rückgriff auf einige aktuelle Studien, Expertenbefragungen und Stellungnahmen u.a. vonseiten der Wirtschaft skizziert. Zunächst zur vielzitierten und heftig diskutierten TIMSS-Studie: Diese »Third International Mathematics and Science Study«, in der die Fachleistungen von SchülerInnen aus verschiedensten Ländern verglichen werden, hat in den beiden letzten Jahren für viel Aufregung unter Wissenschaftlern wie unter Bildungspolitikern gesorgt. Doch wie man es letztlich auch dreht und wendet, so resümiert Wilfried Bos vom Max-Planck-Institut in Berlin die Ergebnisse der unterschiedlichen Berechnungsversuche der TIMSS-Verantwortlichen, die deutschen SchülerInnen kommen im internationalen Vergleich nicht über einen Mittelplatz hinaus (vgl. DIE ZEIT vom 20.5.1998, S. 41). Die wichtigsten Ergebnisse der TIMSS-Studie: »Die mathematisch-naturwissenschaftlichen Leistungen von Schülern der 7. und 8. Jahrgangsstufe liegen in der Bundesrepublik unter den durchschnittlichen Leistungen der meisten west-, nord- und osteuropäischen Nachbarstaaten. Die Leistungsunterschiede haben teilweise gravierende Ausmaße. Ein erheblicher Prozentsatz der Schüler der untersuchten Altersgruppe erreicht das für einen erfolgreichen Übergang in die berufliche Erstausbildung notwendige Niveau mathematisch-naturwissenschaftlicher Grundbildung nicht.« (Baumert/Köller 1998, S. 13).

Ähnlich bedenklich sind die Leistungsergebnisse bei den SchülerInnen der Sekundarstufe II. Defizite zeigen sich bei dieser Altersgruppe insbesondere im Bereich des konzeptuellen Verständnisses und des Beherrschens naturwissenschaftlicher Arbeitsweisen. Bereits Aufgaben, deren Lösung die Verknüpfung einfacher Operationen in anwendungsbezogenen Kontexten verlangt, bereiten den meisten SchülerInnen am Ende der Sekundarstufe II größte Schwierigkeiten. Relativ gut schneiden deutsche SchülerInnen im internationalen Vergleich lediglich dort ab, wo relativ einfache Routineaufgaben zu bearbeiten sind, die nur elementare Fachkenntnisse verlangen. Relative Schwächen hingegen offenbaren sie dort, wo das selbstständige Anwenden von Gelerntem, das Übertragen in neue Kontexte oder ein flexibles Umstrukturieren von Problemkonstellationen gefordert ist (vgl. Baumert u.a. 1999).

Vor diesem Hintergrund wird im SPIEGEL das alarmierende Fazit gezogen, der Mathematik- und Naturwissenschaftsunterricht an deutschen Schulen sei fantasielos, setze zu sehr auf stures Büffeln und zu wenig auf kreative Lösungen. Mathematikun-

terricht in Deutschlands Schulen sei eher »Wissenserwerbsunterricht«, der auf das Beherrschen von Verfahren ziele, während z.B. in Japan sehr viel stärker auf »Problemlöse-Unterricht« gesetzt werde, der mathematisches Verständnis und mathematisches Denken schule und sich zudem durch intelligente Formen des Anwendens und Übens der SchülerInnen auszeichne (vgl. DER SPIEGEL 8/1997, S. 20).

Zwar zeigen die Videoaufnahmen aus Japan einen relativ stark lehrergelenkten Unterricht, der überwiegend im Wechsel zwischen Frontalunterricht, Stillarbeit und Gruppenarbeit verläuft. Dieser Unterricht hat jedoch die Besonderheit, dass die Aufgabenstellungen relativ komplex sind und die SchülerInnen im selbstständigen Denken, Produzieren, Kooperieren und Probleme-Lösen ziemlich stark gefordert werden. Dementsprechend wird für die Bearbeitung der betreffenden »Knobelaufgaben« relativ viel Bedenk- und Diskussionszeit eingeräumt. Ganz anders hingegen die Unterrichtsdramaturgie in deutschen Schulen: Die deutschen Videoaufnahmen zeigen sehr deutlich die Problematik einer übermäßigen Engführung der SchülerInnen im kurzschrittigen fragend-entwickelnden Unterricht, der nicht nur zu übermäßiger Passivität vieler Lerner führt, sondern auch und vor allem ihren sachbezogenen kognitiven Bewegungsspielraum stark einschränkt (vgl. Bund-Länder-Kommission 1997, S. 25). Die Folge dieses Vorgehens ist ein relativ vordergründiges und gedankenloses Erlernen und Reproduzieren des obligatorisches Lernstoffs. Bestätigt wird diese Kritik u.a. von den deutschen Mathematikfachverbänden, die unlängst monierten, in deutschen Landen werde zu viel Wert auf das »routinemäßige, manchmal gar schematische Lösen von Standardaufgaben« gelegt (vgl. DIE ZEIT vom 5.3.1998, S. 35).

Wohlgemerkt: Diese kritischen Hinweise gelten keinesfalls nur für den mathematisch-naturwissenschaftlichen Unterricht, sondern im Kern für alle Fächer. Der traditionelle Lernbegriff geht – wie die Vertreter der nordrhein-westfälischen Bildungskommission in ihrer Denkschrift völlig zu Recht feststellen – von einem festen, geschlossenen Wissenskanon und einem auf seine Vermittlung hin organisierten Unterrichtsplan aus. Dieser sei auf Lernergebnisse im Sinne der Reproduktion überprüfbaren Wissens orientiert und vernachlässige den Lernprozess selbst, die Entwicklung von Interessen, den Hinzugewinn von anwendungsbezogenem Wissen, die Zunahme von Handlungskompetenz und die Möglichkeit sozialer Erfahrung (vgl. Bildungskommission NRW 1995, S. 82).

In eine ähnliche Richtung geht die Kritik, die in einer aktuellen »Delphi-Studie« formuliert wird, die in den Jahren 1996–1998 im Auftrag des Bundesbildungsministeriums durchgeführt wurde. Systematisch befragt wurden im Rahmen dieser Studie über 1000 Expertinnen und Experten zu den Auswirkungen der Wissensgesellschaft auf Bildungsprozesse und Bildungsstrukturen. Das klare Fazit dieser Experten: »Das heutige Bildungssystem wird«, so heißt es in der Studie, »den künftigen Anforderungen in seiner jetzigen Gestalt nicht mehr gerecht. Dies belegen ... die Einschätzungen der Experten in großer Übereinstimmung. Die Kluft zwischen den im Bildungssystem erworbenen Kenntnissen und Kompetenzen und den Anforderungen z.B. in der Arbeitswelt, in der Gesellschaft oder den sozialen Bezugsgruppen des Individuums ist demzufolge unübersehbar und mahnt zu Veränderungen. Dies betrifft zum einen die Lerninhalte, die innerhalb und außerhalb von Bildungsinstitutionen vermittelt werden, aber auch die Methoden des Wissenserwerbs und die Rolle der verschiedenen Beteiligten im Bildungsprozess.« (Delphi-Studie 1998, S. 61). Eigenverantwortung und Gestaltungsspielräume für die Lernenden spielten in allen Bildungsbereichen eine eher untergeordnete Rolle. So die kritische Bilanz in der Studie. Gleiches gelte für das Lernen im Team. Vorherrschend seien vielmehr nach wie vor Frontalunterricht, Förderung von Einzelkämpfertum, Curricula mit geringem Bezug zur Lebenswelt der Lernenden sowie Fremdbestimmung statt Selbstverantwortung. Von daher wird für die etablierten Lehr-/Lernkonzepte dringender Reformbedarf signalisiert (vgl. ebenda, S. 68ff.)

Bestätigt wird dieser Reformbedarf auch und nicht zuletzt vonseiten der Wirtschaft. Das lässt sich aus den in Abbildung 2 dokumentierten Stellungnahmen einzelner Großunternehmen ersehen. Kritisiert werden von betrieblicher Seite nicht nur die seit langem beklagten Schwächen in den Bereichen Rechtschreibung und Rechnen, sondern auch und vor allem die unzureichende Ausstattung vieler SchülerInnen mit zukunftsgerechten Schlüsselqualifikationen. Damit gemeint sind u.a. Qualifikationen wie Selbstständigkeit, Eigeninitiative, Flexibilität, Kreativität, Durchhaltevermögen, Selbstkritikfähigkeit, Organisationsfähigkeit, Frustrationstoleranz, Teamfähigkeit, Problemlösungsvermögen, Kommunikationsfähigkeit, Methodenbeherrschung und Verantwortungsbewusstsein.

Die Gründe für den Bedeutungszuwachs dieser extrafunktionalen Qualifikationen liegen vor allem im rasanten Wandel der Technik und der innerbetrieblichen Arbeitsorganisation sowie darin, dass sich das Fachwissen immer schneller verändert und erneuert. Die Halbwertzeit des Fachwissens ist in den letzten Jahrzehnten dra-

Unterrichtskritik aus der Sicht der Wirtschaft

»Bewerber bzw. Berufsanfänger (aller Schularten) haben häufig Schwierigkeiten, Sachverhalte klar und treffend darzustellen ... Die Methoden- und Sozialkompetenz wird von schulischer Seite aus total vernachlässigt ... Methodik und Didaktik der Lehrkräfte lassen nur in beschränktem Maße problemorientiertes Lernen und Arbeiten zu. Durch die Unterrichtsmethodik wird ausschließlich ein ›receptives‹ Verhalten der Schüler entwickelt.«
(Mercedes Benz)

»Selbstständig denkende, kreative Mitarbeiterinnen und Mitarbeiter, die bereit sind, Verantwortung zu übernehmen und Probleme anzupacken, werden in der Wirtschaft künftig mehr denn je gefragt sein ... Dagegen muss die Vermittlung von bloßem Fakten-Wissen auf Spezialgebieten kritisch beurteilt werden. In einer Zeit, in der sich der Wissensbestand ständig erneuert ..., ist dies weniger produktiv.«
(RWE-Konzern)

»Die Vermittlung von Techniken und Methoden, die es den Schülern erleichtern, Lernziele zu erreichen, kommt unseres Erachtens zu kurz. Damit meinen wir auch die Fähigkeit, sich zu konzentrieren und zu entspannen. Auch Kenntnisse über Rhetorik und Gestik ließen sich hier einordnen. Zunehmende Bedeutung erlangen die sogenannte Metaplantechnik, Präsentationstechniken sowie Formen der Problemlösung.«
(Bausparkasse Schwäbisch Hall)

»SchülerInnen sind es nicht gewohnt, sich selbstständig neues Wissen zu erarbeiten und sind auch kaum in der Lage, ihr vorhandenes Wissen als Problemlösungskompetenz einzusetzen. Darüber hinaus sind die SchülerInnen nur wenig geübt, sich in Gruppen einzubringen ... Aus der vorgetragenen Einschätzung ergibt sich die Forderung nach ... verstärkt aktivierenden, die SchülerInnen beteiligende Lernformen.«
(BHW Bausparkasse AG)

»In der Schule werden keine Schlüsselqualifikationen vermittelt wie Teamfähigkeit, Selbstständigkeit, Kritikfähigkeit, Verantwortungsfähigkeit, also ... das, was unter Handlungs- und Sozialkompetenz verstanden wird. Ein weiteres Manko der schulischen Ausbildung ist das Fehlen der Vermittlung jeglicher Lerntechniken ... Selbstständigkeit (scheint) kaum gefragt, ein den Schülern häufig gesagter Satz lautet offenbar: ›Zuhören, nicht durch Fragen aufhalten!‹« (HUK Coburg)

»Es muß nicht immer der Lehrer sein, der ›im Alleingang‹ die Lösung einer Aufgabe ... an der Tafel vormacht. Warum macht man nicht öfter den Weg zum Ziel? Warum sollen Schüler nicht häufiger versuchen, sich innerhalb einer Gruppe einem Problem zu nähern, eine Lösungsstrategie zu entwickeln und zu diskutieren? Selbstgesteuerte und gruppenvorbereitete Einzelarbeit wären weitere Varianten, die häufiger in der Schule praktiziert werden könnten.« (Siemens AG)

(Zitate aus: »Bildung konkret«, 8-9/1995, 10/1995, 1-2/1996)

Abb. 02 © Dr. H. Klippert

matisch abgesunken, mit der Folge, dass die Berufstätigen ständig umlernen und ihren Wissensstand aktualisieren müssen. Sie müssen sich in immer rascherer Folge neues Fachwissen aneignen und veraltetes Fachwissen aufgeben (»verlernen«). Das verlangt nicht nur entsprechende Methoden der Informationsbeschaffung und -verarbeitung, sondern auch und zugleich ein möglichst ausgeprägtes Maß an Flexibilität, Offenheit, Ausdauer, Zielstrebigkeit, Selbstkritikbereitschaft und Problemlösungsvermögen. Hinzu kommt, dass bedingt durch die einschneidenden Veränderungen im Bereich der Arbeitsorganisation (Stichworte: »lean management« und »lean production«) die Berufstätigen sehr viel mehr Verantwortung übernehmen und Eigeninitiative zeigen müssen, wenn sie ihren Arbeitsplatz sichern wollen. Routinearbeiten werden an Maschinen delegiert, neue Aufgaben inhaltlicher und organisatorischer Art gewinnen an Bedeutung und stellen neue Anforderungen in fachlicher und persönlicher Hinsicht an die Mitarbeiter. Hierarchische Strukturen werden abgebaut, der Organisationsaufbau verflacht, notwendige Verantwortungshierarchien werden durchbrochen, neue Organisationsformen wie Projektorganisation, Qualitätszirkel und teilautonome Arbeitsgruppen halten Einzug. Die Folge dieser Veränderungen: Die Verantwortlichkeit am Arbeitsplatz – für Personen wie für Gruppen – nimmt zu, die Entscheidungsspielräume der Mitarbeiter erweitern sich, die Selbstkontrolle hat Vorrang vor der Aufsicht durch irgendwelche Vorgesetzten (vgl. Industriellenvereinigung 1995, S. 7ff.).

Dies alles ist Ausdruck und Konsequenz der modernen *Wissensgesellschaft*, die nicht nur in den Betrieben, sondern auch in anderen privaten und gesellschaftlichen Handlungfeldern neue Kompetenzen und Einstellungen von den Menschen verlangt. Angesichts des Zugangs der Menschen zu zahllosen Wissensquellen, der steigenden Komplexität in nahezu allen Wissensbereichen und der damit verbundenen Verunsicherung für den Einzelnen werde die Fähigkeit zum Wissensmanagement zum unabdingbaren Rüstzeug für das Leben in der modernen Wissensgesellschaft. So das Fazit von Heinz Mandl und Gabi Reinmann-Rothmeier vom Institut für Pädagogische Psychologie und Empirische Pädagogik der Maximilians-Universität München (vgl. Reinmann-Rothmeier/Mandl 1997, S. 22). Vor dem Hintergrund dieser gesellschaftlichen Entwicklung leiten die beiden Forscher eine Reihe von Kompetenzen ab, die für das Leben und Überleben in der modernen Wissensgesellschaft höchst bedeutsam sind. Kompetenzen, die in unseren Schulen zumeist jedoch noch viel zu wenig gesehen und vermittelt werden.

- »*Technische Kompetenz*: Die Präsenz der neuen Informations- und Kommunikationstechnologien in nahezu allen Gesellschaftsbereichen erfordert Fähigkeiten, die den problemlosen Umgang mit den neuen Technologien ermöglichen. Technische Routinefertigkeiten und technisches Basiswissen werden zu einer Art Grundqualifikation.
- *Kompetenz zum Wissensmanagement*: Die Dynamik der technischen Entwicklung bringt, zusammen mit der derzeitigen Wissensexplosion, das Problem mit sich, dass es immer schwieriger wird, Überblick und Orientierung zu bewahren. Infor-

mationen nach Inhalt, Bedeutung und Nutzen zu selektieren, zu bewerten und daraus Wissen zu konstruieren, das ist in höchstem Maße anspruchsvoll und erfordert Kompetenz zum Wissensmanagement.
- *Soziale Kompetenz*: Die Komplexität unseres Wissens sowie heutiger Probleme und Strukturen macht Zusammenarbeit auf allen Ebenen der Gesellschaft unabdingbar, was die Bereitschaft und Fähigkeit zu Teamarbeit und Kooperation voraussetzt. Gefordert ist soziale Kompetenz, die sich zum einen auf die direkte Kommunikation und Kooperation mit anderen bezieht, zum anderen aber auch den Bereich der Telekommunikation und Telekooperation umfasst ...
- *Demokratische Kompetenz*: Das Zusammenleben in einer Gesellschaft erfordert Verantwortungsbewusstsein, Solidarität, Toleranz und Konsens in ethischen Wertvorstellungen. Der Einzelne muss diesen Konsens nicht nur anerkennen, sondern auch leben und damit demokratische Kompetenz zeigen, die für den Umgang mit Menschen, Wissen und Technik gleichermaßen gilt.« (Ebenda, S. 20ff.).

Eingedenk all dieser Anmahnungen und Defizitanzeigen lässt sich als Resümee festhalten: Die alte Belehrungs- und Unterweisungsmethode, die vorrangig auf rezeptives Lernen und beflissenes Nachahmen und Nachmachen der SchülerInnen setzt, ist fraglos obsolet geworden. Wer mündige SchülerInnen will, die selbstständig und selbstbewusst an neue Aufgaben und Probleme herangehen und diese mit Akribie alleine oder in Teams lösen, der kommt nicht umhin, die traditionelle Unterrichtsgestaltung in Frage zu stellen und eine grundlegende Unterrichtsreform anzusteuern. Diese Maxime wird in den weiteren Abschnitten und Kapiteln dieses Buches näher konkretisiert und operationalisiert.

2. Mit Tests und Vorschriften lässt sich wenig bewirken!

Welche Konsequenzen zieht nun die Bildungspolitik aus all diesen Befunden? Ganz grundsätzlich lässt sich feststellen, dass das Thema »Unterrichtsqualität« seit TIMSS III ins Zentrum der bildungspolitischen Überlegungen und Diskussionen geraten ist. Die baden-württembergische Kultusministerin Annette Schavan bringt dies auf die Formel: »Anstatt noch länger über Strukturen und Formen zu philosophieren, muss im Zentrum von Bildungspolitik endlich wieder Unterrichtsqualität stehen.« (STERN 23/1998, S. 20). Auch die nordrhein-westfälische Bildungsministerin Gabriele Behler betont diese Akzentsetzung im Rückblick auf die bisherige Bildungspolitik: »Wir kümmerten uns bisher zu viel um Vorgaben«, so konstatiert sie in einem Interview, »aber weniger um die Ergebnisse des Unterrichts. Was allein zählt, ist guter Unterricht.« (Die Rheinpfalz vom 27.8.1998).

Die Frage ist nur, welche konkreten Schritte und Maßnahmen aus dieser Einsicht folgen. Dass etwas getan werden muss, ist klar. »Die Glaubwürdigkeit von uns Schulpolitikern wird jetzt daran zu messen sein«, so formulierte es unlängst der rheinland-pfälzische Bildungsminister Jürgen Zöllner, »ob wir auch tatsächlich etwas machen oder nur reden.« (Die Rheinpfalz vom 30.5.1998). Doch was wird getan? Sowohl auf Länderebene als auch auf KMK-Ebene zeichnet sich derzeit vor allem ein Handlungsstrang ab, nämlich die systematische Durchführung differenzierter Leistungstests in unterschiedlichen Jahrgangsstufen und Schulfächern. Die Kultusministerkonferenz hat auf ihrer Plenarsitzung am 23. und 24.10.1997 in Konstanz grundsätzlich grünes Licht für die Durchführung regelmäßiger länderübergreifender Vergleichsuntersuchungen zum Lern- und Leistungsstand von SchülerInnen gegeben – eine Strategie, die in der Vergangenheit eher tabu war, weil reformorientierte Bildungspolitiker und Pädagogen darin ein fragwürdiges »Folterwerkzeug« zur Verhinderung wirksamer Reformen sahen.

Zwar sind diese letztgenannten Bedenken keineswegs vom Tisch, aber die Bereitschaft zur Durchführung einschlägiger Tests und Vergleichsuntersuchungen ist in den beiden letzten Jahren deutlich gewachsen. Ob TIMSS oder BIJU, ob SCHOLASTIK oder PISA, ob LAU oder USUS (vgl. die Erläuterungen in Abb. 3) – stets verbindet sich mit diesen empirischen Untersuchungen die Absicht, mehr Klarheit darüber zu erzielen, was im Unterricht abläuft und was auf Schülerseite dabei herauskommt. In Rheinland-Pfalz z.B. will das Bildungsministerium die Schulen flächendeckend prüfen lassen. Eine Arbeitsgruppe soll dieses längerfristig angelegte Qualitätsmanagement nicht nur vorbereiten und begleiten, sondern aus den Ergebnissen auch die notwendigen Schlussfolgerungen ziehen und jenen Schulen Hilfe anbieten, die

Einige aktuelle Studien

Schule auf dem Prüfstand

TIMSS:	Third International Mathematic and Science Studies, im Auftrag der International Association for the Evaluation of Educational Achievement durchgeführte Untersuchung der Leistungen in Mathematik und Naturwissenschaften der 7. und 8. sowie der 12./13. Jahrgangsstufe.
BIJU:	Bildungsverläufe und psychosoziale Entwicklung im Jugendalter, zum größten Teil noch unveröffentlichte Untersuchung des Max-Planck-Instituts für Bildungsforschung in Berlin.
PISA:	Program for International Student Assessment, Studie im Auftrag der OECD, soll Fähigkeiten und Fertigkeiten im Leseverständnis, in Mathematik und Naturwissenschaften sowie CCC (Cross Cirrucular Competencies) bei 15-jährigen Schülerinnen und Schülern vergleichen. PISA soll um einen Bundesländervergleich »angereichert« werden.
SCHOLASTIK:	Schulorganisatorische Lernangebote und Sozialisation von Talenten, Interessen und Kompetenzen, durchgeführt vom Max-Planck-Institut für psychologische Forschung unter Leitung von Prof. Dr. Weinert.
LAU:	LernAusgangslagenUntersuchung, im Auftrag der Schulbehörde Hamburg
USUS:	Schul- und klassenbezogene Leistungserhebung in Bremen

Abb. 03 © Dr. H. Klippert

diese zur Qualitätsverbesserung benötigen. Die Tests sollen zugleich Schwachstellen offen legen und analysieren helfen (vgl. rheinland-pfälzische Schule 12/1998, S. 230). Das entsprechende Zauberwort lautet »Evaluation«.

Evaluationskonzepte werden derzeit in den meisten Bundesländern entwickelt. Ein wichtiges Element dabei sind fachspezifische »Musteraufgaben« bzw. »Aufgabenbeispiele«, die den Lehrkräften Anregungen geben sollen, die eigene Praxis kritisch zu reflektieren und in den schulinternen Gremien gemeinsam Aufgaben und Strategien zu entwickeln, die sich für gezielte Parallelarbeiten bzw. Lernstandserhebungen und Unterrichtsdiagnosen eignen. Derartige Entwicklungsarbeiten laufen derzeit u.a. in Rheinland-Pfalz und in Nordrhein-Westfalen. Die daran geknüpfte Erwartung: Der Umgang mit Aufgabenbeispielen, Parallelarbeiten, Lernstandserhebungen und anderen Formen der Qualitätssicherung – z.B. Austausch von Klassenarbeitssätzen und Zweit- bzw. »Kreuzkorrekturen« – soll Daten liefern, aus denen sich plausible Hypothesen über die Weiterentwicklung von Unterricht ablesen und in Zielvereinbarungen für die nähere Zukunft umsetzen lassen. So die Zielbestimmung in einem noch unveröffentlichten Grundsatzpapier des Landes Nordrhein-Westfalen zur Funktion von Aufgabenbeispielen.

Die Frage ist nur, ob sich durch Evaluations- und Testmaßnahmen der skizzierten Art die Qualität des Unterrichts wirklich verbessern lässt. Zweifel sind angebracht. Zwar ist nicht zu bestreiten, dass fundierte empirische Erhebungen und Schwachstellenanalysen für bildungspolitische Planungen und Entscheidungen hilfreich sind und auch den Lehrkräften wichtige Denkanstöße vermitteln können. Doch die Schule neu zu denken und für den Unterricht neue Maximen, Zielstellungen und Musteraufgaben zu entwickeln, bedeutet noch lange nicht, dass die Lehrkräfte die alltägliche Unterrichtsgestaltung auch tatsächlich verändern wollen und können. Neues zu versuchen und sich kritisch und selbstkritisch mit der eigenen Unterrichtspraxis auseinanderzusetzen, verlangt nämlich, dass ein alternatives Repertoire verfügbar ist oder zumindest in Reichweite liegt, das Mut macht und persönlichen Nutzen verspricht. So gesehen ist die Beschreibung von Unterrichtsdefiziten und neuen Qualitätsstandards bestenfalls eine notwendige, nicht aber eine hinreichende Voraussetzung für besseren Unterricht. »Vergleichende Output-Kontrollen«, so lautet auch der Tenor anlässlich eines von der Gewerkschaft Erziehung und Wissenschaft durchgeführten Hearings, »tragen unmittelbar zur Qualitätsverbesserung nichts bei. ›Keine Sau wird durch ständiges Wiegen fetter‹ war ein häufig zitierter Satz während des Hearings.« (Erziehung und Wissenschaft 1/1999, S. 12). Vielmehr bestehe die Gefahr, so die Einschätzung der GEW, dass Bildung, Leistung und Qualität reduziert würden auf das, was sich messen, wiegen und zählen lässt. Auf jeden Fall müssten Bundesländer, die ihre Bildungseinrichtungen zum Objekt fragwürdiger Leistungsvergleiche machten, mit anhaltendem Widerstand sowohl der Gewerkschaft als auch vieler Lehrkräfte rechnen (vgl. ebenda, S. 12f.).

Verständlich wird diese in Aussicht gestellte Widerspenstigkeit der Pädagogen, wenn man bedenkt, dass diese kaum mehr zu erwarten haben als öffentliche Kritik an ihrer Unterrichtsarbeit, gepaart mit der lapidaren Empfehlung, den Unterricht doch so umzugestalten, dass den vorgestellten »Musteraufgaben« Rechnung getragen und eine konsequentere Vermittlung zeitgemäßer »Schlüsselqualifikationen« erreicht wird. Dabei weiß doch eigentlich jeder Kenner der schulischen Szene, dass es den meisten Lehrkräften keinesfalls an der Einsicht mangelt, dass die traditionelle Unterrichtsgestaltung der Reform bedarf, damit bessere Lern- und Leistungsergebnisse erzielt werden. Woran es ihnen indes entscheidend mangelt, das ist das unterrichtspraktische Know-how, wie man diese besagten Schlüsselqualifikationen geschickt und wirksam vermitteln kann. Mit dem traditonellen Repertoire lässt sich das auf jeden Fall nur sehr begrenzt leisten. Denn selbstgesteuertes Lernen, Problemlösungsfähigkeit, vernetztes Denken, selbstständige Informationsbeschaffung und -verarbeitung, Methodenbeherrschung, Kommunikationsfähigkeit, Teamfähigkeit, Entscheidungskompetenz und Organisationsfähigkeit können nun einmal nicht in einem lehrerzentrierten Unterricht vermittelt werden, in dem ganz vorrangig der Lehrer informiert, kontrolliert, strukturiert, organisiert, Entscheidungen trifft und Probleme löst. Das ist unmittelbar evident und muss nicht mehr länger erforscht werden. Viel wichtiger dagegen ist, dass aus den vorliegenden Erkenntnissen endlich Konsequenzen gezogen und die interessierten und veränderungswilligen Lehrkräfte nachhaltig dabei unterstützt werden, ihr pädagogisch-methodisches Repertoire zeitgemäß weiterzuentwickeln und entsprechende Kompetenzen ganz praxisnah zu erwerben. Denn geredet und geforscht wurde und wird über die Schwachstellen des tradierten Unterrichts inzwischen eine ganze Menge. Woran es hingegen nach wie vor ganz eklatant mangelt, das ist das systematische »Skill-Training«, das die Lehrkräfte in die Lage versetzt, die eigene Unterrichtsarbeit überzeugend umzugestalten und das Lernen der SchülerInnen vielseitiger und nachhaltiger zu organisieren, als das bisher der Fall ist.

Mit den erwähnten Tests kann dieser Anspruch auf jeden Fall nicht eingelöst werden. Ebenso wenig lässt er sich realisieren über den Weg der Lehrplanreform oder die in mehreren Bundesländern in Auftrag gegebene Entwicklung von Schulprogrammen (u.a. Hessen und Nordrhein-Westfalen). Die Erwartung, die von bildungspolitischer Seite an die Schulprogrammentwicklung geknüpft wird, geht dahin, dass sich auf diesem Weg das latente Innovationspotenzial in den Kollegien mobilisieren und die Schulentwicklung kostenneutral mit »Bordkräften« bewerkstelligen lässt. Schön wär's!? Doch die Realität sieht vielerorts anders aus und gibt insgesamt wenig Anlass zum Optimismus.

Stellt man sich die Erarbeitung eines Schulprogramms in Anlehnung an Johannes Bastian als Entwurf einer »pädagogischen Landkarte« vor, dann zieht das viele Arbeiten nach sich: Die Ausgangssituation an der Schule klären, Ziele festlegen, Arbeitsfelder und Vorgehensweisen vereinbaren, Hindernisse und Unwegsamkeiten einplanen und überwinden etc. »Ein Schulprogramm im Sinne einer solchen pädagogischen Landkarte erarbeiten ist nicht leicht, heißt es doch zunächst einmal, sich über Wege und Ziele des Lehrens und Lernens an der eigenen Schule verständigen. Mit dieser einfach klingenden Formulierung aber trifft man in der Regel in ein schwarzes Loch. Nur wenige Schulen haben die Erfahrung gemacht, dass gemeinsames Nachdenken über Lehren und Lernen einen produktiven Entwicklungsprozess ausgelöst hat. Die einen haben es nie versucht und die, die es versucht haben, haben nicht selten die Folgenlosigkeit dieser Bemühungen erfahren ... Da ist es nicht weit zu dem, was Oskar Negt in seinem Buch ›Kindheit und Schule in einer Welt der Umbrüche‹ (1997) als ›depressiven Zirkel‹ beschreibt: als Schulkultur, in der man heimlich von der Vergeblichkeit aller Anstrengungen überzeugt ist, in der man sich die Schlechtigkeit der Welt, der Schüler und der Politik bestätigt und die eigene Ohnmacht kultiviert.« (Bastian 1998a, S. 6).

Die oben skizzierten Strategien sind wenig dazu angetan, diesen »depressiven Zirkel« in den Kollegien zu überwinden und neue pädagogische Kräfte und Innovationsgelüste freizusetzen. Denn die meisten Lehrkräfte machen ihren Job genau so, wie sie es gelernt haben, nämlich lehrerzentriert. Sie haben gelernt, als Fachmann oder Fachfrau den jeweils aufgetragenen Lernstoff beflissen durchzunehmen und so aufzubereiten, dass die SchülerInnen möglichst schnell und bequem zu guten Ergebnissen gelangen. Dieser Unterricht der direktiven Belehrung und Unterweisung hat jahrhundertelang die deutschen Schulen beherrscht und soll nun plötzlich durch offenen Unterricht und eigenverantwortliches Arbeiten und Lernen der SchülerInnen ergänzt und erweitert werden, ohne dass die Lehrkräfte auf die entsprechende Rolle als Moderator, Trainer und Lernorganisator ernsthaft vorbereitet worden sind. Dieses Qualifikationsdefizit auf autodidaktischem Wege beheben zu wollen, ist nicht nur äußerst mühsam, es ist auch von erheblichen Risiken und sonstigen Unsicherheitsmomenten begleitet, die viele Lehrkräfte davon abhalten, neue Formen des Lehrens und Lernens konsequent anzugehen und systematisch zu kultivieren. Ohne einschlägige Unterstützungs- und Trainingsmaßnahmen wird sich das Gros der Lehrerschaft in dieser Hinsicht nur schwer in Bewegung setzen und nachhaltige Unterrichtsreformen auf die Beine stellen. Dies auch deshalb nicht, weil die vielen Zumutungen und Belastungen, die der Lehrerschaft in den letzten Jahren oktroyiert wurden und werden, ohnehin für eine ziemlich miese Stimmung in den Kollegien sorgen. Wer diese Grundsituation außer Acht lässt, läuft unweigerlich Gefahr, die Rechnung ohne den Wirt gemacht zu haben, nämlich ohne das breite Mittelfeld in den Kollegien, das nach aller Erfahrung relativ ausgebrannt, risikoscheu, eigenbrötlerisch und pädagogisch konservativ ist. Mit Tests, neuen Richtlinien und sonstigen Auflagen ist diesen Lehrkräften erfahrungsgemäß nur schwer beizukommen!

3. Neue Formen des Lehrens und Lernens als Perspektive

Wenn der in Abschnitt 1 skizzierten Problemlage erfolgreich entgegengewirkt und das schulische Lernen nachhaltig erweitert und effektiviert werden soll, dann bedarf es einer neuen Lehr-/Lernkultur in den Schulen. Mit den herkömmlichen Inszenierungsmustern von Unterricht ist weder den Schülern noch den Lehrern gedient. Den Schülern deshalb nicht, weil sie das nicht hinreichend lernen, was sie in Beruf, Studium, Freizeit- und Privatbereich heute und morgen brauchen. Und für die Lehrkräfte bedeuten diese Inszenierungsmuster, dass sie zunehmend auf Abwehr und Desinteresse bei den SchülerInnen stoßen, die sich auf die traditionellen Lern- und Rezeptionsanforderungen immer weniger einlassen wollen und können. Die Folge dieses latenten Konflikts zwischen Lehreranforderungen und Schülererwartungen sind wachsende Belastungen und Frustrationen auf Lehrerseite, die nicht selten in die vielzitierte »Burnout-Krise« einmünden.

Neue Lernformen sind also angesagt. Welche Begründungsstränge dafür sprechen, lässt sich aus Abbildung 4 ersehen. Wie aus dieser Abbildung hervorgeht, haben sich die Bedingungen, unter denen schulisches Lehren und Lernen heute stattfinden, erheblich verändert. Neue Anforderungen werden nicht nur von Schülerseite gestellt, sondern auch und zugleich vonseiten der Eltern, der Wirtschaft, der Schulverwaltung und nicht zuletzt der Lehrkräfte selbst, die auf ein Mehr an Entlastung, Lernerfolg und persönlicher Berufszufriedenheit hoffen und setzen. Neue Lernformen bieten sich von daher als hilfreiche und Erfolg versprechende Perspektive an.

Zunächst zur Schülersituation: Wie mittlerweile jedermann weiß, ist die heutige Schülergeneration in starkem Maße geprägt durch das Fernsehen, durch Spielecomputer und andere audiovisuelle Medien, die eines gemeinsam haben: Sie drängen die SchülerInnen in relativ ausgeprägtem Maße in die Passivität ab und befriedigen in erster Linie deren vordergründige Animations- und Berieselungserwartungen (vgl. Postman 1985). Das aber bleibt nicht ohne Folgen für den Unterricht. Denn das alltägliche Entertainment der Medien bewirkt, dass die betreffenden Jugendlichen am nächsten Tag in der Schule ähnlich kurzweiliges Infotainment von ihren Lehrkräften erwarten. Kein Wunder also, dass die betreffenden Schulpädagogen einen zunehmend schweren Stand haben, wenn sie den Lernstoff im Stile von »Entertainern« darzubieten versuchen und dennoch wenig Chancen haben, den Wünschen und Erwartungen der SchülerInnen gerecht zu werden. Die Kultivierung neuer Lern- und Arbeitsformen verspricht hier Abhilfe.

Verstärkt wird diese Konsumentenmentalität der SchülerInnen durch die chronische Verwöhnung und Überbehütung, die viele von ihnen vor allem im Kleinkindalter in ihren Elternhäusern erfahren. Ursächlich für diese »schleichende Entmündigung« sind zum einen die veränderten Familienstrukturen (Einkind-Familie, unvollständige Familien), zum Zweiten der relativ ausgeprägte Konsumismus in den meisten Familien sowie drittens das weit verbreitete Helfersyndrom, das vielen Eltern – insbesondere den Müttern – eigen ist und dazu beiträgt, dass den Kindern viel zu viele Aufgaben und Verantwortlichkeiten abgenommen werden. Letzteres gilt insbesondere im Vorschulalter und im Grundschulalter. Den Kindern werden Entscheidungen abgenommen, ihnen wird die Arbeit abgenommen. Die Eltern machen sich Gedanken über die Hausaufgaben, sie machen sich Gedanken über das Zeitmanagement ihrer Kinder, sie lösen deren Probleme und organisieren vieles so, dass den Kindern nur noch wenig Arbeit und Verantwortung bleibt. Die Folge dieser veränderten Umstände in den Familien sind die in Abbildung 4 angedeuteten Verhaltensmuster und -defizite (Bequemlichkeit, Hedonismus, unsoziales Verhalten etc.). Letztlich meinen es die betreffenden Eltern nur gut, doch faktisch machen sie es vielfach sehr falsch. Denn Selbstständigkeit, Eigeninitiative und Problemlösungsvermögen können Kinder nun einmal nur dadurch erwerben, dass sie sich auch entsprechend betätigen und erproben. Auch hier versprechen neue Lernformen, die den SchülerInnen mehr Selbstständigkeit, Selbstverantwortung und Mitverantwortung zumuten und abverlangen, nachhaltige Besserung.

Dass dies nicht nur den SchülerInnen und ihren LehrerInnen neue Chancen und Perspektiven eröffnet, sondern auch vonseiten der Wirtschaft, der Eltern und der Bildungsverwaltung geschätzt und gewünscht wird, ist aus Abbildung 4 ebenfalls zu ersehen. Die Wirtschaft verlangt – wie bereits erwähnt – möglichst vielseitige »Schlüsselqualifikationen« im fachlichen, im sozialen, im kommunikativen und im methodischen Bereich, die sich mit den herkömmlichen Inszenierungsmustern von Unterricht nur schwer erreichen lassen. Und die Eltern möchten natürlich, dass ihre Kinder nach Abschluss der Schule in Beruf, Studium und Privatleben kompetent und erfolgreich ihren Mann oder ihre Frau stehen können. Und sie möchten selbstverständlich auch, dass diese ohne kostspieligen Nachhilfeunterricht durch die Schule kommen.

Dass diese letztgenannte Hoffnung trügerisch ist, zeigen die horrenden Summen, die Eltern in Deutschland mittlerweile für Nachhilfe ausgeben (müssen). Klaus Hurrelmann, Bielefelder Sozialwissenschaftler, hat vor geraumer Zeit nachgewiesen, dass bundesdeutsche Eltern wöchentlich rund 30 Millionen DM in den Nachhilfeunterricht für ihre Sprösslinge stecken. Etwa 35 Prozent aller Schüler erhalten der gleichen Untersuchung zufolge Zusatzförderung, die meisten während der Gymnasialklassen 5 bis 8 (vgl. Die Rheinpfalz vom 30.5.1998). Bestätigt werden diese alarmierenden Zahlen durch eine weitere aktuelle Studie für das Land Nordrhein-Westfalen. Dieser Studie zufolge werden in Nordrhein-Westfalen monatlich rund 34 Millionen DM für bezahlte Nachhilfestunden ausgegeben. »Dies entspricht einem Wert von deutlich über 400 Millionen DM im Jahr. Am meisten davon – und zwar rund ein Drittel – wird mit 138 Millionen DM jährlich für Schüler an Gymnasien ausgegeben ... Für jeden Schüler, der bezahlte Nachhilfe erhält, geben die Eltern in

Abb. 04

NRW durchschnittlich 126 DM im Monat aus. Dies entspricht einem Betrag von 1516 DM jährlich« (Kramer/Werner 1998, S. 36f.). Natürlich ist diese Maläse nicht allein den Lehrkräften anzulasten, wohl aber ist sie ein Indiz dafür, dass die Lernkompetenz der SchülerInnen im Unterricht nicht hinreichend gefördert und entwickelt wird. So gesehen müsste dem »Lernen lernen« und dem systematischen Üben des obligatorischen Lernstoffes mehr Raum gegeben werden.

Der dritte Begründungsstrang, der in Abbildung 4 zu Gunsten neuer Lernformen angeführt wird, betrifft die wachsende Belastung und Verunsicherung der Lehrkräfte, die mittlerweile ein Ausmaß erreicht haben, das jeden auf die Gesunderhaltung der Lehrerschaft bedachten Bildungspolitiker auf den Plan rufen müsste. »Entlastung tut Not!« So kann man die gegenwärtige Situation und Befindlichkeit in den Lehrerkollegien auf den Punkt bringen. Ausgelöst durch die inflationäre Vermehrung der pädagogischen Aufgaben während der Achtziger- und Neunzigerjahre (Öffnung des Unterrichts, Projektarbeit, innere Differenzierung, Gewaltprophylaxe, Suchtprävention, interkulturelles Lernen, Methodenschulung, soziales Lernen, Evaluation, Teamarbeit etc.) hat sich für die meisten Lehrkräfte ein nachgerade deprimierendes Qualifikationsdilemma ergeben, das sich auf autodidaktischem Wege nur sehr schwer beheben lässt. Das Gros der Lehrerschaft ist nämlich völlig unzureichend auf das vorbereitet, was mittlerweile im Unterricht und in der Schule gefordert ist und geleistet werden soll. Die traditionelle Lehrerausbildung hat ein gänzlich anderes Repertoire und Rollenverständnis der Lehrenden grundgelegt. Nötig ist von daher ein systematisches Umschulungs- und Weiterbildungsprogramm, das den Lehrkräften einerseits neue pädagogische Strategien und Methoden verfügbar macht und andererseits hilft, dem drohenden »Burnout« zu entgehen (vgl. Abb. 4).

In welche Richtung die neuen Formen des Lehrens und Lernens gehen, die Lehrern wie Schülern verbesserte Perspektiven und Chancen eröffnen, ist ansatzweise bereits angedeutet worden. Dem selbstverantwortlichen, selbstgesteuerten Lernen der SchülerInnen kommt dabei besonderes Gewicht zu (vgl. Delphi-Studie 1998, S. 67ff.). Hilbert Meyer schreibt dazu, die Schule benötige eine neue Unterrichts- und Methodenkultur, die das solidarische Handeln, die Teamarbeit und die Eigenverantwortung der SchülerInnen betone (vgl. Meyer 1997, S. 159). Es sei deshalb an der Zeit, den Primat der Methodik auszurufen und die gleichzeitige Vermittlung von Fach-, Sozial- und Methodenkompetenz zum Programm zu erheben. Die SchülerInnen müssten lernen, nicht einfach drauflos zu »wursteln«, sondern den eigenen Lernweg bewusst wahrzunehmen, später auch zu planen und zu kontrollieren. Von daher sei die Methodenkompetenz die eigentliche Schlüsselqualifikation. Die SchülerInnen methodisch vielseitig zu fordern und zu fördern, sei ein wichtiges und Erfolg versprechendes Unterfangen. Natürlich sei klar, »… dass Fach-, Sozial- und Methodenkompetenzen nicht gegeneinander aufgerechnet werden können. Sie sind im Bildungsprozess unlösbar miteinander verknüpft. Aber bei der schulpraktischen Frage, wie denn nun der Prozess der Kompetenzvermittlung ›anzuschieben‹ sei, komme ich zu dem dringlichen Ratschlag, das Hauptaugenmerk auf die Vermittlung von Methodenkompetenzen zu legen. Ich kann Fachinhalte lehren – aber Fachkompetenzen der SchülerInnen entstehen nur dann, wenn sich die Lernenden die gelehrten Inhalte methodisch kontrolliert aneignen« (ebenda, S. 160). Dieser Deutung der pädagogischen Aufgabe kann hier nur zugestimmt werden.

Näher untermauert wird diese Sicht des Unterrichtsgeschehens in der an anderer Stelle bereits erwähnten Delphi-Befragung von rund 1000 Experten aus der gesamten Bundesrepublik. Diese Experten konstatieren übereinstimmend, dass zukunftsgerichtete Bildung mehrdimensional angelegt und sowohl auf die Aneignung fachlichen Basiswissens als auch auf den Erwerb fundierter Methodenkompenz, Sozialkompetenz und Personaler Kompetenz ausgerichtet sein müsse (vgl. Prognos-Schaubild). Der eindeutige Tenor in dieser Studie: Die Menschen müssen lernen, sich angesichts vielfältiger Brüche in ihrem Arbeitsleben und in ihren persönlichen Lebensläufen in immer komplexeren sozialen Bezugssystemen stets neu zu verorten und die entsprechenden Qualifikationen zu kultivieren. Dazu gehört an erster Stelle die Fähigkeit und Bereitschaft, zum eigenverantwortlichen Lernen und Handeln – eine Fähigkeit, die von den SchülerInnen in aller Regel erst erlernt werden muss. Lernen erfährt in der modernen Wissensgesellschaft eine einschneidende Bedeutungserweiterung: Die Aneignung vorgegebener, klar definierter Lerninhalte verliert an Bedeutung. Korrespondierend dazu gewinnen individuelle, flexible Lernprozesse an Relevanz, in denen es um das Erschließen von Wissen im Wandel, um offenes Experimentieren, um Entwickeln und Ausprobieren geht. Von daher halten es fast alle Experten für wünschenswert, dass in der Schule die Grundlage für die Kompetenz zum selbstgesteuerten Lernen gelegt und kontinuierlich ausgebaut wird (vgl. Delphi-Studie 1998, S. 70f.).

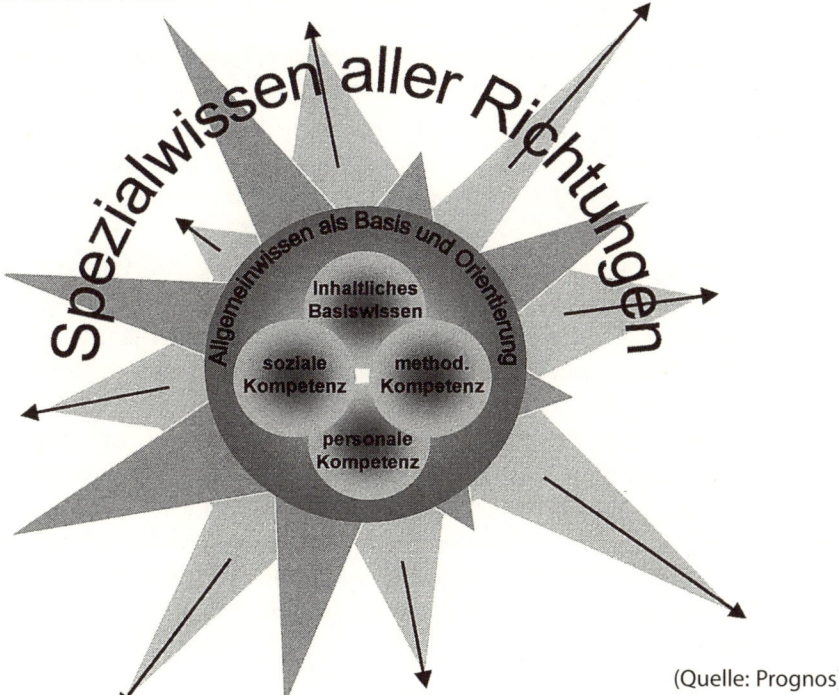

(Quelle: Prognos)

Ein zweites zentrales Stichwort, mit dem das Lernen in der modernen Wissensgesellschaft charakterisiert wird, ist das der »Vernetzung«. Vernetzung sehen die besagten Experten nicht nur bezogen auf fachliche Inhalte, sondern auch auf das Lernen in Gruppen. Der Erwerb der meisten zentralen Kernkompetenzen für die Wissensgesellschaft erfolgt – so meinen sie – sinnvollerweise in Teamkonzepten, in denen der Einzelne nicht nur wichtige soziale und kommunikative Kompetenzen trainieren kann, sondern auch zu integrativem und vernetztem Denken und Handeln angeregt wird, das für die Gesellschaft der Zukunft unabdingbar ist. Entscheidender noch als der Erwerb konkreter Fachinhalte, so heißt es in der Studie, werde die Aufgabe, das Lernen selbst zu lernen. Dies betreffe gleich mehrere Dimensionen: Zum einen gehe es darum, eigenständig Zugänge zum Wissen zu erschließen, Informationen zu selektieren, zu verarbeiten und problemorientiert zu bewerten. Zum anderen aber bedeute das auch und zugleich, dass die Menschen lernen müssten, entscheidungsfähig zu sein und eigene Urteile zu fällen. Des Weiteren schließe dies die Befähigung zu sozialem Handeln und Gestalten mit ein (vgl. ebenda, S. 71ff).

Von daher erklärt sich auch die große Bedeutung, die die befragten Experten der lernmethodischen Kompetenz sowie der psychosozialen Kompetenz der SchülerInnen beimessen. Das gilt insbesondere für den allgemein bildenden Bereich. Der höchste Rangplatz wird im allgemein bildenden Bereich der lernmethodischen Kompetenz zugewiesen; die zweithöchste Nennung erfährt die psychosoziale Kompetenz, während der spezifischen Fachkompetenz eine eher nachgeordnete Bedeutung beigemessen wird. Anders hingegen im berufsbildenden Bereich. Da steht die spezifische Fachkompetenz an erster Stelle, unmittelbar gefolgt jedoch auch hier von der lernmethodischen und der psychosozialen Kompetenz (vgl. ebenda, S. 64ff.). Diese Akzentsetzung bleibt natürlich nicht ohne Folgen für die Lernarrangements und Lernmethoden der Lehrkräfte. Plädiert wird von den befragten Experten daher für mehr ⇨ Interdisziplinarität bzw. überfachliche Lernarrangements, ⇨ projektbezogenes Lernen mit Praxisbezug, ⇨ selbstgesteuerte und eigeninitiative Lernformen ⇨ Lernen in unterschiedlichen Gruppen und Teams ⇨ mediengestützte Lernformen (vgl. ebenda, S. 69).

Alles in allem trägt diese Art der Unterrichtsgestaltung ganz fraglos dazu bei, dass die SchülerInnen erstens vielseitig und zukunftsgerecht gefordert und gefördert werden, zweitens verstärkt aktiviert und zur Verantwortungsübernahme veranlasst werden und drittens herausgefordert sind, alleine oder in Teams aufgabenbezogene Informationen zu beschaffen, Arbeitsabläufe zu organisieren, Entscheidungen zu treffen, konstruktiv zu kooperieren, Probleme zu lösen und Ergebnisse zu präsentieren. Lernanforderungen dieser Art nützen natürlich nicht nur den SchülerInnen, sondern auch und zugleich ihren Lehrkräften. Denn in dem Maße, wie es den SchülerInnen gelingt, in eigener Regie zu arbeiten, Disziplin zu gewährleisten, Schwierigkeiten zu überwinden und gute Ergebnisse zu sichern, tritt für die verantwortlichen Lehrkräfte selbstverständlich auch ein Mehr an Entlastung, Motivation und Berufszufriedenheit ein.

4. Das Neue Lernen im Lichte der Lernforschung

Für die skizzierte Umgestaltung des Unterrichts in Richtung auf mehr selbstgesteuertes, methoden-, team- und projektorientiertes Lernen sprechen selbstverständlich nicht nur die subjektiven Nützlichkeitserwägungen von Lehrern, Schülern, Eltern, Bildungspolitikern und Wirtschaftsvertretern, sondern auch und nicht zuletzt diverse Befunde aus der Lernforschung. Im Zentrum der entsprechenden Studien steht der Zusammenhang von Handeln und Erkenntnisgewinnung, von Konstruktion und Kompetenzerwerb. Folgt man z.B. Piaget, so sind die Kinder zumindest bis zum 11. Lebensjahr ganz elementar auf praktisches Tun und konkrete Operationen angewiesen, wenn sie wirksam lernen sollen (vgl. Piaget 1976). Danach sind sie auf Grund ihrer biologischen und intellektuellen Reife zwar grundsätzlich in der Lage, abstrakt-rezeptiv zu lernen, d.h. Strategien, Begriffe, Zusammenhänge und Theorien auch ohne korrespondierende Lernhandlungen zu verstehen, jedoch darf daraus keinesfalls der Schluss gezogen werden, dass ältere SchülerInnen keine Lernhandlungen mehr bräuchten. Die meisten SchülerInnen sind nämlich auch nach dem 11. Lebensjahr ganz elementar darauf angewiesen, handlungsbetont und selbstorganisiert zu lernen, wenn sie den Lernstoff nachhaltig begreifen und behalten wollen. Das gilt keinesfalls nur für Hauptschüler oder Sonderschüler, sondern im Grunde genommen für alle Lerngruppen in allen Schularten und Schulstufen unseres Schulwesens. Denn Begreifen und Behalten hat letztlich bei allen Altersgruppen etwas damit zu tun, dass die anstehenden Inhalte, Aufgaben und Probleme möglichst aktiv und konstruktiv erschlossen und durchdrungen werden.

Dies bestätigen u.a. Untersuchungen der American Audiovisual Society, aus denen hervorgeht, dass wir durchschnittlich nur etwa 20 Prozent von dem behalten, was wir hören, und nur wenig mehr, nämlich 30 Prozent von dem, was wir sehen. Von dem hingegen, was wir aktiv sagen bzw. konstruktiv tun, behalten wir durchschnittlich 70–90 Prozent (vgl. Witzenbacher 1985, S. 17). Diese hohe Behaltensrate beim Tun ist – wie sich bei Frederic Vester nachlesen lässt – ganz schlicht und einfach darauf zurückzuführen, dass beim Lernen in konkreten Handlungsvollzügen verschiedene Sinne angesprochen werden, die sich kumulativ ergänzen (vgl. Vester 1978). Mit anderen Worten: Lernstoffe, die von den SchülerInnen handlungsbetont erarbeitet, strukturiert, diskutiert, dokumentiert, präsentiert, archiviert und wiederholt werden, haben nachweislich die niedrigsten Vergessensraten zur Folge (vgl. Metzig/Schuster 1982, S. 36f.; Dahmer 1976, S. 92).

Hans Aebli ergänzt und untermauert diesen Befund mit seinem Hinweis auf die Bedeutung praxiserprobter Handlungsschemata für den Prozess des nachhaltigen

Kompetenzerwerbs. Handlungsschema in diesem Sinne sind strategische Handlungsroutinen, die sich aus mehreren Handlungselementen bzw. Handlungsschritten zusammensetzen, an die je relevantes Fachwissen angelagert ist (vgl. Aebli 1983, S. 184ff.). Sie werden von den SchülerInnen in der Weise gelernt, dass bestimmte Handlungsfolgen ausprobiert, reflektiert, strukturiert und schließlich automatisiert werden. Sie sind reproduzierbar und auf neue Gegebenheiten anwendbar. Das gilt für methodisch-strategische Handlungsschemata (z.B. Text erarbeiten, Referat verfassen, mathematische Probleme lösen) genauso wie für sozial-kommunikative Handlungsmuster wie Vortrag, Debatte oder Gesprächsleitung. Dabei gilt grundsätzlich: Je älter und routinierter die SchülerInnen sind, umso eher sind sie in der Lage, auch ohne konkrete Handlungen zu tragfähigen Handlungsschemata zu kommen, nämlich durch Analogiebildung und theoretisches Kombinieren. Allerdings erübrigt sich dadurch keinesfalls das Lernen in konkreten Handlungsvollzügen auch für ältere SchülerInnen. Dies alles führt Aebli zu der Schlussfolgerung: »Schulen sollten Orte des praktischen Tuns ..., aber zugleich Orte des Nachdenkens und der Reflexion sein« (ebenda, S. 227).

Gestützt und bestätigt werden Aeblis Befunde u.a. durch die Untersuchungen des amerikanischen Lernpsychologen Jerome S. Bruner, der sich ganz gezielt mit der Effizienz des entdeckenden/problemlösenden Lernens befasst hat und dabei zu Ergebnissen kommt, die das oben skizzierte Lehr-/Lernkonzept nachdrücklich unterstreichen. Eine zentrale Erkenntnis Bruners ist, dass das Lernen der SchülerInnen umso erfolgreicher ist, je stärker diese den Weg des Entdeckens beschreiten und je mehr sie zu Konstrukteuren eigener Handlungs- und Erkenntnismuster werden. »Wenn man das Entdecken beim Lernen betont«, so schreibt Bruner, »so wirkt sich das auf den Lernenden gerade so aus, dass aus ihm ein Konstrukteur wird. Was er antrifft, wird ... so organisiert, dass er Ordnungen und Beziehungen entdeckt« (Bruner 1981, S. 21). Als Vorteil dieses entdeckenden, konstruktiven Lernens stellt Bruner heraus, dass die SchülerInnen dadurch nicht nur bessere Problemlöser werden, sondern den aktiv erschlossenen Lernstoff auch wirksamer im Gedächtnis speichern und für neue Problem- bzw. Anwendungssituationen nutzbar machen können (vgl. ebenda, S. 28). Darüber hinaus – und das ist nicht minder wichtig – gewährleiste der Erwerb tragfähiger Lern- und Problemlösungsstrategien ein hohes Maß an »Kompetenzmotivation« aufseiten der SchülerInnen (vgl. ebenda, S. 22), d.h. eine Motivation, die sich aus der Erfahrung und Gewissheit speist, dass das auf tätige Weise erworbene fachliche und methodische Repertoire mit hoher Wahrscheinlichkeit zu guten Ergebnissen führen wird. Diese Erfolgswahrscheinlichkeit induziert eine nicht zu unterschätzende Erfolgsmotivation, die angesichts der bestehenden Motivationsprobleme an unseren Schulen für Lehrer- wie für SchülerInnen nur von Vorteil sein kann.

Entscheidend für verständnisvolle und motivierende Lernprozesse ist letzten Endes die individuelle mentale Aktivität und die individuelle kognitive Konstruktionsleistung der SchülerInnen. So lautet das Fazit in einer aktuellen Studie der Bund-Länder-Kommission zur Steigerung der Effizienz des mathematisch-naturwissenschaftlichen Unterrichts (vgl. Bund-Länder-Kommission 1997, S. 24). Verwiesen wird u.a. auf einschlägige Befunde der Motivationspsychologie, die die Annahme stützen, dass interessiertes und motiviertes Lernen sich in Situationen vollziehe, in denen sich der Lerner die Aufgabe zu Eigen machen könne, Autonomie in der Bearbeitung empfinde und sich gleichzeitig sozial eingebunden erlebe (vgl. ebenda, S. 23). Entscheidend sei dabei die subjektive Wahrnehmung der Situation. »Lernen«, so heißt es an anderer Stelle in der BLK-Studie, »beruht auf Aktivitäten, die man selber ausführen muss und die nicht von anderen übernommen werden können ... Damit erweist sich die Vorstellung, Lehrkräfte könnten die Schülerinnen und Schüler auf einfache und direkte Weise zum Lernen motivieren, als unrealistisch« (ebenda, S. 29). Der Mensch hat der BLK-Studie zufolge das grundlegende Bedürfnis, seine Umwelt zu beeinflussen, selbst wirksam zu sein, ganz konkret etwas zu tun, die eigenen Kompetenzen zu erweitern, sich zu einer selbstständigen und selbstbestimmten Person zu entwickeln sowie in sozialen Bezügen angenommen und akzeptiert zu werden. Von daher sei es wichtig, dass sich die SchülerInnen in der Auseinandersetzung mit fachspezifischen Sachverhalten und Problemen als erfolgreich, wirksam und kompetent erlebten. Das Erleben von Kompetenz aber werde durch die Information bestimmt, die der Schüler oder die Schülerin aus dem Gelingen einer Tätigkeit ziehen könne (vgl. ebenda, S. 34f.).

Diese Sicht des Lernens und der Motivationssicherung wird nachdrücklich unterstrichen durch die Befunde der konstruktivistischen Erkenntnistheorie (vgl. Glasersfeld 1997, Maturana/Varela 1987, Roth 1997). Lernen ist danach vor allem Konstruktion von Bedeutungen, Strukturen und Problemlösungen. »Das heißt, dass wir alles Wissen über die Welt selbst erzeugen müssen ... Wissen wird eben nicht, wie im Rahmen informationsverarbeitender Beschreibungen unterstellt, von außen übernommen und gespeichert, sodass es zu einem späteren Zeitpunkt wieder aus dem Speicher bereitgestellt werden kann. Wissen muss vielmehr intern (im kognitiven System) erzeugt werden, und dazu müssen zunächst geeignete Werkzeuge (z.B. Schemata und Prozeduren) entwickelt werden« (von Aufschnaiter 1998, S. 55). Unterstützt wird diese Werkzeugentwicklung durch konsequentes Üben im Unterricht. Üben dient, wie Stefan von Aufschnaiter weiter ausführt, der Entwicklung bereits ansatzweise vorhandener Werkzeuge, sodass diese einen bestimmten Ausschnitt des Wissens immer schneller und immer perfekter erzeugen. Dazu müssten allerdings die Aufgaben, an denen geübt wird, langsam komplizierter werden. Denn das stumpfsinnige Lösen immer gleichartiger Aufgaben sei bekanntermaßen wenig lernwirksam (vgl. ebenda).

Insofern kommt dem Methodenlernen und dem entdeckenden/problemlösenden Lernen große Bedeutung zu. Das Erfinden bzw. Konstruieren eigener Erkenntnis- und Handlungsmuster tritt notwendig vor die Reproduktion kultureller Vorgegebenheiten. Dies deckt sich, wie Kersten Reich die Erkenntnisse der Konstruktivismus-Forschung resümiert, mit der Einsicht, »... dass das menschliche Lernen ohnehin nur über eigene Konstruktionen sich Re-Konstruktionen erarbeiten kann. Der effektivste Weg ist der Aufbau eines eigenen, aktiven und konstruktiven Umgangs mit Inhalten in einer beziehungsmäßig bedeutungsvollen Situation« (Reich 1998, S. 44). Dieser erkenntnis- bzw. lerntheoretische Befund verlangt zwingend nach einer veränderten Lernkultur – einer Lernkultur, die Lernen über Lehren, Konstruktion über Instruktion, Produktion über Reproduktion, Kooperation über Isolation, Diskussion über Rezeption, Expression über Impression stellt.

Dreh- und Angelpunkt dieser neuen Lernkultur ist die Problemorientierung des Lernens in Verbindung mit »funktionierenden« Lerngemeinschaften (Gruppen, Tandems). Diese Problemorientierung des Lehrens und Lernens verlangt, wie Gabi Reinmann-Rothmeier und Heinz Mandl vor dem Hintergrund der aktuellen Konstruktivismus-Forschung feststellen, nicht nur Freiraum für konstruktive und explorative Aktivitäten, sondern auch gezielte Hilfen für den Umgang mit Informationen, für die Bearbeitung von Problemstellungen sowie für das gedeihliche Zusammenarbeiten in Gruppen (vgl. Reinmann-Rohtmeier/Mandl 1997, S. 24). So gesehen ist es nicht allein damit getan, die SchülerInnen beim Lernen allein zu lassen und mit komplizierten Problemstellungen zu konfrontieren, sondern nötig ist stets eine gesunde Balance zwischen expliziter Instruktion durch den Lehrer und konstruktiver Aktivität der Lernenden (vgl. ebenda).

Diese Relativierung und Präzisierung des konstruktivistischen Ansatzes wird auch in der bereits angesprochenen BLK-Studie zur Effektivierung des mathematisch-naturwissenschaftlichen Unterrichts unterstrichen. »Lernerfolge in offenen oder geöffneten Lernumgebungen«, so heißt es dort, »hängen maßgeblich von der Qualität der Vorstrukturierung und den verfügbaren Hilfestellungen ab ... Selbstregulierungsfähigkeit von Schülern wird nicht dadurch erreicht, dass man sie in komplexen Lernsituationen als bereits erreicht unterstellt« (Bund-Länder-Kommission 1997, S. 23). Weiter heißt es an anderer Stelle, dass Versuch und Irrtum in überkomplexen Situationen, auch wenn diese realitätsnah seien, zu keinen befriedigenden Ergebnissen führten. Offene und kooperative Lernsituationen bedürften von daher besonderer Vorstrukturierung und gezielter Lernhilfen durch die Lehrenden (vgl. ebenda, S. 24).

So gesehen geht es nicht um Frontalunterricht *oder* Schülerselbsttätigkeit, sondern um eine sinnvolle Verbindung dieser beiden Unterrichtsprinzipien. Die Verabsolutierung des selbstorganisierten Lernens »... wäre illusorisch und auch kaum sinnvoll zu begründen. Bereits Theodor Litt hatte 1956 in seinem Buch ›Führen oder Wachsenlassen‹ vor einer solchen ›sentimentalen Romantik‹ gewarnt, die von der Illusion ausgeht, ›es bedürfe nur der abwartenden Geduld und des Verzichts auf vorzeitige Eingriffe‹, damit sich naturwüchsig das entwickeln könne, was der Mensch *in* sich mitbringt‹« (Arnold 1993, S. 52). Der stärker lehrergeleitete Unterricht ist der erwähnten BLK-Studie zufolge gerade für lernschwächere SchülerInnen mit geringem Vorwissen wichtig und ermutigend. Auch leistungsstärkeren SchülerInnen tue es gelegentlich gut, von der Verantwortung für die Selbstregulation des eigenen Lernprozesses befreit zu sein. Dennoch habe unter dem Gesichtspunkt des kontinuierlichen Weiterlernens und der Anpassung des Wissens an neue Anwendungssituationen die Selbstregulierungsfähigkeit der SchülerInnen große Bedeutung und müsse daher durch entsprechende Lehr- und Lernformen unterstützt und ermöglicht werden (vgl. ebenda, S. 25).

Als Fazit aus diesen lerntheoretischen Befunden und Überlegungen lässt sich festhalten: Neue Formen des Lehrens und Lernens, die dem selbstgesteuerten, kooperativen, forschenden, problemlösenden Lernen verstärkt Raum geben, sind wichtig, wirksam und für die Zukunft der modernen Wissensgesellschaft nachgerade unerlässlich. Ganz gleich, ob es nun um die Vermittlung fachübergreifender Schlüsselqualifikationen, um die Sicherstellung von mehr Motivation, Konzentration und Lerndisziplin auf Schülerseite oder um die Förderung von mehr Nachhaltigkeit und Vernetzung beim Lernen geht – stets hat der traditionelle, lehrerzentrierte Unterricht mit seiner ausgeprägten Betonung des rezeptiven Lernens und des fragend-entwickelnden Verfahrens ziemlich schlechte Karten. Das hier anvisierte »Neue Lernen« reduziert die herkömmliche Lehrerdominanz ganz entscheidend und setzt stärker auf die Lehrperson als Moderator, Lernorganisator und Lernberater. Der Lehrer ist somit weiterhin für den unterrichtlichen Lernprozess zuständig – auch als Informant und Impulsgeber. Jedoch plant und gestaltet er den Lernprozess weniger in der traditionell engen, kleinschrittigen, fragend-entwickelnden Weise als vielmehr in der Form von Lernfragen, Knobelaufgaben, Lernspielen, Debatten, Gruppen- und Partnerarbeit, Projekten und sonstigen Formen des eigenverantwortlichen Arbeitens und Lernens. Dieses Lehr-/Lernkonzept wird im nächsten Abschnitt näher umrissen.

5. Das neue Haus des Lernens im Überblick

Dreh- und Angelpunkt der angestrebten neuen Lernkultur ist das eigenverantwortliche Arbeiten und Lernen der SchülerInnen, kurz »EVA« genannt (vgl. Abb. 5), und zwar mit dem Ziel, die im Dachgeschoss des Unterrichtsgebäudes angesiedelten Schlüsselqualifikationen möglichst wirksam zu erreichen. Zu diesen Schlüsselqualifikationen zählt erstens die Fachkompetenz im engeren Sinne (Fachwissen, Strukturwissen, Kritik- und Urteilsfähigkeit, Problembewusstsein, Problemlösungsfähigkeit), zweitens die Beherrschung elementarer Lern- und Arbeitstechniken, drittens die Fähigkeit zur überzeugenden Kommunikation und Argumentation, viertens die Fähigkeit und Bereitschaft zur konstruktiven und regelgebundenen Zusammenarbeit in Gruppen sowie fünftens der Aufbau spezifischer Persönlichkeitsmomente wie Selbstvertrauen, Selbstwertgefühl, Eigeninitiative und Durchhaltevermögen.

In einem Unterricht, in dem vorwiegend der Lehrer exzerpiert, strukturiert, interpretiert, analysiert, argumentiert, fragt, kontrolliert, kritisiert, organisiert, Probleme löst und in sonstiger Weise das Lernen managt und dominiert, können die SchülerInnen diese Schlüsselqualifikationen naturgemäß nur schwer erwerben. Von daher ist »EVA« zwingend angesagt; allerdings nicht nur im Sinne von Projektarbeit, Stationenarbeit, Wochenplanarbeit oder ähnlichen Hochformen des eigenverantwortlichen Arbeitens und Lernens. »EVA« muss viel schlichter ansetzen und zunächst einmal im ganz normalen Fachunterricht mit seinen zeitlichen und stofflichen Restriktionen intensiviert werden – kleinschrittig und eher unspektakulär. Denn nur auf diesem Wege lassen sich die vielen Lehrkräfte in unseren Schulen, die sich primär als *Fach*lehrer und Wissensvermittler verstehen, für die skizzierte Unterrichtsreform gewinnen.

Allerdings setzt die Intensivierung des eigenverantwortlichen Arbeitens und Lernens im Unterricht zwingend voraus, dass die SchülerInnen über einigermaßen tragfähige methodische Kompetenzen und Routinen verfügen, die ihnen persönlichen Erfolg sichern und nachhaltige Motivation aufbauen helfen. Konkret: Sie müssen die gängigen Lern- und Arbeitstechniken beherrschen, sie müssen argumentations- und kommunikationsfähig sein und sie müssen gelernt haben, konstruktiv und regelgebunden im Team zu arbeiten. Gerade bei diesen Basiskompetenzen aber gibt es vielerorts noch immer gravierende Defizite, die SchülerInnen wie LehrerInnen das Leben schwer machen, wenn offene Unterrichtsformen und selbstgesteuertes Lernen angesagt sind. Hier muss zwingend nachgebessert werden, wenn das skizzierte »Neue Haus des Lernens« ein solides Fundament bekommen und der drohenden Überforderung der SchülerInnen (und der LehrerInnen) konsequent entgegengewirkt werden soll.

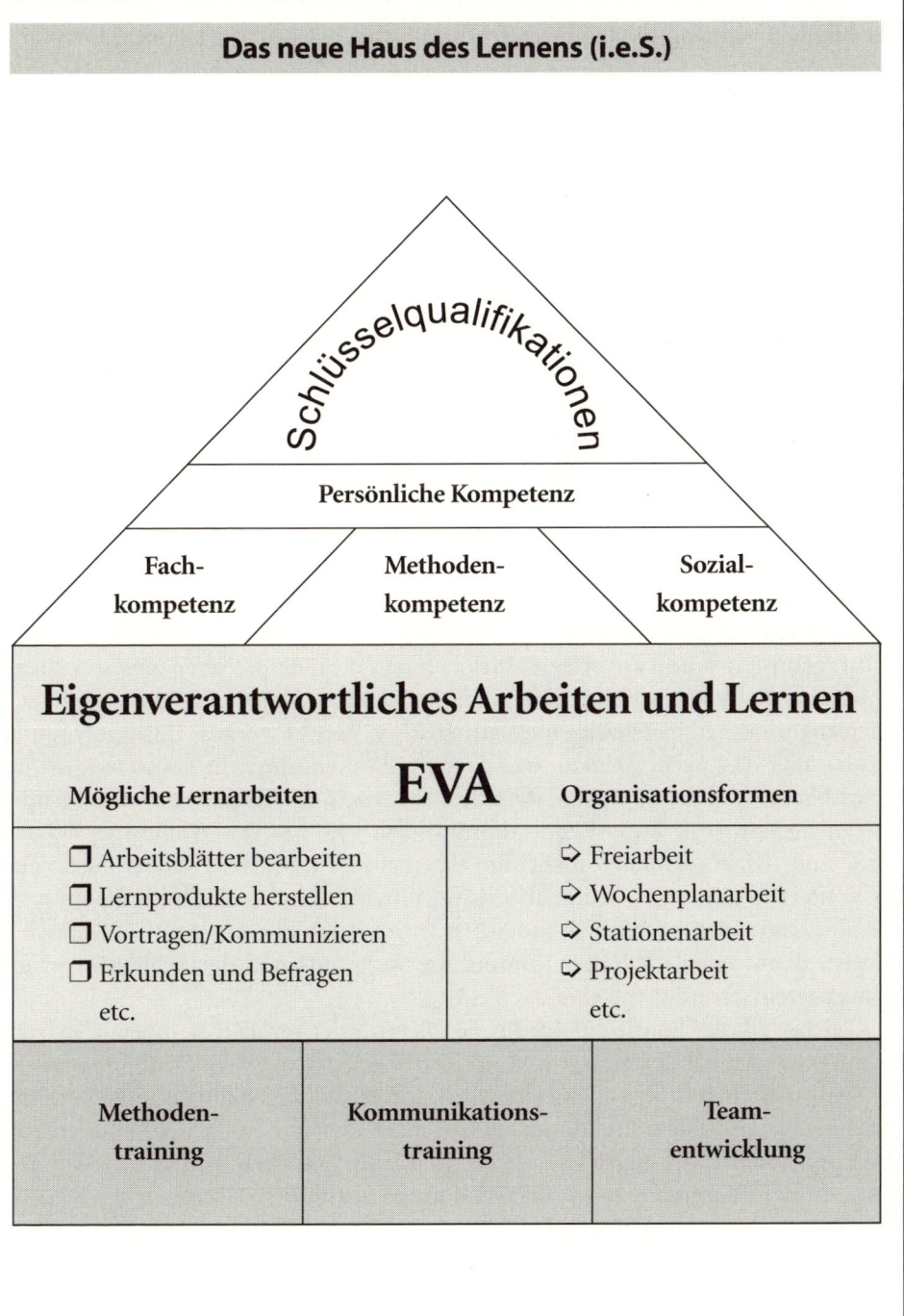
Abb. 05

Die in Abbildung 5 angedeuteten »Sockelqualifikationen« betreffen zum einen das Einüben elementarer Lern- und Arbeitstechniken wie Markieren, Exzerpieren, Strukturieren und Visualisieren, zum Zweiten das Training grundlegender Argumentations- und Kommunikationstechniken bis hin zur Rhetorik und zum Dritten schließlich die systematische Kultivierung von Teamfähigkeit und Gruppenunterricht durch vielfältige Übungen und Reflexionen. Ohne diese methodenzentrierte Übungs- und Klärungsarbeit steht das eigenverantwortliche Arbeiten und Lernen der SchülerInnen auf ziemlich tönernen Füßen. Nur, wer leistet diese Qualifizierungsarbeit in unseren Schulen?

Die meisten Lehrkräfte haben derartige Qualifizierungsstrategien weder während ihrer eigenen Schulzeit noch während ihrer Ausbildung an der Universität oder im Studienseminar erlebt und haben deshalb verständlicherweise Scheu davor, das skizzierte Methodentraining in Angriff zu nehmen. Von daher bedarf es zur Fundierung der skizzierten Unterrichtsarbeit nicht nur einschlägiger Trainingsmaßnahmen für die SchülerInnen, sondern auch und zuerst solcher für die Gruppe der Lehrkräfte. Diese Trainingsarbeit ist eine zentrale Aufgabe und Herausforderung für die Lehrerfortbildung – und ein essenzielles Merkmal der Pädagogischen Schulentwicklung. Näheres dazu findet sich in Kapitel V dieses Buches.

Dass die skizzierten Trainings- und Qualifizierungsmaßnahmen notwendig und chancenreich sind, unterstreicht nicht zuletzt die bereits erwähnte BLK-Studie. Selbstorganisiertes und selbstreguliertes Lernen im Sinne des oben angesprochenen EVA-Konzepts ist danach Teil einer »zukunftsfähigen Allgemeinbildung« und setzt »metakognitive Kompetenzen« im methodischen Bereich voraus. Dazu gehören das Wissen über das eigene Denken und Lernen, die Kenntnis von Lernstrategien und Heuristiken sowie die Fähigkeit, diese Kompetenzen einzusetzen, um den Lernprozess zu steigern (vgl. Bund-Länder-Kommission 1997, S. 13). Wichtig sei es, diese Lern- und Arbeitstechniken nicht nur allgemein zu trainieren, sondern stets auch im Kontext bestimmter Fachinhalte zu vermitteln, wobei es darauf ankomme, das entsprechende Methodenlernen möglichst systematisch und nicht nur sporadisch zu pflegen, damit ein dauerhafter Kompetenzerwerb aufseiten der SchülerInnen und Schüler erreicht werde (vgl. ebenda, S. 13).

Gleiches gilt der Studie zufolge für den Bereich der sozialen Kompetenzen. Auch sie müssten nachhaltig trainiert und sukzessive gefestigt werden. Denn die moderne Wissensgesellschaft bringe es mit sich, dass sich Wissensergänzung und Weiterlernen zunehmend in sozialen Situationen vollzögen, in denen Menschen zusammenarbeiteten und aufeinander angewiesen seien. Fazit also: Das oben umrissene »Skill-Training« muss in unseren Schulen dringend ausgebaut und systematisch gepflegt werden, sollen die SchülerInnen den aktuellen und zukünftigen Anforderungen in Schule, Studium und Beruf besser als bisher gerecht werden. Das in diesem Buch vorgestellte Trainings- und Innovationsprogramm trägt dieser Einsicht Rechnung.

II. Die wichtigsten Eckpunkte der Pädagogischen Schulentwicklung

In diesem Kapitel wird das Konzept der Pädagogischen Schulentwicklung näher entfaltet. Im Zentrum steht dabei die systematische Neuorientierung und Weiterentwicklung des Unterrichts. Sowohl vonseiten der Lern- und Unterrichtsforschung als auch vonseiten der Eltern, der Wirtschaft, der Bildungspolitik, der Lehrerverbände und nicht zuletzt der LehrerInnen selbst werden seit Jahren mit wachsendem Nachdruck neue Lernformen gefordert, die die in Abbildung 6 ausgewiesenen »Schlüsselqualifikationen« vermitteln helfen. Dieser Bedarf gilt für alle Bundesländer, Regionen und Einzelschulen, in denen das hier in Rede stehende Innovationsprogramm in den letzten Jahren angeboten und implementiert wurde (München, Nürnberg, Wien, Steiermark, Nordrhein-Westfalen, Rheinland-Pfalz, zahlreiche deutsche Auslandsschulen).

1. Im Zentrum steht die Unterrichtsreform

Wie bereits angedeutet, spricht vieles dafür, dem Innovationsfeld Unterricht besondere Aufmerksamkeit zu schenken, soll Schulentwicklung nicht in abgehobenen Grundsatzdebatten und höchst aufwändigen und unterrichtsfernen Diagnose-, Zielklärungs-, Planungs-, Kooperations-, Evaluations- und Konfliktregelungsprozessen stecken bleiben. Der Unterricht ist nicht nur der Kernbereich der Lehrertätigkeit, er stellt auch und zugleich ein äußerst virulentes Problemfeld dar, das von Lern- und Motivationsproblemen nachgerade übersät ist und deshalb nach neuen Wegen des Lehrens und Lernens verlangt, die den betreffenden LehrerInnen wie SchülerInnen ein Mehr an Erfolg, Identifikation und Zufriedenheit versprechen. Wenn es gelingt, dieses unterrichtliche Feld wirksam umzugestalten und in einem Kollegium einen entsprechenden Grundkonsens herzustellen, dann wäre das gewiss ein gutes Stück Schulentwicklung. So gesehen sind *Schulentwicklung* und *Unterrichtsentwicklung* letztlich zwei Seiten der gleichen Medaille: Schulentwicklung impliziert Unterrichtsentwicklung und Unterrichtsentwicklung impliziert Schulentwicklung! Und beide gehen selbstverständlich auch mit *Personalentwicklung* einher. Insofern kann Hans-Günter Rolff nur zugestimmt werden, wenn er den Systemzusammenhang zwischen Organisationsentwicklung, Unterrichtsentwicklung und personaler Entwicklung hervorhebt und dessen Berücksichtigung einfordert (vgl. Rolff u.a. 1998, S. 15ff.).

Die Frage ist nur, wo und wie konkret angesetzt werden soll und welche Maßnahmen im einzelnen ergriffen werden müssen, um innerhalb der Lehrerschaft die nötige Innovationsbereitschaft und -kompetenz freizusetzen, ohne die wirksame Schulentwicklung letztlich illusorisch bleibt. Fest steht, dass die meisten Lehrkräfte zwar eine latente Bereitschaft mitbringen, Neues zu versuchen, vielfach aber nicht die nötige Kompetenz und Routine besitzen, dieses Neue auch zielstrebig und erfolgreich zu realisieren. Das zumindest ist das Fazit, das sich aus ungezählten Veranstaltungen und Gesprächen mit Lehrerinnen und Lehrern im Rahmen der Lehrerfortbildung ziehen lässt. Und genau da beginnt die Crux an unseren Schulen. Die meisten Kollegien möchten zwar neue Lernformen kultivieren, um dadurch ein Mehr an Entlastung und Lernerfolg zu erzielen. Sie dürfen und sollen dieses sogar, wie die Bildungsverantwortlichen bei allen möglichen Gelegenheiten betonen. Nur fehlt es den meisten Lehrkräften erklärtermaßen am nötigen Innovations-Know-how sowie am subjektiven Gefühl und an der Gewissheit: »Das packe/n ich/wir!«. Zwar gibt es in jedem Kollegium einen gewissen Kreis energiegeladener Innovatoren, doch diese sind in aller Regel deutlich in der Minderheit.

Im Zentrum steht die Unterrichtsreform 47

Qualifikationen mit Zukunft

oder: Was SchülerInnen verstärkt lernen müssen ...

Selbstständigkeit

Eigeninitiative

Flexibilität

Durchhaltevermögen

Kreativität

Selbstkritikfähigkeit

Organisationsfähigkeit

Logisches Denken

Frustrationstoleranz

Fachwissen

Teamfähigkeit

Problemlösungsvermögen

Kommunikationsfähigkeit

Methodenbeherrschung

Verantwortungsbewußtsein

etc.

Abb. 06 © Dr. H. Klippert

Die Mehrheit der Lehrkräfte steht den vielfältigen Herausforderungen und Innovationserfordernissen unserer Tage erfahrungsgemäß eher ängstlich, skeptisch und/oder resigniert gegenüber. Diese »neue Unübersichtlichkeit« (Habermas) wirkt auf viele Schulpraktiker bedrohlich und erklärt die lähmende Untätigkeit, mit der weithin reagiert wird, wenn Innovationen nicht nur diskutiert, sondern auch realisiert werden sollen. Soll in den Schulen also wirklich etwas bewegt werden, was die pädagogisch-methodische Arbeit nachhaltig verändert und verbessert, dann geht das ganz sicher nicht ohne inspirierende und ermutigende Signale und Unterstützungsmaßnahmen von außen. Erforderlich ist von daher erstens die nachdrückliche Reduktion schulischer Komplexität durch die Fixierung eines überschaubaren Innovationsfeldes sowie zweitens das Angebot überzeugender Qualifizierungsmaßnahmen, bewährter Lehr-/Lernhilfen und expertengestützter Innovationsberatung zur Stärkung der Innovations*kompetenz* der interessierten Lehrkräfte. Die hier in Rede stehende Konzentration der Schulentwicklung auf Unterrichtsentwicklung trägt diesem Reduktionserfordernis ebenso Rechnung wie das differenzierte Trainings- und Beratungssystem, das den hier vertretenen Ansatz der »Pädagogischen Schulentwicklung« auszeichnet und im Schulalltag implementieren hilft.

Zusammenfassend lässt sich zum PSE-Ansatz feststellen: Pädagogische Schulentwicklung ist erstens *unterrichtszentriert*, zweitens *methodenzentriert*, drittens *servicegestützt* und viertens *teamorientiert*. Diese vier Merkmale des PSE-Programms lassen sich überblickshaft wie folgt charakterisieren:

❑ *Unterrichtszentrierung:* Dreh- und Angelpunkt der Schulentwicklung ist – wie erwähnt – die Unterrichtsreform mit der doppelten Zielsetzung, zum einen die SchülerInnen zeitgemäßer und effektiver als bisher zu qualifizieren sowie zweitens durch die Kultivierung neuer Lernformen eine spürbare Entlastung und ein deutliches Mehr an Berufszufriedenheit für die verantwortlichen Lehrkräfte zu erreichen. So gesehen trägt Pädagogische Schulentwicklung sowohl den kritischen Anfragen Rechnung, die sich aus aktuellen internationalen und nationalen Schul- bzw. Leistungsvergleichsstudien ergeben (siehe z.B. TIMSS), als auch dem wachsenden Leidensdruck vieler Lehrkräfte, der sich im vielzitierten »Burnout« sowie in alarmierenden Frühpensionierungsquoten äußert. Diese unterrichtszentrierte Ausrichtung der Schulentwicklung wird von vielen Lehrkräften ganz offenkundig geschätzt und angenommen. Das zumindest ist die Erfahrung, die der Verfasser während der letzten Jahre als Buchautor, Lehrerfortbildner und Schulentwickler gesammelt hat.

❑ *Methodenzentrierung:* Im Zentrum der angestrebten neuen Lehr-/Lernkultur steht das Eigenverantwortliche Arbeiten und Lernen der SchülerInnen – kurz »EVA« genannt (vgl. das Neue Haus des Lernens in Abb. 5 auf Seite 43). Die SchülerInnen in dieser Hinsicht stärker zu fordern und zu fördern hat zur Folge, dass sie sukzessive selbstständiger, zielstrebiger, kreativer und verantwortungsbewusster werden und auf diese Weise zunehmend die Bereitschaft und Fähigkeit erlangen, komplexere Aufgaben bzw. Problemstellungen in eigener Regie – alleine oder in Gruppen – zu lösen. Allerdings steht und fällt »EVA« mit dem Vorhandensein tragfähiger methodischer Routinen auf Schülerseite, d.h. mit dem Beherrschen elementarer Arbeits-, Kommunikations- und Kooperationstechniken. Gerade an diesen Basiskompetenzen aber mangelt es vielerorts nach wie vor ganz erheblich, sodass der angestrebte offene, handlungsorientierte Unterricht in vielen Schulen auf ziemlich tönernen Füßen steht. Nötig ist von daher eine verstärkte Methoden-, Kommunikations- und Teamschulung im Unterricht (vgl. den nachfolgenden Abschnitt 3 sowie Kapitel V).

❏ *Serviceorientierung:* Die Implementierung des skizzierten Reformprogramms muss – wie angedeutet – durch fundierte, für die Praxis unmittelbar hilfreiche Qualifizierungs- und Servicemaßnahmen unterstützt werden, die die interessierten Lehrkräfte rasch und wirksam befähigen, die angedeuteten neuen Lehr-/Lernformen im Unterricht systematisch umzusetzen sowie die angesprochenen Methoden-, Kommunikations- und Teamtrainings mit Schülern überzeugend durchzuführen. Fehlen diese Unterstützungsmaßnahmen, so besteht die Gefahr, dass selbst gutwillige Lehrkräfte angesichts des drohenden Zeit- und Arbeitsaufwands kapitulieren und die anvisierte Unterrichtsreform erst gar nicht angehen. Zu diesen Unterstützungs- bzw. Servicemaßnahmen gehören erstens einschlägige Trainingsveranstaltungen für interessierte Lehrkräfte, Lehrerteams oder ganze Kollegien (Trainingsservice), zweitens gezielte Maßnahmen der Innovationsberatung und der Netzwerkbildung innerhalb einer Region (Beratungsservice), drittens die Bereitstellung bewährter Materialien und Lernarrangements (Materialservice), viertens die Unterstützung und Moderation innovationszentrierter Informationsveranstaltungen für Eltern, Schüler, Betriebsvertreter etc. (Vortrags- und Moderationsservice) sowie fünftens die konsequente Prozess- und Schulbegleitung, sofern diese vom jeweiligen Kollegium gewünscht wird (Supervisionsservice). Als Trainer, Berater und Schulbegleiter stehen den interessierten Schulen nach dem hier vertretenen Konzept qualifizierte »Innovationsexperten« (Trainer) zur Verfügung, die sowohl im eigenen Unterricht als auch im eigenen Kollegium einschlägige Qualifizierungs- und Innovationsprozesse durchlaufen haben.

❏ *Teamorientierung:* Ohne Teamarbeit der Lehrkräfte ist letztlich keine erfolgreiche Schulentwicklung zu bewerkstelligen. Da die Teamarbeit in den meisten Kollegien erwiesenermaßen ziemlich im Argen liegt, muss die nötige Kooperationsbereitschaft und -fähigkeit vielerorts erst noch entwickelt werden. Diese Teamentwicklung ist integraler Bestandteil des hier in Rede stehenden Reformprozesses, d.h. zur Umsetzung der anstehenden Unterrichtsreform werden in den betreffenden Schulen unterschiedliche Lehrerteams gebildet, die sich dezidiert sowohl um das PSE-Management ganz allgemein als auch – spezieller – um die einzelnen Trainingsmaßnahmen im Unterricht kümmern und entsprechende Vorbereitungsarbeiten leisten. Derartige Teams existieren sowohl auf Schulebene als auch auf Klassen- und Fachebene. Sie werden gemeinsam fortgebildet und implementieren in konzertierter Weise die neuen Lern- und Trainingsformen.

2. Die Kernziele des PSE-Programms

Welche Ziele sich mit der hier vertretenen Schulentwicklungsstrategie verbinden und welche Chancen und Perspektiven sich daraus für Schüler, Lehrer, Eltern und Kommunen ableiten lassen, lässt sich überblickshaft aus Abbildung 7 ersehen. Zu den angeführten Zielfeldern und Zielsetzungen im Einzelnen:

❏ *Intensivierung und Erweiterung des fachlichen Lernens*: Durch die nachdrückliche Forcierung des Methoden-, Kommunikations- und Teamtrainings sowie des darauf aufbauenden eigenverantwortlichen Arbeitens und Lernens der SchülerInnen wird deren Fachkompetenz im weitesten Sinne des Wortes gefördert. Dass dieses wichtig und dringlich ist, wurde in Kapitel I bereits deutlich gemacht (vgl. die Abschnitte 1 und 4). Neuer Lernstoff wird in Deutschland bisher jedoch überwiegend auf fragend-entwickelnde Weise erarbeitet. Auch das Erarbeiten und Üben findet oftmals im Rahmen eng gelenkter Unterrichtsgespräche statt. »Das lehrergeleitete Unterrichtsgespräch steuert in der Regel konvergent auf die möglichst systematische Erarbeitung eines Konzepts oder einer Routine zu. Das Erreichen des Unterrichtsziels hängt davon ab, dass sich Schülerantworten in die Entwicklung des Gedankenganges einfügen. Fehler haben in diesen Phasen des Unterrichts keinen genuinen Ort« (Bund-Länder-Kommission 1997, S. 27). Diese primär für den Mathematikunterricht getroffenen Feststellungen lassen sich auf die meisten anderen Schulfächer und Unterrichtsverläufe ziemlich nahtlos übertragen. Kein Wunder also, dass viele SchülerInnen in puncto Fachkompetenz gravierende Defizite zeigen. Denn es genügt nun einmal nicht, vorgegebene bzw. vom Lehrer induzierte fachliche Kenntnisse und Erkenntnisse zu »pauken« und bei Gelegenheit zu reproduzieren, sondern Fachkompetenz im strengen Sinne des Wortes verlangt mehr: Fachkompetenz im Sinne des hier vertretenen *erweiterten Lernbegriffs* verlangt fachliche Souveränität und Problemlösungskompetenz, fachspezifische Kommunikations- und Präsentationsfähigkeit, fachbezogene Methodenbeherrschung und Teamfähigkeit und manches andere mehr. Diesem erweiterten Verständnis von Fachkompetenz wird durch die ins Auge gefassten neuen Lernmethoden und Trainingsmaßnahmen Rechnung getragen.

❏ *Entlastung der Lehrkräfte vom ständigen »Geben-Müssen«*: In dem Maße, wie die SchülerInnen trainieren und lernen, selbstständig, diszipliniert und methodenbewusst alleine oder in Kleingruppen zu arbeiten und die je anstehenden Aufgaben zu lösen, tritt eine merkliche Entlastung für die zuständigen Lehrkräfte ein. Diese

Kernziele der Pädagogischen Schulentwicklung

1. Intensivierung und Erweiterung des fachlichen Lernens

    ❏ Steigerung der fachlichen Souveränität
    ❏ Festigung elementarer Arbeitstechniken
    ❏ Verbesserung der Kommunikationsfähigkeit
    ❏ Förderung der Teamfähigkeit im Klassenraum

2. Entlastung der Lehrerinnen und Lehrer vom ständigen »Geben-Müssen«

    ❏ durch mehr eigenverantwortliches Arbeiten der Schüler
    ❏ durch das Wirken der Schüler als Helfer und Miterzieher
    ❏ durch produktive Team-/Konferenzarbeit der Lehrkräfte
    ❏ durch Unterstützungsmaßnahmen der Schulleitung

3. Ausstrahlung der Unterrichtsreform auf die ganze Schule

    ❏ Veränderung der Stoffpläne und des Lehrereinsatzes
    ❏ Veränderung der Klassenraum- und Schulgestaltung
    ❏ Veränderung der Leistungsmessung und -beurteilung
    ❏ Veränderung der Konferenzkultur und -gestaltung
    ❏ Veränderung der Eltern- und Öffentlichkeitsarbeit
    ❏ Veränderung der Personalplanung und -entwicklung
    ❏ Veränderung des Schulklimas (corporate identity)
    ❏ Veränderung des Ressourcenmanagements
    ❏ Veränderung der Schulprogramme/-profile

4. Entlastung der Kommunen von sozialen Folgekosten

    ❏ Gewaltprophylaxe und Suchtprävention
    ❏ Förderung von Toleranz und Gemeinsinn
    ❏ Standortsicherung durch »Schlüsselqualifikationen«

Abb. 07 © Dr. H. Klippert

Entlastung ist einmal bedingt durch die konsequente Ausweitung des eigenverantwortlichen Arbeitens und Lernens der SchülerInnen im Unterricht (EVA), zweitens durch ihr konstruktives Wirken als Helfer und Miterzieher in den einzelnen Lerngruppen, drittens durch den Ausbau produktiver Teamarbeit in den Lehrerkonferenzen sowie viertens durch gezielte Entlastungs- und Unterstützungsmaßnahmen seitens der Schulleitungen bei der Implementierung der neuen Lern- und Trainingsformen (vgl. Abb. 7). So gesehen ist Entlastung im Unterricht nicht nur nötig, sondern auch möglich. Das gilt wohlgemerkt nicht nur für das unmittelbare Unterrichtsgeschehen, sondern auch für die Phase der Unterrichtsvorbereitung – vorausgesetzt, die Lehrkräfte setzen verstärkt auf Teamarbeit und auf die konsequente Nutzung der vorhandenen Medien, Materialien und sonstigen Potenziale in der Schule. Zu diesen letztgenannten Potenzialen gehören nicht zuletzt die SchülerInnen selbst als Leistungstutoren und Erziehungshelfer im alltäglichen Unterricht. In diesen Funktionen müssen sie viel stärker gefördert und gefordert werden, als das bisher der Fall ist. Dann haben die betreffenden Lehrkräfte gute Chancen, ihre spezifischen Belastungen zu reduzieren und ihre Berufszufriedenheit wirksam zu steigern.

❏ *Ausstrahlung der Unterrichtsreform auf die ganze Schule*: Die skizzierte Unterrichtsreform beschränkt sich natürlich nicht allein auf methodische Fragen und Qualifizierungskampagnen, sondern erfasst nach und nach auch andere Bereiche des Schullebens und der Schulorganisation (vgl. Abb. 7). Infolge der vielfältigen Qualifizierungs- und Innovationsaktivitäten entsteht gleichsam ein Innovationssog, der weit reichende Veränderungen im System Schule nach sich zieht. Das zeigen die zurückliegenden Erfahrungen sehr deutlich. Diese Veränderungen betreffen gleichermaßen die Stoffverteilungspläne wie die Stundentafeln, die Lehrereinsatzplanung wie die Konferenzgestaltung, die Sitzordnung wie die Klassenraumgestaltung, die Leistungsmessung wie die Leistungsbeurteilung, die Elternarbeit wie die Öffentlichkeitsarbeit, die Lehrerkommunikation wie die Lehrerkooperation, die Ressourcenbeschaffung wie die Schulprogrammentwicklung, die Evaluationsarbeit wie die Personalentwicklung. So gesehen ist die hier anvisierte Kultivierung neuer Lehr- und Lernformen keinesfalls ein isoliertes Unterfangen, das lediglich zu einem erweiterten Methodenrepertoire einiger interessierter Lehrkräfte führt, sondern immer auch ein Beitrag zur umfassenden und systematischen Schulentwicklung. Näheres dazu wird in den nachfolgenden Abschnitten ausgeführt.

❏ *Entlastung der Kommunen von sozialen Folgekosten*: Pädagogische Schulentwicklung im oben skizzierten Sinne trägt selbstverständlich auch und nicht zuletzt dazu bei, dass die Schule ihre sozialintegrative Funktion wirksamer als bisher üblich erfüllen kann. Denn in dem Maße, wie die SchülerInnen in puncto Selbstständigkeit, Methodenkompetenz, Kommunikationsfähigkeit und Teamfähigkeit gefordert und gefördert werden, wachsen letzten Endes auch ihr Selbstwertgefühl, ihre Sozialkompetenz, ihre Leistungsbereitschaft und ihr Lernerfolg. Stabile Persönlichkeiten aber, die Sozialkompetenz besitzen, die sich sozial eingebettet erleben und in den betreffenden Lerngruppen Beachtung und Anerkennung finden, sind erfahrungsgemäß deutlich weniger anfällig für Gewalt, Drogen und sonstige Formen der Fremd- und Selbstzerstörung. Das aber ist ganz sicher ein wichtiger Beitrag zur wirksamen Integration der Jugendlichen in die moderne Gesellschaft sowie zur Minimierung sozialer Friktionen in der Schule wie im Privatleben.

Darüber hinaus trägt dies alles ganz fraglos dazu bei, dass die SchülerInnen wichtige »Schlüsselqualifikationen« erwerben, die sie auf dem bundesdeutschen Arbeitsmarkt dringlich brauchen. So gesehen leistet die skizzierte Lern- und Trainingsarbeit einen nicht zu unterschätzenden Beitrag zur Sicherung des Industriestandorts Deutschland. Fazit also: Pädagogische Schulentwicklung im beschriebenen Sinne bietet nicht nur die Gewähr dafür, dass die bestehenden und vielfach kritisierten Qualifikationsdefizite der SchülerInnen abgebaut werden, sondern sie trägt auch und nicht zuletzt dazu bei, dass die für die Schule zuständigen Gebietskörperschaften bei der Bekämpfung von Gewalt, Drogen, Arbeitslosigkeit und sonstigen Negativerscheinungen der modernen Lebenswelt erheblich Geld einsparen können, wenn das angedeutete Qualifizierungsprogramm wirksam umgesetzt wird. Wer wollte bestreiten, dass das ein wichtiges und lohnendes Ziel ist!?

3. Methodentraining als Basisstrategie

Dreh- und Angelpunkt der skizzierten Pädagogischen Schulentwicklung ist das bereits angedeutete systematische Methodentraining mit SchülerInnen und LehrerInnen in Anlehnung an das »neue Haus des Lernens« in Abbildung 5 (vgl. Seite 43). Das beginnt beim exemplarischen Üben und Klären elementarer Lern- und Arbeitstechniken und reicht über das Training grundlegender Kommunikations- und Kooperationstechniken bis hin zur intelligenten Organisation des eigenverantwortlichen Arbeitens und Lernens im (Fach-)Unterricht. LehrerInnen wie SchülerInnen haben diesbezüglich erwiesenermaßen erheblichen Klärungsbedarf und brauchen daher das praktische Üben anhand ausgewählter Beispiele und Trainingsarrangements, um die nötigen Lehr-/Lernroutinen in methodischen Dingen zu entwickeln. Das Methodenspektrum, das durch diese Trainings- und Klärungsarbeit angesprochen und entwickelt werden soll, wird in Abbildung 8 umrissen. Da auf die unterrichtliche Trainingsarbeit mit der Gruppe der SchülerInnen in Kapitel V noch ausführlich eingegangen wird, sollen hier zunächst nur die Qualifizierungs- und Unterstützungsmaßnahmen für die Gruppe der LehrerInnen beleuchtet werden.

Unstrittig ist, dass die Lehrkräfte in den Schulen, die der skizzierten neuen Lernkultur mehr Nachdruck geben und die SchülerInnen methodisch stärker fordern und fördern möchten, ganz konkrete Unterstützung und praxiserprobte Hilfen erwarten und brauchen. Zwar gibt es in jedem Kollegium eine Reihe von Lehrkräften, die über beträchtliches Innovations-Know-how verfügen und erst gar nicht mehr davon überzeugt werden müssen, dass die hier in Rede stehenden neuen Lehr-/Lernmethoden verstärkt in die alltägliche Unterrichtsarbeit einfließen müssen. Nur handelt es sich bei diesen Pionieren häufig um engagierte Einzelkämpfer mit »exotischen« Ansprüchen und aufwendiger Unterrichtsvorbereitung, die auf viele Kolleginnen und Kollegen eher abschreckend als ermutigend wirken. Was in den Schulen stattdessen gebraucht wird, das sind einfache Lehr-/Lernarrangements, die intelligent und arbeitssparend vorzubereiten sind und die SchülerInnen ebenso vielseitig wie wirksam in der skizzierten Weise fordern und fördern. An solchen einfachen Lösungen und Standardarrangements besteht nach wie vor ein eklatanter Mangel. Wenn z.B. – wie kürzlich erlebt – drei Lehrkräfte für eine auf vier Unterrichtsstunden angelegte Stationenarbeit mehrere Tage lang intensive Vorbereitung und Materialerarbeitung betreiben, dann ist das alles andere als ökonomisch, wegweisend und innovationsfördernd.

Was also tun? Die bisherige Innovationsarbeit zeigt, dass in den »normalen Kollegien« dann etwas zu bewegen ist, wenn mithilfe externer Experten überzeugend

Methodentraining mit SchülerInnen und LehrerInnen

Durchspielen und Reflektieren ausgewählter »Maktromethoden«	Durchspielen und Reflektieren elementarer Lern- und Arbeitstechniken	Durchspielen und Reflektieren elementarer Gesprächs- und Kooperationstechniken
❐ Gruppenarbeit	❐ Markieren	❐ In ganzen Sätzen reden
❐ Wochenplanarbeit	❐ Rasch lesen	❐ Frei sprechen/vortragen
❐ Stationenarbeit	❐ Gezielt nachschlagen	❐ Assoziationen äußern
❐ Lernkartei-Arbeit	❐ Fragen formulieren	❐ Interview führen
❐ Metaplanmethode	❐ Auswendig lernen	❐ Aktiv zuhören
❐ Planspielmethode	❐ Stringent schreiben	❐ Gespräch leiten
❐ Referatgestaltung	❐ Strukturieren	❐ Diskussion führen
❐ Sozial-/Fallstudie	❐ Visualisieren	❐ Wort weitergeben
❐ Hearing/Talkshow	❐ Protokoll führen	❐ Blickkontakt halten
❐ Betriebserkundung	❐ Gliedern/Ordnen	❐ Feedback geben
❐ Zukunftswerkstatt	❐ Richtig zitieren	❐ Mitschülern helfen
❐ Reportage erstellen	❐ Zeit einteilen	❐ Teamregeln beachten
❐ Vidoeproduktion	❐ Arbeitsplatz gestalten	❐ Konflikte managen
❐ Klassenarbeit systematisch vorbereiten	❐ Ausschneiden/Lochen/Aufkleben/Abheften	❐ Zielgerichtet zusammenarbeiten
etc.	etc.	etc.

Abb. 08 © Dr. H. Klippert

ausgelotet und mittels praktischer Übungen und bewährter Beispiele demonstriert und geklärt wird, wie die angestrebten neuen Lern- und Trainingsformen im Unterricht realisiert werden können, und zwar mit möglichst wenig Zeit- und Arbeitsaufwand und mit geringem Risiko. Letzteres ist für das breite Mittelfeld in den Kollegien ein ganz entscheidender Gesichtspunkt, den man weder übersehen noch gering schätzen darf. Am besten kommt es bei diesem eher risikoscheuen und traditionell eingestellten Mittelfeld erfahrungsgemäß an, wenn im Wege des »*learning by doing*« ganz praktische Einblicke und Routinen vermittelt werden, die im Unterrichtsalltag verlässlich weiterhelfen. So lassen sich Angst und Unsicherheit am wirksamsten abbauen und die nötigen persönlichen Kompetenzen und Überzeugungen aufbauen. Das spricht für eine ebenso systematische wie intensive Trainingsarbeit im Rahmen der (schulinternen) Lehrerfortbildung, die den interessierten Lehrkräften praxisnah Gelegenheit gibt, mit den aus Abbildung 8 ersichtlichen Unterrichts- und Trainingsmethoden näher vertraut zu werden.

Neue Methoden muss man einfach erfahren! Nur so lässt sich sicherstellen, dass sie hinreichend begriffen und verinnerlicht werden. Das gilt für SchülerInnen genauso wie für LehrerInnen. Dieser Grundsatz erklärt den zentralen Stellenwert, der dem praktischen Methodentraining im Rahmen des hier in Rede stehenden Konzepts der Pädagogischen Schulentwicklung beigemessen wird. Dementsprechend werden interessierten Kollegien bzw. Teilkollegien schulintern oder schulübergreifend profilierte Trainingstagungen zu den aus den Abbildungen 5 und 8 ersichtlichen Methodenfeldern angeboten. EVA im Fachunterricht, Training elementarer Lern- und Arbeitstechniken, Teamentwicklung im Klassenraum und Kommunikationstraining im Unterricht – das sind die Grundmodule des hier ins Auge gefassten Trainingsprogramms, das interessierte Kollegien bzw. Lehrerteams üblicherweise durchlaufen. Hinzu kommt in aller Regel eine Einführungstagung für die pädagogischen Führungskräfte der jeweiligen Schule, die die besagte Pädagogische Schulentwicklung in Angriff nehmen möchten (vgl. Abb. 9). Spezielle Angebote zum Projektunterricht, zur Stationenarbeit, zur Wochenplanarbeit, zum Lernfeld »Rhetorik« oder zu anderen Spezialgebieten des eigenverantwortlichen Arbeitens und Lernens können sich unter Umständen anschließen, sofern ein (Teil-)Kollegium dieses will. Wichtig ist nur, dass die angedeutete Trainingsarbeit möglichst systematisch und kontinuierlich erfolgt, damit sich die betreffenden Lehrkräfte nachhaltig vergewissern und mit den angedeuteten Methoden vertraut machen können.

Ob und inwieweit das skizzierte Trainingsprogramm von einem Kollegium tatsächlich angefordert und genutzt wird, ist allein Sache der schulinternen Lehrerkonferenz. Nur wenn das betreffende Kollegium in einer Lehrerkonferenz mit mindestens Zwei-Drittel-Mehrheit beschließt, den Prozess der Pädagogischen Schulentwicklung im eigenen System anzugehen, setzt die konkrete Trainingsarbeit ein, und zwar moderiert und unterstützt in aller Regel von einschlägig ausgebildeten Methodentrainern und PSE-Beratern (vgl. die nachfolgenden Abschnitte 4 und 9), die im Auftrag des jeweils zuständigen Lehrerfortbildungsinstituts tätig werden und von den interessierten Schulen angefordert werden können. Selbstverständlich können

Methodentraining als Basisstrategie 57

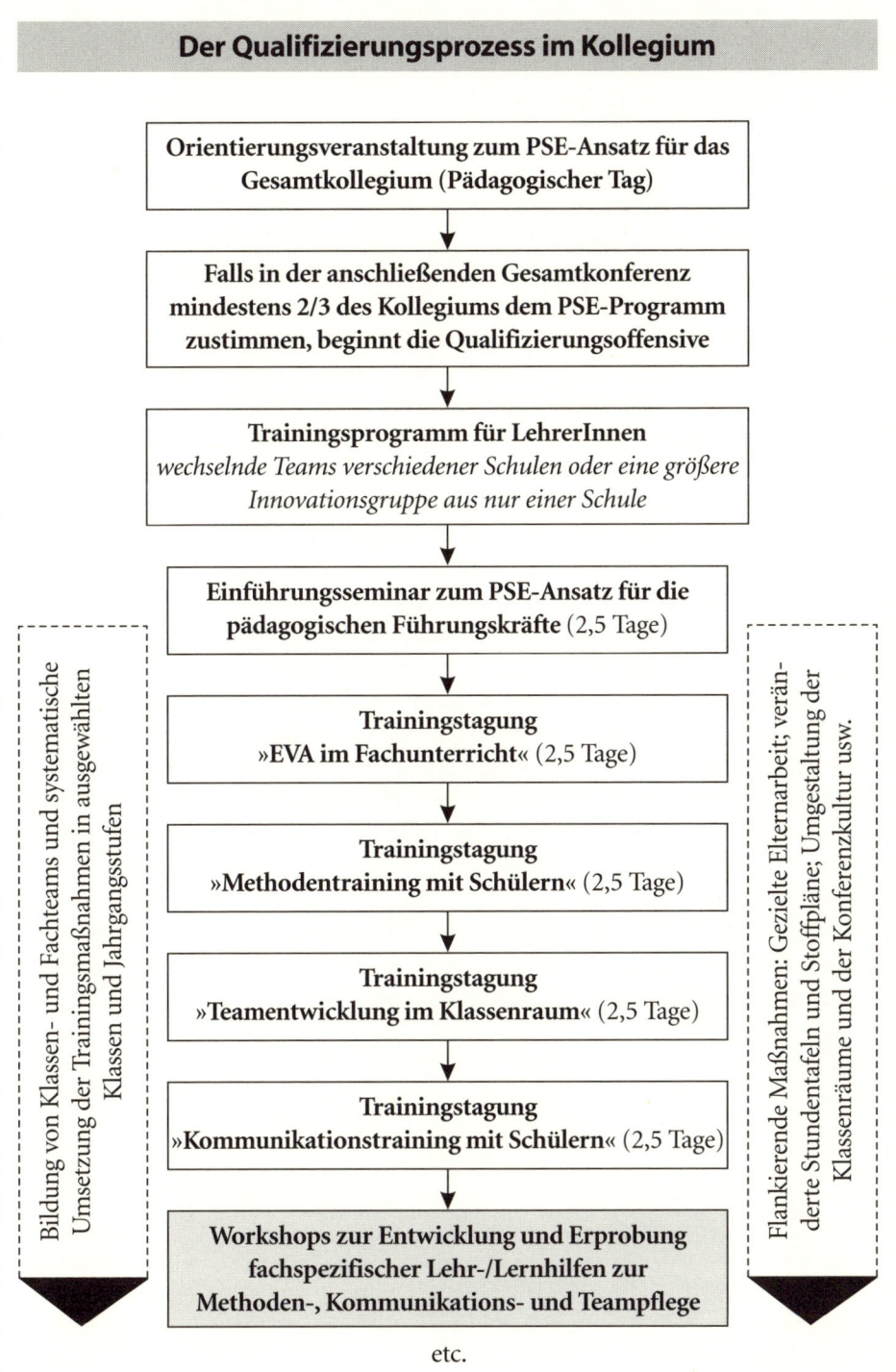
Abb. 09 © Dr. H. Klippert

engagierte Kollegien diesen methodenzentrierten Übungs- und Klärungsprozess auch selbst organisieren und mit »Bordmitteln« bestreiten. Gleiches gilt für Kollegien, die Ihren Schulentwicklungsprozess ganz anders verstehen und angehen wollen. Sie können dieses natürlich tun und in eigener Regie oder mithilfe anderer externer Moderatoren völlig andere Wege gehen. Oktroyiert wird nichts!

Freilich hat die zuerst genannte Variante mit externen Innovationsexperten als Unterstützern und Lieferanten einschlägiger Trainings-, Beratungs- und Materialangebote ganz fraglos ihre Vorteile für die betreffenden Kollegien. Zum einen tragen diese »Experten« dazu bei, dass der schulinterne Meinungsbildungs- und Entscheidungsprozess in Sachen Schulentwicklung durch das profilierte Angebot bewährter Trainings-, Material- und Beratungsleistungen entscheidend abgekürzt wird, was die zusätzliche Konferenzbelastung minimiert; zum Zweiten stehen dem jeweiligen Kollegium grundständig ausgebildete und erfahrene »TrainerInnen« zur Verfügung, die für einen relativ effektiven und fundierten Klärungs- und Qualifizierungsprozess Sorge tragen; zum Dritten gewährleistet der klar strukturierte und in der Praxis vielfach bewährte Trainings- und Innovationsfahrplan, dass der pädagogische Innovationsprozess im jeweiligen Kollegium relativ zügig und konsequent vorangebracht werden kann; und zum Vierten schließlich werden den interessierten Lehrkräften einschlägig erprobte und bewährte Trainingshilfen bereitgestellt, die die Umsetzung der Trainingsprogramme in den Unterrichtsalltag hinein erleichtern (vgl. die Trainingshandbücher des Verfassers: Klippert 1994, 1995, 1996, 1998).

Ein solcher »Innovationsservice« ist nicht nur legitim, sondern er ist angesichts der bestehenden Belastungen, Einstellungen und Erwartungen in den Kollegien auch nachgerade geboten. Für die »Selbsterneuerung« in den Kollegien bleibt unter diesen Vorzeichen gerade noch Raum genug, denn die praktische Erprobung und Implementierung der skizzierten Trainings- und Innovationsmaßnahmen in der Schule ist selbstverständlich Aufgabe des jeweiligen Kollegiums bzw. der daraus sich rekrutierenden Innovationsteams und kann durch keinen Trainer von außen abgenommen werden. Fazit also: Trainings-, Beratungs- und Materialservice sind nötig, aber sie entlassen die schulischen Akteure keinesfalls aus ihrer grundlegenden Verantwortung für den pädagogischen Schulentwicklungsprozess!

4. Systematisches Innovationsmanagement

Pädagogische Schulentwicklung im hier verstandenen Sinne zeichnet sich durch relativ klare Strukturen und Fahrpläne aus, die sich in der Praxis als notwendig und hilfreich erwiesen haben. Diese Fahrpläne vermitteln den Akteuren in den Schulen die nötige Sicherheit und Zielstrebigkeit, um den anvisierten Innovationsprozess zügig und ohne übermäßige Friktionen anzupacken und voranzubringen. Welche Fahrpläne bzw. Aktionsprogramme sich im Zuge der zurückliegenden Schulentwicklungsarbeit bewährt haben und welche konkreten Maßnahmen und Schritte sie umfassen, geht aus den Abbildungen 10–12 hervor. Wohlgemerkt, diese Fahrpläne sind nicht als Korsett zu verstehen, das einem Kollegium oktroyiert wird, sondern sie sind Orientierungs- und Arbeitshilfen für all jene Kollegien, die sich darauf einlassen und ihren Weg der Pädagogischen Schulentwicklung in der vorgeschlagenen Weise gehen möchten. Sie sind Angebote! Nicht mehr, aber auch nicht weniger. Wer diese Angebote will, kann auf einen recht ausgefeilten Innovationsservice rechnen, wer andere Optionen und Strategien verfolgen möchte, dem bleibt dieses natürlich unbenommen.

Denn der hier vertretene Ansatz der Pädagogischen Schulentwicklung erhebt keinesfalls den Anspruch, Schulentwicklung schlechthin zu sein und allen möglichen Problemen und Herausforderungen der heutigen Schulwirklichkeit Rechnung zu tragen. Schulentwicklung kann durchaus verschiedene Fassetten haben und auch unterschiedliche Verläufe nehmen. Allerdings hat das nachfolgend skizzierte Aktionsprogramm den großen Vorteil, dass es sich in unterschiedlichen Kontexten als recht praktikabel und wirksam bewährt hat. Dass es auf dem skizzierten Weg selbstverständlich so manche Modifikationen und Ergänzungen geben kann, ist klar, denn keine schulische Situation ist wie die andere und kein Kollegium ist so strukturiert und disponiert wie das andere. Gleichwohl halten sich diese Abweichungen erfahrungsgemäß in ziemlich engen Grenzen, da das vorliegende Aktionsprogramm inzwischen in hohem Maße abgestimmt ist mit den Möglichkeiten und Restriktionen des alltäglichen Schulbetriebs sowie mit den Bedürfnissen und Erwartungen der Lehrkräfte.

Abbildung 10 verdeutlicht die konzertierten Qualifizierungsmaßnahmen, die derzeit u.a. im Rahmen des nordrhein-westfälischen Reformprojekts »Schule & Co« realisiert werden. Schwerpunkt dieses Projekts ist die Pädagogische Schulentwicklung im hier skizzierten Sinne. Die Implementierung des PSE-Programms ist verbunden mit einem ganzen Bündel an unterschiedlichen Informations- und Qualifizierungsmaßnahmen auf verschiedenen Ebenen. Die erste Ebene betrifft die Ausbildung versierter Methodentrainer und PSE-Berater, die nach Abschluss ihrer Ausbildung den interessierten Kollegien mit Rat und Tat zur Seite stehen. Diese *Trainer* sind in erster Linie *Innovationsexperten* mit spezifischem Know-how im Bereich der Methodenschulung sowie im Hinblick auf die innerschulische Umsetzung des PSE-Programms. Sie sind keine Prozessbegleiter im Sinne der Moderation und Steuerung offener Meinungsbildungs- und Konzeptentwicklungsprozesse in einem Kollegium! Welchen Service sie den interessierten Kollegien im einzelnen anbieten, lässt sich aus Abbildung 10 ersehen: Trainingsservice, Beratungsservice, Materialservice, Vortragsservice sowie flankierende Maßnahmen der Prozessbegleitung im Zuge der schulinternen Umsetzung des PSE-Programms – das ist das bereitstehende Servicepaket.

Damit die TrainerInnen diesen Service wirksam und flexibel leisten können, brauchen sie selbstverständlich passable Rahmenbedingungen, und zwar sowohl für sich selbst als auch für die Trainings- und Innovationsarbeit in den Schulen. Welche Rahmenbedingungen sich in der Praxis als hilfreich und innovationsfördernd erwiesen haben, wird im unteren Teil von Abbildung 10 angedeutet. Nähere Ausführungen dazu finden sich im nachfolgenden Abschnitt 9, der speziell der Ausbildung und dem Einsatz der TrainerInnen gewidmet ist. Das Bündel der flankierenden Maßnahmen ist damit allerdings noch keinesfalls erschöpft. Zum hier anvisierten Innovationsmanagement gehört noch einiges mehr: Bewährt hat sich erstens der Aufbau spezifischer »Modellschulen« in der jeweiligen Region, die das besagte PSE-Programm – unter realistischen Bedingungen – systematisch implementieren und von daher mit Erfahrungen, Hospitationsangeboten und konkreten Tipps aufwarten können, die anderen interessierten Schulen und Lehrkräften weiterhelfen können.

Zum Zweiten hat sich als außerordentlich hilfreich und innovationsfördernd erwiesen, die Pädagogische Schulentwicklung nicht nur als isoliertes Unterfangen einiger Lehrkräfte und Schulen zu verstehen, sondern auch und zugleich als eine Angelegenheit von erheblichem öffentlichem Interesse zu betrachten und dementsprechend gezielte Informationsveranstaltungen und/oder PSE-Einführungsseminare für alle möglichen Zielgruppen anzubieten und durchzuführen, die an Schulentwicklung interessiert sind (Eltern, Schulaufsicht, Wirtschaftsvertreter, Lehrerverbände, Kommunalpolitiker). Denn Pädagogische Schulentwicklung braucht eine möglichst breite Lobby, wenn die skizzierten Rahmenbedingungen und Unterstützungssysteme wirksam aufgebaut werden sollen.

Drittens schließlich ist es nachgerade zwingend, mit der Pädagogischen Schulentwicklung nicht nur an den Schulen selbst und in der Lehrerfortbildung anzusetzen, sondern das entsprechende methodisch-pädagogische Repertoire der Lehrkräfte bereits viel früher – nämlich in der Lehrerausbildung – möglichst konsequent zu trainieren. Dieser Einsicht wird im Rahmen des erwähnten NRW-Reformprojekts »Schule & Co« dadurch Rechnung getragen, dass in den Regionen Leverkusen und Herford insgesamt elf Studienseminare zum Modellversuch »Methodentraining als Seminarprogramm« eingeladen wurden und diese Einladung zwischenzeitlich auch alle angenommen haben. Im Zentrum dieses seminarspezifischen Qualifizierungsprogramms stehen – wie bei den in Abbildung 10 angeführten Modellschulen auch

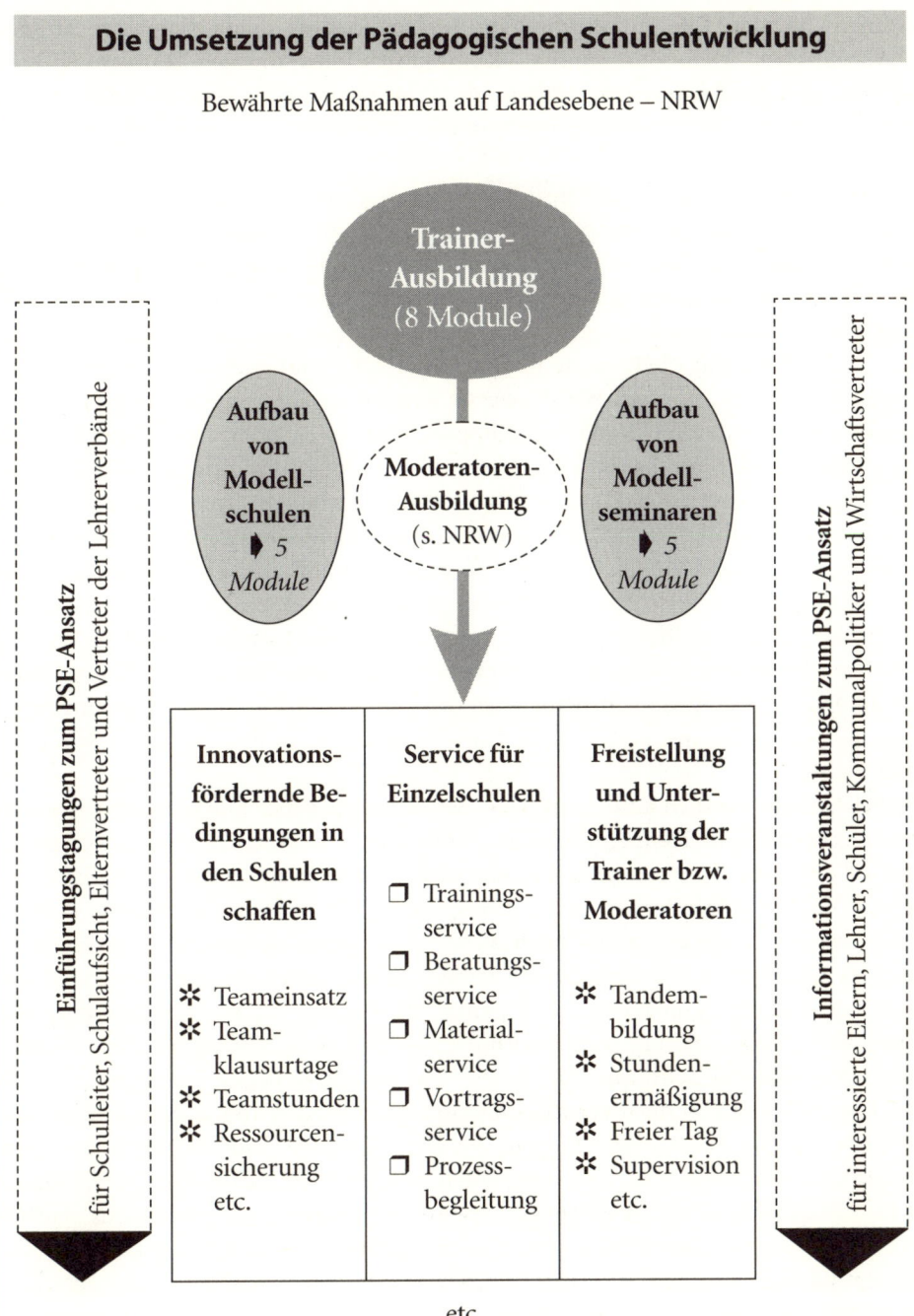

Abb. 10

– fünf einschlägige Trainingstagungen: Eine für die Führungsteams der betreffenden Seminare, vier weitere für wechselnde Fachleiterteams dieser Seminare zu den Schwerpunkten Methodentraining, Kommunikationstraining, Teamentwicklung und EVA im Fachunterricht. Nähere Ausführungen zu diesem seminarinternen Qualifizierungs- und Innovationsprogramm finden sich im nachfolgenden Abschnitt 10 dieses Kapitels.

Allerdings ist es im Schulalltag keineswegs so, dass Pädagogische Schulentwicklung nur von Schulen angegangen werden kann, die auf ein ausdifferenziertes Unterstützungssystem der skizzierten Art zurückgreifen und ausgewiesene Trainer- und BeraterInnen heranziehen können. Pädagogische Schulentwicklung ist sehr wohl auch mit »Bordmitteln« in Angriff zu nehmen, sofern sich nur genügend engagierte und innovationswillige Lehrkräfte finden. Unterstützt und erleichtert wird eine derartige Selbstorganisation des PSE-Prozesses zum einen durch die vorliegenden Trainingshandbücher des Verfassers (vgl. Klippert 1994, 1995, 1996, 1998), die vielfältige Anregungen und Materialien zum Methodentraining, zum Kommunikationstraining sowie zur Teamentwicklung im Klassenraum enthalten. Zum anderen wird sie natürlich auch dadurch erleichtert, dass relativ ausgefeilte Innovationsfahrpläne vorliegen (vgl. die Abbildungen 11 und 12), die die anstehende Qualifizierungs- und Innovationsarbeit unterstützen und bewährte Maßnahmen und Schrittfolgen für die praktische Umsetzung des PSE-Programms in der Einzelschule umreißen. Wie die bisherigen Erfahrungen zeigen, tun interessierte Kollegien auf jeden Fall gut daran, sich an den vorgestellten »Fahrplänen« zu orientieren und auf diese Weise eine möglichst systematische und verbindliche Umsetzungsarbeit in der jeweiligen Schule zu gewährleisten.

Welche Maßnahmen und konkreten Schritte sich dabei anbieten und bewährt haben, geht aus dem Treppenmodell in Abbildung 11 hervor. Hilfreich und zeitsparend ist es natürlich, wenn grundständig ausgebildete TrainerInnen zur Verfügung stehen, die den schulinternen Innovationsprozess mit Rat und Tat begleiten. Allerdings lässt sich – wie erwähnt – auch ohne TrainerInnen einiges auf den Weg bringen. Die wichtigsten Wegmarken, die dabei bedacht und beachtet werden sollten, sind in Abbildung 11 angeführt. Der ganze PSE-Prozess beginnt üblicherweise mit einem Pädagogischen Tag zur Informierung und Sensibilisierung des Gesamtkollegiums. Diesem Schnuppertag folgt – sofern das Kollegium mehrheitlich das PSE-Programm will – die Rekrutierung einer spezifischen Innovationsgruppe, die die Pädagogische Schulentwicklung in die Hand nehmen und entsprechende Trainingsmaßnahmen initiieren und vorbereiten möchte. Damit diese Innovationsgruppe handlungsfähig wird, ist es ratsam, spezifische Lehrerteams (3er-Teams) zu bilden, die in ausgewählten Klassen- und Jahrgangsstufen mit möglichst hohem Stundendeputat (15 Stunden + x pro Woche) unterrichten und Methodenschulung betreiben. Diese Teams müssen sich natürlich erst selbst qualifizieren. Dazu werden einschlägige Fortbildungsveranstaltungen genutzt und/oder schulinterne Teamklausurtage durchgeführt, die dem Kennenlernen und Erarbeiten richtungsweisender Trainingsarrangements und Materialien dienen sowie Gelegenheit geben, methoden-

Systematisches Innovationsmanagement 63

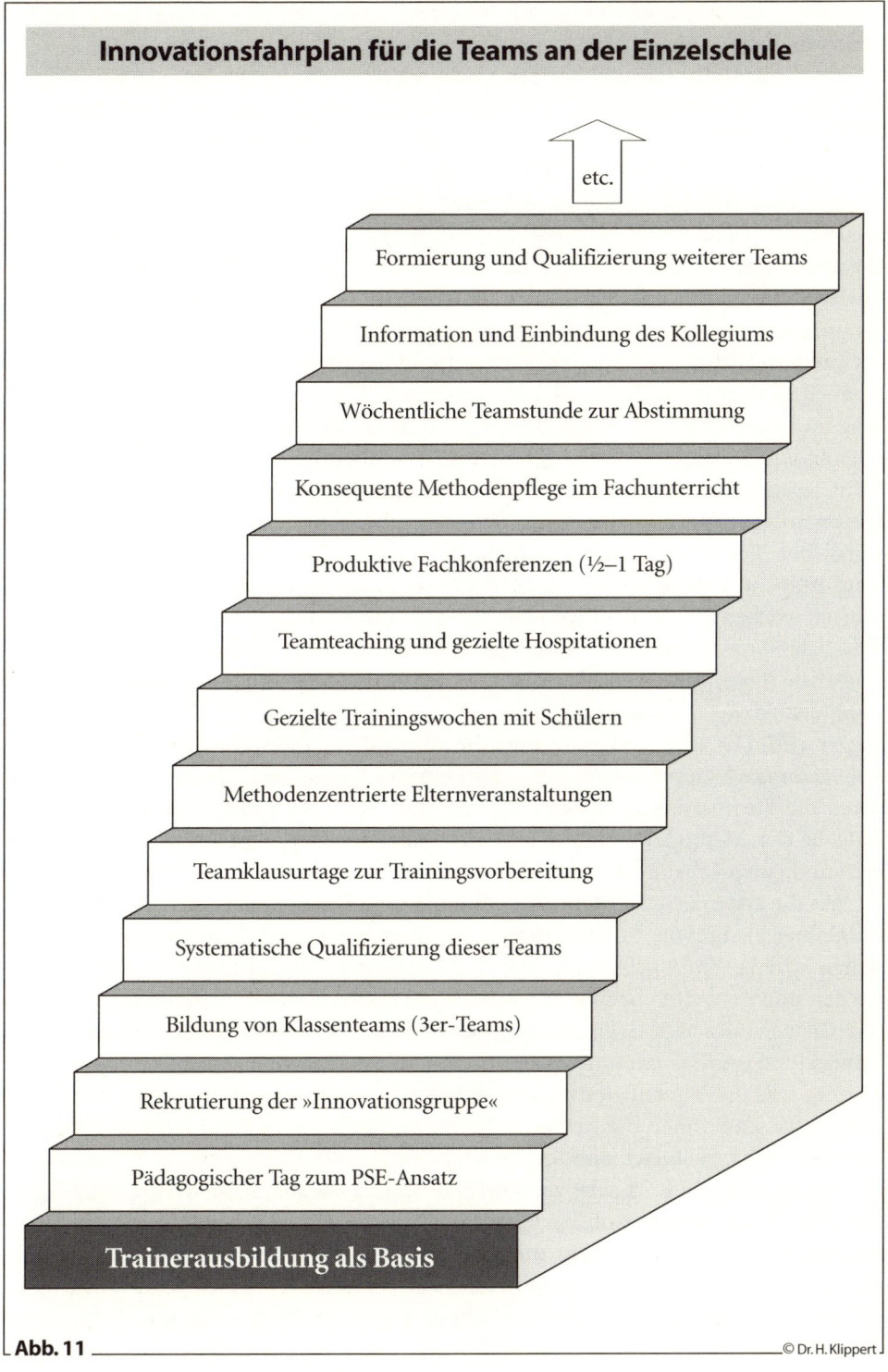

Abb. 11 © Dr. H. Klippert

zentrierte Elternveranstaltungen zur Sensibilisierung und Gewinnung interessierter Eltern zu planen und im Detail vorzubereiten.

Auf diesem Hintergrund werden alsdann spezifische methoden-, kommunikations- und/oder teamzentrierte Trainingswochen in einigen ausgewählten »Laborklassen« durchgeführt. Dies geschieht selbstverständlich zeitversetzt in unterschiedlichen Jahrgangsstufen (vgl. Abb. 12). Hierbei sind Teamteaching und gezielte Hospitationen interessierter Lehrkräfte anzustreben, damit sich der nötige Teamgeist entwickeln kann. Diese Förderung des Teamgeistes ist natürlich nicht nur auf Klassenebene wichtig, sondern auch auf Fachebene. Die in Abbildung 11 angeführten »produktiven Fachkonferenzen« dienen diesem Ziel und geben den auf Methoden-, Kommunikations- und Teampflege setzenden FachlehrerInnen Gelegenheit, ihren entsprechenden Methoden- und Materialfundus gezielt zu erweitern und mehr Sicherheit und Moderationsroutine zu gewinnen. Denn nachhaltige Methodenschulung im Unterricht setzt zwingend voraus, dass den SchülerInnen nicht nur die eine oder andere Trainingswoche angeboten wird, sondern auch und zugleich eine möglichst regelmäßige und konsequente Methodenpflege im Fachunterricht stattfindet. Diesen methodenzentrierten Unterricht vorzubereiten und innerhalb der verantwortlichen Lehrerteams abzustimmen, dazu dienen sowohl die erwähnten Teamklausurtage und produktiven Fachkonferenzen als auch die in Abbildung 11 angeführten wöchentlichen Teamstunden, die u.a. durch parallel geschaltete Springstunden bzw. Freistunden der jeweiligen Teammitglieder erreicht werden können. Natürlich führen alle diese Maßnahmen im Schulalltag nur dann wirklich weiter, wenn der skizzierte Innovationsfahrplan vom Gros des jeweiligen Kollegiums mitgetragen wird. Das aber setzt zum einen die konsequente Information und Einbindung des Gesamtkollegiums voraus (vgl. dazu den nachfolgenden Abschnitt 6), zum anderen die Formierung und Qualifizierung immer neuer Lehrerteams, die sich der Aufgabe der Methodenschulung und der Pädagogischen Schulentwicklung annehmen und entsprechende Aktivitäten starten.

Wie die systematische Methodenschulung im Unterricht aussehen kann, geht aus Abbildung 12 hervor. Im Zentrum dieser unterrichtlichen Schulungsmaßnahmen stehen diverse *Trainingswochen*, die in bestimmten Jahrgangsstufen durchgeführt werden und dem Ziel dienen, die SchülerInnen intensiv in die spezifischen Belange und Chancen des Methodentrainings, des Kommunikationstrainings und der Teamentwicklung im Klassenraum einzuführen. Diese eingehende Sensibilisierung, Motivierung und Basisqualifizierung der SchülerInnen ist eine notwendige Voraussetzung dafür, dass ihnen die Relevanz der hier in Rede stehenden Methodenschulung einsichtig wird. Sie bietet allerdings noch keine Gewähr dafür, dass die SchülerInnen die angesprochenen Kompetenzen auch tatsächlich nachhaltig erwerben und längerfristig verfügbar haben. Isolierte Crashkurse alleine genügen nicht! Wenn die SchülerInnen tatsächlich auf Dauer methodische, kommunikative und teamspezifische Kompetenzen erlernen und festigen sollen, dann müssen sie zwingend Gelegenheit erhalten, die während der Trainingswochen eingeübten Fähigkeiten und Fertigkeiten

Systematische Methodenschulung im Unterricht

Gezielte Trainingswochen

5. Klasse	❏ Methodentraining mit Schülern ⇨ Schwerpunkt: Elementare Lern- und Arbeitstechniken einüben (1. Halbjahr) ❏ Teamentwicklung im Klassenraum ⇨ Schwerpunkt: Konstruktive Gruppenarbeit anbahnen und systematisch trainieren (2. Halbjahr)
7. Klasse	❏ Kommunikationstraining mit Schülern ⇨ Überzeugend argumentieren, vortragen und miteinander reden lernen (1. Halbjahr)
9. Klasse	❏ Auffrischungskurs zum Trainingsfeld »Kommunikationstraining/Teamentwicklung« ⇨ Schwerpunkt: Berufswahlspezifische Kommunikations- und Kooperationssituationen durchspielen und reflektieren
11. Klasse	❏ Wissenschaftspropädeutisches Arbeiten ⇨ Schwerpunkt: Bibliotheksarbeit, Zitierweise, Referatgestaltung, Visualisierungs- und Präsentationstechniken
13. Klasse	❏ Mündliche (Abitur-)Prüfungen ⇨ Schwerpunkt: Videounterstützte Simulationen und Reflexionen

Konsequente Methodenpflege

❏ Verstärkte Methodenpflege im ganz normalen Fachunterricht

❏ Gelegentliche »Projekttage« zur Behebung spezifischer Defizite

❏ Regelmäßige Methodenpflege z.B. an einem bestimmten Wochentag

❏ Methodenzentrierte Tests und Klassenarbeiten

etc.

Abb. 12 © Dr. H. Klippert

möglichst regelmäßig zu pflegen. So gesehen sind *Intensivtraining* und konsequente *Methodenpflege* aufs engste miteinander verknüpft.

Wie die einzelnen Trainingswochen in den Schulen mit Sekundarstufe I und II zeitlich platziert werden können, geht aus Abbildung 12 hervor. Bewährt hat sich ganz eindeutig die Durchführung einer Trainingswoche mit Schwerpunkt »Elementare Arbeitstechniken einüben« in der Anfangsphase der 5. Jahrgangsstufe, damit die SchülerInnen möglichst frühzeitig die grundlegenden »skills« erlernen bzw. auffrischen, auf die im weiteren Unterricht zurückgegriffen werden soll. Zu Beginn der zweiten Hälfte der 5. Jahrgangsstufe empfiehlt sich die Durchführung einer weiteren Trainingswoche mit dem Schwerpunkt »Teamentwicklung im Klassenraum«, und zwar deshalb, weil die SchülerInnen in dem hier angestrebten EVA-Unterricht in hohem Maße auf funktionierende Partner- und Gruppenarbeit angewiesen sind. Sowohl zwischen diesen Trainingswochen als auch im Anschluss daran müssen – wie bereits erwähnt – möglichst konsequent Methodenpflege und Teampflege betrieben werden (vgl. die Anregungen im unteren Teil von Abb. 12).

In den Jahrgangsstufen 7–9 folgen üblicherweise zwei weitere Trainingswochen. Die erste Crashwoche hat den Schwerpunkt »Kommunikationstraining«, die zweite ist als Auffrischungs- und Erweiterungskurs in Sachen Kommunikations- und Teamentwicklung gedacht und lässt sich in aller Regel recht sinnvoll mit den Zielen und Inhalten des Berufswahlunterrichts verbinden, wie er in den meisten Bundesländern für die Mittelstufe vorgesehen ist. Wohlgemerkt, auch in der Mittelstufe muss zu den angeführten Trainingswochen eine möglichst konsequente Methoden-, Kommunikations- und Teampflege hinzukommen, wenn die SchülerInnen nachhaltig Routine und methodische Souveränität entwickeln sollen.

Gleiches gilt natürlich auch für die Sekundarstufe II. Wie sich aus Abbildung 12 ersehen lässt, ist für die 11. Jahrgangsstufe eine fünfte Trainingswoche zum Komplex »Wissenschaftspropädeutisches Arbeiten« vorgesehen, die den SchülerInnen Gelegenheit gibt, sich mit grundlegenden Instrumenten, Regeln und Verfahrensweisen des wissenschaftlichen Arbeitens in Verbindung mit Referaten, Facharbeiten und fachspezifischen Präsentationen näher vertraut zu machen. Dass ein solcher Crashkurs »Methodentraining II« nötig und chancenreich ist, haben die zurückliegenden Pilotversuche eindeutig bestätigt. Und sie haben des Weiteren bestätigt, dass es im Blick auf die am Ende der Schulzeit anstehenden (Abitur-)Prüfungen ebenfalls sinnvoll und hilfreich ist, den SchülerInnen der betreffenden Klassen/Kurse einen mehrtägigen Crashkurs mit einschlägigen Simulationsspielen und Reflexionsphasen zum Prüfungsgeschehen anzubieten, der ihnen konkrete Einblicke vermittelt, was in den besagten Prüfungen auf sie zukommt und wie man sich darauf vorbereiten kann (vgl. Abb. 12).

Fazit also: Pädagogische Schulentwicklung braucht Fahrpläne und möglichst konsequente Qualifizierungsmaßnahmen auf verschiedenen Ebenen: Das beginnt auf der Landesebene (vgl. Abb. 10) und reicht über die Ebene der Einzelschule bzw. des einzelnen Schulkollegiums (vgl. Abb. 11) bis hin zur einzelnen Klasse, in der die skizzierte Trainingsarbeit umgesetzt werden soll (vgl. Abb. 12). Ohne derartige Fahrpläne ist die Gefahr groß, dass vieles im Sande verläuft, weil den betreffenden Kollegien und Lehrkräften die nötige Orientierung und Sicherheit fehlt, die zielstrebiges und wirksames Handeln ermöglicht und zumeist auch gewährleistet. So gesehen ist das skizzierte Innovationsmanagement außerordentlich wichtig, wegweisend und nicht zuletzt Erfolg versprechend. Nähere Ausführungen dazu werden in den weiteren Abschnitten folgen.

5. Innovationszentrierte Teamentwicklung

Erfolgreiches Innovationsmanagement verlangt allerdings nicht nur erprobte und bewährte Fahrpläne, sondern auch und zugleich funktionierende Teams, die diese Fahrpläne in die Tat umsetzen. An derartigen Teamstrukturen fehlt es in den meisten Kollegien noch ganz eklatant. Zwar gibt es in jedem Kollegium diverse formale Gruppen (Fachgruppen etc.), aber wirklicher Teamgeist, gepaart mit konsequenter produktiver und innovativer Zusammenarbeit, ist eher die Ausnahme. Wenn Pädagogische Schulentwicklung gelingen soll, dann muss sich daran etwas ändern! Pädagogische Schulentwicklung braucht Teamstrukturen auf unterschiedlichen Ebenen: auf der Klassenebene, auf der Fachebene und nicht zuletzt auch auf der Führungsebene (vgl. Abb. 13). Diese Teamstrukturen müssen durch teamorientierte Fortbildungs- bzw. Trainingsveranstaltungen, durch schulinterne Teamklausurtage, durch spezifische Teamkonferenzen und Teamstunden, durch gelegentliches Teamteaching und wechselseitige Hospitationen aufgebaut und längerfristig etabliert werden. Die Industrie spricht diesbezüglich von »Lerninseln« für die je betroffenen Teammitglieder. Denn Teamfähigkeit und Teambereitschaft ergeben sich nicht schon dadurch, dass mehrere Menschen zum Team erklärt werden, sondern Teamgeist entwickelt sich erst dadurch, dass die betreffenden Personen aufgabenbezogen zusammenarbeiten und mittels gemeinsamer Aktionen und Problemlösungen zusammenwachsen. Von daher sind gemeinsame Fortbildungsveranstaltungen, Konferenzen, Elternabende, Hospitationen etc. nachgerade unerlässlich. Das gilt für das jeweilige Steuerungsteam genauso wie für die unterschiedlichen Klassen- und Fachteams, die in einer Schule oder in einem Studienseminar das skizzierte PSE-Programm umzusetzen versuchen (vgl. Abb. 13).

Zunächst zur Bedeutung und Aufgabenstellung des besagten *Steuerungsteams*. Die Hauptfunktion dieses Steuerungsteams liegt darin, innovationsfördernde Rahmenbedingungen zu schaffen und ein möglichst zielstrebiges Innovationsmanagement zu gewährleisten. Denn das größte Problem vieler innovationsbereiter Schulen ist, dass viel zu unverbindlich, punktuell und planlos gearbeitet wird. Das gilt nicht nur für die zahlreichen Einzelkämpfer in unseren Schulen, sondern auch und nicht zuletzt für viele auf Abgrenzung bedachte Gruppen und Grüppchen in den Kollegien. Da werden weder konkrete Schritte vereinbart noch verbindliche Termine festgelegt. Da werden getroffene Absprachen nicht eingehalten und erforderliche Vorbereitungsarbeiten vernachlässigt. Da stimmt der Informationsfluss nicht, und die interne (Selbst-)Kontrolle lässt zu wünschen übrig. Da sind viele vage Vorsätze da, aber niemand übernimmt so recht die Verantwortung. Wenn diese Kultur der Un-

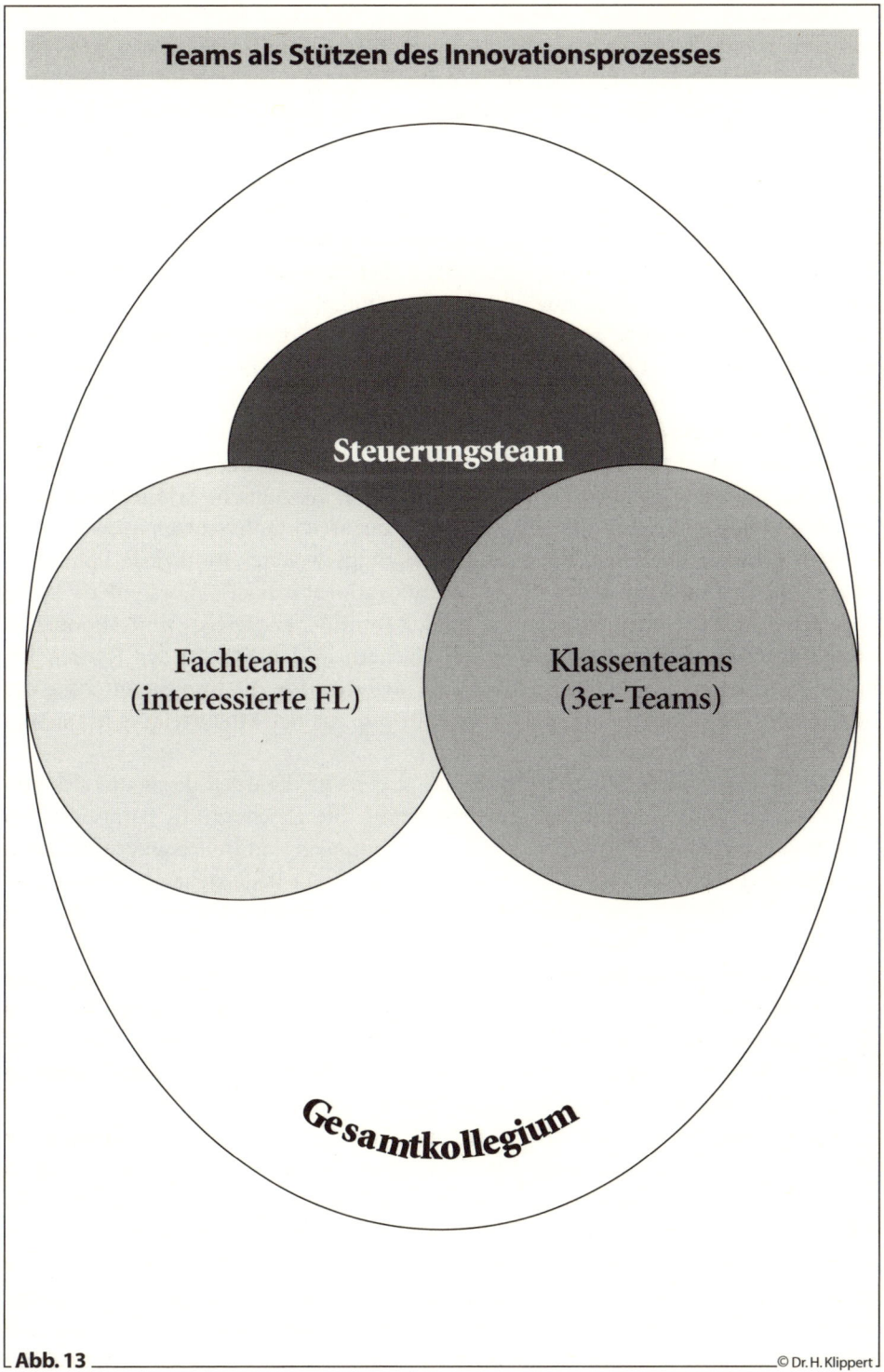

Abb. 13

verbindlichkeit überwunden werden soll, dann bedarf es dazu unbedingt einiger kompetenter »Führungskräfte«, die sowohl für klare Vereinbarungen wie für präzise Zeit- und Arbeitspläne, für zügigen Informationsfluss wie für ergiebige Konferenzen, für geschickte Öffentlichkeitsarbeit wie für innovationsfördernde Rahmenbedingungen Sorge tragen. Muss dieses übergreifende Projektmanagement auch noch von den für die unterrichtliche Trainings- und Innovationsarbeit zuständigen Klassen- und Fachteams geleistet werden, dann führt dieses beinahe zwangsläufig dazu, dass sich diese Teams überfordert und gelegentlich auch frustriert fühlen und viele Vorsätze und Absprachen ins Unverbindliche abgleiten. Soll diese Dilemmasituation verhindert werden, so ist es unabdingbar notwendig, in der jeweiligen Schule eine spezifische Projektgruppe zu bilden, die die übergreifende Steuerungs- und Koordinierungsarbeit in Sachen PSE leistet. Dieses Team wird hier *Steuerungsteam* genannt.

Mitglieder dieses Steuerungsteams sind zum einen zwei bis drei offizielle Führungskräfte – darunter auf jeden Fall der Schulleiter und der Stundenplanverantwortliche, die beide zwingend hinter dem Projekt »Pädagogische Schulentwicklung« stehen und dessen Realisierung engagiert und ideenreich unterstützen müssen. Zum Zweiten gehören zu diesem Steuerungsteam einige weitere »inoffizielle Führungskräfte«, die sich im Zuge des anstehenden Innovationsprozesses in besonderer Weise engagieren und um übergreifende Fragen der Termin-, Konferenz- und Aktionsplanung kümmern und so den eigentlichen Machern in den Klassen den Rücken frei halten möchten, damit sich diese möglichst ungestört um die Implementierung der neuen Lehr-/Lernformen kümmern können. Diese Art der Arbeitsteilung hat sich in der Praxis eindeutig bewährt.

Das so verstandene Steuerungsteam ist also nicht deckungsgleich mit der von Hans-Günter Rolff eingeführten »Steuergruppe«, die gleichsam als repräsentatives Abbild der in einem Kollegium vertretenen Strömungen und Interessengruppen verstanden wird (vgl. Rolff u.a. 1998, S. 72ff.). Das hier in Rede stehende Steuerungsteam ist vielmehr ziemlich homogen zusammengesetzt und besteht ausschließlich aus Personen, die das besagte PSE-Projekt realisieren möchten und diesbezüglich bereit sind, federführend Verantwortung zu übernehmen und für eine ebenso zügige wie verbindliche Innovationsarbeit im Auftrag des Kollegiums zu sorgen. Dass sie als Führungskräfte darüber hinaus auch noch im einen oder anderen Klassen- und/oder Fachteam mitarbeiten und bei der Umsetzung der neuen Lehr-/Lernformen im Unterricht helfen, versteht sich fast von selbst.

Die Realisierung des in Rede stehenden PSE-Programms bedarf also sowohl der Unterstützung und Absicherung durch das beschriebene Steuerungsteam als auch der tatkräftigen Kooperation und Innovation der Klassen- wie der Fachteams. Die *Klassenteams* sind hierbei im Wesentlichen identisch mit den an anderer Stelle bereits erwähnten 3er-Teams und zeichnen sich dadurch aus, dass je drei Lehrkräfte pro Klasse mit möglichst hoher Stundenzahl (15 Stunden + x pro Woche) unterrichten und damit die reelle Chance haben, die betreffende Klasse in arbeitsmethodischer und sozialer Hinsicht nachhaltig zu prägen und zu qualifizieren. Diese Klassenteams sind exklusiv verantwortlich für die Vorbereitung und Durchführung der im letzten Abschnitt angeführten Trainingswochen sowie für die korrespondierende Elternarbeit. Darüber hinaus sind die betreffenden Lehrkräfte natürlich auch FachlehrerInnen und als solche in hohem Maße daran beteiligt, dass in der jeweiligen Klasse möglichst intensiv und regelmäßig Methoden-, Kommunikations- und Teampflege betrieben wird. Die Klassenteams überlappen sich also mit den Fachteams.

Kennzeichnend für die *Fachteams* ist, dass sich hierin all jene FachlehrerInnen zusammenfinden, die in ihrem jeweiligen Fach verstärkt Methoden-, Kommunikations- und Teampflege betreiben sowie das eigenverantwortliche Arbeiten und Lernen der SchülerInnen (EVA) intensivieren möchten und diesbezüglich interessiert sind, gemeinsam geeignete Materialien und Lernarrangements zu entwickeln. Die hier in Rede stehenden Fachteams sind also nicht identisch mit den gängigen Fachgruppen in unseren Schulen, denen qua definitionem alle FachlehrerInnen eines Faches angehören, egal, welche methodisch-pädagogischen Optionen sie verfolgen. Die entsprechenden Lerninseln, die den Fachteams für die interne Klärung und Materialentwicklung zur Verfügung stehen, sind die so genannten »*produktiven Konferenzen*«, die halbtägig oder häufig sogar ganztägig genutzt werden können. Die entsprechenden Lerninseln für die Klassenteams nennen sich »*Teamklausurtage*« und dauern in der Anfangsphase des PSE-Projekts in aller Regel zwei Tage.

Die Vorzüge der skizzierten Teamarbeit liegen auf der Hand: Die Arbeitsökonomie nimmt zu und die in den Teams organisierten Lehrkräfte erfahren in ihren Gruppen in der Regel eine Menge Verstärkung und Inspiration, ohne die eine nachhaltige Veränderung und Verbesserung der Unterrichtsarbeit letztlich nicht zu bewerkstelligen ist. Diese konsequente Teamorientierung und Teamqualifizierung sind Markenzeichen der hier in Rede stehenden Pädagogischen Schulentwicklung. Denn engagierte Einzelkämpfer mit methodischem Weitblick, die sich in ihrem Unterricht um den Aufbau einer zeitgemäßen Lehr-/Lernkultur bemüht haben, hat es in unseren Schulen schon immer gegeben. Nur haben diese in der Regel keine allzu große Wirkung erzielen können, weil sie mit ihrem individualistischen Vorgehen auf ziemlich verlorenem Posten standen. Diese Sisyphusarbeit gilt es zu vermeiden!

6. Maßnahmen zur Integration der Skeptiker

Zum besagten Innovationsmanagement gehört des Weiteren die konsequente Information und Einbindung all jener Lehrkräfte einer Schule, die dem laufenden Innovationsprozess eher reserviert gegenüberstehen. Denn andernfalls ist die Gefahr groß, dass es innerhalb des jeweiligen Kollegiums zu brisanten Spaltungstendenzen und zu lähmenden Verdächtigungen und Kontroversen kommt, die in aller Regel aus dem Umstand resultieren, dass sich ein Teil des Kollegiums an den Rand gedrängt und/oder pädagogisch zurückgesetzt fühlt. Die anlässlich einer Fortbildungstagung geäußerte Bemerkung einer Lehrerin »Aber wie stehe ich denn da, wenn in unserer Schule eine Innovationsgruppe mit lauter Superpädagogen den Ton angibt und ich nicht mitmache!?« signalisiert die in den Kollegien schwelenden Ängste und Spaltungsgefahren sehr deutlich. Wenn diesen Spaltungsgefahren wirksam begegnet werden soll, dann müssen immer wieder Brücken gebaut und Angebote unterbreitet werden, die den Skeptikern und/oder Verweigerern innerhalb des jeweiligen Kollegiums Gelegenheit geben, sich kundig zu machen und in das laufende Innovationsgeschehen unter Umständen auch selbst mit einzusteigen. Mit anderen Worten: Die Tür muss offen gehalten und seitens der PSE-Akteure immer wieder dafür gesorgt werden, dass die projektbezogene Kommunikation und Kooperation möglichst regelmäßig und praxisnah gepflegt wird. Das gilt keineswegs nur für die Anfangsphase des PSE-Prozesses, sondern auch und zugleich für die anschließenden Qualifizierungs- und Innovationsaktivitäten. Einige der »Brückenbaumaßnahmen«, die sich in der zurückliegenden Schulentwicklungsarbeit des Verfassers bewährt haben, seien im Folgenden kurz umrissen:

- *Informationswand zum PSE-Geschehen*: Auf einer zentral platzierten Pinwand werden die wichtigsten Informationen zum laufenden Innovationsprozess ausgehängt, damit das gesamte Geschehen möglichst transparent bleibt und von interessierten Lehrkräften jederzeit sondiert und bei Bedarf auch kritisch angefragt werden kann. Für die »Bestückung« der Pinwand ist das erwähnte Führungsteam verantwortlich. Etwaige Rückfragen, Vorschläge und/oder Einwendungen werden ebenfalls an dieses Führungsteam gerichtet.
- *Einschlägige Konferenzen*: Hierunter fallen sowohl Einführungs- und Bilanzkonferenzen als auch die gelegentlich durchzuführenden produktiven Fachkonferenzen zur gemeinsamen Erarbeitung methodenzentrierter Lehr-/Lernmittel. Diese Konferenzen sind grundsätzlich offen für alle Lehrkräfte und geben diesen Gelegenheit, sich zu informieren und den nötigen Einblick in die laufenden Qualifi-

zierungs- und Innovationsmaßnahmen zu verschaffen sowie bei Bedarf auch selbst mit einzusteigen.

- *Studientag mit Produktions- und Hospitationsphasen*: Dieser Studientag läuft üblicherweise so ab, dass am Nachmittag eines bestimmten Tages von 14.00 Uhr bis ca. 17.00 Uhr alle Lehrkräfte der betreffenden Schule zusammenkommen, um in fachbereichsspezifischen Gruppen methodenzentrierte Unterrichtsstunden vorzubereiten, die am nächsten Vormittag dann in ausgewählten Klassen erprobt werden, und zwar moderiert von je zwei bis drei Vertretern dieser Gruppen. Damit an dieser Erprobung tatsächlich alle Lehrkräfte teilnehmen können, fällt an diesem Vormittag generell der Unterricht aus; nur die vorab vereinbarten Klassen werden einbestellt. In größeren Schulen sieht das entsprechende Prozedere üblicherweise so aus, dass in der ersten Stunde mehrere Unterrichtsversuche mit unterschiedlicher fachlicher und methodischer Ausrichtung ablaufen, die wahlweise von den nicht im Einsatz befindlichen Lehrkräften der betreffenden Schule besucht werden können. Diese Unterrichtsversuche werden in der zweiten Stunde im Kreis der jeweiligen Akteure und Hospitanten ausgewertet und reflektiert. In der dritten und vierten Stunde kann alsdann eine weitere Serie fach- und methodenzentrierter Unterrichtsversuche laufen und ausgewertet werden. In der fünften und sechsten Stunde schließlich wird im Gesamtkollegium Bilanz gezogen und die schulinterne Weiterarbeit erörtert.

- *Hospitationen in den »Pilotklassen«*: Diese Hospitationsangebote dienen ebenfalls der Veranschaulichung einschlägiger methodischer Lehr-/Lernarrangements. Anbieter sind einige fortgeschrittene Klassenteams (3er-Teams), die bereit und gewappnet sind, ihren Unterricht für interessierte Kolleginnen und Kollegen aus der eigenen Schule zu öffnen, um exemplarische Einblicke in die laufende Methoden-, Kommunikations- und/oder Teamschulung zu gewähren. Damit die entsprechenden Hospitationsangebote auch möglichst zahlreich genutzt werden können, kann schulintern z.B. die Sonderregelung vereinbart werden, dass in der 5. und 6. Stunde eines beliebigen Schulvormittags alle Klassen außer den ins Auge gefassten »Pilotklassen« nach Hause gehen können. In diesen »Pilotklassen« wird alsdann von den betreffenden 3er-Teams methodenzentrierter Unterricht praktiziert. Da als Zeitrahmen ganz bewusst eine Doppelstunde am Ende des Schulvormittags vorgesehen ist, kann bei einer intelligenten, handlungsorientierten Gestaltung dieser Doppelstunde in aller Regel höchst eindrucksvoll vor Augen geführt werden, welche Motivations- und Entlastungsperspektiven der Einsatz der neuen Lehr-/Lernmethoden mit sich bringt, wenn eine Klasse methodisch nur einigermaßen geübt ist. Das induziert aufseiten der Hospitanten erfahrungsgemäß so manche Aha-Erlebnisse und macht Mut, sich der laufenden Unterrichtsreform anzuschließen.

- *Einrichtung von »Tutorensystemen«*: Damit es für die Mitglieder des »Restkollegiums« nicht nur bei sporadischen Aha-Erlebnissen bleibt, sondern sie sich ebenfalls aktiv in das bestehende Gefüge der Klassenteams einklinken können, werden zu Beginn eines jeden neuen Schuljahres zusätzliche tutorengestützte Klassenteams eingerichtet. Kennzeichnend für diese neuen Klassenteams ist, dass sich im Normalfall zwei relativ erfahrene Methodentrainer (Tutoren) mit ein bis zwei interessierten »Anfängern« zusammentun, um in bislang noch »unversorgten« Klassen und/oder Jahrgangsstufen mit der konzertierten Trainingsarbeit zu beginnen. »Tutoren« sind dabei in aller Regel solche Lehrkräfte, die methodisch bereits relativ viel Know-how und Routine besitzen, sodass sie sich in der Lage sehen, gleich in mehreren Klassen federführend am Aufbau der neuen Lernkultur zu arbeiten. Sie werden normalerweise also nicht aus ihren Stammteams herausgezogen, sondern übernehmen zusätzliche Verantwortung in neu zu bildenden Klassenteams. Der Vorteil dieser Tutorensysteme für die »Anfänger« ist der, dass sie vom Know-how der Tutoren in erheblichem Maße profitieren und so die eigene zusätzliche Zeit- und Arbeitsbelastung minimieren können. Da zudem noch (partielle) Unterrichtsbefreiung für die Durchführung spezifischer Teamklausurtage gewährt wird, ist es für die interessierten »Anfänger« durchaus reizvoll, sich in die neu zu bildenden Klassenteams einzuklinken.

- *Fortbildungsprojekt für interessierte »Nachzügler«*: Wie sich in verschiedenen Schulen gezeigt hat, löst die erfolgreiche Arbeit der Klassenteams bei anderen Lehrkräften zumeist schon bald das Bedürfnis nach eigener Fortbildung analog zum Fortbildungsprogramm der »PSE-Aktivisten« aus. Diesem Bedürfnis sollte gegebenenfalls so weit und so schnell wie möglich Rechnung getragen werden, damit sich die betreffenden »Nachzügler« nicht zurückgesetzt fühlen und die Phalanx der Skeptiker und/oder Gegner des Projekts nicht noch verstärkt wird. Diese Fortbildung kann zum einen schulextern in zentralen Trainingstagungen erfolgen, an denen Teams aus unterschiedlichen Schulen teilnehmen; sie kann zum anderen aber auch schulintern veranstaltet werden, und zwar gestützt durch möglichst erfahrene PSE-Akteure, wobei diese »Experten« sowohl die hausinternen »Tutoren« als auch bestimmte von außen kommende Innovationsexperten (z.B. TrainerInnen) sein können. Wichtig ist im letzteren Fall nur, dass die Gruppe der »Nachzügler« groß genug ist, damit eine gesonderte schulinterne Fortbildungsmaßnahme Sinn macht.

- *Konzertierte Elternarbeit*: Zur Integration des »Restkollegiums« trägt des Weiteren die gemeinsame Vorbereitung methodenzentrierter Elternveranstaltungen auf Klassenebene bei. Denn Elternveranstaltungen dieser Art sind schließlich nicht allein die Domäne der besagten 3er-Teams, sondern sollten auch von anderen Lehrkräften aus der jeweiligen Klasse mitgetragen und mit vorbereitet werden. Von daher kann ihre Vorbereitung ein wichtiges Lern- und Kommunikationsfeld für alle Beteiligten sein und dazu beitragen, dass eventuell vorhandene Missverständnisse aufgeklärt und bestehende Vorbehalte im Wege der praktischen Kooperation abgebaut werden.

- *Tag der Offenen Tür*: Eine weitere handfeste Kooperations- und Kommunikationsgelegenheit in Sachen Methodenschulung ist die Organisation eines entsprechenden Demonstrations-Tages durch das Gesamtkollegium. Das heißt, an einem bestimmten zu vereinbarenden Samstag werden über mehrere Stunden hinweg in unterschiedlichen Klassenräumen unterschiedliche methodenzentrierte Demonstrationsveranstaltungen mit differenziertem fachlichem Zuschnitt angeboten, an denen die versammelten Besucher wahlweise teilnehmen können. Vorbereitet und betreut werden diese Veranstaltungen von eigens zu bildenden Lehrergruppen, wobei grundsätzlich jede Lehrkraft der betreffenden Schule in einer dieser Vorbereitungsgruppen mitwirken muss. Da geht es dann z.B. um Gedächtnistraining im Fach Chemie, um Mindmapping im Fach Biologie, um die geschickte Vorbereitung von Klassenarbeiten im Fach Geschichte, um das Gestalten von Spickzetteln im Fach Sozialkunde, um Visualisierungstechniken im Fach Religion, um Referatgestaltung im Fach Deutsch, um Vorstellungsgespräche im Fach Wirtschaftskunde, um konstruktive Teamarbeit im Fach Mathematik usw. Adressaten dieser Demonstrationsveranstaltungen sind nicht nur SchülerInnen und Eltern, sondern auch und zugleich weitere interessierte Personen aus Politik, Wirtschaft und Schulverwaltung. Auch einzelne Lehrkräfte, die gerade nicht selbst moderieren, sind selbstverständlich eingeladen, an dem einen oder anderen Demonstrationsunterricht teilzunehmen. Zu den Besonderheiten dieses Demonstrationsunterrichts gehört, dass die je verantwortlichen Lehrerteams zum jeweiligen Methodenschwerpunkt nicht nur informieren und konkrete Beispiele vorstellen, sondern die eine oder andere praktische Übung mit den anwesenden Teilnehmern auch mal durchspielen. Dies alles muss natürlich gut vorbereitet und durchdacht sein. So gesehen eröffnet der anvisierte »Tag der Offenen Tür« ein ausgesprochen intensives Kommunikations-, Kooperations- und Lernfeld für das betreffende Kollegium.

- *Öffnung des Führungsteams für »gutwillige Bedenkenträger«*: Eine letzte Brückenbaumaßnahme, die hier Erwähnung finden soll, betrifft die Zusammensetzung des Führungsteams. Zwar ist es grundsätzlich wichtig und ratsam, in das zu bildende Führungsteam aufgeschlossene Befürworter des PSE-Projekts hineinzunehmen, damit die vorgesehene konstruktive Projektbegleitung möglichst reibungslos vonstatten gehen kann. Das heißt andererseits jedoch nicht, dass nur euphorische Fürsprecher Berücksichtigung finden sollten. Vielmehr ist es im Interesse der Mobilisierung möglichst vieler Lehrkräfte von ganz erheblicher Bedeutung, dass auch die Gruppe der »gutwilligen Bedenkenträger« im Führungsteam vertreten ist, denn diese Gruppe macht in vielen Schulen 50 und mehr Prozent des Gesamtkollegiums aus. Von daher ist sie rechtzeitig und konsequent zu hören und in das spezifische Projektmanagement des Führungsteams einzubeziehen. Das wirkt der weiter oben angedeuteten Spaltungsgefahr entgegen und trägt zur Harmonisierung des Gesamtkollegiums bei. Freilich: Entschiedene Gegner des PSE-Projekts können im Interesse der Arbeitsfähigkeit des Führungsteams verständlicherweise keinen Platz finden. Diese Grenzziehung ist Konfliktvermeidungsstrategie und Signal zugleich.

7. Einbindung der pädagogischen Führungskräfte

Wenn Pädagogische Schulentwicklung nachhaltig gelingen soll, dann bedarf es zwingend aufgeschlossener Führungskräfte, die als Unterstützer und Ermöglicher wirken und die innovationswilligen Lehrkräfte im jeweiligen Kollegium zum selbstbewussten Handeln und Experimentieren ermutigen. Das gilt sowohl für die Schulleitung als auch für die Schulaufsicht. Schulaufsichtsbeamte, die primär formalistisch reagieren und jeden fortbildungsbedingten Unterrichtsausfall zu unterbinden versuchen, wirken in aller Regel ebenso bremsend wie Schulleiter oder Stundenplangestalter, die Veränderungen fürchten und als chronische Bedenkenträger und/oder unflexible Technokraten in Erscheinung treten und jedwedes Risiko vermeiden möchten. Mit solchen Einstellungen und Verhaltensweisen lässt sich im Schulbetrieb wenig bewirken. Pädagogische Führungskräfte, die tatsächlich etwas bewegen wollen, müssen überzeugende Vorbilder und kenntnisreiche Mutmacher sein. Oder anders ausgedrückt: Sie müssen ideenreiche, couragierte, auf Verbindlichkeit achtende Problemlöser und Innovatoren sein, die um die Bedingungen und Möglichkeiten des anstehenden Reformprozesses wissen und diesen engagiert unterstützen.

Die bisherige Arbeit mit Kollegien und Schulleitungen zeigt, dass schulische Innovationsprozesse in aller Regel nur dort gelingen, wo sie von der jeweiligen Schulleitung – inklusive des Stundenplanverantwortlichen – engagiert mitgetragen und durch intelligente Problemlösungen unterstützt werden. Von daher ist es wichtig, dass die betreffenden pädagogischen Führungskräfte …

- ❏ das jeweilige Innovationsfeld möglichst gut kennen und von daher eine Vorstellung davon haben, welche Maßnahmen und Veränderungen anstehen;
- ❏ von der betreffenden Innovationsaufgabe überzeugt sind und diese Überzeugung gegenüber dem Kollegium auch deutlich signalisieren;
- ❏ erfahrene Mitstreiter suchen und gewinnen – Führungsteams, Klassenteams, Fachteams –, die den vereinbarten Innovationsprozess in die Hand nehmen;
- ❏ einschlägige Gesamt- und Teamkonferenzen initiieren/unterstützen und auf eine produktive Gestaltung dieser Konferenzen achten;
- ❏ gegenüber dem Kollegium klare Erwartungen formulieren und die innovationsbereiten Lehrkräfte gezielt ermutigen und unterstützen;
- ❏ auf verbindliche Absprachen /Vereinbarungen achten sowie die nötigen Folgekonferenzen und Evaluationsprozesse sicherstellen;
- ❏ die erforderlichen Ressourcen beschaffen (helfen) und den Akteuren gelegentlich – sofern berechtigt – Lob und Anerkennung aussprechen;

❏ insgesamt zielstrebige, ermutigende Moderatoren sind, die unkonventionelle Ideen zulassen und selbst bereit sind, unkonventionelle Wege zu suchen und zu gehen.

Diese Mischung aus Kompetenz und Diplomatie, aus Kreativität und Durchsetzungsvermögen, aus Fordern und Fördern, aus Verbindlichkeit und Toleranz kennzeichnet »gute« Führungskräfte, die es verstehen, in Kollegien nachhaltige Innovationsprozesse in Gang zu bringen und in Gang zu halten. Das zumindest zeigen die zurückliegenden Erfahrungen. Zwar können auch sie in einem konservativen Kollegium mit geringer Innovationsbereitschaft keine Wunder bewirken. Aber sie sind ganz fraglos entscheidende Motivatoren und Weichensteller, ohne deren sichtbare und glaubwürdige Unterstützung in vielen Schulen nur wenig oder gar nichts läuft. Wer glaubt, dass Schulentwicklung notfalls auch ohne oder sogar gegen die Schulleitung durchgesetzt werden kann, der befindet sich auf dem Holzweg.

Von daher gehört es zum hier in Rede stehenden Innovationsmanagement, dass sowohl den Schulleitungen als auch den Schulaufsichtsbeamten einschlägige »Schnuppertagungen« zum PSE-Ansatz sowie zum korrespondierenden Methodentraining angeboten werden, damit sich diese ein genaueres Bild davon machen können, welche Maßnahmen und Herausforderungen Pädagogische Schulentwicklung mit sich bringt und was es von daher im unterrichtlichen wie im gesamtschulischen Bereich zu unterstützen gilt. Diese Schnuppertagungen sind zentrale Angebote für interessierte Schulleitungsmitglieder und/oder Schulaufsichtsbeamte und dauern in der Regel zwei bis drei Tage. Wie eine derartige Schnuppertagung aussehen kann, lässt sich aus Abbildung 14 ersehen. Das dokumentierte Programm richtet sich zwar primär an die Vertreter der Schulaufsicht, sieht für die Zielgruppe der Schulleitungen aber ganz ähnlich aus.

Wie sich aus der vorliegenden Tagungsübersicht ersehen lässt, geht es am ersten Tag schwerpunktmäßig darum, die laufenden Schulentwicklungsstrategien (kritisch) zu bilanzieren und die Bedeutung einer grundlegenden Unterrichtsreform zu sondieren, zu begründen und ansatzweise zu konkretisieren. Dabei wird sowohl auf Argumente aus der Wirtschaft als auch auf solche aus der Lernforschung und aus der Sozialisationsforschung zurückgegriffen, die ziemlich übereinstimmend unterstreichen, dass neue Formen des Lehrens und Lernens wichtig und perspektivreich sind. Gearbeitet wird bei alledem sehr stark im Sinne des »learning by doing«, damit die TagungsteilnehmerInnen neue Lernformen nicht nur als Anspruch kennenlernen, sondern diese in Teilen auch mal konkret erfahren.

Gleiches gilt für den zweiten Tag. Im Mittelpunkt des zweiten Seminartages steht die Reflexion und Diskussion darüber, wie es um die pädagogische Innovationsbereitschaft in den Kollegien bestellt ist und was seitens der Schulleitungen getan werden kann, damit sich diese Innovationsbereitschaft vergrößert. Ergänzt und angereichert wird diese Bestandsaufnahme durch gezielte Anregungen und strategische Überlegungen, die sich in verschiedenen Schulen bzw. Regionen als innovationsfördernd bewährt haben. Abgerundet wird der zweite Tag durch eine spezifische

Einführungsseminar zum PSE-Ansatz

(für interessierte Vertreter der Schulaufsicht)

Erster Tag (9.00 – 19.00 Uhr)

- ❒ Begrüßung / Erläuterungen zum Programm / Einführendes Impulsreferat zum Tagungsthema
- ❒ Assoziationen zum Thema Schulentwicklung: Mehrstufiger Meinungs- und Erfahrungsaustausch
- ❒ Impulsreferat: Unterrichtsentwicklung als Kern der Schulentwicklung (mit Film)
- ❒ Bestandsaufnahme: »Unterricht heute« – kreatives Arbeiten in mehreren Arbeitsgruppen
- ❒ Impulsfilm: Was die Wirtschaft von den Schulabsolventen erwartet ...

Zweiter Tag (8.30 – 19.00 Uhr)

- ❒ Erfahrungsaustausch: Wie steht es um die pädagogische Innovationsbereitschaft in den Kollegien? (Arbeit mit Symbolkarten)
- ❒ Brainstorming: Was kann/sollte die Schulleitung tun, um die pädagogische Innovationsbereitschaft im Kollegium zu fördern?
- ❒ Impulsreferat: Bewährte Maßnahmen zur Kultivierung neuer Lernformen in der Einzelschule
- ❒ Schnuppersequenz: Methodentraining mit Lehrern (praktische Übungen und Anregungen zur schulischen Trainingsarbeit)

Dritter Tag (8.30 – 12.00 Uhr)

- ❒ Resümee: Rückmeldungen und Anfragen zum vorgestellten Schulentwicklungsansatz
- ❒ Strategieplanung: Möglichkeiten und Maßnahmen zur Unterstützung der Pädagogischen Schulentwicklung durch die Schulaufsicht ...
- ❒ Präsentation der Ergebnisse / Tagungsbilanz

Abb. 14 © Dr. H. Klippert

Schnuppersequenz, die zeigt, wie durch einschlägige methodenzentrierte Trainings- und Teamentwicklungsmaßnahmen im jeweiligen Kollegium der Boden dafür bereitet werden kann, dass die betreffenden Lehrkräfte ein Mehr an Innovationsbereitschaft und praktischer Innovationskompetenz entwickeln.

Der dritte Seminartag schließlich dient der Auswertung und Bewertung des vorgestellten PSE-Programms sowie der gezielten Reflexion darüber, was die Schulaufsicht (bzw. die Schulleitung) tun kann, um das ins Auge gefasste Qualifizierungs- und Innovationsprogramm wirksam zu unterstützen und den Lehrkräften den Boden dafür zu bereiten, dass deren Aktivitäten in Sachen Pädagogische Schulentwicklung auch zu spürbaren und überzeugenden Effekten sowohl für die SchülerInnen als auch für die Gruppe der LehrerInnen führen. Auch dazu gibt es im Rahmen des Seminars Anregungen, die sich aus erfolgreich verlaufenen PSE-Prozessen in Deutschland wie in Österreich ableiten lassen.

Natürlich reicht ein derartiges Einführungsseminar alleine nicht aus, um die besagten pädagogischen Führungskräfte dauerhaft aufzuschließen und einzubinden in den skizzierten Prozess der Pädagogischen Schulentwicklung. Hinzu kommen muss zwingend das vertiefende Kennenlernen und Miterleben einschlägiger, überzeugender Qualifizierungs- und Innovationsmaßnahmen im alltäglichen Schulbetrieb. Dazu müssen die betreffenden Schulaufsichtsvertreter/Schulleitungsmitglieder immer wieder eingeladen und angehalten werden. Das gilt für Konferenzen und pädagogische Tage genauso wie z.B. für Unterrichtshospitationen, Elternabende und sonstige öffentlichkeitswirksame Veranstaltungen und Initiativen, die der Konkretisierung und Legitimierung des PSE-Programms dienen. Denn nur so können sie jene Einblicke und Überzeugungen entwickeln, die sie mehr und mehr in die Lage versetzen, in Sachen Pädagogische Schulentwicklung wirksame Unterstützer und Ermöglicher für die Kollegien zu sein.

8. Gezielte Eltern- und Öffentlichkeitsarbeit

Zum hier in Rede stehenden Innovationsmanagement gehört aber noch ein Weiteres, nämlich die konsequente Information und Sensibilisierung der Schulöffentlichkeit mit dem Ziel, eine möglichst breite Lobby für das skizzierte PSE-Programm zu bekommen. Zu dieser Schulöffentlichkeit gehören in erster Linie natürlich die Eltern, darüber hinaus aber auch solche Instanzen wie Schulträger, Kommunalpolitiker, Wirtschaftskammern und Lehrerverbände, die allesamt eine gewisse Mitverantwortung für die Rahmenbedingungen von Schule und Unterricht tragen und damit auch Wegbereiter von Pädagogischer Schulentwicklung sein können. So gesehen ist der Erfolg Pädagogischer Schulentwicklung nicht nur abhängig von gut qualifizierten Lehrkräften und aufgeschlossenen Schulleitern und Schulaufsichtsvertretern, sondern auch und nicht zuletzt davon, dass von außen und oben die nötige Zustimmung signalisiert wird, damit sich die verantwortlichen Lehrkräfte in den Schulen ermutigt sehen, den eingeschlagenen Weg konsequent zu gehen.

Diese Einsicht und Erkenntnis haben im Rahmen des erwähnten Modellversuchs »Schule & Co« in Nordrhein-Westfalen z.B. dazu geführt, dass in den beiden Modellregionen Leverkusen und Herford eine ganze Reihe gezielter Informations- und Einführungsveranstaltungen zum PSE-Programm durchgeführt wurden. Einen Überblick über diese Veranstaltungen gibt Abbildung 15. Während die Einführungsveranstaltungen ein- oder mehrtägige Seminare sind, die eine recht intensive Präsentation, Reflexion und Konkretisierung des skizzierten pädagogischen Qualifizierungs- und Innovationsprogramms zulassen, sind die Informationsveranstaltungen eher konventionelle Vortragsveranstaltungen von in der Regel zweistündiger Dauer.

Ausgangs- und Kristallisationspunkt ist dabei in aller Regel ein einführender Vortrag zum Thema »Schulreform konkret – Neue Formen des Lehrens und Lernens als Schulprogramm«, der einen Überblick über das Konzept, die Ziele und die konkreten Maßnahmen der Pädagogischen Schulentwicklung gibt sowie darüber, welche Chancen sich daraus für Schüler, Lehrer, Eltern, Kommunen und regional ansässige Wirtschaftsbetriebe ergeben (vgl. dazu Abb. 7 auf Seite 51). Ferner wird das anvisierte Qualifizierungs- und Innovationsprogramm in groben Zügen umrissen und in einzelnen Punkten näher erläutert. Anschließend besteht Gelegenheit zu Rückfragen und zur Aussprache. Die Vortragsveranstaltungen finden zumeist abends statt und werden vom jeweiligen Veranstalter zielgruppenspezifisch ausgeschrieben.

Die an die Adresse der pädagogischen Führungskräfte gerichteten Einführungstagungen sind dagegen mindestens eintägig und höchsten zweieinhalbtägig angelegt und umfassen sowohl Vorträge und einschlägige Erfahrungsberichte als auch ver-

Informations- und Einführungsveranstaltungen

(In den Regionen Herford und Leverkusen)

(Quelle: Baaske Cartoon)

Kommunale Informationsveranstaltungen	Einführungstagungen für pädagogische Führungskräfte
❏ für interessierte Eltern, Schüler und Lehrer der Region ❏ für Vertreter der Kommunalpolitik und der Presse ❏ für Vertreter der Betriebe und der Kammern ❏ für Vertreter/Verantwortliche aus Bildungspolitik und Schulverwaltung	❏ für die verantwortlichen Vertreter der Schulaufsicht ❏ für die LeiterInnen/Leitungsteams interessierter Schulen ❏ für die LeiterInnen/Leitungsteams interessierter Studienseminare ❏ für die VertreterInnen der Lehrerverbände des Landes

Abb. 15 © Dr. H. Klippert

tiefende Diskussionen und praktische Übungen zur Veranschaulichung des vorgesehenen Qualifizierungsprogramms. Ziel dieser Seminare ist es – wie bereits angedeutet –, die betreffenden Führungskräfte möglichst nachhaltig zu sensibilisieren und bereit zu machen, den skizzierten Innovationsprozess tatkräftig zu unterstützen und für die nötigen Rahmenbedingungen Sorge zu tragen. Wichtig hierbei: Zu den pädagogischen Führungskräften auf Schul- und Seminarebene zählen nicht nur die formalen Funktionsträger, sondern auch und zugleich jene inoffiziellen Führungskräfte, die sich in exponierter Weise für das Projekt Pädagogische Schulentwicklung stark machen und gedeihliche Rahmenbedingungen sichern möchten (vgl. Abschnitt 5 in diesem Kapitel).

Die wichtigsten Lobbyisten des PSE-Programms sind in aller Regel die Eltern – vorausgesetzt, sie sind hinreichend sensibilisiert für die Konsequenzen und Chancen, die dieses Programm für ihre Kinder mit sich bringt. Von daher ist es wichtig, dass einschlägige Elternveranstaltungen durchgeführt und möglichst überzeugende Beispiele vorgestellt werden, die zeigen, in welcher Weise die SchülerInnen von den neuen Lern- und Trainingsmethoden profitieren können. Diese offensive Elternarbeit ist deshalb unerlässlich, weil viele Eltern doch noch sehr konventionelle Vorstellungen von schulischem Lernen und ordentlichem Unterricht haben. Diese Vorstellungen sind auf dem Wege der bloßen Elterninformation mittels Rundschreiben und/oder Elternbrief erfahrungsgemäß nicht zu korrigieren, da die eingehenden Informationsschreiben vielleicht noch gelesen, in vielen Fällen aber nicht wirklich verstanden werden. Von daher ist die Gefahr groß, dass es zu unnötigen Missverständnissen und Vorbehalten auf Elternseite kommt, die den innerschulischen Innovationsprozess unter Umständen ganz erheblich beeinträchtigen können.

Dieser Gefahr ist am besten dadurch zu begegnen, dass ganz spezifische methodenzentrierte Abendveranstaltungen für interessierte Eltern angeboten werden, in deren Rahmen nicht nur informiert, gefragt und diskutiert, sondern das eine oder andere richtungsweisende Lehr-/Lernarrangement auch mal vorgestellt und exemplarisch durchgespielt wird. Dieses letztgenannte »learning by doing« hat sich sowohl in der Lehrerfortbildung als auch und nicht zuletzt in der Elternarbeit bewährt. Steht etwa die Intensivwoche zum Methodentraining an, so kann mit den betreffenden Eltern z.B. das Thema »Klassenarbeiten vorbereiten« in methodisch anregender Weise behandelt werden. Oder geht es z.B. um das Thema Teamentwicklung im Klassenraum, dann kann zu dessen Begründung und Veranschaulichung u.a. ein betriebliches Vorstellungsgespräch simuliert und kommentiert werden. Der Vorteil dieses »learning by doing« ist, dass sich die versammelten Eltern dadurch vergleichsweise intensiv mit der jeweiligen Materie beschäftigen, Fragen aufwerfen und miteinander ins Gespräch kommen. Und das wiederum gibt den verantwortlichen Lehrkräften Gelegenheit, adressatengerecht zu informieren und auf die vorgebrachten Fragen ganz gezielte Antworten zu geben.

Eine weitere Variante zur nachhaltigen Sensibilisierung interessierter Eltern für die hier in Rede stehende Unterrichtsreform ist das Angebot einschlägiger Hospitationen in der einen oder anderen Pilotklasse. Dieses Angebot können während der

Woche natürlich nur wenige Eltern nutzen, sodass es unter Umständen angebracht ist, an einem Samstag einen ganz speziellen »Tag der offenen Tür« anzusetzen, der interessierten Eltern Gelegenheit gibt, in ausgewählten Klassen und Jahrgangsstufen spezifische fach- und themenzentrierte Methoden-, Kommunikations- und/oder Teamschulungsmaßnahmen zu beobachten und mit den verantwortlichen Lehrkräften zu reflektieren. Dieses Hospitationsangebot kann selbstverständlich auch auf sonstige Interessenten aus dem eigenen Kollegium wie aus dem kommunalen Umfeld ausgeweitet werden.

9. Externe Innovationsexperten als Trainer und Berater

Der eigentliche Dreh- und Angelpunkt des skizzierten Schulentwicklungsprogramms ist die grundständige Ausbildung versierter »Innovationsexperten«, die den interessierten Schulen als Trainer und Berater zur Verfügung stehen und den betreffenden Lehrkräften in diesen Schulen dazu verhelfen, dass diese in puncto Methodentraining und Pädagogische Schulentwicklung schnell an Sicherheit und strategischer Routine gewinnen. Sie sind im besten Sinne des Wortes »Serviceleute« und unterbreiten den interessierten Kollegien im Auftrag der offiziellen Lehrerfortbildungseinrichtungen einschlägige Trainings-, Beratungs- und Moderationsangebote. Ferner liefern sie Materialien und vermitteln Kontakte zu anderen Schulen bzw. Lehrerteams, die ebenfalls mit Pädagogischer Schulentwicklung befasst sind und wegweisende Anregungen zu bieten haben.

Da diese Innovationsexperten von ihrer Kompetenz her keine »Allround-Moderatoren« für offene, kollegiumsinterne Schulentwicklungsprozesse sind, sondern primär die Aufgabe haben, ganz spezifische methodenzentrierte Innovationsprozesse anzuregen und operationalisieren zu helfen, werden sie hier nicht Moderatoren, sondern *Trainer* genannt. Diese begriffliche Differenzierung ist insofern wichtig, als sich aus der relativ eingeschränkten Funktion der Trainer eine entsprechend straffe Trainerausbildung ergibt, die vorrangig auf das instrumentell-strategische Knowhow zur Implementierung der neuen Lehr-/Lernformen abstellt. Diese Akzentsetzung lässt sich aus dem in den Abbildungen 16 und 17 umrissenen Ausbildungsprogramm ersehen.

Im Zentrum der Trainerausbildung stehen die vier methodenzentrierten Trainingstagungen: »EVA im Fachunterricht«, »Methodentraining mit Schülern«, »Kommunikationstraining mit Schülern« sowie »Teamentwicklung im Klassenraum« (vgl. Abb. 17). Im Rahmen dieser Trainingstagungen werden den angehenden TrainerInnen spezifische Trainingsspiralen vorgestellt und anhand praktischer Übungen konkretisiert, die sich in der schulinternen Qualifizierungsarbeit bewährt haben. Durch dieses »learning by doing« wird gleich zweierlei erreicht: Zum einen erhalten die angehenden TrainerInnen Gelegenheit, das in Rede stehende Methodenrepertoire ganz praktisch und ganz persönlich zu erleben und hinsichtlich seiner Umsetzungschancen und -probleme zu reflektieren. Zum anderen arbeiten und lernen sie im Zuge der besagten Trainingstagungen völlig synchron zu dem, was sich in der schulinternen Fortbildung wie in der unterrichtlichen Trainingsarbeit bewährt hat. Von daher erwerben sie ganz unmittelbar das Rüstzeug, das sie in der eigenen Arbeit als Schüler- und Lehrertrainer benötigen. Da die einzelnen Trainingstagun-

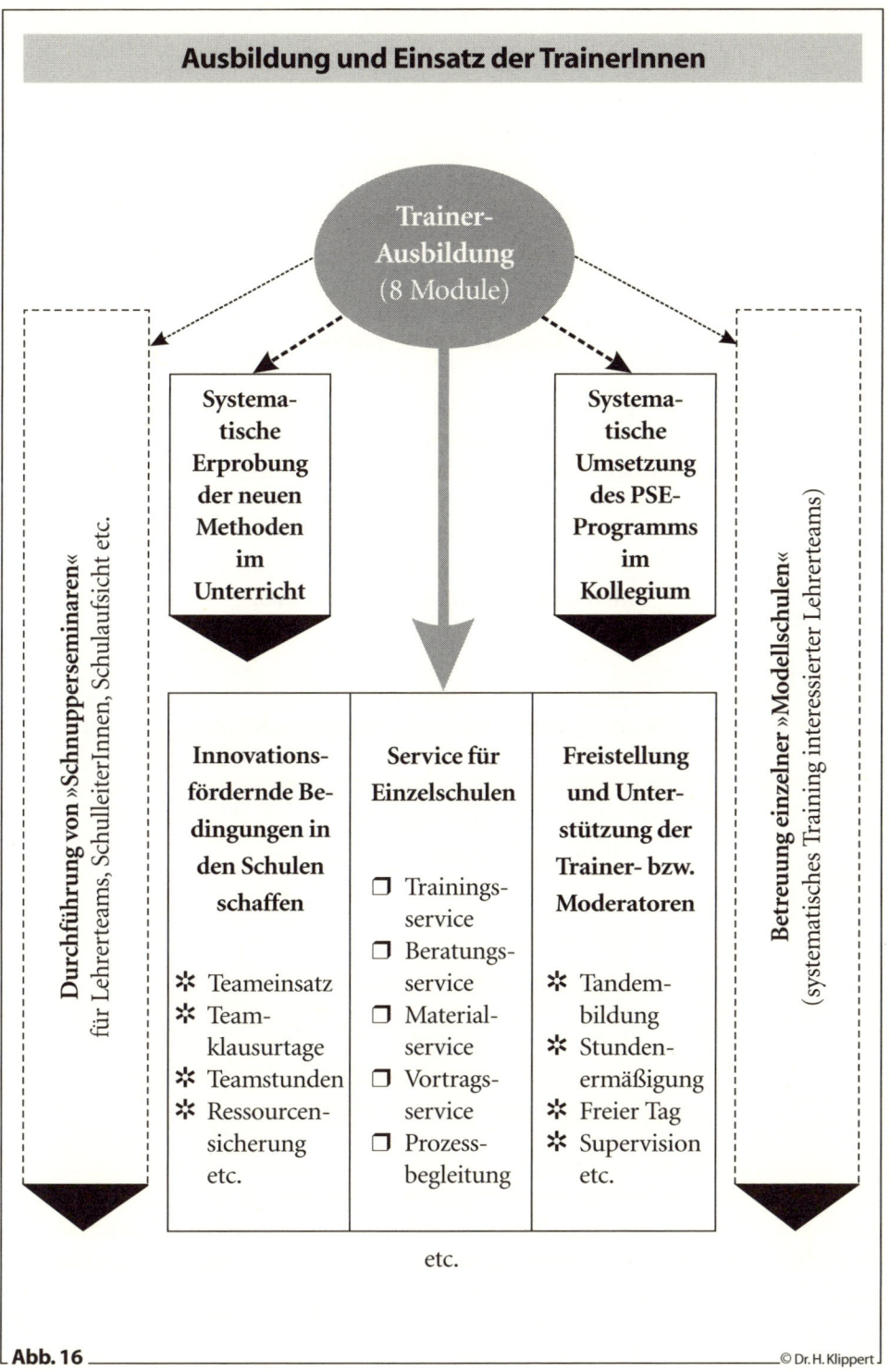

Abb. 16

Die einzelnen Module der Trainerausbildung

Modul 1
Basisseminar
»Das Konzept der Pädagogischen Schulentwicklung«

Modul 2
Trainingstagung
»EVA im Fachunterricht«

Modul 3
Basisseminar
»Die Rolle der TrainerInnen im Schulentwicklungsprozess«

Modul 4
Trainingstagung
»Methodentraining mit SchülerInnen«

Modul 5
Basisseminar
»Visualisierungs- und Präsentationsmethodik«

Modul 6
Trainingstagung
»Teamentwicklung im Klassenraum«

Modul 7
Trainingstagung
»Kommunikationstraining mit SchülerInnen«

Modul 8
Supervisionsveranstaltung
nach Durchführung der ersten Trainingstagungen

Jedes Seminar dauert 2,5 Tage. Die Teilnehmerzahl ist auf 28 bis max. 30 begrenzt. Hinzu kommen weitere Supervisionsveranstaltungen sowie spezifische Workshops zur Erarbeitung einschlägiger Materialien und Lehr-/Lernarrangements.

Abb. 17 © Dr. H. Klippert

gen zudem die Besonderheit haben, dass sie von ihrem methodischen Zuschnitt her ziemlich ähnlich aufgebaut sind und außerdem einschlägig erprobte Trainingsmaterialien und -anregungen zur Verfügung gestellt werden, bekommen die angehenden TrainerInnen relativ schnell tragfähige Einblicke, Routinen und Umsetzungskompetenzen.

Ergänzt und abgerundet werden die angesprochenen Trainingstagungen durch drei weitere Basisseminare sowie eine abschließende Supervisionsveranstaltung (vgl. Abb. 17), in denen das Hauptaugenmerk darauf gerichtet ist, den übergreifenden PSE-Ansatz zu klären und die damit einhergehende Trainerrolle eingehender zu reflektieren und zu konkretisieren. Letzteres schließt sowohl das Einüben themenzentrierter Visualisierungs- und Präsentationstechniken als auch die Problematisierung und Optimierung geplanter oder auch bereits durchgeführter Fortbildungstagungen mit ein, wobei grundsätzlich offen bleibt, ob und inwieweit nach Abschluss der Kernausbildung noch weitere Supervisionsveranstaltungen und methodenzentrierte Workshops nötig sind. Das hängt letztlich davon ab, welchen Bedarf die Trainerinnen und Trainer signalisieren.

Parallel zu ihrer laufenden Ausbildung sind die angehenden TrainerInnen gehalten, das vorgestellte bzw. durchgespielte Methodenrepertoire auf zwei Ebenen zu erproben und möglichst systematisch zu implementieren: einmal im eigenen Unterricht, zum anderen in klassen- und/oder fachbezogenen Lehrerteams, die das PSE-Programm umzusetzen versuchen (vgl. Abb. 16). Hierbei empfiehlt es sich, nicht gleich in mehreren Klassen und Teams mitzuwirken und Erprobungsarbeit zu leisten, sondern exemplarisch zu arbeiten und sich zunächst auf eine bis zwei Klassen und Lehrerteams zu konzentrieren und diese als persönliche »Lerninseln« zu nutzen. Andernfalls besteht die Gefahr der Überforderung und/oder der allzu punktuellen und oberflächlichen Erprobungsarbeit. Mittel- und längerfristig kann und sollte sich jedoch der eigene Aktionsradius zunehmend erweitern, damit möglichst viele Klassen und Lehrerteams in den Genuss des erworbenen Know-hows kommen.

Ähnlich vielschichtig wie die Ausbildung ist auch der Einsatz der TrainerInnen. Sie sind nicht nur Pioniere und Anreger im eigenen Unterricht wie im eigenen Kollegium, sondern sie sind vor allem TrainerInnen und ReferentInnen in Sachen PSE außerhalb der eigenen Schule. Wie sich aus Abbildung 16 ersehen lässt, planen und gestalten sie unter Umständen – sofern sich entsprechender Bedarf abzeichnet – gezielte Informations- und Einführungsveranstaltungen zum PSE-Ansatz für die verschiedensten Zielgruppen in einer bestimmten Region. Das können z.B interessierte Eltern, Lehrkräfte, Schülervertreter, Kommunalvertreter oder auch Vertreter aus der Wirtschaft sein. Das können eventuell aber auch Schulleiter und/oder Schulaufsichtsbeamte sein, die mehr über den PSE-Ansatz erfahren möchten. Das eigentliche Kerngeschäft der TrainerInnen ist jedoch die systematische Betreuung, Beratung und Begleitung einzelner Schulen auf ihrem Weg der Pädagogischen Schulentwicklung, und zwar in aller Regel in Tandems. Der Service, den die betreffenden Trainer-Tandems dabei zu leisten haben, ist ausgesprochen vielschichtig (vgl. Abb. 16). Dazu gehören Trainingsservice, Beratungsservice, Materialservice und gelegentlicher Vortragsservice genauso wie eine möglichst engagierte Prozessbegleitung über einen Zeitraum von ca. zwei bis drei Jahren.

So gesehen sind die TrainerInnen nicht nur wichtige und hilfreiche Bezugspersonen der auf PSE setzenden Kollegien, sondern sie haben ganz fraglos auch eine Menge zu tun, um den skizzierten »Service« vorzubereiten und zu realisieren. Sie moderieren einschlägige Trainingsveranstaltungen und erläutern das zugrunde liegende »Neue Haus des Lernens« (vgl. Abb. 5 auf Seite 43). Sie bringen erprobte und bewährte Materialien und Erfahrungen ein und stehen als Referenten für Elternabende und sonstige schulinterne Informationsveranstaltungen zum PSE-Programm zur Verfügung. Sie beraten und begleiten die einzelnen Teams bei ihrer Umsetzung des pädagogisch-methodischen Reformprogramms und unterstützen das betreffende Kollegium nicht zuletzt bei der früher oder später anstehenden schulinternen Evaluation der geleisteten Trainings- und Innovationsarbeit. Bei alledem wird auf feste Vereinbarungen und kontinuierliche Schulbegleitung Wert gelegt.

Selbstverständlich ist dieses weitläufige Arbeitsprogramm nur dann zu bewältigen, wenn den betreffenden Trainerinnen und Trainern dafür auch entsprechende Ermäßigungsstunden eingeräumt werden. Nach den bisherigen Erfahrungen ist es unbedingt ratsam, die Unterrichtsermäßigung so zu bemessen, dass die aktiven Trainer- und SchulbegleiterInnen wöchentlich mindestens einen unterrichtsfreien Tag haben, den sie für die anstehende Trainings-, Vortrags-, Beratungs- und Moderationarbeit an ihren Bezugsschulen nutzen können. Andernfalls wird es immer wieder Probleme geben, wenn sie zulasten ihres eigenen Unterrichts und ihres Stammkollegiums an der eigenen Schule irgendwelche fremde Schulen betreuen müssen bzw. wollen. Diese Deputatsermäßigung wird derzeit im Rahmen des NRW-Modellversuchs »Schule & Co« beispielsweise so geregelt, dass jeder Trainer einen gewissen »Vorschuss« an Ermäßigungsstunden erhält, die nach Abschluss des Schuljahres »spitz abgerechnet« werden. Das heißt: Wer mit seinen Einsätzen über dem angenommenen Soll liegt, erhält im nächsten Schuljahr eine höhere Ermäßigung, wer darunter liegt, muss eine entsprechende Kürzung seiner Ermäßigungsstunden in Kauf nehmen. So einfach kann das gehen! Dabei besteht Übereinstimmung darin, dass die maximale Stundenermäßigung für die besonders angefragten Trainer in aller Regel nicht mehr als eine halbe Stelle betragen sollte, damit deren unterrichtspraktische Kompetenz hinreichend erhalten bleibt. Diese unbürokratische Vorgehensweise sollte Schule machen!

10. Flankierende Innovationen in den Studienseminaren

Ein weiteres Element Pädagogischer Schulentwicklung ist die systematische Forcierung des Methodentrainings in der zweiten Phase der Lehrerbildung – also in den Studienseminaren. Denn es ist ja geradezu widersinnig, die angehenden Lehrkräfte weiterhin traditionell auszubilden, um sie dann – in der dritten Phase – mit viel Mühe und Aufwand zu neuen Ideen und neuen Methoden hinzuführen, die sie besser bereits von vornherein praktiziert und eingeübt hätten. Von daher ist im Rahmen des an anderer Stelle bereits angesprochenen nordrhein-westfälischen Modellversuchs »Schule & Co« der Schwerpunkt »*Methodentraining als Seminarprogramm*« eingeführt worden, zu dessen Besonderheiten es gehört, dass sich 11 Studienseminare in den Regionen Leverkusen und Herford mit großer Mehrheit darauf verständigt und dazu verpflichtet haben, dem Training elementarer EVA-Methoden, Arbeitstechniken, Kommunikationsmethoden und Teammethoden entschieden mehr Raum zu geben, als das bisher der Fall ist.

Zwar wäre es wünschenswert, diese ausgeprägte Methodenorientierung und Methodenschulung würde bereits an den Universitäten und Pädagogischen Hochschulen stattfinden, jedoch stehen die allermeisten Professoren dieser Ebene des Studierens ausgesprochen distanziert bis desinteressiert gegenüber. Dabei könnte man fachwissenschaftliches, fachdidaktisches und allgemein-pädagogisches Lernen auf der einen und Methodenlernen auf der anderen Seite höchst sinnvoll und wirksam miteinander verknüpfen – z.B. in Verbindung mit Planspielen, Hearings, Mindmapping, Pro-und-Kontra-Debatten, Visualisierungs- und Präsentationsübungen, Recherchen, Reportagen und Projekten. Das scheint dem Gros der Professoren bislang entgangen zu sein. Schade! Denn Vorlesungen zu hören, Referate mehr oder weniger undurchdacht zusammenzuschreiben, diese in den Seminaren vorzulesen und obligatorisches Fachwissen bei allen möglichen Gelegenheiten geflissentlich wiederzukäuen, das macht noch keine Fachkompetenz aus. Und ernstzunehmende Unterrichtskompetenz lässt sich auf diesem Wege schon gar nicht erreichen. Doch so einsichtig diese kritischen Anmerkungen auch sind, die Kultivierung neuer Lehr- und Lernmethoden wird in deutschen Hochschulen wohl auf absehbare Zeit noch viel zu wünschen übrig lassen (vgl. dazu auch die deutlich pessimistische Sicht in: Delphi-Studie 1998, S. 82f. sowie S. 94).

Deutlich anders stellt sich die Situation in den Studienseminaren dar. In der zweiten Phase der Lehrerausbildung können die verantwortlichen Akteure die spezifischen Belange und Herausforderungen der Praxis nicht mehr länger ignorieren. Wenn die allenthalben propagierte Öffnung des Unterrichts tatsächlich realisiert werden soll, dann müssen sowohl die SchülerInnen als auch die LehrerInnen ein möglichst breites Methodenrepertoire haben, das ihnen hilft, selbstorganisiertes Lernen erfolgreich in Gang zu setzen und in Gang zu halten. Das aber setzt verstärktes Methodentraining auf verschiedenen Ebenen voraus: auf der Ebene der Lernorganisation (Stichwort: EVA!) genauso wie in den Bereichen Arbeitstechnik, Kommunikationstechnik und Teamentwicklung. Von daher ist es nötig, die ReferendarInnen ganz gezielt mit korrespondierenden Methoden, Materialien und einschlägigen Lernarrangements vertraut zu machen und diese in entsprechenden Trainingscamps näher zu thematisieren und/oder exemplarisch durchzuspielen. Dieses »learning by doing« ist kennzeichnend nicht nur für das Schülertraining, sondern auch für das hier in Rede stehende Methodentraining mit Referendarinnen und Referendaren sowie – vorgelagert – mit den verantwortlichen Ausbildern an den Studienseminaren.

Wie die konkrete Trainingsarbeit an den Studienseminaren angebahnt und organisiert werden kann, zeigt Abbildung 18. Ausgangspunkt ist – wie in den Schulen auch – die systematische Qualifizierung der interessierten FachleiterInnen. Die fünf Module dieses Qualifizierungsprogramms bestehen aus einem Basis- bzw. Schnupperseminar für die Führungsteams der beteiligten Seminare sowie aus den vier obligatorischen Trainingsseminaren für wechselnde Seminarteams zu den Schwerpunkten: EVA im Fachunterricht, Methodentraining mit Schülern, Teamentwicklung im Klassenraum sowie Kommunikationstraining mit Schülern. Jedes dieser Seminare dauert zweieinhalb Tage und ist gekennzeichnet durch ausgeprägtes »learning by doing«. Bereits während der Ausbildung werden spezifische Fachleiterteams (3er-Teams) zur exemplarischen Erprobung der einen oder anderen Trainingssequenz gebildet. Für deren Vorbereitung werden diesen Teams – bei Bedarf – so genannte Teamklausurtage mit angemessener Unterrichtsbefreiung eingeräumt.

Das methodenzentrierte Training mit den ReferendarInnen selbst kann alsdann in verschiedenen Bereichen ansetzen. Der erste Bereich betrifft das Allgemeine Seminar bzw. das Hauptseminar. Hier empfiehlt sich gelegentlich eine zweitägige Veranstaltung mit intensiver Koppelung von Methodenlernen und fachdidaktischem bzw. allgemeinpädagogischem Lernen. Der Vorteil dieses erweiterten Zeitrahmens ist, dass die betreffenden Input-, Übungs- und Reflexionsphasen wesentlich vielschichtiger und gründlicher gestaltet werden können als das im Rahmen der gängigen Halbtages- oder Tagesseminare möglich ist. Gleiches gilt für die Fachseminare, die sich zumeist über zwei bis drei Stunden am Nachmittag erstrecken und von daher nur selten wirklich produktiv sind. Wenn die Fachseminararbeit dazu beitragen soll, dass die ReferendarInnen ihr didaktisch-methodisches Repertoire nachhaltig erweitern und gemeinsam konkrete methodenzentrierte Materialien und Lernarrangements entwickeln, dann muss sie erstens zeitlich ausgedehnt und zweitens personell so aufgestockt werden, dass größere Referendargruppen entstehen, die das eine oder andere Arrangement im Sinne des »Erfahrungslernens« auch mal durchspielen können. Von daher empfiehlt sich das gelegentliche Zusammenlegen mehrerer verwandter Fachseminare mit dem doppelten Effekt, dass zum einen größere Referendargruppen entstehen und zum anderen mehrere FachleiterInnen darauf bedacht sein müs-

Qualifizierungsmaßnahmen im Bereich der Studienseminare

Teilnahme interessierter FachleiterInnen an den angebotenen Trainingsseminaren (5 Module)

↓

Bildung spezifischer Fachleiterteams (3er-Teams) zur Umsetzung der Trainingsprogramme

↓

Teamklausurtage zur Vorbereitung der methodenzentrierten Trainingsseminare

↓

Durchführung der methodenzentrierten Trainingsseminare mit ReferendarInnen (moderiert von Fachleiterteams)

↓

| 2-tägige Allgemeine Seminare | Verschiedene Wochenseminare (EVA, MT, KT, TE) | 1- bis 2-tägige produktive Fachseminare |

Integration von methodenzentrierter Selbsterfahrung, Reflexion, gemeinsamer Unterrichtsplanung, Hospitation und Teamarbeit der Fachleiter

↓

Konsequente Implementierung der betreffenden Methoden im Rahmen der Lehrproben

↓

Entwicklung korrespondierender Beurteilungskonzepte und -verfahren

↓

Systematische Fortbildung der Mentoren an den Ausbildungsschulen

↓

Platzierung von Referendarteams an den Ausbildungsschulen und konsequente Förderung der Teamarbeit

etc.

Abb. 18 © Dr. H. Klippert

sen, konstruktiv zu kooperieren und gemeinsam Standards für guten Unterricht zu entwickeln und diese Standards in die Planung, Besprechung und Beurteilung einzelner Unterrichtsversuche einfließen zu lassen. So gesehen geht es bei dem neuen Zuschnitt der Fach- bzw. Fachbereichsseminare nicht nur um günstigere zeitliche Rahmenbedingungen für das hier in Rede stehende Methodentraining mit ReferendarInnen, sondern auch und zugleich um die systematische Förderung von Teamarbeit und Teamfähigkeit auf Fachleiterseite wie aufseiten der ReferendarInnen. Denn das gemeinsame Vorbereiten, Durchspielen, Reflektieren und unterrichtliche Erproben einschlägiger Lehr-/Lernarrangements trägt gleichermaßen dazu bei, dass mehr Teamgeist entsteht und mehr Klarheit und Sicherheit in methodischen Dingen erreicht werden.

Diese Effekte treffen in noch stärkerem Maße auf die in Abbildung 18 angeführten Wochenseminare zu. Diese vier Wochenseminare zu den Methodenfeldern EVA, Methodentraining, Kommunikationstraining und Teamentwicklung verteilen sich auf das erste Ausbildungsjahr und werden ebenfalls von Fachleiterteams vorbereitet, die verwandte Fächer vertreten und das gemeinsame Anliegen haben, den ReferendarInnen möglichst intensive Erfahrungen in den angeführten Methodenfeldern zu eröffnen. Der Ablauf der Crashkurse sieht in der Regel so aus, dass von Montag bis Donnerstagmittag unter Anleitung des jeweiligen Fachleiterteams ausgewählte Lernspiralen bzw. Trainingsspiralen (vgl. dazu Kapitel V) ganz konkret durchgespielt und anschließend reflektiert und unter Transfergesichtspunkten diskutiert werden. Am Donnerstagnachmittag dann wechseln die ReferendarInnen aus der bis dahin eingenommenen Schülerrolle in die Lehrerrolle und planen in mehreren Kleingruppen (z.B. 3er-Teams) je eine korrespondierende Unterrichtsstunde zu einem bestimmten Fachthema. Die so vorbereiteten Unterrichtsstunden werden alsdann am Freitagvormittag in ausgewählten Klassen in einer vorab festgelegten Ausbildungsschule erprobt und in den betreffenden Hospitantengruppen ausgewertet und besprochen.

Damit diese Trainingsarbeit nicht nur »Spielwiese« bleibt, sondern zum wichtigen Bestandteil der Ausbildung wird, muss das eingeübte Methodenrepertoire selbstverständlich in die offiziellen Lehrproben einfließen. Denn andernfalls ist das Signal, dass die propagierten neuen Lernformen letzten Endes doch nicht so ernst gemeint sind. Deshalb müssen die betreffenden FachleiterInnen ihre ReferendarInnen diesbezüglich konsequent fordern und fördern und zudem entsprechende Beurteilungskonzepte entwickeln, die eine adäquate Erfassung und Bewertung methodenzentrierter Unterrichtsstunden gewährleisten (vgl. Abb. 18). Des Weiteren ist es zwingend erforderlich, die Mentoren bzw. Ausbildungsbeauftragten in den Ausbildungsschulen mit den neuen Lehr-/Lernformen durch gezielte Fortbildungsmaßnahmen soweit vertraut zu machen, dass sie die ReferendarInnen bei ihren entsprechenden Unterrichtsplanungen und -versuchen verständnisvoll unterstützen und angemessene Bewertungsvorschläge finden können. Da der Kompetenzerwerb der ReferendarInnen aber nicht nur von den Mentoren und FachleiterInnen abhängt, sondern auch davon, wie sehr mit anderen ReferendarInnen kooperiert werden kann, empfiehlt sich ferner die Platzierung gleich mehrerer ReferendarInnen an ein und derselben Ausbildungsschule. Das begünstigt erstens eine intensivere Betreuung durch die FachleiterInnen und MentorInnen, zweitens eine selbstbewusste und engagierte Auseinandersetzung mit den neuen Lehr- und Lernformen sowie drittens die konsequente Mitwirkung der ReferendarInnen an der schulinternen Umsetzung der skizzierten Trainingsprogramme.

Fazit also: In der zweiten Phase der Lehrerausbildung ist einiges möglich und nötig, was die Umsetzung des hier in Rede stehenden PSE-Programms in der Einzelschule begünstigt. Wenn der Einfluss der ReferendarInnen faktisch auch nur recht begrenzt ist, so sind sie letzten Endes doch wichtige Ideenspender und Wegbereiter der Pädagogischen Schulentwicklung – vorausgesetzt, sie werden hinreichend qualifiziert und ermutigt, neue Wege zu gehen und die SchülerInnen in puncto Schlüsselqualifikationen konsequent zu fordern und zu fördern. Letzteres aber ist wiederum abhängig von der Sensibilität und Kompetenz der zuständigen FachleiterInnen, denen die skizzierte Lernkultur bislang noch viel zu wenig »geläufig« ist. Von daher ist es mit Appellen und neuen Richtlinien alleine nicht getan. Wenn die Studienseminare ihre Rolle als Innovationszentren wirksam spielen sollen, dann brauchen die betreffenden FachleiterInnen entsprechende »Lerninseln« und einen möglichst systematischen Qualifizierungsprozess, der ihnen hilft, die neuen Lern- und Trainingsformen konsequent zu erschließen und die entsprechenden Methoden nachhaltig zu kultivieren.

11. Netzwerkbildung und Netzwerkpflege in der Region

Zum skizzierten Innovationsmanagement gehört nicht zuletzt die konsequente Vernetzung der unterschiedlichen pädagogischen Zirkel, die auf schulinterner, regionaler oder auch auf überregionaler Ebene mit Pädagogischer Schulentwicklung befasst sind (vgl. Abb. 19). Sinnvoll und naheliegend ist eine derartige Vernetzung u.a. für die Gruppe der Schulleiter, für die Stundenplangestalter, die TrainerInnen, die LeiterInnen der Fortbildungsinstitute, die Schulaufsichtsbeamten, interessierte Elternvertreter sowie – vor allem – für die einzelnen Lehrerteams, die auf Klassen- und/oder auf Fachebene für die systematische Implementierung der neuen Lern- und Trainingsformen zuständig sind.

Der Vorteil dieser Netzwerkbildung liegt auf der Hand: Die in unterschiedlichen Arbeitszusammenhängen agierenden Führungskräfte und Innovationsgruppen können sich auf diese Weise wechselseitig verständigen, befragen, unterstützen und inspirieren, wie etwaige Probleme gelöst werden können und welche Maßnahmen und Strategien sich diesbezüglich in der Praxis bewährt haben. Und selbstverständlich können sie auch einschlägige Lehr-/Lernhilfen und sonstige Unterlagen austauschen und/oder in gemeinsamen Konferenzen erarbeiten. Das alles bringt erfahrungsgemäß nicht nur erhebliche Synergieeffekte, sondern trägt auch und zugleich dazu bei, dass nicht jede Schule und jede sonstige pädagogische Einrichtung auf sich alleine gestellt versuchen muss, in mühevoller und zeitintensiver Kleinarbeit gangbare Schulentwicklungsstrategien und praktikable Problemlösungen zu finden. Dieser »Separatismus« ist schon immer fragwürdig gewesen und führt an unseren Schulen angesichts der ausgeprägten Belastung vieler Lehrkräfte de facto nur zu unnötigen Mehrbelastungen und Frustrationen.

Von daher ist es wichtig, dass die mit Pädagogischer Schulentwicklung befassten Akteure zu möglichst konstruktiver und regelmäßiger Kooperation über die Grenzen der einzelnen pädagogischen Einrichtung hinaus gelangen (Schule, Studienseminar, Schulaufsichtsbehörde), um auf diese Weise die angesprochenen Synergieeffekte erzielen und das eigene strategische Repertoire mit Hilfe anderer »gleichgesinnter« Experten nachhaltig erweitern zu können. Wechselseitige Hospitationen, Kontaktgespräche und gemeinsame Planungssitzungen gehören genauso dazu wie schulübergreifende Workshops, Bilanztagungen und gezielte Materialtransfers über das Internet bzw. über die in den einzelnen Bundesländern zwischenzeitlich eingerichteten »Bildungsserver«. Eine solche schulübergreifende Kooperation und Vernetzung ist ganz fraglos ein wichtiger und richtiger Schritt zur Effizienzsteigerung. Ein Schritt, der in der Praxis entscheidend dazu beitragen kann, dass die hier in Rede stehende

Netzwerkbildung und Netzwerkpflege **95**

Mögliche Netzwerke auf regionaler und überregionaler Ebene

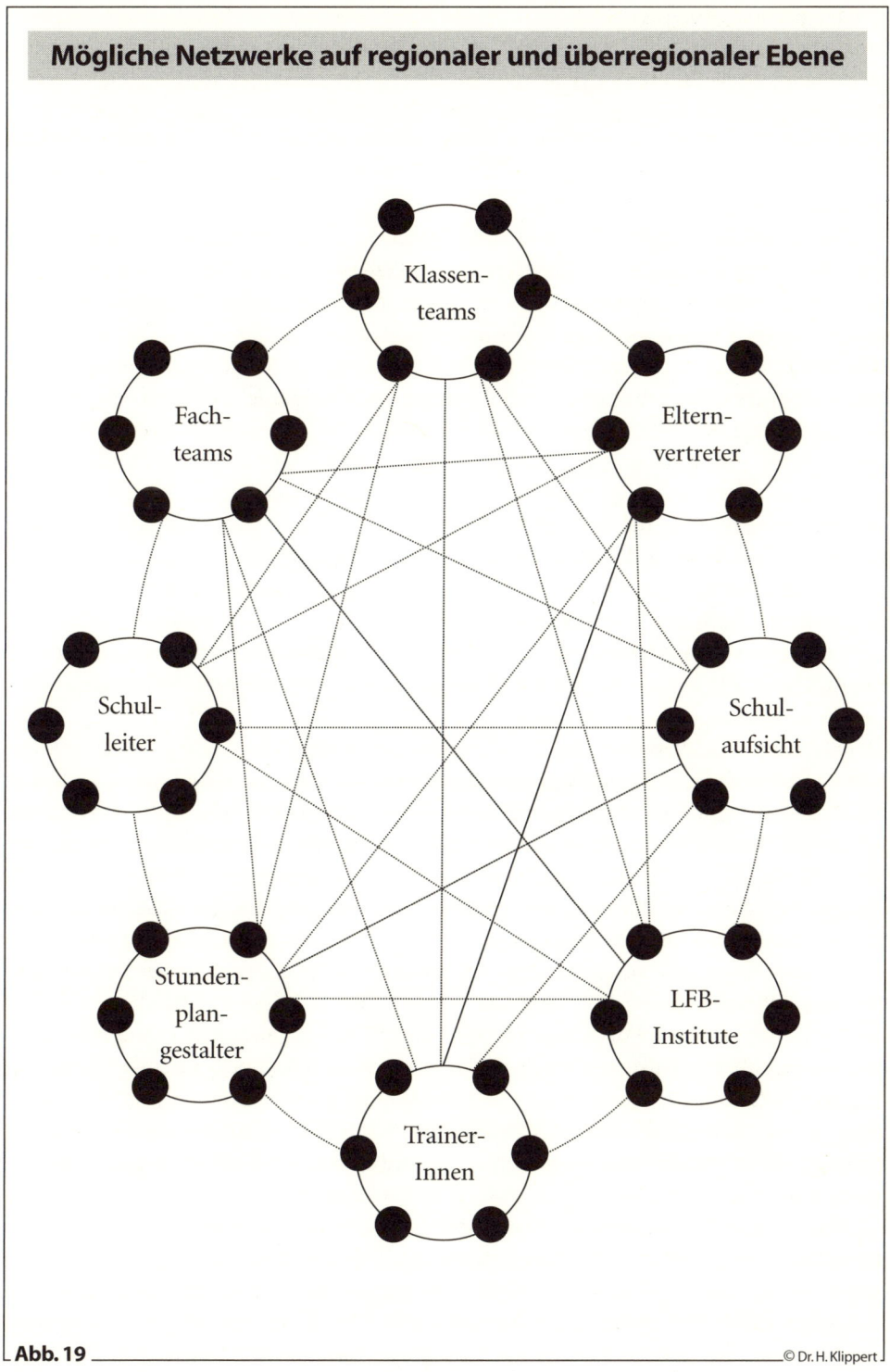

Abb. 19 © Dr. H. Klippert

Pädagogische Schulentwicklung mit mehr Kreativität und Verbindlichkeit vorangebracht wird, als das bis dato der Fall ist. Und genau das ist nötig, soll die allenthalben angemahnte Effizienz der Schulentwicklung gewährleistet werden. Denn wenn jede pädagogische Einrichtung alleine vor sich »hinwurstelt«, dann ist die Gefahr groß, dass sie in der einen oder anderen Sackgasse landet und die betreffenden Akteure früher oder später vor den auftretenden Schwierigkeiten und Belastungen kapitulieren.

Diese Gefahr besteht u.a. bei der in Abschnitt 5 angesprochenen Teambildung und Teamentwicklung zur konzertierten Umsetzung des methodenzentrierten Trainingsprogramms. Wenn tatsächlich 3er-Teams mit wöchentlich 15 Stunden + x in ausgewählten Klassen eingesetzt werden sollen, dann ist das eine nicht zu unterschätzende Herausforderung für den Schulleiter und den Stundenplangestalter, und zwar vor allem dort, wo größere Schulsysteme wie Gymnasien, Gesamtschulen oder berufsbildende Schulen betroffen sind. Hier kann das Know-how anderer Schulen nur hilfreich und zeitsparend sein. Zu diesem Problem der 3er-Teams kommen aber noch weitere Herausforderungen hinzu: Das beginnt mit der Freistellung der betreffenden Lehrkräfte für die erwähnten Teamklausurtage und produktiven Fachkonferenzen und reicht über die Planung und Durchführung gezielter Elternveranstaltungen bis hin zur fächerübergreifenden Organisation der methodenzentrierten Trainingswochen und -tage mit Schülern.

Alle diese Vorhaben lassen sich in Kooperation mit anderen Schulen leichter und überzeugender lösen, als das im schulinternen Alleingang möglich ist. Denn das alles macht Vertretungsunterricht nötig und wirft überdies so manche konventionelle Denk- und Vorgehensweise der Stundenplanmacher über den Haufen. Wenn daraus nicht Unsicherheit, Resignation und/oder Abwehr resultieren sollen, dann bedarf es dazu ganz dringlich möglichst praxisnaher Anschauungsbeispiele und Beratungsangebote für die zuständigen Stundenplangestalter und/oder SchulleiterInnen, die zeigen, wie die skizzierten stundenplantechnischen und sonstigen Probleme im Schulalltag gelöst werden können. Gelegenheit zum entsprechenden Erfahrungs- und Strategieaustausch besteht zum einen im Rahmen der bereits angesprochenen Fortbildungsseminare, die in der Regel von externen Innovationsexperten betreut und mit einschlägigem Know-how bestückt werden, zum Zweiten anlässlich spezifischer Meetings der je verantwortlichen Führungskräfte zu ausgewählten schulorganisatorischen Fragen sowie drittens im Zuge der anvisierten schulübergreifenden Kooperationsveranstaltungen, die interessierte PSE-Akteure nutzen können, um die Erfahrungen und Strategien anderer Schulen bzw. Innovationsgruppen in Erfahrung zu bringen, die eventuell schon weiter sind und möglicherweise schon manche Probleme gelöst haben.

Die besagte Netzwerkbildung und -pflege erstreckt sich indes nicht nur auf die regionale Ebene, sondern kann sehr wohl auch überregional oder gar länderübergreifend organisiert werden, damit das innovationsspezifische Erfahrungsspektrum möglichst vieler PSE-Akteure in unterschiedlichsten Bereichen eruiert und genutzt werden kann. So ist es z.B. denkbar, einschlägig tätige Lehrerteams, Schulleitungsmitglieder, FortbildnerInnen und/oder Schulaufsichtsbeamte aus Städten wie München, Nürnberg, Wien, Herford oder Leverkusen themen- und zielgruppenspezifisch an einem »runden Tisch« zusammenbringen, um die vorliegenden Strategien und Erfahrungen in Sachen Pädagogische Schulentwicklung näher zu sondieren. Derartige überregionale Verbundsysteme sind im Rahmen des NRW-Modellversuchs »Schule & Co« bereits angedacht und werden in den nächsten Jahren sicherlich auch realisiert werden. Auch bestehende regionale Netzwerke z.B. im Norden und im Süden von Rheinland-Pfalz oder in bestimmten Bezirken von Berlin könnten überregional zusammengeführt und zu einem produktiven Erfahrungs- und Materialaustausch veranlasst werden.

Allerdings wird diese länderübergreifende Kooperation schon aus zeitlichen und finanziellen Gründen nur sehr begrenzt möglich sein. Die regionale bzw. innerstädtische Kooperation hingegen ist sehr viel leichter und letztlich auch effektiver zu realisieren. Vorgesehen ist daher im Rahmen des erwähnten NRW-Modellversuchs »Schule & Co« die regional zugeschnittene Erarbeitung, Erprobung und Veröffentlichung einschlägiger Trainingsspiralen sowie fachspezifischer Materialien zur Methoden-, Kommunikations-, Team- und EVA-Pflege. Produktive Netzwerk-Aktivitäten dieser und anderer Art werden dringend gebraucht, soll das Projekt Pädagogische Schulentwicklung von den Kollegien zielstrebig angegangen und erfolgreich implementiert werden.

Dass derartige Netzwerk-Aktivitäten auf jeden Fall hilfreich sind und den beteiligten Lehrkräften eine ganze Menge bringen können, zeigt u.a. die zurückliegende Kooperation dreier Gymnasien im Großraum Koblenz. Bei diesen Schulen handelt es sich erstens um das Eichendorff-Gymnasium in Koblenz, zweitens um das Peter-Jörres-Gymnasium in Bad Neuenahr sowie drittens um das Rhein-Gymnasium in Sinzig. In allen drei Gymnasien gibt es seit einigen Jahren größere Innovationsgruppen, die sich die systematische Methodenschulung und -pflege im Unterricht zur Aufgabe gemacht haben. Nachdem eine Zeit lang jede Gruppe alleine vor sich hin »gewerkelt« hatte, entstand anlässlich einer Fortbildungstagung, an der Teams aus allen drei Schulen teilnahmen, die Idee einer regionalen Kooperation. Seither treffen sich die Innovationsgruppen der besagten Gymnasien in mehr oder weniger regelmäßigen Abständen, um Erfahrungen auszutauschen, Probleme zu besprechen, Materialien zu sichten und gemeinsam vereinbarte Projekte/Workshops in Angriff zu nehmen. Der Nutzen, den die beteiligten Lehrkräfte aus diesen – in der Regel halbtägigen – Veranstaltungen ziehen bzw. gezogen haben, ist eindeutig positiv. Gleichwohl sind derartige Netzwerk-Aktivitäten bislang nurmehr die Ausnahme und keinesfalls die Regel – leider!

Ein recht interessanter Versuch zur Forcierung der regionalen Innovationsarbeit ist kürzlich in der Steiermark/Österreich im Bezirk Knittelfeld angelaufen. Die zuständige Schulaufsicht in diesem Bezirk hat in Absprache mit Landesschulrat und Elternvertretern die bemerkenswerte Entscheidung getroffen, alle Lehrkräfte des Bezirks für zwei Tage vom Unterricht freizustellen, damit diese in verbindlicher Weise an einer zweitägigen Einführungveranstaltung zum PSE-Ansatz teilnehmen. Diese

Einführungsveranstaltung läuft so ab, dass sich am ersten Vormittag die rund 400 Lehrkräfte des Bezirks in einem größeren Kongresszentrum zusammenfinden, um sich via Vortrag, Film, Impulsreferat und Aussprache über das anstehende PSE-Programm zu informieren. Der vereinbarte Zeitrahmen: 8.30–12.30 Uhr. Am Nachmittag sowie am zweiten Tag geht es alsdann ausschließlich darum, anhand praktischer Übungen und Beispiele näher in das eine oder andere Trainingsprogramm hineinzuschnuppern. Diese »Schnupperphase« ist so organisiert, dass in mehren Schulen des Bezirks einschlägige Trainingsseminare zu den vier Methodenfeldern »Methodentraining«, »Kommunikationstraining«, »Teamentwicklung« und »EVA im Fachunterricht« stattfinden, denen sich die betreffenden Lehrkräfte wahlweise zuordnen müssen. Das heißt konkret: Im Vorfeld der Veranstaltung werden in jedem Kollegium vier etwa gleich große Teams gebildet, die sich den vier genannten Methodenfeldern zuordnen. Während des besagten Schnupperseminars erhalten diese Teams Gelegenheit, zu ihrem jeweiligen Methodenfeld einschlägige Übungen und Anregungen kennen zu lernen sowie ausgewählte Übungsarrangements ganz praktisch durchzuspielen und gemeinsam zu reflektieren. Betreut und moderiert werden diese methodenzentrierten Trainingsseminare von qualifizierten TrainerInnen, die der Verfasser in den letzten Jahren für die Steiermark ausgebildet hat.

Der Clou bei dieser regionalen Qualifizierungsoffensive ist, dass alle Schulkollegien des Bezirks nach der zweitägigen Veranstaltung über relativ solide Erfahrungen sowohl mit dem PSE-Programm als auch und vor allem mit den einzelnen Trainingsfeldern verfügen, die eine ebenso engagierte wie gezielte Weiterarbeit ermöglichen. Diese Weiterarbeit wird seitens der Lehrerfortbildung dadurch unterstützt, dass im Anschluss an die skizzierte Einführungsveranstaltung vertiefende Seminare zu allen vier Trainingsfeldern auf Bezirksebene angeboten und durchgeführt werden, zu denen sich interessierte Lehrerteams aus der Region anmelden können. Die Organisation dieser Fortbildungsarbeit entspricht dabei dem an anderer Stelle dieses Buches skizzierten »Teilgruppenmodell« (vgl. Kap. III, Abschn. 4). Das heißt: Mehrere kleinere oder größere Teams aus unterschiedlichen Schulen melden sich zu einem bestimmten Methodenseminar an und durchlaufen sodann zwei bis drei Tage lang ein entsprechendes Trainingsprogramm mit ausgewählten Lern- bzw. Trainingsspiralen sowie entsprechenden praktischen Übungen. Auf diese Weise können sich die interessierten Lehrkräfte der Region Knittelfeld relativ zügig und intensiv mit den grundlegenden Elementen der Pädagogischen Schulentwicklung vertraut machen und versuchen, das erworbene Know-how in ihren Schulen umsetzen. Begünstigt werden sie dabei durch den Umstand, dass es sowohl an der eigenen Schule als auch im gesamten Bezirk eine Vielzahl »kundiger« Mitstreiter gibt, die ebenfalls mit Pädagogischer Schulentwicklung experimentieren und somit bei Bedarf angesprochen und um Tipps, Materialien und sonstige Hilfen ersucht werden können.

III. Einschlägige Qualifizierungsmaßnahmen an der Einzelschule

In diesem Kapitel wird näher skizziert und erläutert, wie die im letzten Abschnitt angedeuteten Unterstützungssysteme an der Einzelschule konkret aussehen und welche spezifischen Qualifizierungsmaßnahmen in Sachen PSE den betreffenden Lehrkräften angeboten werden. Adressaten dieser Qualifizierungsmaßnahmen sind entweder ganze Kollegien oder aber einzelne Teams, die sich der differenzierten Methodenschulung im Unterricht annehmen möchten. Die Qualifizierungsarbeit selbst kann sowohl schulintern als auch schulübergreifend organisiert werden. Welche konkreten Veranstaltungsformen dabei in Frage kommen, wird in den nachfolgenden Abschnitten gezeigt. Als Unterstützer, Berater und Trainer können dabei – sofern ausgebildet – externe Innovationsexperten herangezogen werden.

1. Das Qualifizierungsprogramm im Überblick

Die Kultivierung neuer Lehr- und Lernformen beginnt in der Einzelschule in der Regel damit, dass sich interessierte Lehrkräfte nach einschlägigen Fortbildungsveranstaltungen und oder Hospitationsmöglichkeiten umsehen, die möglichst praxisnah zeigen und erfahrbar werden lassen, wie sich das eigenverantwortliche Arbeiten und Lernen der SchülerInnen im Unterricht ganz pragmatisch forcieren lässt und welche Verfahrensweisen geeignet sind, die korrespondierenden methodischen, kommunikativen und teamspezifischen Fähigkeiten und Fertigkeiten auf Schülerseite zu fördern. Der Besuch entsprechender »Schnupperseminare« bildet von daher die klassische Auftaktsituation des hier in Rede stehenden Qualifizierungsprozesses (vgl. Abb. 20). Thematisch geht es dabei ganz vorrangig um »EVA im Fachunterricht«, um »Methodentraining mit Schülern«, um »Teamentwicklung im Klassenraum« oder auch um »Kommunikationstraining im Unterricht«. Angeboten werden diese »Schnupperseminare« üblicherweise von den zuständigen Fortbildungseinrichtungen an zentralen Orten. Wer Interesse hat, kann sich anmelden und erhält sodann zwei bis drei Tage lang Gelegenheit, das jeweilige Methodenfeld im Wege des »learning by doing« näher kennen zu lernen. Die besagten »Schnupperseminare« sind also punktuelle Fortbildungsangebote für einzelne Lehrkräfte bzw. Lehrerteams aus unterschiedlichen Schulen, die sich in Sachen »Neue Lernformen« kundig machen möchten, um anschließend im eigenen Kollegium wirksamere Mobilisierungsarbeit leisten zu können.

Sofern diese Mobilisierungsarbeit gelingt und das jeweilige Kollegium mit qualifizierter Mehrheit für einen Schnuppertag in Sachen PSE votiert, setzt Stufe 2 des Qualifizierungsprozesses ein, nämlich die Durchführung eines Studientages (pädagogischen Tages) zum PSE-Programm für das ganze Kollegium. Dieser Studientag kann eintägig oder auch eineinhalbtägig angelegt sein. Nähere Hinweise zum Ablauf und zu den einzelnen Übungs- und Reflexionsphasen dieser schulinternen Fortbildungsveranstaltung werden in Abschnitt 3 gegeben. Grundsätzlich geht es dabei um dreierlei: Erstens soll das jeweilige Kollegium zum kritischen Nachdenken und Kommunizieren über das alltägliche Unterrichtsgeschehen veranlasst werden, zweitens soll es über die Bedeutung und Zielstellung des neuen Lehr-/Lernkonzepts informiert werden und drittens schließlich sollen ihm mittels praktischer Übungen und Beispiele exemplarische Einblicke in die anvisierte Lern- und Trainingsarbeit vermittelt werden.

Vorausgesetzt, der besagte Studientag ist überzeugend gelaufen und das Kollegium entscheidet sich mit mindestens *Zwei-Drittel-Mehrheit* für das in Rede stehende PSE-Programm, so setzt für die interessierten Lehrkräfte ein recht intensives Fortbildungs- bzw. Trainingsprogramm ein. Inhaltlich geht es dabei – wie erwähnt – ganz vorrangig um die vier Trainingsfelder: EVA, Methodentraining, Kommunikationstraining und Teamentwicklung im Klassenraum. Diese Trainingsfelder können unter Umständen in einem Wochenkurs verzahnt und zusammenhängend konkretisiert werden (das geschieht z.B. an den Deutschen Auslandsschulen) oder sie können im Rahmen einer auf rund zwei Jahre angelegten Seminarreihe behandelt und sukzessive methodisch geklärt werden. Teilnehmer der einzelnen Trainingsseminare sind entweder geschlossene Gruppen aus einer oder – bei kleineren Systemen – auch mehreren Schulen oder aber wechselnde Teams aus unterschiedlichen Schulen. Im ersten Fall ist vom »Kerngruppenmodell« die Rede, im zweiten Fall vom »Teilgruppenmodell«. Näheres dazu wird in Abschnitt 4 ausgeführt.

Doch was hilft die beste Fortbildung, wenn das angebotene Methodenrepertoire von den beteiligten Lehrkräften nicht konsequent aufgegriffen und umgesetzt wird!? Die Qualifizierungsetappen 4 und 5 tragen dieser Einsicht Rechnung. Die Teamklausurtage in Etappe 4 geben den betreffenden Klassenteams (3er-Teams) Gelegenheit, sich näher mit der Gestaltung der anstehenden Schüler-Trainingswoche/n auseinanderzusetzen sowie geeignete Übungsarrangements und -materialien zu entwickeln. Ferner eröffnen sie ihnen die Möglichkeit, den korrespondierenden Elternabend vorzubereiten und neue Akzente in der Elternarbeit zu setzen (learning by doing!). So gesehen handelt es sich bei den angeführten Klausurtagen um themenzentrierte Workshops für innovationswillige Klassenteams.

Ähnliches gilt für die Produktiven Konferenzen der Fachteams, die als 5. Qualifizierungsetappe ausgewiesen sind (vgl. Abb. 20). Kennzeichnend für diese Konferenzen ist, dass sich interessierte Lehrkräfte eines bestimmten Faches bzw. Fachbereichs an einem zu vereinbarenden Wochentag für mehrere Stunden zusammenfinden, um zu einem Thema ihrer Wahl innovative Lehr-/Lernarragements zu entwickeln, die dazu beitragen, den EVA-Unterricht zu intensivieren sowie die Methoden-, Kommunikations- und Teamkompetenz der SchülerInnen zu pflegen und fachspezifisch weiterzuentwickeln. Der zeitliche Rahmen dieser Fachkonferenzen sollte möglichst großzügig bemessen sein, damit die Arbeit wirklich produktiv werden kann. Ein halber Tag ist erfahrungsgemäß das Minimum, ein ganzer Tag ist deutlich ergiebiger, da die betreffenden Lehrkräfte nach einer bis zwei Stunden erst richtig in Fahrt kommen und konstruktiv zu kooperieren beginnen. Wer also innovative Unterrichtsvorbereitung und effektive Kooperation will, der tut gut daran, den interessierten Lehrkräften auch die entsprechenden »Lerninseln« einzuräumen und nicht zuletzt eine gewisse Unterrichtsbefreiung zu gewähren, die zur Verbesserung der schulinternen Kooperation und Materialerarbeitung genutzt werden kann.

Derartige »Lerninseln« sind allerdings nicht nur in Verbindung mit den klassen- und fachbezogenen Vorbereitungsarbeiten notwendig, sondern auch und zugleich im Rahmen der unterrichtlichen Erprobung der neuen Methoden. Von daher sind als 6. Qualifizierungsetappe methodenzentrierte Hospitationen und Unterrichtsbesprechungen angeführt (vgl. Abb. 20), die den interessierten Lehrkräften einer Schu-

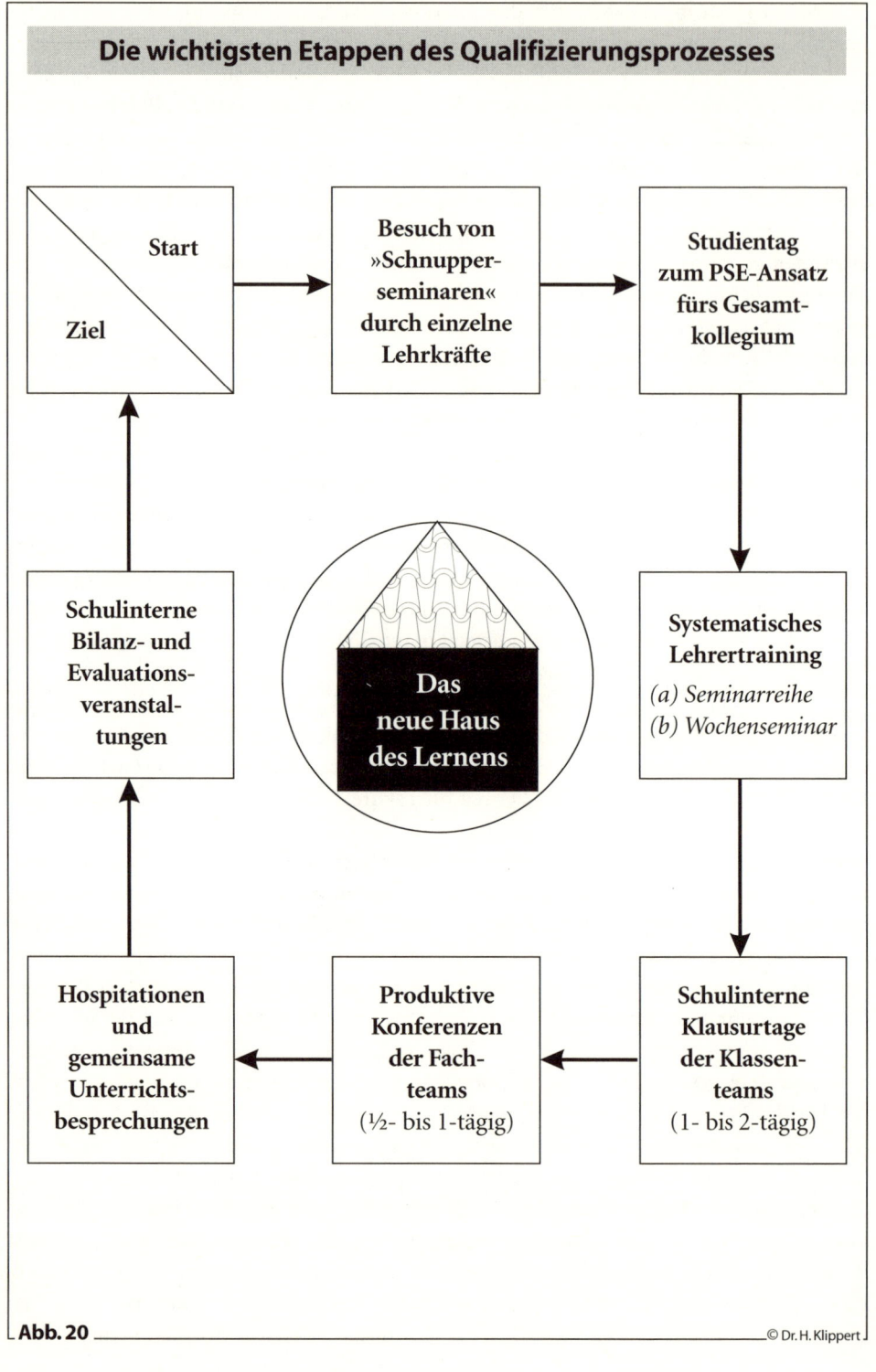

Abb. 20

le Gelegenheit geben sollen, sich ein genaueres Bild von den methodischen Vorgehensweisen in den betreffenden »Laborklassen« zu machen sowie einen Eindruck davon zu bekommen, wie die beteiligten SchülerInnen darauf reagieren und wie sich ihre Kompetenzen infolge der konsequenten Methodenschulung weiterentwickeln. Die besagten Hospitationen und Unterrichtsbesprechungen sind zunächst in aller Regel den eingeweihten Teammitgliedern vorbehalten; mit wachsender Routine und Sicherheit der verantwortlichen Akteure bietet es sich jedoch an, die Tür auch für andere Lehrkräfte aus dem Kollegium zu öffnen und auf diese Weise für mehr Transparenz und kollegiale Verständigung zu sorgen. Diese Öffnung kann so weit gehen, dass das ganze Kollegium einer Schule am Ende eines Schulvormittags zu Hospitationszwecken für eine bis zwei Stunden vom Unterricht freigestellt wird, um in der einen oder anderen »Laborklasse« methodenzentrierten Unterricht mitzuerleben und gemeinsam zu reflektieren. Näheres dazu wird in Abschnitt 7 ausgeführt.

Die letzte Qualifizierungsetappe, die hier Erwähnung finden soll, betrifft die schulinterne Evaluierung der neuen Methoden. Das beginnt mit gelegentlichen Teambesprechungen und reicht über das gezielte Bilanzieren einzelner Trainingsphasen bis hin zur systematischen Überprüfung und Reflexion des erzielten Lernerfolgs am Ende eines Jahrgangs oder einer Jahrgangsstufe. Auch diesbezüglich ist vielerorts noch erhebliche Klärungsarbeit zu leisten. Von daher ist es nötig, im Rahmen des PSE-Programms einschlägige Fortbildungsangebote zum Thema »schulinterne Evaluation« zu unterbreiten, damit sich die verantwortlichen Lehrkräfte kundig machen und praktikable Evaluationsverfahren und -instrumente für die eigene schulische Arbeit entwickeln können.

Fazit also: Pädagogische Schulentwicklung braucht differenzierte Qualifizierungsangebote und -prozesse, wenn der ins Auge gefasste Aufbau einer neuen Lernkultur zügig und erfolgreich vorangehen soll. Punktuelle Innovationsversuche helfen erfahrungsgemäß kaum weiter, da sie in aller Regel nur wenig wirksam sind. Wirksamkeit aber ist notwendig, wenn eine nachhaltige Unterrichtsentwicklung erreicht und eine systematische Kompetenzerweiterung auf Schülerseite sichergestellt werden soll. Von daher ist ein planvoller Qualifizierungsprozess vonnöten, der den interessierten Lehrkräften überzeugendes Know-how vermittelt und in den Kollegien insgesamt dazu beiträgt, dass das Gros der Lehrkräfte für eine aktive Mitwirkung am skizzierten Innovationsprozess gewonnen und befähigt wird. Das 7-Stufen-Programm in Abbildung 20 zeigt praktikable und bewährte Schritte, wie der schulinterne Sensibilisierungs- und Qualifizierungsprozess vorangetrieben werden kann.

2. Teilnahme an externen »Schnuppertagungen«

Die schulinterne Unterrichtsreform beginnt in den meisten Kollegien damit, dass einige Lehrkräfte mehr oder weniger engagiert versuchen, methodisches Neuland zu eruieren und mit unterschiedlichen Varianten des Offenen Unterrichts zu experimentieren. Eine hinreichende Basis für das skizzierte PSE-Programm ist das in aller Regel jedoch nicht. Von daher stehen die innovationswilligen Lehrkräfte vielerorts auf ziemlich verlorenem Posten, wenn sie den Sinn und Zweck neuer Lernformen erläutern sollen. Dies umso mehr, als sie selbst häufig nur sehr vage Vorstellungen davon haben, wie sich das eigenverantwortliche Arbeiten und Lernen im Unterricht sukzessive ausbauen lässt und wie den betreffenden SchülerInnen die entsprechende Methoden-, Kommunikations- und Teamkompetenz vermittelt werden kann. Dieses Defizit ist den meisten innovationswilligen Lehrkräften durchaus bewusst, nur wissen sie nicht so recht, wie sie ihm begegnen sollen. Von daher suchen sie nach überzeugender Orientierung, nach praktikablen Anregungen und wegweisenden Fortbildungsveranstaltungen, um einerseits mehr Sicherheit zu bekommen und andererseits mehr Überzeugungskraft zu gewinnen. Das gilt sowohl für die Gruppe der SchulleiterInnen als auch für die Gruppe der LehrerInnen. Die hier in Rede stehenden »Schnuppertagungen« tragen diesem Informations- und Klärungsbedarf Rechnung.

Das in Abbildung 21 vorgestellte Tagungsprogramm zeigt, was die Avantgarde einer Schule erwartet, wenn sie sich z.B. zum Schnupperseminar »Methodentraining mit Schülern« anmeldet. Dieses Schnupperseminar findet üblicherweise an zentralem Ort statt und gewährt den versammelten Lehrkräften Einblicke sowohl in das zugrunde liegende PSE-Konzept als auch – und vor allem – in die praktische Trainingsarbeit mit SchülerInnen. Analog zu dieser Trainingsarbeit werden im Lehrerkreis ausgewählte Trainingsspiralen und -arrangements durchgespielt und reflektiert, aus denen sich sehr konkret ersehen lässt, wie die besagte Methodenschulung im Unterricht ablaufen kann. Welche Trainingsfelder hierbei angesprochen und exemplarisch konkretisiert werden, geht aus Abbildung 21 hervor. Dabei kann auch die eine oder andere Hospitation eingebaut werden, sofern sich in der Nähe des Seminarortes geeignete »Laborklassen« finden lassen.

Ähnliche Schnupperseminare werden auch zu den Trainingsfeldern »Kommunikationstraining mit Schülern«, »Teamentwicklung im Klassenraum« sowie »EVA im Fachunterricht« angeboten. Teilnehmer dieser Schnupperseminare sind üblicherweise einzelne Lehrkräfte oder auch kleinere Lehrerteams aus unterschiedlichen Schulen, die zumeist noch sehr am Anfang ihres methodenorientierten Innovationspro-

Methodentraining mit Schülern

»Schnupperseminar«
Schwerpunkt: Elementare Lern- und Arbeitstechniken einüben

Erster Tag (10.00 – 18.00 Uhr)

- Begrüßung / Erläuterungen zum Tagungsprogramm / Einführender Vortrag zum Tagungsthema
- Bestandsaufnahme: Was läuft an den einzelnen Schulen in Sachen Methodentraining und Methodenpflege? (mit Vorstellungsrunde)
- Stationengespräch: Gedankenaustausch zu ausgewählten methodischen Problemfeldern
- Methodentraining konkret: Durchspielen einer Trainingsspirale zum Thema »Effektiver Lernen und Behalten«

Zweiter Tag (9.00 – 18.00 Uhr)

- Ausgewählte Übungen und Anregungen zum Trainingsfeld »Klassenarbeiten vorbereiten«
- Ausgewählte Übungen und Anregungen zum Trainingsfeld »Rasch Lesen und Nachschlagen«
- Ausgewählte Übungen und Anregungen zum Trainingsfeld »Markieren und Strukturieren«
- Ausgewählte Übungen und Anregungen zum Trainingsfeld »Visualisieren und Gestalten«

Dritter Tag (9.00 – 12.30 Uhr)

- Gruppenarbeit: Reflexionen und Anfragen zum vorgestellten Trainingskonzept ⇨ anschließend: Aussprache im Plenum
- Transferplanung: Überlegungen zur Intensivierung des Methodentrainings an der eigenen Schule
- Tagungsbilanz

Abb. 21 © Dr. H. Klippert

zesses stehen. Damit diese »Pioniere« ihre gesammelten Anregungen und Erfahrungen in der Folgezeit nicht einfach verpuffen lassen, wird ihnen am letzten Vormittag stets Gelegenheit gegeben, sich über ihre nächsten Schritte zur Umsetzung der neuen Methoden an der eigenen Schule klar zu werden und mit den anderen TeilnehmerInnen abzustimmen. Diese Transferaufgabe ist selbstverständlich umso leichter zu bewältigen, je mehr Lehrkräfte einer Schule am jeweiligen Schnupperseminar teilnehmen. Von daher spricht vieles dafür, zu den besagten Schnupperseminaren von vornherein nur Teams in der Größenordnung von zwei bis fünf Personen zuzulassen und die Seminarausschreibung entsprechend zu gestalten. Am EFWI in Landau gilt dieser Grundsatz seit Jahren.

Schnupperseminare werden allerdings nicht nur für die Gruppe der LehrerInnen angeboten, sondern auch für die Gruppe der SchulleiterInnen. Auch diesen wird Gelegenheit gegeben, sich in Sachen PSE kundig zu machen und das korrespondierende Methodenrepertoire exemplarisch kennen zu lernen und mittels praktischer Übungen zu erleben. Dieses learning by doing ist nicht zuletzt für die Schulleitungsmitglieder wichtig, damit sie sich ein genaueres Bild davon machen können, was die anvisierte Methodenschulung mit sich bringt und welche Rahmenbedingungen von daher nötig sind, damit die zuständigen Lehrkräfte das skizzierte Trainingsprogramm im Schulalltag möglichst wirksam umsetzen können.

Das Tagungprogramm, das den interessierten SchulleiterInnen üblicherweise unterbreitet wird, ähnelt sehr stark dem in Abbildung 14 dokumentierten Programm für die Zielgruppe der Schulaufsicht (vgl. S. 78 dieses Buches). Im Zentrum steht dabei die sukzessive Begründung und Klärung des PSE-Konzepts sowie die Reflexion darüber, was Schulleitungen tun können, um den skizzierten Innovationsprozess wirksam zu unterstützen und zu forcieren. Dementsprechend beginnt das Seminar mit einem einführenden Impulsreferat zur pädagogischen Problemlage an Deutschlands Schulen, aus der sich die Brisanz und Relevanz nachhaltiger Schulentwicklung sehr sinnfällig ableiten lässt. Doch welches Konzept von Schulentwicklung soll gelten? Um diesen Klärungsprozess anzustoßen, werden die TeilnehmerInnen zunächst einmal aufgefordert, ihre unterschiedlichen Assoziationen und Sichtweisen zum Thema Schulentwicklung zusammenzutragen und in einem mehrstufigen Reflexionsprozess zu erläutern und zu problematisieren. Vor diesem Hintergrund wird alsdann näher begründet und präzisiert, warum im Zentrum der aktuellen Schulentwicklung die systematische Weiterentwicklung und Umgestaltung des Unterrichts stehen sollte. »Neue Lernformen als Schulprogramm« – so lässt sich diese Option zusammenfassen.

Warum diese Option wichtig ist, wird nicht nur via Referat verdeutlicht, sondern auch in der Weise, dass die versammelten SchulleiterInnen in mehreren Arbeitsgruppen veranlasst werden, kritische und selbstkritische Impressionen zum alltäglichen Unterrichtsgeschehen zusammenzutragen und in kreativer Weise aufzubereiten. Daraus lässt sich erfahrungsgemäß so manches ersehen, was für die Dringlichkeit neuer Lehr- und Lernformen spricht. Gleiches gilt für den anschließend eingespielten Impulsfilm, der in ebenso anschaulicher wie aufrüttelnder Weise zeigt, welche Anforderungen mittlerweile im Unternehmensbereich an die Absolventen der Schulen gestellt werden (Stichwort: Schlüsselqualifikationen). Kein Wunder also, dass nicht nur neue Lernformen, sondern auch eine neue Lehrerrolle gefordert werden. Bildungspolitiker, Wirtschaftsvertreter, Bildungsforscher, Eltern und nicht zuletzt die LehrerInnen selbst sind sich inzwischen weithin darin einig, dass sich das Rollenverständnis der Lehrenden gravierend verändern muss. Doch wie sollte die neue Lehrerrolle aussehen? Den versammelten SchulleiterInnen wird im Rahmen eines Stationengesprächs Gelegenheit gegeben, sich diesbezüglich auszutauschen und zu verständigen sowie profilierte Statements für das Plenum vorzubereiten (vgl. Abb. 14 auf Seite 78).

Teilnehmerzentriertes Arbeiten ist auch in der nächsten Phase angesagt, in der es darum geht, die Rolle der Schulleitung im pädagogischen Innovationsprozess genauer unter die Lupe zu nehmen. Was können/sollten SchulleiterInnen tun, um die Innovationsbereitschaft in ihren Kollegien zu fördern? Zur Beantwortung dieser Frage wird ein mehrstufiges Brainstorming durchgeführt, dessen Ziel es ist, das spezifische Know-how der SchulleiterInnen zu aktivieren sowie bewährte Strategien und Verhaltensweisen einzugrenzen. Abgerundet wird dieses Brainstorming mit einem gezielten Impulsreferat zur praktischen Umsetzung der Pädagogischen Schulentwicklung in der Einzelschule, in dem bewährte Maßnahmen und Arbeitsfahrpläne zusammenfassend vorgestellt und erläutert werden.

An diese grundsätzlichen Reflexionen und Klärung schließt sich alsdann eine drei- bis vierstündige Schnuppersequenz zum Schwerpunkt »Methodenlernen im Unterricht« an. In dieser methodenzentrierten Übungsphase erhalten die versammelten SchulleiterInnen Gelegenheit, ausgewählte Übungen bzw. Übungsfolgen zu erleben, die sich im Unterricht bewährt haben, um sich auf diesem Wege ein Bild davon zu machen, wie die konkrete Trainingsarbeit mit SchülerInnen (und LehrerInnen) abläuft und welche Veränderungen sich von daher für die alltägliche Unterrichtsgestaltung ergeben. Auf diesem Hintergrund wird schließlich ein übergreifendes Resümee gezogen – und zwar in zweierlei Hinsicht: Zum einen wird das vorgestellte PSE-Programm (kritisch) gewürdigt und unter Umsetzungsgesichtspunkten befragt. Zum anderen erhalten die SeminarteilnehmerInnen Gelegenheit, eine einschlägige pädagogische Konferenz zum PSE-Programm für die eigene Schule zu planen und dabei auf die erlebten Methoden zurückzugreifen. So gesehen sollte es ein Leichtes sein, an der eigenen Schule eine zwei- bis dreistündige pädagogische Konferenz zum Komplex »Neue Lernformen« zu initiieren und diese mit ansprechenden Methoden auszufüllen.

3. Einführender Studientag fürs Gesamtkollegium

Am besten ist es jedoch, wenn nach erfolgter Sensibilisierung einiger Lehrkräfte und Schulleitungsmitglieder ein spezifischer Studientag zum PSE-Ansatz durchgeführt wird, der dem gesamten Kollegium die Möglichkeit eröffnet, den PSE-Ansatz in seinen Grundzügen kennen zu lernen und zum einen oder anderen Trainingsfeld einige konkrete Übungsarrangements zu erleben. Dieses »learning by doing« schafft noch am ehesten die Voraussetzung dafür, dass das hier in Rede stehende Lehr-/Lernkonzept verständnisvoll angenommen und von einem größeren Teil des Kollegiums versuchsweise umgesetzt wird. Zu überlegen ist sogar, ob die besagte Kollegiumsveranstaltung nicht statt des einen Tages sogar eineinhalb Tage dauern sollte (1. Tag: 15.00–18.30 Uhr ⇨ 2. Tag: 8.00–17.00 Uhr). Der Vorteil der eineinhalbtägigen Version ist der, dass mehr praktische Übungen durchgeführt werden können, die gerade für die Gewinnung der Ängstlichen und Skeptiker unter den Lehrern wichtig sind. Das in Abbildung 22 dokumentierte Programm stellt auf diese eineinhalbtägige Variante ab. Allerdings lässt es sich bei Bedarf auch straffen.

Die Leitung und Moderation des besagten Studientages kann entweder beim schulinternen Vorbereitungsteam liegen, dem üblicherweise auch der Schulleiter angehört, oder aber sie wird von einem externen Referenten wahrgenommen, sofern es derartige Innovationsexperten am jeweiligen Lehrerfortbildungsinstitut gibt, auf die die Schulen zurückgreifen können. Als Tagungsort kommt zum einen natürlich das Lehrerzimmer (samt Nebenräumen) oder auch die Aula in Frage. Zum anderen kann es freilich auch reizvoll und sinnvoll sein, in eine geeignete Tagungsstätte im Umfeld der Schule zu gehen, die nicht nur für einen willkommenen Tapetenwechsel sorgt, sondern auch dafür, dass eine gewisse Grundverpflegung sichergestellt ist. Diese letztgenannte Variante empfiehlt sich vor allem bei kleineren Kollegien, bei großen Kollegien hingegen stellt sich sehr schnell das Problem der Kosten und des Platzes.

Zum Ablauf des Studientages: Wie aus dem abgebildeten Programm hervorgeht (vgl. Abb. 22), beginnt der Studientag am Nachmittag des ersten Tages mit einem einführenden Kurzreferat zum Thema »Warum neue Lernformen wichtig sind …«. In diesem Kurzreferat wird erstens auf die veränderten SchülerInnen, zweitens auf die veränderten Anforderungen in Wirtschaft und Gesellschaft sowie drittens auf das alarmierende Anwachsen der Lehrerbelastung abgestellt. Alle drei Komponenten signalisieren sehr deutlich, dass sich das pädagogisch-methodische Repertoire der Lehrkräfte verändern muss, soll ein Mehr an Motivation, an Qualifikation, an konkretem Lernerfolg und an faktischer Berufszufriedenheit aufseiten der Lehrkräfte er-

Neue Lernformen als Schulprogramm

(Studientag)

Erster Tag (15.00 – 18.30 Uhr)

- Begrüßung / Erläuterungen zum Tagungsprogramm / Kurze Einführung: »Warum neue Lernformen wichtig sind ...«
- Assoziationsrunde in Kleingruppen: Gedanken und Gespräche zum Offenen Unterricht ⇨ Blitzlicht im Plenum
- Impulsreferat: Die SchülerInnen müssen Methoden lernen! – Anregungen zur systematischen Methodenschulung im Unterricht

Zweiter Tag (8.00 – 17.00 Uhr)

- Methodenschulung konkret: Schnupperphase zu den Schwerpunkten »EVA« und »Methodentraining«
  - Vorstellung einer Lernspirale aus dem EVA-Programm (mit praktischer Übung)
  - Vorstellung einer Trainingsspirale aus dem Lernfeld »Methodentraining« (mit praktischen Übungen)
- Blitzlicht: Spontane Rückmeldungen zu den vorgestellten Trainingssequenzen und Übungen

―――― *Mittagessen* ――――

- Impulsreferat: Die Umsetzung des skizzierten Innovationsprogramms im Schulalltag
- Fragerunde: Gezielte Anfragen und Anregungen zum anstehenden Innovationsprozess
- Arbeitsgruppen: Überlegungen und Planungen zur Intensivierung des Methodenlernens an der eigenen Schule
- Tagungsbilanz

Abb. 22 © Dr. H. Klippert

reicht werden. Diese Einsicht in einem Kollegium zu vermitteln ist eine wichtige Voraussetzung dafür, dass sich bei den betreffenden LehrerInnen eine tragfähige Innovationsbereitschaft einstellen kann.

Gleichwohl lässt sich die in den Kollegien verbreitete Skepsis und/oder Innovationsmüdigkeit durch ein Referat allein nicht vom Tisch wischen. Hinzu kommen müssen zwingend weitere Schritte zur Sensibilisierung und Motivierung der betreffenden Lehrkräfte. Deshalb folgt auf das angesprochene Kurzreferat eine teilnehmerzentrierte Assoziationsrunde zur Praxis des Offenen Unterrichts (vgl. Abb. 22). Ziel dieser Assoziationsrunde ist es, den versammelten LehrerInnen bewusst werden zu lassen, dass viele moderne Arbeitsformen wie Gruppenarbeit, Projektarbeit, Wochenplanarbeit, Freiarbeit und Stationenarbeit auf ziemlich tönernen Füßen stehen, da es den meisten SchülerInnen am nötigen Handwerkszeug fehlt. Es mangelt ihnen nicht nur an tragfähigen Arbeitstechniken und -routinen, sondern auch und zugleich an der nötigen Kommunikations- und Teamkompetenz, ohne die offene Arbeits- und Problemlösungsprozesse schwerlich zu bewerkstelligen sind.

Die Konsequenz daraus: Die SchülerInnen müssen Methoden lernen: Methoden der Informationsgewinnung und -verarbeitung, Methoden des konstruktiven Kommunizierens, Argumentierens und Vortragens, Methoden der sensiblen und erfolgreichen Zusammenarbeit in Gruppen. Wie diese Methodenschulung angegangen und schulintern organisiert werden kann, das wird in einem zweiten Impulsreferat am Ende des Nachmittags verdeutlicht. Mit diesem Impulsreferat werden sowohl die Weichen für den nächsten Tag gestellt als auch gewisse Anstöße für das abendliche Gespräch im Kollegenkreis oder zu Hause gegeben. So gesehen ist der anvisierte »Gärungs- und Klärungsprozess« in puncto Neue Lernformen in Gang gesetzt und kann am nächsten Tag durch praktische Übungen und strategische Klärungen weiter vorangetrieben werden.

Der Vormittag des zweiten Tages ist daher mit der Vorstellung ausgewählter Lern- und Trainingsspiralen sowie mit dem Durchspielen richtungsweisender Übungen ausgefüllt. Diese Übungen vermitteln den beteiligten Lehrkräften einen Eindruck davon, wie EVA im Fachunterricht in ebenso kleinschrittiger wie intelligenter Weise implementiert und wie die korrespondierende Methodenkompetenz auf Schülerseite systematisch gefördert werden kann. Zwar stehen für diese Praxisphase nur rund vier Stunden zur Verfügung, dieser Zeitrahmen reicht erfahrungsgemäß jedoch aus, um die wichtigsten Besonderheiten der neuen Lern- und Trainingsformen vor Augen zu führen und ansatzweise auch erlebbar zu machen. Wer aufgeschlossen ist, kann sich daher auf jeden Fall ein gewisses Bild von den Chancen und Perspektiven machen, die das »Neue Lernen« für die SchülerInnen wie für die LehrerInnen mit sich bringt. Abgerundet wird die skizzierte Praxisphase mit einem Blitzlicht der TeilnehmerInnen, d.h. mit einigen spontanen Anmerkungen und Rückmeldungen zu den vorgestellten Trainingssequenzen und Übungen.

Ergänzt und angereichert werden kann die skizzierte Praxisphase unter Umständen auch dadurch, dass die eine oder andere Übung ganz konkret mit SchülerInnen erprobt und den versammelten Lehrkräften entweder mittels Videomitschnitt oder im Wege der konkreten Hospitation zugänglich gemacht wird. Der Vorteil dieser Hospitations-Variante ist der, dass für die Kollegiumsmitglieder unmittelbar beobachtbar und nachvollziehbar wird, wie die SchülerInnen auf die neuen Methoden reagieren und welche motivations- und lernfördernden Wirkungen davon ausgehen. Es kann also nicht länger mit dem Argument »Was bei uns Erwachsenen geht, geht noch längst nicht bei Schülern« auf Abwehr geschaltet und die Praktikabilität der neuen Methoden angezweifelt werden. Ob eine derartige Ergänzung der Übungsphase freilich möglich ist, hängt sehr davon ab, ob und inwieweit es in der betreffenden Schule oder in einer der Nachbarschulen bereits »Insider« gibt, die sich trauen, ihre Unterrichts- und Trainingsarbeit öffentlich zu machen.

Nach dem Mittagessen geht es dann darum, die Umsetzung des skizzierten Innovationsprogramms näher zu thematisieren und konkrete Maßnahmen und Fahrpläne vorzustellen, die sich im Schulalltag als praktikabel und ermutigend bewährt haben. Hierbei wird auf Erfahrungen zurückgegriffen, die in den zurückliegenden Jahren in verschiedenen »Versuchsschulen« gesammelt worden sind, die das skizzierte PSE-Programm zum Schwerpunkt ihrer Arbeit gemacht haben. Welche Erfahrungen das sind und welche Vorgehensweisen sich in der Praxis bewährt haben, das lässt sich aus verschiedenen Abschnitten dieses Buches ersehen (vgl. u.a. die Abschnitte 3 und 4 des zweiten Kapitels). Darüber hinaus mag es natürlich auch möglich sein, dass im regionalen Umfeld des betreffenden Kollegiums die eine oder andere Versuchsschule existiert, die wegweisende Anregungen zu geben hat. Derartige Innovationszentren sollten auf jeden Fall kontaktiert und als »Lerninseln« genutzt werden.

Im Mittelpunkt der zweiten Nachmittagsphase steht die Diskussion der vorgestellten Umsetzungshinweise und -anregungen (vgl. Abb. 22). Dazu werden zunächst Kleingruppen gebildet, die Resümee ziehen, strittige Punkte besprechen und offene Fragen für die anschließende Plenumsphase festhalten. Denn in den seltensten Fällen ist nach den erfolgten Präsentationen und Reflexionen bereits alles klar. Im Anschluss an diese Kleingruppenarbeit von ca. 30 Minuten erfolgt eine gezielte Aussprache, in deren Verlauf die aufgeworfenen Fragen von Referenten-, Schulleiter- und/oder Kollegiumsseite beantwortet und die bestehenden Zweifel – so weit wie möglich – ausgeräumt werden.

Die letzte Etappe des Studientages dient schließlich dazu, die Möglichkeiten und konkreten Schritte zur Intensivierung des »neuen Lehrens und Lernens« im Schulalltag zu sondieren und in groben Zügen zu präzisieren. Eine differenziertere Planung und Vereinbarung des weiteren Vorgehens ist an dieser Stelle erfahrungsgemäß noch nicht möglich. Zu frisch sind die meisten Ideen, zu knapp ist die Zeit für eine tragfähige Strategieplanung. Gleichwohl können die Weichen gestellt und die sich abzeichnenden Trends und Optionen im Kollegium überblickshaft fixiert werden. Auf dieser Basis lässt sich in aller Regel gut weiterarbeiten und nach einigen Wochen auch eine grundsätzliche Entscheidung darüber herbeiführen, ob und inwieweit das besagte PSE-Programm in Angriff genommen werden soll.

4. Trainingsseminare für wechselnde Schulteams

Die nächste Stufe des Qualifizierungsprozesses setzt ein, sofern das jeweilige Kollegium mit mindestens Zwei-Drittel-Mehrheit die Mitwirkung am PSE-Programm beschließt. Dieses Programm umfasst sowohl die systematische Fortbildung mehrerer Lehrerteams als auch die konsequente Erprobung und Umsetzung der vorgestellten Methoden und Innovationsstrategien im Schulalltag. Was hierbei unter *systematischer Fortbildung* verstanden wird, geht aus Abbildung 23 hervor. Kennzeichnend für das skizzierte Trainingsprogramm ist fünferlei: Erstens die konsequente Rekrutierung und Qualifizierung mehrerer Lehrerteams über einen Zeitraum von ca. zwei Jahren, zweitens die Orientierung der Qualifizierungsarbeit an einem bewährten Fahrplan (Basisseminar ⇨ EVA ⇨ Methodentraining etc.), drittens die planvolle Zusammenführung der einzelnen Teammitglieder auf Klassenebene (3er-Teams), viertens die gleichzeitige Einbeziehung mehrerer Schulen in das laufende Qualifizierungsprogramm sowie fünftens die kontinuierliche Beratung der am PSE-Prozess beteiligten Teams.

Die einzelnen Trainingsseminare, die den Schulteams angeboten werden, lassen sich aus Abbildung 23 ersehen. Den Auftakt bildet üblicherweise ein dreitägiges Seminar speziell für die Führungskräfte der beteiligten Schulen. Inhaltlich geht es in diesem Seminar primär darum, den PSE-Ansatz näher kenntlich zu machen, die Rolle der Führungsteams im Prozess Pädagogischer Schulentwicklung zu klären sowie erste Einblicke in die neuen Lehr-/Lernformen zu vermitteln, die verstärkt in die Unterrichtsarbeit einfließen sollen (vgl. dazu auch den Programmentwurf in Abb. 22 auf Seite 104). Eine intensivere Auseinandersetzung mit diesen neuen Methoden und Trainingsverfahren ist den übrigen vier Schulteams vorbehalten, die nach und nach in das skizzierte Fortbildungsprogramm einbezogen werden. Die Größe dieser Schulteams richtet sich nach der Größe der jeweiligen Schule. In kleineren Grundschulen oder Sonderschulen werden es in der Regel nicht mehr als zwei oder drei Lehrkräfte pro Team sein können, da andernfalls der laufende Schulbetrieb zusammenbrechen würde. In größeren Systemen wie Gymnasien, Gesamtschulen oder berufsbildenden Schulen dagegen ist es erfahrungsgemäß ein Leichtes, Teams mit fünf und mehr Lehrkräften zusammenzubekommen, die das jeweilige Trainingsseminar durchlaufen.

Angeboten und durchgeführt werden die einzelnen Seminare in der Regel vom je zuständigen Lehrerfortbildungsinstitut. Interessierte Schulen müssen sich anmelden und in einem »Bewerbungsschreiben« darlegen, was sie in Sachen PSE bereits unternommen haben und wie es um die Bedingungen für eine systematische Umsetzung

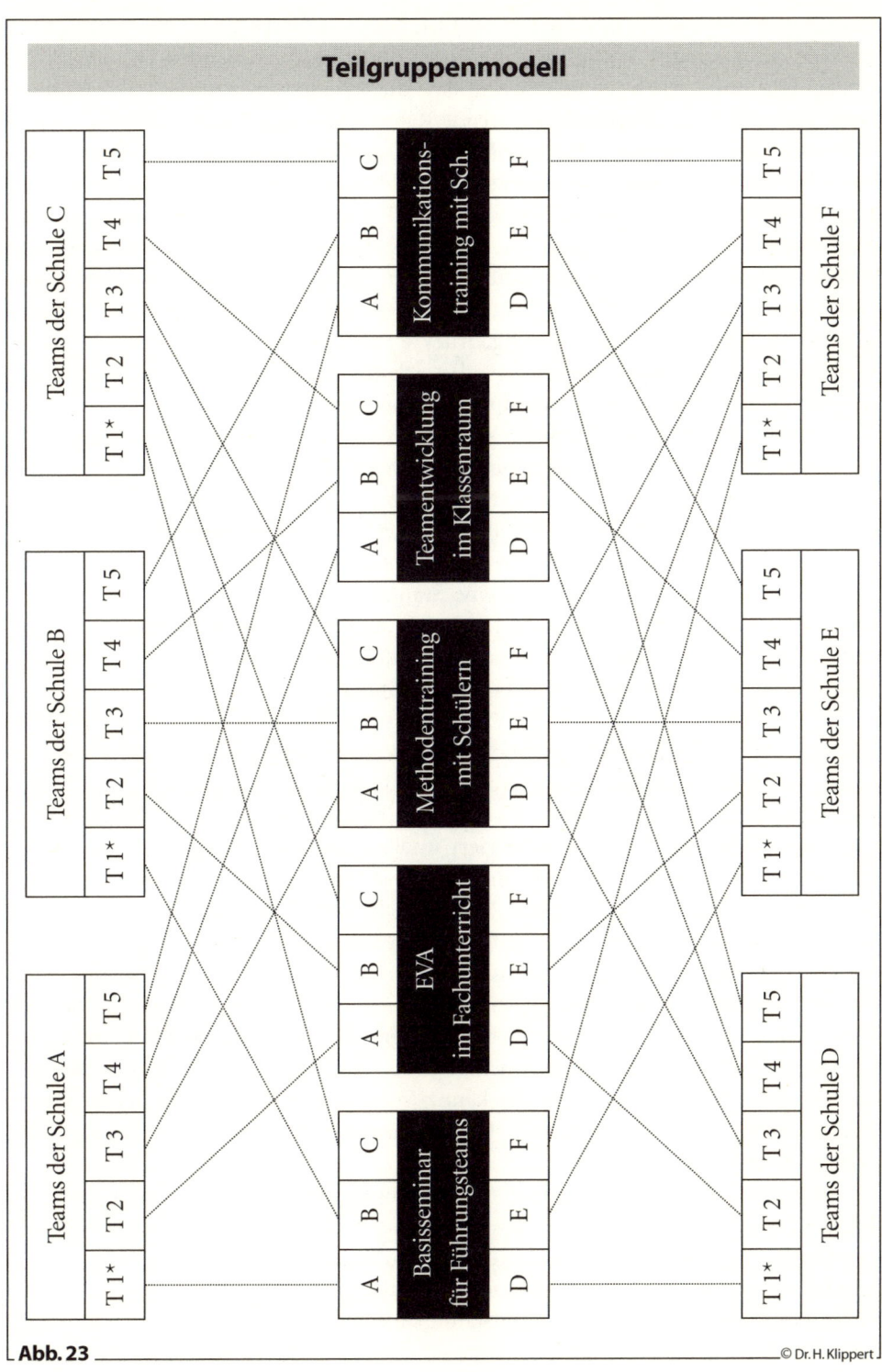

Abb. 23

der neuen Lehr- und Lernformen bestellt ist. Dabei kommt es ganz vorrangig darauf an, dass im jeweiligen Kollegium eine breite Bereitschaft vorhanden ist, neue Wege des Lehrens und Lernens zu gehen, und dass die Schulleitung grundsätzlich dahinter steht und bereit ist, innovationsfördernde Rahmenbedingungen zu schaffen – angefangen bei der Freistellung für schulinterne Fortbildungsmaßnahmen über die gezielte Unterstützung klassenbezogener Teambildung und Teamarbeit bis hin zur unkonventionellen Gestaltung der Stundentafeln (Doppelstunden, Projekttage, Trainingswochen etc.) sowie zur großzügigen Bereitstellung von Finanzen zur Beschaffung elementarer Arbeitsmittel (Plakate, Stifte, Klebeband, Pinwände, Visualisierungskarten etc.). Nähere Hinweise zum »Briefing« der interessierten Schulen gibt der im Kasten (s. Seite 116) abgedruckte Brief, der Ende 1998 an ca. 20 rheinland-pfälzische Schulen gegangen ist, die sich für das vom EFWI ausgeschriebene Projekt »Neue Lernformen als Schulprogramm« beworben hatten.

Der Vorteil der in Abbildung 23 skizzierten Seminarreihe für wechselnde Schulteams ist der, dass mit relativ geringem Fortbildungsaufwand eine recht breite Qualifizierung und Mobilisierung innerhalb der beteiligten Kollegien zu erreichen ist. Unterstellt, dass jede der sechs beteiligten Schulen zu jedem Seminar fünf interessierte Lehrkräfte entsendet – und zwar jeweils fünf neue –, dann wird es nach rund zwei Jahren in jeder dieser Schulen eine Stammgruppe von 25 »Eingeweihten« geben, die mit den hier in Rede stehenden Methoden und Trainingsverfahren einigermaßen vertraut sind und von daher in ihren Kollegien wegweisende und zum Mitmachen ermutigende »Pionierarbeit« leisten können.

Im Zentrum des skizzierten Qualifizierungsprogramms stehen die vier Methodenfelder: »EVA im Fachunterricht«, »Methodentraining mit Schülern«, »Teamentwicklung im Klassenraum« und »Kommunikationstraining mit Schülern« (vgl. Abb. 23). Jedes dieser Seminare dauert zweieinhalb Tage und findet in der Regel in einer offiziellen Tagungsstätte statt. Moderiert und mit vielfältigen Übungen und Anregungen bestückt werden diese Seminare zumeist von externen Innovationsexperten (Trainern). Stehen solche Experten (noch) nicht zur Verfügung, so muss versucht werden, mit »Bordkräften« zu arbeiten und versierte Methodiker und PSE-Kenner aus den beteiligten Schulen heranzuziehen und eine tragfähige schulübergreifende Fortbildung auf die Beine zu stellen. Dass eine derartige Selbstorganisation und »Selbsthilfe« für die Schulteams nicht nur schwierig ist, sondern die betreffenden »Ersatz-Fortbildner« unter Umständen auch vor erhebliche Akzeptanz- und Kompetenzprobleme stellt, ist hinlänglich bekannt. Von daher empfiehlt sich der rechtzeitige und systematische Aufbau einer Trainer-Mannschaft durch das zuständige Lehrerfortbildungsinstitut.

Adressaten der vier ausgewiesenen Trainingstagungen sind in erster Linie die Mitglieder der Klassenteams (3er-Teams), falls es solche in den betreffenden Schulen bereits gibt (vgl. Kapitel II, Abschnitt 5). Allerdings können bei der Festlegung der Seminarteilnehmer auch andere Gesichtspunkte vorherrschend sein (so hat z.B. das Kollegium einer Integrierten Gesamtschule entschieden, dass aus jedem Jahrgangsteam der Mittelstufe ein Vertreter »entsandt« wird). Den versammelten Schulteams wird während der Seminare recht ausführlich Gelegenheit gegeben, sich in Sachen EVA, Methodentraining, Kommunikationstraining oder Teamentwicklung kundig zu machen und eine ganze Reihe bewährter Lern- und Trainingsarrangement kennen zu lernen und zum Teil auch ganz praktisch zu erleben (vgl. dazu das Tagungsprogramm in Abbildung 21 auf Seite 105). Auf diese Weise kommen die betreffenden Lehrkräfte in den Besitz einschlägigen Know-hows sowie paxiserprobter Materialien und Trainingsspiralen. Durch diesen Service und durch das korrespondierende »learning by doing« wird die praktische Umsetzung der anstehenden Trainingsprogramme in den eigenen Unterricht hinein erleichtert. Das zumindest ist die Erfahrung, die der Verfasser in der zurückliegenden Trainingsarbeit mit zahlreichen Schulteams gesammelt hat.

Der zeitliche Abstand zwischen den einzelnen Trainingstagungen beträgt üblicherweise ein halbes Jahr, beginnend mit EVA im Fachunterricht, dann folgen Methodentraining, Teamentwicklung und Kommunikationstraining mit Schülern (vgl. Abb. 23). Zwischen diesen vier Tagungen haben die betreffenden Lehrkräfte die Aufgabe, das jeweilige Methoden- bzw. Trainingsrepertoire in ausgewählten Klassen zu erproben und in möglichst regelmäßig stattfindenden Treffen schulintern zu reflektieren und auf die spezifischen Schülergruppen zuzuschneiden. Diese Reflexions- und Adaptionsarbeit kann hin und wieder auch schulübergreifend organisiert werden, damit sich zwischen den Teams der einzelnen Schulen möglicherweise gewisse Synergieeffekte einstellen. Darüber hinaus ist es in den beteiligten Schulen nötig, dass die jeweils begünstigte Lehrergruppe das erworbene Methodenrepertoire nicht nur im eigenen Unterricht einsetzt und erprobt, sondern dieses auch an die Mitglieder der anderen Teams möglichst konsequent und handlungsorientiert weitergibt, damit sich diese in den unterrichtlichen Erprobungs- und Umsetzungsprozess einklinken können. Denn wenn die anvisierte Methodenschulung im Unterricht wirklich nachdrücklich und erfolgreich vonstatten gehen soll, dann genügt es nicht, wenn lediglich einige wenige eingeweihte Lehrkräfte partielle Anstrengungen unternehmen, sondern erforderlich ist eine konzertierte Aktion möglichst vieler Lehrkräfte – eine konzertierte Aktion, die in den betreffenden Klassen gleichmaßen auf EVA wie auf Methodentraining, Kommunikationstraining und Teamentwicklung zielt. Von daher ist die schulinterne Weitergabe des in den einzelnen Seminaren angebotenen Know-hows unerlässlich. Für diese Transferarbeit sind spezifische schulinterne Klausurtage mit gezielten Informations-, Übungs-, Reflexions- und Planungsphasen anzuraten, die den interessierten Lehrkräften Gelegenheit geben, in die unterschiedlichen Methodenfelder etwas intensiver hineinzuschnuppern, entsprechende Erfahrungen auszutauschen, Fragen zu stellen und Auskünfte einzuholen sowie insgesamt ein genaueres Bild davon zu bekommen, wie die praktische Umsetzungsarbeit an der eigenen Schule laufen kann. Dass diese Umsetzungsarbeit letztendlich nicht nur vom guten Willen der Innovatoren unter den Lehrkräften abhängig ist, sondern auch und nicht zuletzt von den bestehenden Rahmenbedingungen an der jeweiligen Schule, das ist bereits angesprochen worden. Ohne Unterstützung von außen ist die vorgesehene konzertierte Aktion schwerlich zu realisie-

Auszug aus einem Brief an Schulen, die an der Seminarreihe »Neue Lernformen als Schulprogramm« teilnehmen wollten

»… da die ausgeschriebene Seminarreihe ein relativ umfängliches Schulentwicklungsvorhaben darstellt und eine konsequente Mitwirkung mehrerer Teams ihrer Schule verlangt, möchten wir Ihnen das Projekt knapp umreißen und zugleich offenlegen, welche Erwartungen wir seitens des EFWI* an die Akteure Ihrer Schule haben. Das besagte Projekt ist auf gut zwei Jahre angelegt und umfasst insgesamt fünf dreitägige Seminare, die exklusiv für sechs noch auszuwählende Schulen des Landes Rheinland-Pfalz angeboten werden. Jede dieser sechs Schulen entsendet zu jedem Seminar vier bis fünf interessierte Lehrkräfte – und zwar jeweils vier bis fünf neue! Auf diese Weise verfügt jede der beteiligten Schulen nach zwei Jahren über 20 bis 25 »Insider«, die erfahrungsgemäß gut in der Lage sind, die anvisierten »neuen Lernformen« in konzertierter Weise umzusetzen und weitere Lehrkräfte zum Mitmachen zu bewegen. Das ist im besten Sinne des Wortes Pädagogische Schulentwicklung! Die Seminare finden durchweg in unserem Tagungshaus in Landau statt und werden vom EFWI finanziert. Die Themen der einzelnen Seminare sind Ihnen bekannt und können bei Bedarf in unserem Halbjahresprogramm nachgelesen werden.

Da uns der »Modellversuch« eine Menge Geld kostet, möchten wir natürlich sichergestellt wissen, dass die Rahmenbedingungen in den beteiligten Schulen einigermaßen stimmen. Deshalb möchten wir Sie bitten, noch mal sorgfältig zu prüfen, ob …

- Ihr Kollegium mit mindestens Zwei-Drittel-Mehrheit hinter dem »Modellversuch« steht und bereit ist, die interessierten Lehrerteams bei ihrer Fortbildungs- und Erprobungsarbeit nachhaltig zu unterstützen und nicht zuletzt den gelegentlich anfallenden Vertretungsunterricht mitzutragen;
- sich in Ihrem Kollegium – neben dem Steuerungsteam – mindestens 16–20 interessierte und engagierte Lehrkräfte finden, die das ins Auge gefasste methodisch-pädagogische Reformprogramm in ausgewählten Klassen und Jahrgangsstufen umsetzen und die entsprechenden Vorbereitungsarbeiten leisten möchten;
- die Schulleitung vorbehaltlos hinter dem besagten Reformprogramm steht und grundsätzlich bereit ist, den beteiligten Lehrerteams die nötigen Freiräume und Freistellungen zu gewähren und die erforderlichen Rahmenbedingungen sicherzustellen;
- die Eltern(vertreter) hinreichend eingeweiht sind und die erklärte Bereitschaft besitzen, die Umsetzung der neuen Lernformen zu unterstützen und den damit verbundenen gelegentlichen Unterrichtsausfall zu tolerieren.

Sollten Sie nach Rücksprache mit Ihrem Kollegium und Ihren Schulleitungsmitgliedern zu dem Schluss kommen, dass Ihre Schule den skizzierten Anforderungen gerecht wird, dann geben Sie uns bitte bis zum … offiziell Bescheid.«

* EFWI = Erziehungswissenschaftliches Fort- und Weiterbildungsinstitut der evangelischen Kirchen in Rheinland-Pfalz, mit Sitz in Landau.

ren. Dementsprechend sind Schulleitung, Eltern und nicht zuletzt das Gesamtkollegium als Unterstützungsinstanzen gefragt (vgl. den dokumentierten Briefauszug).

Die Praktikabilität und Wirksamkeit der skizzierten Teilgruppenfortbildung steht nach den bisherigen Erfahrungen und Versuchen in Rheinland-Pfalz und in Nordrhein-Westfalen außer Frage (vgl. die Evaluationsergebnisse in Kapitel VI dieses Buches). Aus den Rückmeldungen der betreffenden Schulen lässt sich jedoch auch entnehmen, dass die Reduzierung der Fortbildungsteilnahme der interessierten Lehrkräfte auf nur ein dreitägiges Trainingsseminar von einigen Schulen als fragwürdiger Minimalismus gewertet wird. Plädiert wird stattdessen für *mindesten zwei Trainingsseminare pro Person bzw. Schulteam*, damit sich das angebotene Methodenrepertoire besser setzen und eine breitere Palette an praktischen Übungen und Materialien in Erfahrung gebracht werden könne. Dieses Anliegen ist fraglos plausibel und berechtigt und muss bei der weiteren Optimierung des Qualifizierungsprogramms berücksichtigt werden. Zwar verlangt diese Variante, dass bei einer gleichbleibenden Anzahl von Schulen mehr Trainingsseminare als bisher angeboten werden müssen, nämlich je zwei zum gleichen Trainingsfeld, aber diese Aufstockung sollte/muss bei Bedarf möglich sein.

5. Trainingsseminare für eine größere Kerngruppe

Anders als beim zuletzt beschriebenen Teilgruppenmodell geht es bei der Kerngruppenfortbildung um die systematische Qualifizierung entweder des ganzen Kollegiums oder einer größeren Teilgruppe desselben. Das heißt, eine Gruppe von vielleicht 20–25 interessierten Lehrkräften aus einer bestimmten Schule durchläuft als geschlossener Kreis alle vier Methodenfelder, nämlich EVA, Methodentraining, Kommunikationstraining und Teamentwicklung. Diese Qualifizierungsoffensive kann einmal so organisiert sein, dass die Einführung in diese Methodenfelder auf vier zeitlich getrennte Seminare von je zweieinhalbtägiger Dauer verteilt wird, zum anderen kann sie aber auch im Rahmen spezifischer Wochenseminare erfolgen. Das kann – wie im Grundschulbereich – eine Serie von Wochenseminaren sein oder aber – wie z.B. in den Deutschen Auslandsschulen – ein einziger übergreifender Wochenblock, in dem die genannten Methodenfelder zusammenhängend thematisiert werden (vgl. Abb. 24).

Klar ist, dass im Falle eines übergreifenden Wochenblocks weniger intensiv gearbeitet und geübt werden kann, als das im Zuge einer vierteiligen Seminarreihe möglich ist. Manche Lern- und Trainingsspirale, die im Verlauf dieser Seminarreihe eingehend behandelt werden kann, muss in der besagten Kompaktwoche einfach unter den Tisch fallen oder kann bestenfalls via Referat angesprochen und überblickshaft erläutert werden. Trotzdem ist das integrierte Wochentraining noch immer ungleich intensiver und effektiver für den schulinternen Innovationsprozess als ein punktueller Studientag oder eine nur von einigen wenigen Lehrkräften besuchte zentrale Trainingstagung. Und zwar deshalb, weil die gleichzeitige Teilnahme von vielleicht 25 Lehrkräften aus einem einzigen Kollegium an einem solchen Wochenseminar zu einem ausgesprochen intensiven Reflexions- und Lernprozess führt, der so schnell nicht wieder auszulöschen ist. Da werden gemeinsame Erfahrungen gesammelt, neue Methoden getestet, Umsetzungsprobleme besprochen, Problemlösungsstrategien entwickelt, pädagogische Gemeinsamkeiten entdeckt, Vorsätze gefasst und persönliche Unsicherheiten überwunden. Ein weiterer Grund für die Effizienz der skizzierten Wochentagung: Die jeweilige Großgruppe arbeitet nicht nur eine Woche lang intensiv zusammen, sondern sie tut dies auch und nicht zuletzt mit dem Ziel, am Donnerstag und Freitag direkt in die praktische Anwendung zu starten und einige der präsentierten/erlebten Methoden in ausgewählten Klassen und Fächern zu erproben (vgl. Abb. 24). Diese unmittelbare Verzahnung von Theorie und Praxis ist für die meisten Lehrkräfte äußerst hilfreich und anregend. Näheres zur Gestaltung eines Wochenseminars findet sich in Abbildung 25.

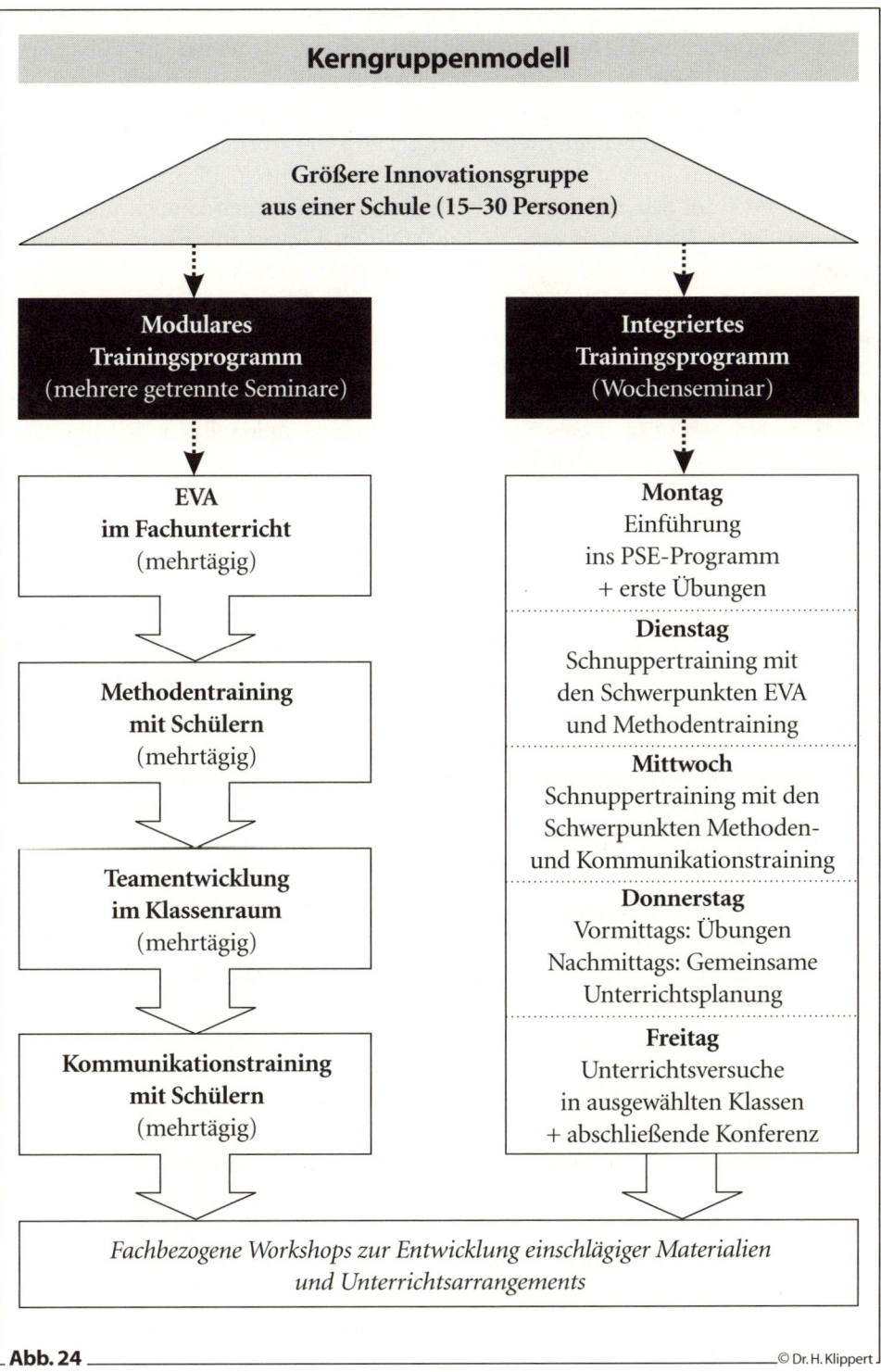

Abb. 24

Die Vorteile des Kerngruppenmodells gegenüber dem im letzten Abschnitt vorgestellten Teilgruppenmodell liegen auf der Hand. Ganz gleich, ob das »modulare Trainingsprogramm« oder das »integrierte Trainingsprogramm« gewählt wird, stets bietet sich für einen ziemlich großen Teil des jeweiligen Kollegiums die Chance, die in Rede stehenden Methodenfelder relativ eingehend zu bearbeiten und sich als Großgruppe gemeinsam ein Bild davon zu machen, wie die betreffenden Lern- und Trainingsmethoden im Schulalltag verstärkt implementiert werden können und sollen. Die spezialisierte Fortbildung weniger Lehrkräfte in zumeist nur einem Methodenbereich, wie sie für das Teilgruppenmodell typisch ist, entfällt also. Und damit entfällt auch die Notwendigkeit, dass die je begünstigten Kleingruppen ihr erworbenes Spezialwissen an die anderen Mitstreiter im Kollegium weiter transportieren müssen. Beim Kerngruppenmodell haben alle Innovatoren den gleichen Stand und können von dieser Plattform aus relativ problemlos eine konzertierte Aktion in der Schule starten und in mehreren Klassen und Jahrgangsstufen gleichzeitig ansetzen. Das ist beim Teilgruppenmodell deutlich schwieriger.

Andererseits hat auch das Kerngruppenmodell seine Tücken. Ein gravierendes Problem besteht darin, dass durch die gleichzeitige Freistellung von 20–30 Lehrkräften in der betreffenden Schule massiv Vertretungsunterricht nötig wird und/oder Unterrichtsstunden ausfallen müssen, was selbst große Schulen vor erhebliche Schwierigkeiten stellt. Allerdings sind diese Schwierigkeiten durchaus zu überwinden, wenn die Schulgemeinschaft (inklusive Eltern) entschieden dahinter steht. Das wird nachfolgend noch zu zeigen sein. Ein weiteres Problem, das hier Erwähnung finden soll, ist die relativ starke Bindung von Fortbildungsressourcen durch nur ein Kollegium. Mit Ressourcen sind hierbei sowohl Geldmittel als auch Fortbildungspersonal gemeint. In dieser Hinsicht hat das im letzten Abschnitt skizzierte Teilgruppenmodell Pluspunkte. Sein Vorteil ist, dass die angesprochene Fortbildungsarbeit mit einem verhältnismäßig geringen Finanz- und Vertretungsaufwand zu bewerkstelligen ist und dass außerdem vergleichsweise wenig Fortbildungskapazität absorbiert wird, da pro Trainingstagung gleich mehrere Schulen Berücksichtigung finden können, die mit unterschiedlichen Kleingruppen beteiligt sind. So gesehen ist die Teilgruppenfortbildung zweifellos ökonomischer und praktikabler, wenn auch in aller Regel deutlich weniger intensiv und nachhaltig als die Kerngruppenfortbildung.

Wie eine Kerngruppenfortbildung als integriertes Wochenseminar mit ca. 30 TeilnehmerInnen konkret ablaufen kann, zeigt das in Abbildung 25 dokumentierte Wochenprogramm der Deutschen Schule in Washington. Ähnliche Wochenprogramme sind bereits an den Deutschen Schulen in New York, Montreal, Buenos Aires, Johannesburg und Kapstadt realisiert worden, und zwar durchweg mit positiven Nachwirkungen. Die Seminare beginnen stets mit einem einführenden Vortrag, in dem es vorrangig darum geht, die Bedeutung neuer Lernformen zu begründen und das hier anvisierte »Neue Haus des Lernens« (vgl. Abb. 5 auf Seite 43) näher zu explizieren. Anschließend erhalten die SeminarteilnehmerInnen Gelegenheit, Impressionen zum alltäglichen Unterrichtsgeschehen zusammenzutragen, in unterschiedlichen Gesprächszirkeln zu besprechen und zu problematisieren sowie zum Schluss in

Methodentraining

(Fortbildungstagung an der Deutschen Schule in Washington)

Montag (8.30 – 16.00 Uhr)

- Begrüßung / Vorstellung des Tagungsprogramms / Einführender Vortrag zum Tagungsthema (mit gezielter Nacharbeit)
- Nachdenken über das alltägliche Unterrichtsgeschehen – kreative Bestandsaufnahme in mehreren Arbeitsgruppen (anschließend: Präsentationen)
- EVA als Perspektive – Ausgewählte Übungen und Anregungen zum Trainingsfeld »Eigenverantwortliches Arbeiten und Lernen im Fachunterricht« (EVA)

Dienstag (8.30 – 16.00 Uhr)

- Trainingsfeld »Methodentraining mit Schülern« – Einführendes Impulsreferat / Durchspielen ausgewählter Trainingssequenzen
  - ⇨ Trainingsspirale »Effektiver Lernen und Behalten«
  - ⇨ Trainingsspirale »Klassenarbeiten vorbereiten«
  - ⇨ Trainingsspirale »Markieren und Strukturieren«

Mittwoch (8.30 – 16.00 Uhr)

- Trainingsfeld »Kommunikationstraining mit Schülern« – Einführendes Impulsreferat / Durchspielen ausgewählter Trainingssequenzen
  - ⇨ Trainingsspirale »Frei reden und argumentieren«
  - ⇨ Trainingsspirale »Miteinander reden lernen«
  - ⇨ Trainingsspirale »Das kleine 1 ×1 der Rhetorik«

Donnerstag (8.30 – 16.00 Uhr)

- Trainingsfeld »Teamentwicklung im Klassenraum« – Einführendes Impulsreferat / Durchspielen ausgewählter Trainingssequenzen
  - ⇨ Trainingsspirale »Für Gruppenarbeit motivieren«
  - ⇨ Trainingsspirale »Teamregeln entwickeln und einüben«
- Gemeinsame Unterrichtsplanung: Planung methodenzentrierter Unterrichtsstunden in ca. 8 Teams mit unterschiedlicher fachlicher Ausrichtung.

Freitag (8.00 – 13.00 Uhr)

- 1. Stunde: Unterrichtsversuche einiger Lehrerteams in ausgewählten Klassen der Jahrgangsstufen 5 und 6 (Hospitationsmöglichkeiten auch für Nicht-Tagungsteilnehmer)
  - ⇨ 2. Stunde Besprechung
- 3. Stunde: Unterrichtsversuche einiger Lehrerteams in ausgewählten Klassen der Jahrgangsstufen 7–9 (Hospitationsmöglichkeiten auch für Nicht-Tagungsteilnehmer)
  - ⇨ 4. Stunde Besprechung
- Tagungsbilanz: Hinweise und gemeinsame Überlegungen zur systematischen Umsetzung des Methodentrainings im Schulalltag

Abb. 25 © Dr. H. Klippert

kreativer Weise im Plenum zur Darstellung zu bringen. Dieser mehrstufige Produktions- und Kommunikationsprozess ist sowohl als inhaltliches »warming up« wie auch als exemplarische Veranschaulichung des Prinzips »EVA« zu verstehen. Dieses Prinzip des *Eigenverantwortlichen Arbeitens* und *Lernens* wird im weiteren Verlauf des Tages mittels einer unterrichtlich erprobten Lernspirale zum Themenbereich Ökologie weiter konkretisiert. Dieser erste Tag kann selbstverständlich auch für das Gesamtkollegium geöffnet werden. Das hat sogar den Vorteil, dass dann nicht nur die Innovationsgruppe, sondern die Gesamtheit der Lehrerschaft einen gewissen Einblick in das anstehende Lern- und Trainingsprogramm bekommt.

An den beiden nächsten Tagen wird das methodenzentrierte »learning by doing« fortgeführt, und zwar zu den beiden Trainingsfeldern Methodentraining und Kommunikationstraining. Eingeleitet wird die jeweilige Trainingsarbeit mit einem korrespondierenden Impulsreferat. Danach folgen ausgewählte Übungen und Reflexionen, die die praktische Umsetzungskompetenz der SeminarteilnehmerInnen stärken sollen. Konkrete Erfahrungsberichte und spezifische schul- und unterrichtsorganisatorische Hinweise runden das Bild ab (z.B. Hinweise zur Sitzordnung, zur Leistungsbewertung, zur Elternarbeit, zur Lehrereinsatzplanung, zur Gestaltung von Trainingswochen etc.)

Am Donnerstag dann wird zunächst das Trainingsfeld »Teamentwicklung im Klassenraum« noch knapp umrissen, ehe am Nachmittag die gemeinsame Unterrichtsplanung beginnt. Kennzeichnend für diese Unterrichtsplanung ist dreierlei: Erstens sind die SeminarteilnehmerInnen gehalten, in 3er-Teams zusammenzuarbeiten und eine fachbezogene Unterrichtsstunde mit innovativer Ausrichtung vorzubereiten (die Klassen werden vorher festgelegt); zweitens sollen sie bei ihrer methodischen Planung auf die vorgestellten und/oder durchgespielten Unterrichtsmethoden und -arrangements zurückgreifen und die jeweilige Stunde so konzipieren, dass in der betreffenden Klasse Methoden-, Kommunikations- und/oder Teampflege betrieben wird; und drittens schließlich sollen sie bei ihrer Materialerstellung möglichst wenig Aufwand betreiben und die SchülerInnen ganz vorrangig mit dem arbeiten lassen, was an gängigen Lehr- und Lernmitteln vorliegt.

Die Erprobung der vorbereiteten Unterrichtsstunden erfolgt alsdann am Freitagvormittag. Diejenigen 3er-Teams, die sich für die Jahrgangsstufen 5 und 6 entschieden haben, sind in der ersten Stunde an der Reihe, diejenigen, die in den Jahrgangsstufen 7–9 unterrichten wollen, müssen in der dritten Stunde Farbe bekennen. In der zweiten und in der vierten Stunde werden die betreffenden Unterrichtsversuche ausgewertet und besprochen. Wer nicht selbst unterrichtet, muss wahlweise hospitieren. Zur Hospitation eingeladen sind ferner alle anderen Lehrkräfte der Schule, damit auch diese sich ein Bild davon machen können, wie die neuen Methoden praktisch eingesetzt und von den SchülerInnen angenommen werden. Eine (Gesamt)Konferenz schließt das Wochenprogramm ab. Dabei geht es in erster Linie darum, die Weichen für die Weiterarbeit an der Schule zu stellen und die verbleibenden Aufgaben so zu verteilen, dass die Implementierung der neuen Lern- und Trainingsmethoden möglichst wirksam vonstatten gehen kann. Dazu bedarf es klarer

Zuständigkeiten, Zeitpläne und Arbeitsschritte, für deren Sondierung, Abstimmung und Festlegung das Steuerungsteam in der betreffenden Schule die Hauptverantwortung trägt (zur Funktion des Steuerungsteams vgl. die Ausführungen in Kapitel II, Abschnitt 5).

Auch für den Bereich der Grundschulen empfehlen sich Wochenseminare. Allerdings haben sie in der Regel einen etwas anderen Zuschnitt. Wie Gabriele Cwic und Willi Risters in verschiedenen Schulversuchen im Schulaufsichtsbezirk Neuss bestätigt gefunden haben, macht es auch in kleineren Grundschulen Sinn, die Lehrkräfte eines Kollegiums über eine ganze Woche hinweg recht systematisch an der grundschulspezifischen Konkretisierung des skizzierten PSE-Programmes arbeiten zu lassen. Das heißt also, dass alle Lehrkräfte des betreffenden Kollegiums die besagte Wochenfortbildung mitmachen. Der Unterrichtsausfall hält sich dabei insofern in Grenzen, als während dieser Woche Fortbildung und unterrichtliche Erprobung recht konsequent miteinander verwoben werden. Das sieht im Einzelfall dann so aus, dass am Montag ein offizieller Studientag angesetzt wird, für den Unterrichtsbefreiung erteilt werden darf. An diesem Montag wird nicht nur das »Neue Haus des Lernens« (vgl. Abb. 5 auf Seite 43) hergeleitet und erläutert, sondern auch und vor allem an praktischen Übungen und Beispielen verdeutlicht, wie das Eigenverantwortliche Arbeiten und Lernen der SchülerInnen (EVA) kleinschrittig und sehr pragmatisch in Gang gesetzt und durch gezielte methodische Trainingsmaßnahmen unterstützt werden kann.

Am Dienstag findet dann in den ersten drei bis vier Stunden »normaler« Unterricht statt, wobei die Lehrkräfte gehalten sind, das eine oder andere methodische Arrangement mit ihren SchülerInnen versuchsweise zu erproben. Anschließend wird die Fortbildung fortgesetzt, wobei zunächst die gesammelten Unterrichtserfahrungen abgerufen und bei Bedarf besprochen werden. Dann werden neue Anregungen und Übungen eingebracht (z.B. zum Schwerpunkt »Methodentraining), und schließlich erhalten die betreffenden Lehrkräfte Gelegenheit, in kleineren Teams korrespondierende Unterrichtsversuche für den nächsten Tag zu planen. Die Veranstaltung endet üblicherweise gegen 16.00 Uhr. Am Mittwoch und Donnerstag wird alsdann ähnlich verfahren wie am Dienstag (Unterrichtsversuche ⇨ Reflexion ⇨ Neue Inputs ⇨ methodenzentrierte Unterrichtsvorbereitung in Teams für den nächsten Tag). Am Freitag schließlich wird ein zweiter Studientag mit offizieller Unterrichtsbefreiung anberaumt, der zum einen zur systematischen Auswertung und Reflexion der Fortbildungswoche genutzt wird, zum anderen zur kollegiumsinternen Abstimmung und Festlegung des weiteren Vorgehens in Sachen EVA, Methodenschulung und PSE (vgl. dazu auch Klippert 1999, S. 40).

Die skizzierten Wochenseminare sind jedoch nur die eine Variante der Kerngruppenfortbildung. Die andere Variante ist das bereits angesprochene »modulare Trainingsprogramm«. Kennzeichnend für dieses Programm ist, dass eine größere Innovationsgruppe eines Kollegiums im Abstand von ca. einem halben Jahr die einzelnen Traingsfelder als geschlossener Kreis durchläuft (vgl. Abb. 24). Diese Seminare dauern jeweils zweieinhalb Tage und sind den vier Methodenfeldern »EVA«, »Methodentraining«, »Kommunikationstraining« und »Teamentwicklung« gewidmet. Zentrales Merkmal dieser Seminare ist das ausgeprägte »learning by doing«. Ausgeschrieben und betreut werden die Seminare in der Regel vom zuständigen Lehrerfortbildungsinstitut (hier: EFWI), welches auch die entsprechenden Trainer und Innovationsexperten stellt. Der im nachfolgenden Kasten dokumentierte Ausschreibungstext zeigt, wie die in Rede stehende Seminarreihe vor einiger Zeit angekündigt wurde.

Ausschreibungstext

**Pädagogische Schulentwicklung
Seminarreihe zur Implementierung neuer Lernformen**

Diese Seminarreihe richtet sich an größere Kollegien, die sich mit breiter Mehrheit darauf einlassen wollen, das Klippert'sche Methoden- und Trainingsprogramm systematisch zu implementieren. Erwünscht ist ein »Innovationsteam« von ca. 25 Lehrkräften, die bereit sind, 4 x 2,5 Tage Fortbildung zu durchlaufen und die entsprechenden Lern- und Trainingsmethoden in der eigenen Schule konsequent zu erproben und fachspezifisch weiterzuentwickeln. Die Schulleitung muss in diesem Innovationsteam gebührend vertreten sein. Ein erster Pilotversuch läuft derzeit mit einem Neustadter Gymnasium. Ziel dieses Forbildungsprojekts ist es, das eigenverantwortliche Arbeiten und Lernen der SchülerInnen im Unterricht systematisch zu fördern. Darin eingeschlossen ist der konsequente Ausbau des Methodentrainings, des Kommunikationstrainings und der Teamentwicklung im Klassenraum. Diese konzertierte Qualifizierungsarbeit ist eine entscheidende Voraussetzung für das Gelingen offener Unterrichtsformen. Die Mitglieder der besagten Innovationsgruppe werden im Rahmen der über rund zwei Jahre laufenden Seminarreihe Gelegenheit erhalten, bewährte Methoden, Materialien und Trainingsarrangements kennen zu lernen und diese in ausgewählten Klassen und Jahrgangsstufen ihrer Schule zu erproben. Bewerbungen werden bis zum ... erbeten.

Praktisch erprobt wird die besagte Seminarreihe derzeit im Neustadter Kurfürst-Ruprecht-Gymnasium. Von den gut 60 Lehrkräften dieser Schule sind 31 unmittelbar in das Fortbildungsprojekt involviert – darunter die Schulleiterin und der Stundenplanverantwortliche. Diese Großgruppe durchläuft im Halbjahresabstand die vier Seminare, von denen zwei montags bis mittwochs und zwei mittwochs bis freitags stattfinden. Alle Seminare beginnen am ersten Tag jeweils erst um 15.00 Uhr, damit der Unterrichtsausfall reduziert wird. Gleichwohl kann der Schulbetrieb an den beiden verbleibenden Tagen selbstverständlich nur auf Sparflamme weiterlaufen. Das ist mit den Eltern frühzeitig besprochen und abgestimmt worden. Die vereinbarte Regelung sieht vor, dass am ersten vollen Fortbildungstag der Unterricht in den Jahrgangsstufen 5–7 und am zweiten Tag in den Jahrgangsstufen 8–10 ausfällt. Die jeweils anwesenheitspflichtigen Jahrgänge werden von den in der Schule verbliebenen Lehrkräften unterrichtet bzw. nach Maßgabe der in der Fortbildung befindlichen FachlehrerInnen betreut. Die Oberstufenschüler schließlich sind an beiden Tagen vom regulären Unterricht freigestellt und stattdessen gehalten, in eigener Regie zu arbeiten und die von Lehrerseite vorgegebenen Aufgaben zu lösen. Diese Umorganisation macht zwar einige Arbeit, ist aber nach Auskunft der Betroffenen durchaus praktikabel.

Natürlich geht das Ganze nur, wenn die Eltern hinter dem skizzierten Innovationsvorhaben stehen und sowohl den erhöhten Unterrichtsausfall als auch den anfallenden Vertretungsunterricht billigen. Von daher ist im Vorfeld des Fortbildungsprojekts offensiv Elternarbeit zu betreiben und möglichst konkret zu veranschaulichen, warum die anvisierte Unterrichtsreform nötig ist und was sie den Kindern mittel- und längerfristig bringt. Im Rückgriff auf die Ausführungen in Kapitel I dieses Buches lässt sich eine Reihe stichhaltiger Argumente zusammenstellen, die erfahrungsgemäß selbst skeptische Eltern zu überzeugen vermögen. Denn die Elternschaft ist keinesfalls generell gegen Unterrichtsausfall und schon gar nicht gegen die zukunftsträchtige Weiterentwicklung des Unterrichts. Sie ist nur gegen einen perspektivlosen Schlendrian im Bildungsbereich und gegen das leichtfertige Vergeuden von Unterrichtszeit. Und das ist durchaus berechtigt! So gesehen kann das skizzierte Fortbildungsprojekt auf eine gehörige Portion »Goodwill« der Eltern zählen.

6. Teamklausurtage auf Klassen- und Fachebene

Die besten Fortbildungsveranstaltungen helfen selbstverständlich wenig, wenn die beteiligten Lehrkräfte nicht sehr bald damit beginnen, die aufgenommenen Impulse klassen- und fachspezifisch anzuwenden und weiterzuentwickeln. Denn nur durch diese persönliche Adaptions- und Produktionsarbeit kann sich aufseiten der Innovatoren ein tragfähiges methodisches Repertoire herausbilden, das von Dauer ist und tendenziell sicherstellt, dass neue methodische Routinen und Materialpools entstehen. Im Rahmen der in den letzten Abschnitten skizzierten Fortbildungsseminare kann infolge des ausgeprägten »learning by doing« zwar auch manches an Konkretion und praxisbezogener Kreativitätsförderung erreicht werden; gleichwohl ist es ein Unterschied, ob eine bestimmte Lern- oder Trainingsspirale von einem externen Innovationsexperten vorgestellt und anhand ausgewählter Übungen konkretisiert wird, oder ob eine themenzentrierte EVA-Lernspirale für den eigenen Unterricht oder eine anstehende Trainingswoche zu einem der Trainingsfelder »Methodentraining«, »Kommunikationstraining« oder »Teamentwicklung« in eigener Regie entwickelt wird. Diese letztgenannte Produktionsarbeit muss fraglos intensiviert und möglichst systematisch und verbindlich auf den Weg gebracht werden. Die hier zur Debatte stehenden Teamklausurtage und produktiven Fachkonferenzen sind wichtige Instrumente, um dieser Systematik und Verbindlichkeit mehr Nachdruck zu geben.

Zunächst zur Vorbereitungsarbeit der Klassenteams (3er-Teams). Wie derartige *Teamklausurtage* ablaufen können, lässt sich aus Abbildung 26 ersehen. Sie können anfangs, wenn die betreffenden Lehrkräfte noch wenig Know-how besitzen, über zwei Tage laufen; später reicht in aller Regel ein Vorbereitungstag oder unter Umständen auch nur eine längere Nachmittagsveranstaltung von vielleicht vier Stunden, um die wichtigsten Absprachen zu treffen. Allerdings sei davor gewarnt, die besagten Vorbereitungsarbeiten ausschließlich auf den Nachmittag zu verlegen, da dieses viele gutwillige Lehrkräfte abschrecken müsste, weil in der Anfangsphase doch ziemlich viel Entwicklungs- und Klärungsarbeit zu leisten ist – sei es nun im Blick auf die einzelnen Trainingswochen und -materialien oder sei es hinsichtlich der Gestaltung des korrespondierenden Elternabends. All das muss sorgfältig durchdacht und vorbereitet werden und sollte allemal so wichtig sein, dass die betreffenden Lehrkräfte dafür einen bis zwei Tage vom Unterricht freigestellt werden. Diese »Investition« zahlt sich auf jeden Fall aus!

Als Tagungsort kommt einmal natürlich die Schule selbst in Frage. Günstiger ist es jedoch, wenn die besagten Teamklausurtage in fremder Umgebung stattfinden können, da der laufende Schulbetrieb doch viele Störungen und Ablenkungen mit sich bringt, die ein effektives Arbeiten der Teammitglieder beeinträchtigen. Von daher empfiehlt es sich – falls möglich –, eine nahe gelegene Tagungsstätte oder einen geeigneten Gemeinderaum aufzusuchen und dort in Ruhe zu arbeiten. Welcher Zeitrahmen dabei üblich ist, lässt sich aus Abbildung 26 ersehen. Auf jeden Fall ist es wichtig, dass nicht nur am Vormittag, sondern ganztägig gearbeitet wird, damit sich die vorgesehene Freistellung vom Unterricht auch legitimieren lässt. Die Zahl der 3er-Teams, die gleichzeitig in Klausur gehen, ist natürlich begrenzt, da andernfalls zu viel Vertretungsunterricht notwendig wäre.

Damit der Unterrichtsbetrieb nicht über Gebühr gestört wird, wird die Teilnahme der Klassenteams (3er-Teams) grundsätzlich so geregelt, dass im Normalfall nicht mehr als zwei Teams zur gleichen Zeit ihre unterrichtliche »Auszeit« nehmen, um die besagten Planungs- und Vorbereitungsarbeiten zu leisten. Das ist in größeren Systemen durch schulinterne Vertretungsmaßnahmen durchaus aufzufangen. Dann fehlen unter Umständen eben mehrfach drei bzw. sechs Personen für einen bis zwei Tage. Das ist gegen Ende des Schuljahres, wenn die Abschlussklassen bereits entlassen sind, in den meisten Schulen ohne weiteres zu verkraften. Auf jeden Fall muss eine derartige »Investition« möglich sein, wenn in Deutschlands Schulen ein Mehr an Innovationsbereitschaft und produktiver Kooperation erreicht werden soll. Denn dass dieses nötig ist, darüber sind sich im Grunde genommen alle einig. Aber ohne entsprechende »Lerninseln« auch und nicht zuletzt während der Unterrichtszeit wird sich diese Zielsetzung schwerlich realisieren lassen.

Die gelegentliche Freistellung engagierter Lehrerteams für die angedeuteten Vorbereitungsarbeiten ist auch deshalb gerechtfertigt, weil sich diese auf ein anspruchsvolles Arbeitsprogramm verpflichten (vgl. Abb. 26), das klar umrissen ist und fraglos Relevanz für den Prozess schulinterner Qualitätssicherung besitzt. Im Mittelpunkt dieses Arbeitsprogramms steht die Vorbereitung spezifischer Trainingswochen zum Methodentraining, zum Kommunikationstraining oder zur Teamentwicklung im Klassenraum. Je nachdem, welches Trainingsfeld ansteht, bereiten die betreffenden Klassenteams entsprechende Übungsfolgen und -materialien vor. Dabei können sie zwar auf die vorliegenden Trainingshandbücher des Verfassers zurückgreifen (vgl. Klippert 1994, 1995, 1998), gleichwohl haben sie in aller Regel noch eine Menge Anpassungs- und Ergänzungsarbeit zu leisten, um ein passendes Trainingsprogramm für die eigene Klasse zu erhalten. Hinzu kommt, dass organisatorische Fragen geklärt und personelle Zuständigkeiten geregelt werden müssen, damit ein möglichst reibungsloser und effektiver Ablauf des Wochentrainings erreicht werden kann. Außerdem ist zum jeweiligen Methodenfeld ein korrespondierender Elternabend vorzubereiten, der interessierten Eltern Gelegenheit gibt, sich mit dem anstehenden Trainingsprogramm vertraut zu machen und anhand ausgewählter Übungen und Beispiele genauere Einblicke zu bekommen, wie mit den SchülerInnen gearbeitet wird. So gesehen ist eine Menge Arbeit zu leisten, die eine partielle Freistellung der besagten Klassenteams für die skizzierten Vorbereitungsaktivitäten gewiss rechtfertigt.

Teamklausurtage der Klassenteams bzw. 3er-Teams

Mögliches Arbeitsprogramm
für eine zweitägige Klausur zur Vorbereitung einer Trainingswoche

– Schwerpunkt: Methodentraining –

Erster Tag (8.30 – 17.00 Uhr)

- Programmklärung / Sichtung und Besprechung des Klippert'schen Trainingskonzepts (Grundlage ist das Buch »Methodentraining«)
- Bestandsaufnahme: Welche Erfahrungen mit Trainingstagen und/oder Trainingswochen sind bereits gesammelt worden? Welche Schlußfolgerungen lassen sich daraus ziehen? (gezielter Erfahrungsaustausch)
- Vorbereitung der Trainingswoche: Klärung der Übungsfolgen für die einzelnen Wochentage / Überarbeitung der vorliegenden Trainingsspiralen und -materialien / Erarbeitung weiterer Materialien

Zweiter Tag (8.30 – 17.00 Uhr)

- Fortsetzung der Vorbereitungsarbeit: Überarbeitung der vorliegenden Trainingsspiralen und -materialien / Erarbeitung weiterer Materialien und Trainingsarrangements
- Organisatorische Absprachen zur Trainingswoche: Abstimmung der personellen Zuständigkeiten an den einzelnen Wochentagen (wer moderiert welchen Trainingstag? Wie ist nötigenfalls die Vertretung zu regeln?)
- Planung des korrespondierenden Elternabends: Klärung der vorgesehenen Informations- und Übungsphasen (als Übungsfeld hat sich das Thema »Klassenarbeiten vorbereiten« bewährt)
- Bilanz: Rückblick auf den Verlauf und die Ergebnisse der beiden Klausurtage / Überlegungen und Absprachen zur Weiterarbeit auf Klassenebene wie auf Kollegiumsebene

Abb. 26 © Dr. H. Klippert

Ähnliches gilt für die *Fachteams*, d.h. für die auf die neuen Methoden und Trainingsweisen setzenden FachlehrerInnen. Denn auch diese brauchen »Lerninseln«, um sich ein möglichst tragfähiges Methodenrepertoire sowie entsprechende Lern- und Arbeitshilfen für den alltäglichen Fachunterricht zu entwickeln. Andernfalls ist und bleibt es schwierig, die nötige Methoden-, Kommunikations- und Teampflege im Fachunterricht sicherzustellen, ohne die die SchülerInnen auf Dauer keine wirklich nachhaltige Kompetenzerweiterung erfahren. Von daher müssen auch die interessierten FachlehrerInnen von Zeit zu Zeit Gelegenheit zur schulinternen Fortbildung und Materialerarbeitung erhalten. Diese *produktiven Fachkonferenzen* sollten sich über mindestens einen halben Tag erstrecken und der themenzentrierten Erarbeitung innovativer Lehr-/Lernarrangements im Sinne von EVA, Methodenpflege, Kommunikationspflege und Teampflege dienen. Am besten ist es jedoch, wenn den interessierten FachlehrerInnen ein- bis zweimal pro Jahr eine ganztägige produktive Fachkonferenz eingeräumt wird, die in der Regel von morgens 8.00 Uhr bis nachmittags 16.30 Uhr dauert und ausschließlich darauf verwandt wird, innovative Lernarrangements und Materialien der genannten Art zu entwickeln, die geeignet sind, das eigenverantwortliche Arbeiten und Lernen der SchülerInnen zu fördern und ihre methodischen Fähigkeiten und Fertigkeiten zu steigern. Eine derartige Freistellung kleinerer Lehrergruppen kann als schulinterne Fortbildung verbucht werden und ist allemal ein lohnendes Unterfangen zur zeitgemäßen Weiterentwicklung von Schule und Unterricht.

Denn wenn es für die angestammten FachlehrerInnen reizvoll und praktikabel werden soll, neue Lehr-/Lernmethoden der skizzierten Art in die eigene Unterrichtsarbeit einzuführen, dann müssen sie auch Gelegenheit erhalten, entsprechende innovative Unterrichtsvorbereitung zu betreiben und sich im Verbund mit anderen interessierten Lehrkräften intensiv darüber zu verständigen, wie die Implementierung der neuen Lernformen im alltäglichen Fachunterricht erfolgen kann. Mit anderen Worten: Es bedarf einschlägiger »Lerninseln« für diese Zielgruppe, die sowohl inspirieren und Mut machen als auch die Möglichkeit eröffnen, geeignete Unterrichtsmaterialien und -arrangements kennen zu lernen und/oder mit gleichgesinnten FachlehrerInnen zu entwickeln. Im Rahmen der bisher üblichen ein- bis zweistündigen Fachkonferenzen am Nachmittag ist diese kreativ-produktive Arbeit auf jeden Fall nicht zu leisten. Denn dieser Zeittakt führt beinahe zwangsläufig zu relativ unergiebigen Konferenzverläufen und mehr oder weniger vagen formalen Absprachen, die viele Lehrkräfte erfahrungsgemäß unzufrieden stimmen. Von daher ist es zwingend notwendig, diesen antiquierten Zeitrahmen zu ändern und auf zeitintensivere »Gärungs- und Klärungsprozesse« zu setzen. Die hier ins Auge gefassten ganztägigen oder zumindest halbtägigen produktiven Fachkonferenzen tragen dieser Einsicht Rechnung.

Der zeitliche Ablauf dieser Konferenzen sieht in der Regel so aus, dass morgens gegen 8.00 Uhr begonnen und nachmittags zwischen 16.00 und 17.00 Uhr Schluss gemacht wird. TeilnehmerInnen sind keinesfalls alle in einem bestimmten Fach unterrichtenden Lehrkräfte, sondern ausschließlich diejenigen, die sich auf die konsequente Umsetzung und Pflege der neuen Lehr-/Lernmethoden im eigenen Fachunterricht verpflichtet haben. Auf diese Weise werden die aufgeschlossenen Lehrkräfte belohnt und für die Skeptiker und Verweigerer zugleich gewisse Anreize geschaffen, sich vielleicht doch mit dem hier in Rede stehenden Methodenrepertoire anzufreunden und bei der gemeinsamen Methodenklärung und Unterrichtsvorbereitung früher oder später mitzumachen.

Für den Fall, dass sich in einem Kollegium alle Lehrkräfte an der Durchführung einer ganztägigen produktiven Fachkonferenz beteiligen möchten, kann unter Umständen ein offizieller Studientag mit fach- und themendifferenzierter Ausrichtung anberaumt werden. Sind dagegen nur einzelne FachlehrerInnen interessiert, so muss auf zeitversetzt organisierte Kleingruppenkonferenzen abgestellt werden, damit der obligatorische Unterrichtsbetrieb möglichst ungestört weiterlaufen kann. Eine dritte Variante ist die, dass sich das Kollegium einer Schule mehrheitlich dafür entscheidet, hin und wieder geschlossen am Nachmittag für ca. drei Stunden zusammenzukommen, um in unterschiedlichen Fachgruppen bzw. Fachbereichsgruppen innovative Unterrichtsvorbereitung zu betreiben (vgl. Abb. 27). Wenn dafür die Zahl der üblichen Gesamtkonferenzen spürbar reduziert wird, dann ist diese Variante unter Umständen durchaus konsensfähig.

Die Konferenzarbeit selbst sieht in aller Regel so aus, dass zu bestimmten Themen des Lehrplans einschlägige Materialien mitgebracht, vorliegende Lernarrangements erläutert und auch mal durchgespielt sowie anregende Lehr-/Lernhilfen entwickelt werden, die geeignet sind, dem eigenverantwortlichen Arbeiten und Lernen der SchülerInnen mehr Nachdruck zu geben sowie im Unterricht ein Mehr an Methoden-, Kommunikations- und Teamschulung sicherzustellen. Damit diese produktive Konferenzarbeit auch dann möglich wird, wenn sich in einer Schule vielleicht nur ein bis zwei interessierte FachlehrerInnen finden, die die skizzierte Unterrichtsreform angehen möchten, ist es unter Umständen ratsam, auf produktive *Fachbereichs*-Konferenzen umzustellen und die interessierten Lehrkräfte aus verwandten Fächern zu übergreifenden Fachteams zusammenzuführen. Auf diese Weise wird nicht nur die Anregungsvielfalt vergrößert, sondern überhaupt erst die Möglichkeit geschaffen, dass die betreffenden Lehrkräfte zu einem Fachteam werden und das eine oder andere methodische Arrangement auch mal ganz konkret durchspielen können.

Produktive Fachkonferenzen

Konferenzreihe mit unterschiedlichen Arbeitsschwerpunkten
(jeweils 3 Stunden am Nachmittag ⇨ Beispiel aus einer Hauptschule)

Planungskonferenz
Problemanzeigen zum Lern- und Arbeitsverhalten der SchülerInnen ⇨ Impulsreferat: »Methodenlernen als Perspektive ...« / Abstimmung der weiteren Konferenzarbeit

Produktive Fachkonferenz (1)
Dreistündige Produktionsarbeit in unterschiedlichen Fachgruppen
(Schwerpunkt: Produktive Arbeitsblätter zu einem bestimmten Thema erstellen)

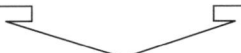

Produktive Fachkonferenz (2)
Dreistündige Produktionsarbeit in unterschiedlichen Fachgruppen
(Schwerpunkt: Produktive Arbeitsblätter zu weiteren Themen erstellen)

Produktive Fachkonferenz (3)
Dreistündige Produktionsarbeit in unterschiedlichen Fachgruppen
(Schwerpunkt: Lernspiele zu einem bestimmten Thema entwickeln)

Produktive Fachkonferenz (4)
Dreistündige Produktionsarbeit in unterschiedlichen Fachgruppen
(Schwerpunkt: Themenzentrierte Kommunikationsarrangements vorbereiten)

Produktive Fachkonferenz (5)
Dreistündige Produktionsarbeit in unterschiedlichen Fachgruppen
(Schwerpunkt: Themenzentrierte Übungen zur Methodenpflege vorbereiten)

Produktive Fachkonferenz (6)
Dreistündige Produktionsarbeit in unterschiedlichen Fachgruppen
(Schwerpunkt: Themenzentrierte Gruppenarbeitsarrangements vorbereiten)

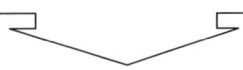

etc.

Abb. 27 — © Dr. H. Klippert

7. Gezielte Teambesprechungen und Hospitationen

Die Wirksamkeit des skizzierten Qualifizierungsprogramms hängt freilich nicht nur von qualifizierten Fortbildungsseminaren und ergiebigen Workshops auf Klassen- und Fachebene ab, sondern auch davon, dass sich die betreffenden Lehrerteams möglichst regelmäßig treffen, besprechen und hinsichtlich ihres unterrichtlichen Vorgehens abstimmen und unterstützen. Andernfalls besteht die Gefahr, dass die einzelnen Teammitglieder über kurz oder lang wieder in ihre alte Rolle als Einzelkämpfer zurückfallen. Konsequente Kooperation ist also unerlässlich, wenn das Projekt »Pädagogische Schulentwicklung« gelingen und auf Schüler- wie auf Lehrerseite zu überzeugenden Effekten und Verbesserungen führen soll.

Selbstverständlich lassen sich Gesprächs- und Abstimmungsmöglichkeiten auf verschiedenen Ebenen finden. Die erste Ebene sind die gemeinsamen Seminare und Workshops, die die Teammitglieder gelegentlich durchlaufen – angefangen bei externen Schnuppertagungen über schulinterne Studientage und methodenzentrierte Trainingsseminare bis hin zu klassen- und fachbezogenen Workshops zur Erarbeitung einschlägiger Lehr- und Lernmittel (vgl. die vorangehenden Abschnitte 2–6). Bei solchen Gelegenheiten bieten sich immer wieder fruchtbare Anlässe zum Gespräch, zum Erfahrungsaustausch sowie zur wechselseitigen Ermutigung und Abstimmung. Die zweite Ebene, die zur zwanglosen Besprechung und Verständigung genutzt werden kann, ist das Lehrerzimmer. Egal, ob in den großen Pausen oder in zufällig parallel liegenden Springstunden – stets kann der kollegiale Dialog gesucht und manchmal auch gefunden werden. Allerdings sind diese mehr oder weniger zufälligen Kommunikations- und Kooperationsgelegenheiten doch nicht das, was einen effektiven Innovationsprozess auf Dauer stützen kann.

Effektive Kooperation und Innovation verlangen nach verbindlichen Zusammenkünften und regelmäßigen Abstimmungsgesprächen zwischen den betreffenden Teammitgliedern. Denn der gute Wille zur gelegentlichen Absprache alleine reicht nicht. Das hat sich vor geraumer Zeit z.B. im Münchner Luise-Schröder-Gymnasium gezeigt – einer der »PSE-Modellschulen« in der Stadt München. Obwohl es dort seinerzeit eine größere Anzahl engagierter Lehrkräfte mit dem festen Vorsatz zur konsequenten Zusammenarbeit gab, war und blieb es schwierig, von Fall zu Fall neue Termine zu finden und die einzelnen Teammitglieder jeweils unter einen Hut zu bringen. Beim einen waren es vielleicht familiäre Belange, beim Zweiten andere wichtige Termine und beim Dritten unter Umständen Bedenken wegen der langen An- und Rückfahrt, die das Vereinbaren zusätzlicher Nachmittagssitzungen immer wieder zur Sisyphusarbeit werden ließen. Ähnliche Erfahrungen werden Tag für Tag an zahllosen deutschen Schulen gesammelt, mit der Folge, dass zusätzliche Konferenztermine nur selten gesucht und noch seltener gefunden werden.

Anders sieht es dagegen aus, wenn von vornherein bestimmte Termine festgelegt und in den schulinternen Arbeits- und Konferenzplan eingebaut werden. Dann weiß jeder, woran er ist und kann sich längerfristig darauf einstellen. Diese Erfahrung legt nahe, für die bestehenden Innovationsteams – insbesondere für die Klassenteams! – bestimmte Besprechungszeiten pro Woche – oder auch pro Monat – zu blockieren, die bei Bedarf genutzt werden können, um Erfahrungen auszutauschen, bewährte Materialien weiterzugeben, bestehende Probleme zu besprechen und/oder den einen oder anderen nächsten Schritt im Rahmen des vereinbarten Lern- und Trainingsprogramms abzustimmen. Relativ einfach ist dieser Grundsatz natürlich dort zu realisieren, wo feste Teamstrukturen und -treffen institutionalisiert sind. Das gilt u.a. für die Integrierten Gesamtschulen, die ihre Lehrerschaft in Jahrgangsteams organisiert haben, die jede Woche verbindlich Teamkonferenzen durchzuführen haben. Im Rahmen dieser Teamkonferenzen können bei Bedarf all jene Fragen und Probleme besprochen werden, die mit der Implementierung des hier in Rede stehenden Innovations- und Trainingsprogramms verbunden sind.

In all den anderen Schulen jedoch, in denen solche Teamstrukturen nicht existieren, empfiehlt es sich zumindest für die *Klassenteams*, pro Woche eine bestimmte Stunde für etwaige Kurzkonferenzen zu reservieren, die möglichst so liegen sollte, dass die betreffenden Lehrkräfte ohne größeren Zeitverlust daran teilnehmen können. Das kann z.B. die erste Stunde nach Schulschluss sein (z.B. die 7. Stunde). Das kann aber auch eine Kernstunde am Schulvormittag sein, die z.B. für zwei von drei Teammitgliedern als »*gemeinsame Springstunde*« freigeblockt wird. Gibt es etwas Wichtiges zu besprechen, so kann das dritte Teammitglied gegebenenfalls hinzukommen und sich entweder eine Vertretung besorgen oder aber die eigene Klasse nach dem EVA-Prinzip für eine Stunde alleine arbeiten lassen. Durch pragmatische Lösungen dieser Art lässt sich erreichen, dass sich der zeitliche und arbeitsmäßige Mehraufwand für die engagierten Lehrkräfte einigermaßen in Grenzen hält. Wer dieses Kalkül nicht beachtet, muss sich nicht wundern, wenn (zu) viele Lehrkräfte angesichts des drohenden Mehraufwands kapitulieren oder gar nicht erst anfangen, die anvisierte Reformarbeit in Angriff zu nehmen.

Neben den skizzierten Teambesprechungen sind gezielte *Hospitationen* angezeigt, und zwar nicht nur der Teammitglieder, sondern auch anderer Lehrkräfte des jeweiligen Kollegiums. Durch gemeinsame Unterrichtsversuche und -reflexionen lassen sich zögerliche Lehrkräfte am ehesten zur Mitarbeit gewinnen – vorausgesetzt, die Hospitationserfahrungen sind positiv und regen zur Nachahmung an. Besonders prädestiniert für methodenzentrierte Hospitationen sind natürlich die Mitglieder der einzelnen Klassenteams. Das gilt insbesondere für die Trainingswochen, die in der Regel gemeinsam vorbereitet werden und daher auch den verständlichen Wunsch aufkommen lassen, die eine oder andere Trainingssequenz mal gemeinsam zu erproben und zu beobachten, wie die SchülerInnen damit zurechtkommen. Recht problemlos lässt sich diese teaminterne Hospitation immer dann organisieren, wenn die hospitationswilligen Teammitglieder dafür ihre Freistunden verwenden. Doch diese Variante ist nur sehr begrenzt tragfähig. Deshalb ist es empfehlenswert, dass die Mitglieder des jeweiligen Klassenteams während der Trainingswochen phasenweise so vom Unterricht freigestellt werden, dass sie im Team unterrichten können. Diese Art des gelegentlichen »Teamteachings« bringt intensive gemeinsame Erfahrungen, Beobachtungen und Reflexionen mit sich, die sowohl der Teamentwicklung im Lehrerkreis als auch der Optimierung der Trainingswochen zugute kommen. Bestätigt wird diese Sichtweise u.a. durch verschiedene Klassenteams eines Landauer Gymnasiums, denen während der Trainingswoche »Teamentwicklung im Klassenraum« generell die Möglichkeit eröffnet wurde, zu dritt in der Klasse zu sein und gemeinsam zu moderieren, zu beobachten und zu beraten sowie einzelne Übungen und Materialien zu reflektieren, zu problematisieren und zu modifizieren. Die Rückmeldungen und Einschätzungen der betreffenden Lehrkräfte zur gemeinsamen Unterrichts- und Hospitationserfahrung waren außerordentlich positiv und legen den Schluss nahe, dass solches häufiger ermöglicht werden sollte.

Allerdings sollte die Hospitationstätigkeit nicht auf die besagten Klassenteams oder etwaige interessierte Fachteams beschränkt bleiben, sondern generell auf möglichst alle Lehrkräfte der jeweiligen Schule ausgedehnt werden, damit auch diese gelegentlich sehen und miterleben können, wie die neuen Lern- und Trainingsformen in den betreffenden »Laborklassen« umgesetzt werden. Zwei mögliche Hospitationsarrangements sind in Abbildung 28 dargestellt. Beide Varianten sehen vor, dass alle Lehrkräfte laut Beschluss der jeweiligen Gesamtkonferenz an einem schulinternen Versuchsprogramm teilnehmen und in der einen oder anderen methodenzentriert arbeitenden Lerngruppe wahlweise hospitieren und/oder mitarbeiten müssen. Im ersten Fall der »Pflichthospitationen« handelt es sich bei den in Frage kommenden Lerngruppen um ausgewählte Klassen, in denen mit den neuen Lern- und Trainingsmethoden gearbeitet wird. Im zweiten Fall – dem »Tag der offenen Tür« – sind die Lehrkräfte teilweise selbst in der Lernerrolle, indem sie – zusammen mit Eltern, Schülern und sonstigen Besuchern – spezifische methodenzentrierte Übungen durchlaufen, die von wechselnden Lehrerteams moderiert werden (vgl. Abb. 28).

Kennzeichnend für die erstgenannten *Pflichthospitationen* ist, dass einige erfahrene Klassenteams (3er-Teams) die Türen zu ihren Klassenzimmern öffnen und den übrigen Lehrkräften des Kollegiums Gelegenheit geben, sich den einen oder anderen methodenzentrierten Unterrichtsversuch anzusehen und sich auf diese Weise ein Bild davon zu machen, wie mit halbwegs geübten SchülerInnen EVA, Methodenpflege, Kommunikationspflege und/oder Teampflege im Rahmen des üblichen Fachunterrichts praktiziert werden kann und welche positiven Effekte sich dadurch für die SchülerInnen wie für die LehrerInnen erzielen lassen. Zu »Pflichthospitationen« werden diese Unterrichtsbesuche insofern, als alle Lehrkräfte verbindlich hospitieren müssen, da der übliche Unterricht ausfällt und stattdessen eine schulinterne Hospitationsveranstaltung mit Schwerpunkt »Neue Lernmethoden« stattfindet (z.B. in der 5. und 6. Stunde). Anwesend sind in dieser Phase lediglich die SchülerInnen der betreffenden »Laborklassen«, die von den besagten 3er-Teams mit unterschiedlicher

Hospitationsarrangements

»Pflichthospitationen«
(z.B. in der 5./6. Stunde eines beliebigen Schultages)

- ❐ Unterricht findet lediglich in einigen geübten »Laborklassen« statt. Alle anderen Klassen werden – in Absprache mit den Eltern – vorzeitig nach Hause geschickt.
- ❐ In den besagten »Laborklassen« wird dezidiert auf eigenverantwortliches Arbeiten und Lernen der SchülerInnen abgestellt sowie darauf, ausgewählte Arbeits-, Kommunikations- und Teamtechniken und -rituale zu festigen.
- ❐ Die angebotenen Unterrichtsversuche haben unterschiedliche fachliche Ausrichtung. Alle Lehrkräfte, die nicht selbst unterrichten, müssen wahlweise hospitieren.
- ❐ Vorbereitet und moderiert werden die einzelnen Hospitationsstunden von den für die »Laborklassen« zuständigen Klassenteams (Teamteaching!)
- ❐ Nach Abschluss der Doppelstunde setzt sich jede Lehrergruppe (Klassenteam plus Hospitanten) zu einer gezielten Unterrichtsbesprechung zusammen.

»Tag der offenen Tür«
(in der Regel an einem schulfreien Samstag)

- ❐ Adressaten dieses methodenzentrierten »Schnuppertages« sind zum einen Eltern, Betriebsvertreter und sonstige Interessenten aus dem Umfeld der Schule, zum anderen die SchülerInnen bestimmter Jahrgangsstufen sowie alle Lehrkräfte.
- ❐ Diesem Personenkreis wird in mehreren parallel laufenden »Workshops« während der 1. und der 3. Stunde des anberaumten Tages Gelegenheit gegeben, einige innovative Lern- bzw. Trainingsarrangements näher kennen zu lernen.
- ❐ Dazu müssen sich die anwesenden Personen dem einen oder anderen methoden- und fachzentrierten Angebot zuordnen. Mit den versammelten »Lernergruppen« werden alsdann spezifische Trainingssequenzen durchgespielt und reflektiert.
- ❐ Vorbereitet und moderiert werden diese methodenzentrierten »Schnupperstunden« von unterschiedlichen Lehrerteams. Diese können ansonsten hospitieren.

Abb. 28 © Dr. H. Klippert

fachlicher Ausrichtung methodenzentriert unterrichtet werden. Da als Zeitrahmen ganz bewusst eine Doppelstunde am Ende des Schulvormittags gewählt wird, kann bei einer intelligenten, schüleraktiven Gestaltung dieser Doppelstunde in der Regel höchst eindrucksvoll vor Augen geführt werden, welche Motivations- und Entlastungsperspektiven der Einsatz der neuen Lehr-/Lernmethoden mit sich bringt, wenn eine Klasse methodisch nur einigermaßen geübt ist. Das löst aufseiten der Hospitanten erfahrungsgemäß so manche Aha-Erlebnisse aus und macht Mut, sich der angelaufenen Unterrichtsreform anzuschließen. Abgerundet wird die skizzierte Hospitationsphase üblicherweise – nach einer kurzen Mittagspause – mit einer zwei- bis dreistündigen Gesamtkonferenz. Im ersten Teil dieser Gesamtkonferenz geht es darum, die gesammelten Hospitationserfahrungen auszuwerten und zu besprechen. Im zweiten Teil besteht sodann Gelegenheit zur Vorbereitung einer methodenzentrierten Unterrichtsstunde in Fachgruppen.

Noch intensiver als bei den »Pflichthospitationen« sind die Kooperations- und Innovationserfahrungen der beteiligten Lehrkräfte beim »Tag der offenen Tür« (vgl. Abb. 28). Diese schulinterne Fortbildungsmaßnahme kommt in aller Regel jedoch erst dann in Frage, wenn in einer Schule bereits eine größere Gruppe von Lehrkräften mit den neuen Lern- und Trainingsmethoden einigermaßen vertraut ist. Denn für die Betreuung und exemplarische Unterrichtung der Besuchergruppen werden zahlreiche Lehrerteams benötigt, die bereit und in der Lage sind, mit den versammelten Schülern, Eltern, Lehrkräften, Betriebsvertretern und sonstigen Besuchern themen- und methodenzentriertes »Probetraining« zu veranstalten. (vgl. Abb. 28). Das heißt, an einem bestimmten zu vereinbarenden Samstag finden in der ersten und in der dritten Stunde innovative Übungen mit differenziertem fachlichem Zuschnitt statt, an denen die versammelten Besucher wahlweise teilnehmen können. Vorbereitet und moderiert werden diese Schnupperstunden von eigens zu bildenden Lehrergruppen, wobei möglichst jede Lehrkraft der betreffenden Schule in einer dieser Vorbereitungsgruppen (3er-Teams) mitwirken sollte.

In diesen Schnupperstunden geht es dann z.B. um Gedächtnistraining im Fach Chemie, um Mindmapping im Fach Biologie, um das geschickte Vorbereiten von Klassenarbeiten im Fach Geschichte, um das Gestalten von Spickzetteln im Fach Sozialkunde, um Visualisierungstechniken im Fach Religion, um Referatgestaltung im Fach Deutsch, um Vorstellungsgespräche im Fach Wirtschaftskunde, um konstruktive Teamarbeit im Fach Mathematik usw. Zu den Besonderheiten dieses »Schnupperunterrichts« gehört, dass die einzelnen verantwortlichen Lehrerteams zum jeweiligen Methodenschwerpunkt nicht nur informieren und praktische Beispiele vorstellen, sondern mit den versammelten Besuchern auch einige ganz konkrete Übungen durchspielen. In den Zwischenstunden (2. und 4. Stunde) werden jeweils gezielte Besprechungen zu den eingesetzten Methoden ermöglicht. Das alles muss natürlich gut vorbereitet und durchdacht sein. So gesehen eröffnet der anvisierte »Tag der offenen Tür« ein ausgesprochen intensives Kooperations- und Erfahrungsfeld für das betreffende Kollegium.

8. Schulinterne Supervision und Evaluation

Selbstverständlich muss auf den laufenden Innovationsprozess von Zeit zu Zeit auch mal draufgeschaut und bilanziert werden, ob und inwieweit (a) die Zusammenarbeit in den Teams funktioniert und (b) die konkreten Ergebnisse der Trainings- und Innovationsarbeit mit den ursprünglich festgelegten/vereinbarten Zielen hinreichend in Einklang stehen. Letzteres wird hier als »Evaluation«, ersteres als »Supervision« bezeichnet. Ein derartiges Innehalten und Reflektieren ist eine wichtige Voraussetzung dafür, dass zum einen die unterschiedlichen Teams ihre interne Kommunikations- und Arbeitsfähigkeit sichern und optimieren können, und dass zum Zweiten stichhaltige Fakten und Erkenntnisse zusammenkommen, die den innerschulischen Akteuren helfen, das laufende Innovationsprojekt gegenüber dem Gesamtkollegium, den Eltern und der Schulaufsicht zu legitimieren.

Zunächst zur *Supervisionsarbeit*: Der Supervisionsbegriff wird hier deutlich enger und pragmatischer verstanden, als das in der Literatur üblich ist. Supervision meint üblicherweise die regelmäßige, professionell angeleitete Reflexion sowohl auf der Arbeits- als auch auf der Beziehungsebene und ist in aller Regel sehr stark auf Selbsterfahrung und gruppendynamische Klärungen ausgerichtet. Dieses Supervisionsverständnis steht in den normalen Kollegien unverkennbar in der Gefahr, auf große Vorbehalte zu stoßen und grundsätzlich abgelehnt zu werden, da es zu sehr nach Psychologie und Therapie riecht. Das zumindest ist die Erfahrung, die der Verfasser im Rahmen seiner langjährigen Schulentwicklungsarbeit gesammelt hat. Im Gegensatz dazu geht es bei dem hier ins Auge gefassten Supervisionsbegriff sehr viel pragmatischer darum, dass gelegentlich mal innegehalten und innerhalb des jeweiligen Teams das Gespräch darüber geführt wird, wie die konkrete Zusammenarbeit funktioniert und was bei der Umsetzung der neuen Methoden gut läuft und wie etwaigen Problemen begegnet werden kann, die der effektiven Umsetzung der vereinbarten Ziele und Verfahrensweisen entgegenstehen. Dabei kann es sowohl um die bestehenden Rahmenbedingungen als auch um Fragen der teaminternen Kommunikation, Kooperation und Arbeitsdisziplin gehen. Vorbereitet und gestaltet werden diese aufgabenbezogenen Supervisionssitzungen in aller Regel von den Teammitgliedern in eigener Regie. Es kann unter Umständen aber auch ein Supervisor von außen hinzugezogen werden.

Erfahrungsgemäß reicht das Problemlösungspotenzial der meisten Teams jedoch aus, um die internen Probleme und Fragen hinreichend in den Griff zu bekommen. Nötig ist nur, dass sich die betreffenden Gruppen gelegentlich Zeit nehmen, um sich über die eigenen Stärken und Schwächen zu verständigen sowie etwaige Probleme auf mögliche Lösungen hin abzuklopfen. Entsprechende Reflexionen lassen sich in aller Regel im Rahmen der skizzierten Teamveranstaltungen (vgl. die Abschnitte 4–7) arrangieren. Das beginnt bei den diversen teamzentrierten Fortbildungsseminaren und reicht über die Teamklausurtage und wöchentlichen Teambesprechungen der Klassenteams bis hin zu den produktiven Konferenzen und Workshops der Fachteams sowie den übergreifenden Planungskonferenzen der Führungskräfte/Führungsteams. In allen diesen Veranstaltungen kann sowohl produktiv nach vorne gearbeitet als auch selbstkritisch Bilanz gezogen und Feedback vermittelt werden. Kommt ein Team mit den internen Mitteln und Problemlösungsfantasien nicht mehr weiter, so kann selbstverständlich auch ein von außen kommender Innovationsexperte (z.B. einer der Trainer) als Berater und Gesprächsleiter herangezogen werden. Ob und inwieweit dieses geschieht, hängt letztlich vom erklärten Willen der jeweiligen Gruppe ab sowie davon, ob geeignete Innovationsexperten zur Verfügung stehen.

Ähnliches gilt für die *Evaluation* des laufenden Trainings- und Innovationsprozesses. Im Regelfall wird diese Evaluation mit »Bordmitteln« geleistet, d.h., die im Innovationsprozess aktiven Lehrkräfte setzen sich nach eigenem Gusto in den unterschiedlichsten Zirkeln (Gesamtgruppe, Klassenteams, Fachteams, Steuerungsteam) zusammen, entwickeln praktikable Evaluationsverfahren und gehen mit deren Hilfe daran, die laufende Innovationsarbeit unter die Lupe zu nehmen und möglichst angemessen zu beurteilen. So gesehen wird hier ganz vorrangig auf *Selbst-Evaluation* gesetzt (vgl. dazu auch Burkard 1995) und damit zugleich der externen Evaluation durch Wissenschaftler oder Schulaufsichtsbeamte eine verhaltene Absage erteilt. Der Grund für diese Akzentsetzung: Die meisten Lehrkräfte reagieren erfahrungsgemäß recht allergisch, wenn von außen kommende »Kontrolleure« sich anmaßen, die pädagogische Detailarbeit in einer Schule bzw. in einer Klasse zu beurteilen, ohne dass sie die Internas kennen. Da gibt es – historisch gewachsen – viel Misstrauen und sicherlich auch eine gehörige Portion Angst. Befürchtet wird nicht nur fragwürdige Kontrolle und unnötiger Papierkram, sondern befürchtet wird auch und vor allem, dass die eigene Arbeit mit unangemessenen Kriterien und Deutungsmustern beleuchtet und am Ende in unberechtigter Weise diskreditiert wird. Egal, ob diese Befürchtungen nun berechtigt sind oder nicht, sie erschweren auf jeden Fall eine zielgerichtete und wirksame Evaluation.

Von daher ist es ratsam, ganz vorrangig auf die angesprochene Selbst-Evaluation zu setzen und die unmittelbar Betroffenen zu den eigentlichen Akteuren des Evaluationsprozesses zu machen. Das hat den Vorteil, dass die engagierten Lehrkräfte selbst die Maßstäbe bestimmen und die Verfahrensweisen vereinbaren, mit denen die Wirksamkeit der laufenden Trainings- und Innovationsarbeit untersucht werden soll. Denn natürlich haben sie als verantwortliche »Trainer« ein Interesse daran, die in ihren Klassen laufenden Methoden-, Kommunikations- und/oder Teamtrainings auf ihre Wirksamkeit hin zu beleuchten und die zu Tage tretenden Stärken und Schwächen zu identifizieren. Eine derart pragmatisch verstandene Selbst-Evaluation ist erfahrungsgemäß nicht nur konsensfähig, sie ist für die Betroffenen auch durch-

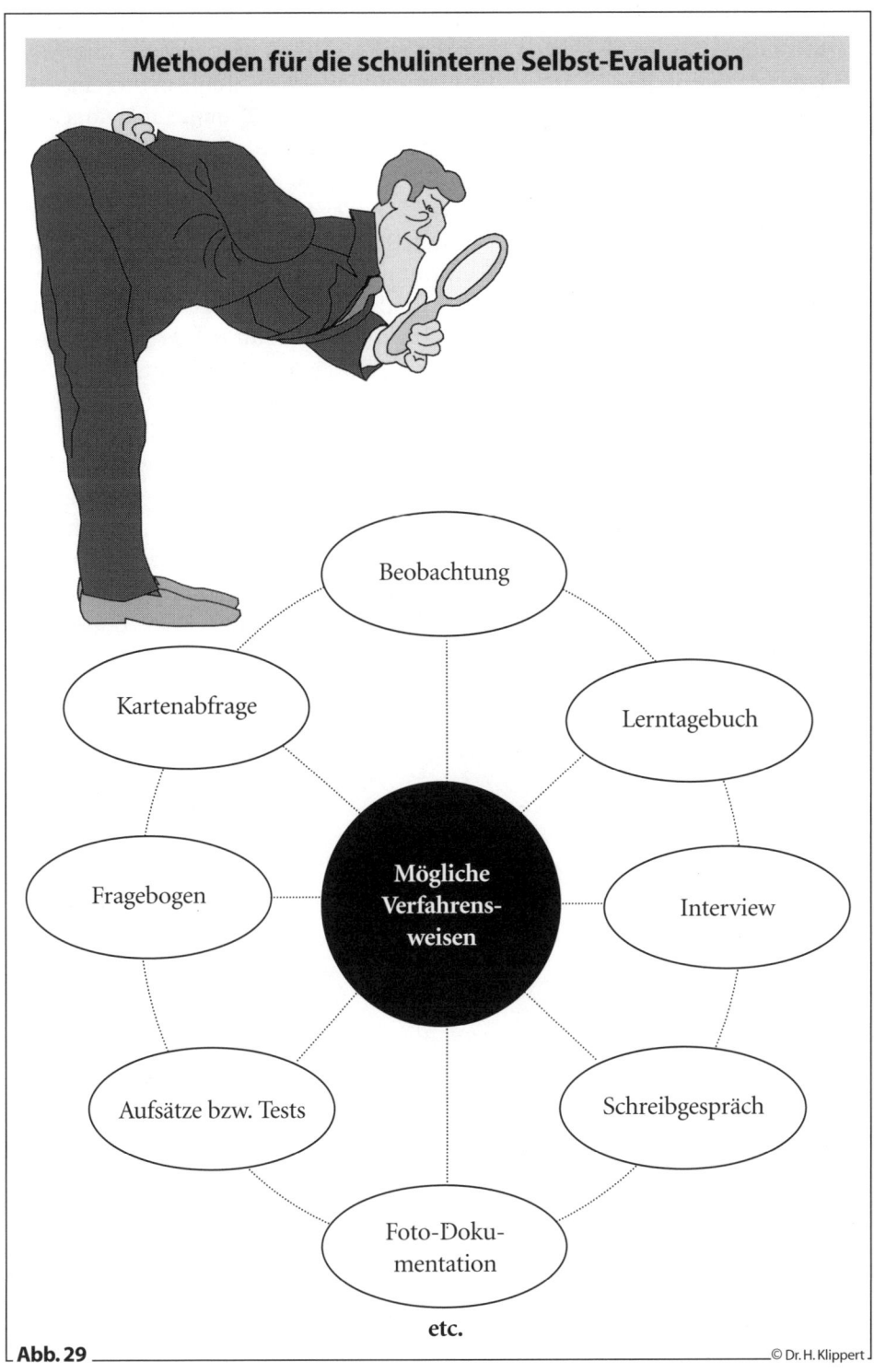

Abb. 29

aus hilfreich, und zwar gleich in zweierlei Hinsicht: Sie vermittelt ihnen erstens Sicherheit und Selbstvertrauen; und sie stärkt zweitens auch und zugleich ihre Argumentationsfähigkeit, ihre Überzeugungskraft und ihr »Wir-Gefühl« in den einzelnen Inovationsgruppen. Wer wollte bestreiten, dass derartige Teamqualifikationen für den angestrebten Innovationsprozess wichtig und erfolgsfördernd sind!?

Welche Verfahrensweisen bei dieser Selbst-Evaluation in Frage kommen, geht ansatzweise aus Abbildung 29 hervor. Da wird z.B. der Lernfortschritt der SchülerInnen im Verlauf einer Trainingsperiode mittels Beobachtung, Kartenabfrage, Interview, Fragebogen, Aufsatz oder Test überprüft oder aber durch Reflexionsanlässe wie Schreibgespräch oder Lerntagebuch näher sondiert. Auch das Erstellen einer gezielten Foto- oder Filmdokumentation kann bei der Evaluation der Arbeitsergebnisse weiterhelfen. Für welche Verfahrensweisen sich die Teams letztlich entscheiden und wie sie deren Umsetzung und Auswertung konkret handhaben, das ist im Wesentlichen ihre Sache. Allerdings können sie auf externe Hilfen zurückgreifen, an denen derzeit u.a. im Rahmen des Modellversuchs »Schule & Co« gearbeitet wird. Auch erfahrene »Spezialisten« von anderen Schulen (z.B. die Trainer) können gegebenenfalls herangezogen werden, um beratend, fragend, beobachtend und kommentierend zur Seite zu stehen. Auch Eltern, die das Arbeitsverhalten ihrer Kinder zu Hause oder unter Umständen auch im Unterricht der Schule beobachten, können wichtige und hilfreiche Rückmeldungen geben, die in einen zu erstellenden Evaluationsbericht einfließen können.

IV. Flankierende Rahmenbedingungen und Regelungen

In diesem Kapitel werden die schulischen Rahmenbedingungen näher präzisiert, die über den Erfolg oder Misserfolg des pädagogischen Innovationsprozesses mit entscheiden. Das beginnt beim Verhalten der Schulleitung und reicht über die zeitlichen, fachlichen und finanziellen Gestaltungsmöglichkeiten der schulischen Akteure bis hin zur veränderten Organisation der Elternarbeit und der Leistungsbeurteilung. Wenn diese Rahmenbedingungen zu restriktiv sind und einer couragierten Neu- und Umgestaltung des Unterrichts über Gebühr im Wege stehen, dann besteht die Gefahr, dass viele Lehrkräfte von vornherein aus Trotz oder Überzeugung auf Abwehr schalten und sich dem anstehenden Innovationsprozess verschließen. Eine solche Blockadesituation muss auf jeden Fall vermieden werden. Welche Umstände und schulinternen Regelungen dazu beitragen können, wird in den nachfolgenden Abschnitten ausgeführt.

1. Die Schulleitung als Unterstützungsinstanz

Wie im zweiten Kapitel – Abschnitt 7 – bereits angedeutet wurde, steht und fällt der anvisierte Innovationsprozess mit der Aufgeschlossenheit der pädagogischen Führungskräfte. Dazu gehören die Vertreter der Schulaufsicht genauso wie die Vertreter der Schulleitungen. Wenn beispielsweise der Schulleiter ein Bedenkenträger ist, der lieber nichts tut als sich auf irgendwelche Risiken einzulassen, dann werden zumeist auch im Kollegium die Bedenkenträger und »Buchhaltertypen« den Ton angeben und dafür sorgen, dass sich die innovationsbereiten Lehrkräfte nicht allzu weit vorwagen. Ähnliches gilt für den Stundenplanverantwortlichen. Wenn dieser bestimmte Wünsche bzw. Anträge hinsichtlich Teameinsatz, Teamteaching, Teamstunden und Teamfortbildung nicht unterstützen will, weil das die ganzen tradierten Gepflogenheiten durcheinander bringen würde, dann findet er als »Computerexperte« häufig auch recht plausible Argumente und Probleme, die im Kollegium Unsicherheit, Zurückhaltung und/oder Innovationsresistenz auslösen. Sind dagegen die betreffenden Führungskräfte wohl wollende Unterstützer und ideenreiche Problemlöser, dann wirkt sich das auf das jeweilige Kollegium in aller Regel ausgesprochen befreiend und ermutigend aus, mit der Folge, dass sich die innovationsbereiten Lehrkräfte eher trauen, neue Wege der Zusammenarbeit und der Unterrichtsgestaltung zu sondieren und zu praktizieren. Das zumindest ist die Erfahrung, die der Verfasser im Rahmen seiner zurückliegenden Studientags- und Schulentwicklungsarbeit sammeln konnte.

»Wie der Herr, so's Gescherr«, so hat der deutsche Volksmund diese Wechselwirkung auf den Punkt gebracht. Beispielhaft lässt sich der positive Einfluss der Schulleitung auf einen ins Stocken geratenen Innovationsprozess an folgendem Geschehen in einem Münchner Gymnasium ablesen. In diesem Gymnasium, in dem einige engagierte Lehrkräfte gerade dabei waren, eine Trainingswoche mit Schülern vorzubereiten, gab es bei der Suche nach entsprechenden Konferenzterminen erhebliche Schwierigkeiten, die dem Schulleiter zeitversetzt zu Ohren kamen. Die betreffenden Lehrkräfte waren zwar grundsätzlich bereit, sich vor den Sommerferien noch einige Male nachmittags zu treffen, um das konkrete Trainingsprogramm abzustimmen und die korrespondierenden Materialien vorzubereiten; als es jedoch darum ging, konkrete Termine zu definieren, hatte der eine diesen Hinderungsgrund, der andere jenen. Die Folge war, dass die Trainingswoche schließlich nicht nur unzulänglich vorbereitet war, sondern für die betreffenden Lehrkräfte auch weitgehend unbefriedigend verlief. Entsprechend selbstkritisch fiel deren Bilanz aus, als sie sich nach Abschluss der Trainingswoche zusammensetzten. Beklagt wurden von den verantwortlichen Akteuren sowohl die eigenen Versäumnisse als auch die unzulänglichen zeitlichen Spielräume und Gelegenheiten, die im Schulalltag zur Verfügung stehen, um bestimmte pädagogische Sondermaßnahmen wie die besagte Trainingswoche gebührend vorzubereiten.

Der besagte Schulleiter hörte sich die vorgetragene (Selbst-)Kritik einige Zeit geduldig an, um dann mit einem ebenso unkonventionellen wie wirksamen Vorschlag den entstandenen Knoten aus Selbstmitleid und Frustration wieder aufzulösen. Seine rhetorische Frage nämlich lautete: »Wenn es selbst engagierten Lehrkräften wie euch nicht möglich ist, die vereinbarte Trainingswoche so ganz nebenbei vorzubereiten, was hindert uns dann eigentlich daran, die betreffenden Vorbereitungsteams für einen bis zwei Tage vom Unterricht freizustellen, damit sie in einer speziellen Klausurtagung außerhalb der Schule die anstehenden Vorbereitungsarbeiten leisten und die vorgesehene Trainingswoche sowie den korrespondierenden Elternabend vorbereiten können?!« Zwar gestand er ein, dass dieses Verfahren formaljuristisch nicht ganz sauber sei, da für Zwecke der schulinternen Fortbildung in Bayern eigentlich kein Unterricht ausfallen dürfe, aber schließlich könne man zu gegebener Zeit ja gute Gründe ins Feld führen, falls von irgendeiner Seite tatsächlich kritisch nachgefragt werden sollte. Mit dieser unkonventionellen Interpretation der schulischen Gestaltungsaufgabe machte dieser Schulleiter unverkennbar Mut. Er löste bei den betreffenden Lehrkräften nicht nur beträchtliches Erstaunen aus, sondern zeigte mit seinem Beispiel auch ganz konkret, wie man in pragmatischer Weise Probleme lösen und die pädagogische Gestaltungsaufgabe selbstbewusst und »schlitzohrig« wahrnehmen kann. So gesehen war und ist der angesprochene Schulleiter Vorbild und Ermöglicher im besten Sinne des Wortes.

Dieses Beispiel zeigt, dass schulinterne Innovationsprozesse zwingend einer verständnisvollen Schulleitung bedürfen, wenn sie gelingen sollen – einer Schulleitung, die Mut macht zum Experimentieren sowie dazu, bestehende Gestaltungsspielräume im Schulalltag zielstrebig auszuloten und auszunutzen. Oder anders ausgedrückt: Schulleiter müssen überzeugende »Ermöglicher« sein, die die innovationswilligen Lehrkräfte ihres Kollegiums zum selbstbewussten Handeln und Innovieren ermutigen und selbst mit gutem Beispiel vorangehen. Sie müssen ideenreiche, couragierte, auf Verbindlichkeit achtende Problemlöser und Wegbereiter sein, die um die Bedingungen und Möglichkeiten des anstehenden Reformprozesses wissen und diesen engagiert unterstützen, ohne jedoch den Kollegien gegenüber ungebührlich aufdringlich oder bevormundend aufzutreten. Nähere Eckdaten zu diesem Schulleitungsbild gehen aus Abbildung 30 hervor.

Wie sich daraus ersehen lässt, gehört zur Rolle einer guten Schulleitung im pädagogischen Innovationsprozess auch, dass auf verbindliche Absprachen bzw. Vereinbarungen geachtet und entsprechend nachgehakt wird, wenn getroffene Vereinbarungen nicht eingehalten werden. Denn eines der größten Probleme heutiger Schulentwicklungsbemühungen ist, dass in vielen Schulen viel zu unverbindlich, punktuell und planlos gearbeitet wird. Das gilt nicht nur für die Einzelkämpfer in den betreffenden Schulen, sondern auch und nicht zuletzt für zahlreiche innovati-

Schulleitung und Schulentwicklung

(Zur Rolle der Schulleitung im pädagogischen Innovationsprozess)

Schulische Innovationsprozesse gelingen in aller Regel nur dort, wo sie von der Schulleitung und vom Stundenplangestalter engagiert mitgetragen und durch intelligente Problemlösungen unterstützt werden. Von daher ist es wichtig, dass diese Führungskräfte ...

- ❏ ... das jeweilige Innovationsfeld möglichst gut kennen
- ❏ ... von der betreffenden Innovationsaufgabe überzeugt sind
- ❏ ... diese Überzeugung nach außen hin deutlich signalisieren
- ❏ ... erfahrene »Mitstreiter« (3er-Teams etc.) gewinnen
- ❏ ... einschlägige Konferenzen initiieren und/oder unterstützen
- ❏ ... auf eine produktive Gestaltung dieser Konferenzen achten
- ❏ ... gegenüber dem Kollegium klare Erwartungen formulieren
- ❏ ... innovationsbereite Lehrkräfte ermutigen und unterstützen
- ❏ ... die erforderlichen Ressourcen beschaffen (helfen)
- ❏ ... auf verbindliche Absprachen/Vereinbarungen achten
- ❏ ... Folgekonferenzen und Evaluationsprozesse sicherstellen
- ❏ ... Lob und Anerkennung – sofern berechtigt – aussprechen
- ❏ ... insgesamt zielstrebige, ermutigende Moderatoren sind

Abb. 30 © Dr. H. Klippert

onswillige Teams. Da werden getroffene Absprachen nicht eingehalten und erforderliche Vorbereitungsarbeiten sträflich vernachlässigt. Da stimmt der schulinterne Informationsfluss nicht und die interne (Selbst-)Kontrolle lässt zu wünschen übrig. Da sind viele vage Vorsätze da, aber niemand übernimmt so recht die Verantwortung dafür, dass diese Vorsätze auch in die Tat umgesetzt werden. Wenn diese Kultur der Unverbindlichkeit überwunden werden soll, dann bedarf es dazu u.a. einer wachsamen und verbindlichen Schulleitung, die konsequent interveniert, wenn vereinbarte Ziele und Maßnahmen vernachlässigt werden.

Doch damit nicht genug. Wie sich aus Abbildung 30 weiterhin ersehen lässt, ist eine »gute Schulleitung« auch und nicht zuletzt gehalten, die erforderlichen Ressourcen großzügig zu beschaffen bzw. beschaffen zu helfen, die für eine effektive Innovationsarbeit benötigt werden. Denn oftmals scheitert die hier ins Auge gefasste Implementierung neuer Lernformen bereits daran, dass grundlegende Arbeitsmittel fehlen (Plakate, Filzstifte, Folien, Wachsmalstifte, Scheren, Klebestifte, Pinwände, Nachschlagewerke, Tageslichtprojektor etc.) oder der Kopierkostenetat so zusammengestrichen wurde, dass die auf EVA-Unterricht setzenden Lehrkräfte die benötigten Arbeitskopien entweder aus eigener Tasche bezahlen oder aber durch irgendwelche Sponsoring-Aktivitäten finanzieren müssen. Wenn diese Ressourcenbeschaffung zu mühsam ist und die betreffenden Lehrkräfte immer wieder an elementare Grenzen der Machbarkeit stoßen, dann steht der anvisierte Innovationsprozess sehr schnell in der Gefahr, abgebrochen oder bestenfalls halbherzig weiter betrieben zu werden. Zwar kann selbst eine gutwillige Schulleitung in Zeiten akuter Finanzknappheit keine Wunder bewirken, aber ein intelligentes und großzügiges Ressourcenmanagement sollte sie auf jeden Fall versuchen, um den engagierten Innovatoren in der Schule den Rücken zu stärken und die Umsetzungsarbeit der anvisierten Reformen zu erleichtern.

Fazit also: Die Schulleitungen sind für den Erfolg oder Misserfolg schulischer Innovationsprozesse wichtiger als viele Führungskräfte dieses vermeinen. Wenn Pädagogische Schulentwicklung nachhaltig gelingen soll, dann bedarf es dazu zwingend aufgeschlossener Führungskräfte, die zielstrebige, ermutigende Moderatoren und Berater sind und als solche unkonventionelle Ideen zulassen und selbst bereit sind, unkonventionelle Wege zu suchen und zu gehen (vgl. Abb. 30). Sie müssen aber nicht nur Mutmacher sein, sondern das jeweilige Innovationsfeld auch möglichst gut kennen, damit sie inhaltlich mitreden können, wenn es gilt, bestimmte Maßnahmen und Veränderungen anzugehen. Diese Mischung aus Kompetenz und Kreativität, aus Zielstrebigkeit und Überzeugungskraft, aus Flexibilität und Durchsetzungsvermögen, aus Toleranz und Verbindlichkeit kennzeichnet »gute Führungskräfte«, die es verstehen, in ihrem Kollegium nachhaltige Innovationsprozesse in Gang zu bringen und in Gang zu halten. Darauf ist bereits in Kapitel II, Abschnitt 7, hingewiesen worden. Zwar können auch sie in einem eingefahrenen Kollegium keine Wunder bewirken; gleichwohl sind sie wichtige Motivatoren und Weichensteller, ohne deren sichtbare und glaubwürdige Unterstützung in vielen Schulen wenig oder gar nichts läuft. Wer glaubt, dass Schulentwicklung notfalls auch ohne oder sogar gegen die Schulleitung durchgesetzt werden kann, der befindet sich auf dem Holzweg. Von daher gehört es zum hier vertretenen Innovationskonzept, dass den Schulleitungsmitgliedern hin und wieder einschlägige Qualifizierungsmaßnahmen angeboten werden, die ihnen helfen, sich auf die eigene Rolle und Verantwortlichkeit im PSE-Prozess vorzubereiten und bewährte Mittel und Wege in Erfahrung zu bringen, wie die Implementierung der neuen Lehr- und Lernformen im Schulalltag wirksam unterstützt werden kann.

2. Sensibilisierung der Elternschaft

Wenn die skizzierte Innovationsarbeit gelingen und Lehrer- wie SchülerInnen zur Kultivierung neuer Lernformen veranlasst werden sollen, dann bedarf es dazu nicht nur aufgeschlossener Schulleiter, Stundenplanmacher und Kollegien, sondern auch und nicht zuletzt wohl wollend eingestellter Eltern und Elternvertreter. Denn wenn die Elternschaft quer schießt, sofern z.B. für schulinterne Fortbildungszwecke die eine oder andere Stunde ausfällt oder in Verbindung mit dem Methodentraining regulärer Fachunterricht umfunktioniert und durch fachübergreifende Schulungsmaßnahmen ersetzt wird, dann kann dieses sehr schnell zu schwerwiegenden Blockaden führen, weil sich die zuständigen Schulaufsichtsbeamten, SchulleiterInnen und Lehrkräfte aufgefordert sehen, lieber beim konventionellen Repertoire zu bleiben und besser die Finger von der Implementierung neuer Lernformen zu lassen. Es kann aber auch genau der umgekehrte Effekt eintreten, nämlich dann, wenn von Elternseite offensiv Verständnis und Unterstützung für die anvisierte Neuorientierung der Unterrichtsarbeit signalisiert und den betreffenden Lehrkräften der Rücken gestärkt wird. So gesehen sind die Eltern ein ganz wichtiger Faktor in jedem schulinternen Innovationsprozess. Sie frühzeitig ins Vertrauen zu ziehen und um ihre Unterstützung zu werben, ist eine entscheidende strategisch-taktische Maßnahme, um hernach keinen unnötigen Ärger zu bekommen, der den angelaufenen Innovationsprozess wieder zum Stocken bringt und die Motivation der verantwortlichen Lehrkräfte womöglich langfristig zerstört. Von daher empfiehlt es sich für jedes Innovationsteam, das sich die Implementierung neuer Lehr- und Lernformen auf die Fahnen geschrieben hat, die Elternschaft möglichst frühzeitig anzusprechen und als verständnisvolle Lobby zu gewinnen.

Da sich das benötigte Wohlwollen der Elternschaft in aller Regel nicht von selbst einstellt, sondern viele Eltern doch noch sehr konventionelle Vorstellungen von gutem Unterricht und effektivem Lernen haben, muss zwingend daran gegangen werden, die Elternarbeit zu intensivieren und durch möglichst überzeugende Elternveranstaltungen dazu beizutragen, dass die Meinungsführer unter den Eltern nachhaltig sensibilisiert und für die anvisierte Unterrichtsreform gewonnen werden. Das aber ist erfahrungsgemäß nur sehr begrenzt durch Elterninformationen mittels Rundschreiben und/oder Elternbrief zu machen. Selbst wenn die betreffenden Eltern die eingehenden Informationsschreiben vielleicht noch lesen sollten, so werden sie sich in aller Regel doch ziemlich schwer damit tun, die angeführten Begründungen und Erläuterungen zum Sinn und Zweck der neuen Lern- und Trainingsformen wirklich zu verstehen und im Blick auf das eigene Kind konkret nachzuvollziehen, was dieses wohl davon haben wird. Von daher ist die Gefahr groß, dass es im Schulalltag zu unnötigen Missverständnissen und Vorbehalten kommt, die den innerschulischen Innovationsprozess unter Umständen erheblich beeinträchtigen können.

Dieser Gefahr ist am besten dadurch zu begegnen, dass für interessierte Eltern bzw. Elternvertreter ganz spezifische methodenzentrierte Veranstaltungen angeboten werden, in deren Rahmen nicht nur informiert, gefragt und diskutiert, sondern zudem Gelegenheit gegeben wird, in das eine oder andere richtungsweisende Lehr-/Lernarrangement der SchülerInnen auch mal konkret hineinzuschnuppern, um im praktischen Vollzug zu sehen, welche Chancen und Effekte sich damit für die betreffenden Lerner ergeben. Dieses »learning by doing« hat sich nicht nur in der Lehrerfortbildung, sondern auch in der Elternarbeit bewährt. Der nachfolgende Zeitungsbericht über einen ungewöhnlichen Elternabend in einem Landauer Gymnasium zum Thema »Teamentwicklung« bestätigt diese Einschätzung. Ähnliche Elternveranstaltungen hat es zwischenzeitlich in größerer Zahl gegeben, und zwar in den unterschiedlichsten Schularten – in Grund-, Haupt- und Realschulen genauso wie in Gymnasien und Berufskollegs. Die Erfahrungen waren durchweg positiv. Die versammelten Eltern brauchten zunächst zwar etwas Zeit, um sich auf die ungewohnte Sitzordnung und Arbeitsweise einzustellen, dann aber gingen sie durchweg mit viel Engagement und Gewinn daran, die eingesetzten Methoden zu erproben und auf ihre Lernrelevanz hin zu befragen.

Besonders intensiv verlief dieses methodenzentrierte »leraning by doing« der Eltern im Rahmen eines Elterntages, der am 20. Februar 1999 in der Gesamtschule Leverkusen-Schlebusch stattfand (vgl. das Programm in Abb. 31). Teilnehmer dieses Elterntages waren interessierte ElternvertreterInnen aus insgesamt 15 Leverkusener Schulen, die als so genannte Projektschulen am Modellversuch »Schule & Co« des nordrhein-westfälischen Bildungsministeriums und der Bertelsmann-Stiftung beteiligt sind. Im Zentrum dieses Modellversuchs steht das Klippert'sche Innovations- und Trainingsprogramm. An dem genannten Samstag kamen von 10.00 Uhr bis 16.00 Uhr rund 50 ElternvertreterInnen in der Aula der Gesamtschule Leverkusen-Schlebusch zusammen, um sich mit den Zielen und Methoden der Pädagogischen Schulentwicklung näher vertraut zu machen sowie gemeinsam abzuklären, ob und inwieweit die Elternschaft dieses Reformprogramm unterstützen kann und will. Über neue Methoden wurde hierbei nicht nur referiert und geredet, sondern sie wurden teilweise auch praktiziert. Das gilt sowohl für das mehrstufige Brainstorming in der Anfangsphase der Tagung als auch für die Schnupperphase zum Methodentraining am Nachmittag.

Jede Projektschule konnte drei Personen aus der Elternschaft entsenden, und alle Schulen bis auf eine schöpften dieses Kontingent auch voll aus. Referent, Moderator und Gesprächspartner war der Verfasser. Die Organisation der Veranstaltung lag ganz vorrangig in den Händen der Elternschaft – angefangen bei der Raumbeschaffung und -einrichtung bis hin zur Vorbereitung und Organisation der Verpflegung (Mittagessen plus 2× Kaffee und Kuchen). Vertreten waren auch verschiedene Journalisten der regionalen Presse. Das Fazit am Ende: »Eine geglückte Initiative«. In ei-

Veranstaltung für Elternvertreter

Für die Zukunft lernen
Neue Formen des Lehrens und Lernens in Schule und Betrieb

10.00 – 16.00 Uhr:

❐ Begrüßung / Erläuterungen zum Programm / Vorbemerkungen zum Reformprojekt »Schule & Co«

❐ Gezielter Erfahrungsaustausch: »Welche Qualifikationen brauchen Schulabsolventen heute und morgen?« (mehrstufiges Brainstorming)

❐ Vortrag: »Für die Zukunft lernen – Neue Wege zur Vermittlung zukunftsgerechter Schlüsselqualifikationen« (mit Aussprache)

――――― *Gemeinsames Mittagessen* ―――――

❐ Schnupperphase: Praktische Beispiele, wie mit Schülern das Lernen trainiert wird (mit ausgewählten Übungen)

❐ Tagesbilanz: Rückmeldungen und Anfragen zum vorgestellten Lehr-/Lernkonzept

Abb. 31 © Dr. H. Klippert

> **Eltern erleben hautnah die Arbeit in der Gruppe**
>
> Bericht in der Rheinpfalz vom 20.3.1999
>
> Ein klassischer Elternabend: Der Lehrer redet, die Eltern hören zu und stellen ab und zu eine Frage. Jürgen Burg und Uschi Hildebrand vom Eduard-Spranger-Gymnasium in Landau gehen neue Wege. Sie machen die Eltern mit Lernmethoden vertraut, indem sie diese mit ihnen erproben. Die Großen erfahren so am eigenen Leib, wie ihre Kinder vormittags lernen.
> Die 15 Mütter und Väter der Klasse 5e, die an diesem Abend gekommen sind, teilen sich in Gruppen. Damit Vertraute und Bekannte nicht nebeneinander sitzen und vielleicht private Schwätzchen halten, werden Spielkarten gezogen: Die gleichen Karten bilden die Fünfergruppen. Die Eltern erhalten als Aufgabe, den Bericht über eine unzulängliche Gruppenarbeit von Schülern zum Thema »Arbeitslosigkeit« eingehend zu analysieren, problematische Verhaltensweisen einzelner Gruppenmitglieder herauszuarbeiten sowie eine pointierte Kritik des Gruppengeschehens zu formulieren.
> Lediglich acht der beteiligten Mütter und Väter markieren mit Stiften wichtige Stellen farbig oder schreiben sich Bemerkungen an den Rand des Textes. Viele ihrer Töchter und Söhne sind in diesem Punkt schon sehr viel weiter, wie die zahlreichen Plakate eines dreitägigen Methodentrainings an den Wänden des Klassenraums bestätigen.
> Derweil beenden die Eltern ihre Stillarbeit. Die Gruppen tauschen sich aus. Ohne Leiter gehe es nicht, reißt gleich ein Mann das Wort an sich; in der Schülergruppe herrsche keine Ordnung, ergänzt ein anderer. Noch dominieren Einzelne das Gruppengespräch und bilden damit das ab, was im Text »Gruppenarbeit mit Mängeln« zu lesen war. Erst allmählich mischen sich auch andere Eltern ein.
> Eine Frau ergreift das Wort und bezweifelt, ob ein »Führer« notwendig ist, der den roten Faden der Gruppenarbeit in der Hand hält. Darauf wieder ein Vater: »Letztendlich muss einer sagen, wo's lang geht.« Nach und nach merken die Wortführer, dass sie zu keinem Gruppenergebnis kommen, wenn sie sich nicht stärker zurück halten und die anderen einbeziehen.
> Es dauert dennoch 40 Minuten, bis sich die Gruppen zusammengerauft haben und in der Lage sind, gemeinsame Regeln zu erarbeiten, die sie aus dem Text, aber auch aus dem eigenen stockenden Arbeitsverlauf gelernt haben: »Zielorientiert arbeiten – jeden zu Wort kommen lassen – einer hilft dem Anderen und macht Mut – andere Meinungen tolerieren und akzeptieren – zuhören und aufeinander eingehen – Ergebnisse ordnen und sichern …« Am Ende wird ein Gruppenmitglied ausgelost, welches das Plakat seiner Gruppe präsentiert und erläutert.
> Was halten die Eltern eigentlich von dieser etwas anderen Elternversammlung? »Ich bin begeistert und stehe hundertprozentig hinter dieser Methode«, meint eine Mutter. »Schließlich erlebe ich täglich in der BASF, wie wichtig die Arbeit in der Gruppe ist.« Das müsse man lernen, schon in der Schule.

ner Dokumentation der Veranstaltung heißt es dazu weiter: »Die Elternvertreter waren von dem Seminartag, seinen Inhalten, den Zielen der pädagogischen Schulentwicklung und dem methodenorientierten Vorgehen durchgängig begeistert. Die wichtigste Frage war, wann an ihrer Schule ein derartiges Konzept umgesetzt würde.« Dieses Stimmungsbild verdeutlicht, dass die Elternschaft für das hier in Rede stehende PSE-Programm sehr wohl zu gewinnen ist – vorausgesetzt, sie erhält eingehend Gelegenheit, sich mit dem Konzept und den Methoden dieses Programms möglichst konkret vertraut zu machen.

Zur positiven Resonanz der skizzierten Elternveranstaltung hat fraglos auch beigetragen, dass gleich 15 Elterndelegationen von verschiedenen Schulen zugegen waren und unverkennbar Zustimmung und Unterstützung gegenüber dem angelaufenen PSE-Programm signalisierten. Derartige schulübergreifende Veranstaltungen stärken sowohl die Position und Überzeugung der betreffenden Elternvertreter als auch die der ausführenden Lehrerteams an den einzelnen Schulen. Von daher empfiehlt es sich, im Interesse einer breiten Legitimation und Absicherung des hier in Rede stehenden Innovationsprozesses auf eine Vernetzung der diesbezüglich interessierten ElternvertreterInnen einer Region zu setzen und gelegentlich entsprechende schulübergreifende Elternveranstaltungen zu initiieren.

Bestätigt wird diese Option durch die ebenfalls recht positiven Erfahrungen, die kürzlich anlässlich einer entsprechenden Elternveranstaltung in der Region Landau gesammelt werden konnten. Anwesend waren bei dieser Veranstaltung Elterndelegationen vom Eduard-Spranger-Gymnasium in Landau, vom Max-Slevogt-Gymnasium in Landau, vom Trifels-Gymnasium in Annweiler sowie vom Kurfürst-Ruprecht-Gymnasium in Neustadt/Weinstraße. Insgesamt waren dies ca. 40 Personen, die sich von 19.00 Uhr bis 22.30 Uhr zusammenfanden, um den Sinn und Zweck Pädagogischer Schulentwicklung in Erfahrung zu bringen. Referent, Beispielgeber und Gesprächspartner war auch in diesem Fall der Verfasser. Alle vier Gymnasien arbeiten nämlich seit geraumer Zeit daran, das Klippert'sche PSE-Programm in ausgewählten Klassen und Jahrgangsstufen umzusetzen. Kein Wunder also, dass es viele Fragen gab. Gleichzeitig aber gab es auch ein deutliches Votum aller Elterndelegationen für eine forcierte Implementierung der neuen Lern- und Trainingsformen. Das war für die anwesenden Schulleitungsmitglieder der betreffenden vier Schulen fraglos ein wichtiges und ermutigendes Signal, auf dem eingeschlagenen Weg zügig fortzufahren.

Die skizzierte Elternarbeit besteht aber nicht nur aus schulinternen oder schulübergreifenden Basisveranstaltungen zum PSE-Programm, sondern auch und vor allem aus gezielten Elternabenden zum einen oder anderen methodischen Trainingsfeld, das im Unterricht zur Behandlung ansteht. Auch diese Elternabende sind durch punktuelles »learning by doing« gekennzeichnet. Steht beispielsweise die Intensivwoche zum Methodentraining an, so kann mit den betreffenden Eltern z.B. die Trainingssequenz »Klassenarbeiten vorbereiten« in methodisch anregender Weise durchgespielt werden. Oder geht es etwa um das Trainingsfeld Teamentwicklung im Klassenraum, dann kann zu dessen Begründung und Veranschaulichung u.a. ein betriebliches Vorstellungsgespräch simuliert und kommentiert werden. Der Vorteil dieses »learning by doing« ist, dass sich die versammelten Eltern dadurch vergleichsweise intensiv in die jeweilige Materie einarbeiten und als kompetente Unterstützer der betreffenden Trainingsprogramme qualifizieren können.

3. Teamorientierte Personalentwicklung

Der Erfolg Pädagogischer Schulentwicklung ist allerdings nicht nur von der engagierten Unterstützung durch Schulleitungsmitglieder und Eltern(-vertreter) abhängig, sondern auch und zugleich davon, dass bei der Lehrereinsatzplanaung und -qualifizierung konsequent auf Teambildung und Teamarbeit gesetzt wird. Denn funktionierende Teamstrukturen sind das A und O der Unterrichtsentwicklung. Von daher ist die Personalentwicklung in der jeweiligen Schule entsprechend auszurichten und den interessierten Lehrkräften möglichst großzügig Gelegenheit zu geben, in Teams zu arbeiten. Welche Fassetten der Team- und Personalentwicklung damit angesprochen sind, lässt sich aus Abbildung 32 ersehen. Das beginnt bei der gezielten Unterstützung interessierter Lehrkräfte bei der Teambildung auf Klassen- und Fachebene und reicht über die unterrichtliche Freistellung größerer oder kleinerer Teams für externe oder interne Fortbildungsseminare bis hin zur Ermöglichung von Teamklausurtagen und gelegentlichem Teamteaching in der Schule.

Zunächst zur *teamorientierten Lehrereinsatzplanung*: Damit ist gemeint, dass bei der Lehrerverteilung auf die einzelnen Klassen diejenigen Lehrkräfte mit Vorrang zugewiesen werden, die sich bereit erklärt haben, in der einen oder anderen Jahrgangsstufe 3er-Teams zu bilden und in ausgewählten Klassen die Kultivierung neuer Lernformen in die Hand zu nehmen. Diese Prioritätensetzung muss sowohl von der Schulleitung als auch vom Kollegium akzeptiert und mitgetragen werden. Zur Teambildung selbst: Die betreffenden Lehrerteams formieren sich auf Grund informeller Absprachen bis zu einem gewissen Stichtag (z.B. bis zum 15. Mai) und stellen sodann bei der Schulleitung einen Antrag auf einen konzertierten Einsatz in der einen oder anderen Jahrgangsstufe. »Konzertiert« heißt hierbei, dass das jeweilige 3er-Team pro Klasse mit einer wöchentlichen Gesamtstundenzahl von möglichst 15 Stunden plus x eingeplant sein möchte. Die Schulleitung prüft alsdann wohl wollend die Realisierbarkeit dieses Antrags und gibt etwa vier Wochen vor den Sommerferien Rückmeldung, ob der gewünschte Teameinsatz möglich sein wird. Danach haben die betreffenden 3er-Teams Gelegenheit, sich auf die nach den Sommerferien anlaufenden Trainingsmaßnahmen vorzubereiten und den korrespondierenden Elternabend abzusprechen. Diese Vorbereitungsarbeit kann u.a. im Rahmen der bereits erwähnten Teamklausurtage geleistet werden, auf die weiter unten noch näher eingegangen wird.

Selbstverständlich funktioniert diese teamorientierte Arbeitsweise nur, wenn das jeweilige Kollegium die entsprechenden Prioritätensetzungen akzeptiert und die SchulleiterInnen und Stundenplanverantwortlichen die nötigen Vorkehrungen für

Teambildung und Teampflege in der Schule

Teamorientierte Lehrereinsatzplanung
(Bildung spezifischer Klassen- bzw. 3er-Teams)

Teamorientierte Lehrerqualifizierung
(Freistellung der Teams für Fortbildungszwecke)

Teamklausurtage interessierter Lehrer
(Workshops zur gemeinsamen Unterrichtsvorbereitung)

Gelegentliches Teamteaching
(Erprobung ausgewählter Lehr-/Lernarrangements)

Abb. 32 © Dr. H. Klippert

einen konzertierten Team-Einsatz in der einen oder anderen Klasse treffen. Zwar wird sich realiter nicht jeder Team-Wunsch erfüllen lassen, da bei der Lehrereinsatzplanung nicht nur PSE-Gesichtspunkte, sondern auch eine Reihe anderer Restriktionen zu beachten sind. Gleichwohl lässt sich mit etwas gutem Willen durchaus sicherstellen, dass die innovations- und teaminteressierten Lehrkräfte größtenteils in arbeitsfähigen 3er-Teams unterkommen, um in diesem Rahmen mit hohem Stundendeputat methodische Pionier- und Erprobungsarbeit leisten zu können. Diese Option bedeutet freilich nicht, dass die betreffenden Lehrkräfte ihr gesamtes Stundendeputat auf irgendwelche Klassenteams verteilen können. In der Regel ist es vielmehr so, dass sie in vielleicht einer oder bestenfalls in zwei ausgewählten Klassen wunschgemäß eingesetzt werden, während sie mit ihren übrigen Stunden die bestehenden Bedarfslücken in irgendwelchen anderen Klassen abdecken. Diese Einschränkung ist insofern wichtig, als ansonsten der Eindruck entstehen könnte, die betreffenden PSE-Apologeten unterrichteten ausschließlich in einigen wenigen Wunschklassen. Denn das könnte beträchtlichen Ärger im Kollegium hervorrufen.

Zur teamorientierten Personalentwicklung trägt des Weiteren die bereits angesprochene *Teamfortbildung* bei (vgl. Kapitel III). Diese vermittelt nicht nur neue methodische Kompetenzen und Einsichten, sondern sie fördert auch und zugleich die Fähigkeit und Bereitschaft der betreffenden Lehrkräfte, im Team zu arbeiten und konstruktiv an möglichen Problemlösungen zu tüfteln. Ohne diesen Teamgeist lässt sich Pädagogische Schulentwicklung nur schwer bewerkstelligen. Deshalb ist es im Interesse eines erfolgreichen Innovationsprozesses zwingend erforderlich, gezielte Teamentwicklungsmaßnahmen im Kollegium vorzusehen und den interessierten Lehrkräften entsprechende »Lerninseln« zuzugestehen, die ihnen Gelegenheit geben, das nötige Rüstzeug für die schulinterne Kooperation zu erwerben. Die erwähnten Seminare zur Teamfortbildung leisten einen wichtigen Beitrag in dieser Hinsicht. Von daher müssen die interessierten Lehrkräfte dafür auch möglichst großzügig vom Unterricht freigestellt werden. Diese Einsicht muss sich bei vielen pädagogischen Führungskräften und Eltern erst noch durchsetzen. Andernfalls besteht die Gefahr, dass sich die innovationswilligen Lehrkräfte schon bald überlastet fühlen und die in Angriff genommene Innovationsarbeit wieder in Frage stellen. Innovationen brauchen eben Investitionen! Dieser simple Grundsatz gilt auch und nicht zuletzt für die Freistellung der engagierten Lehrkräfte für Zwecke der Teamfortbildung und der Teamarbeit in der Schule.

Zur besagten Teamentwicklung im Kollegium tragen weiterhin die in Abb. 32 angeführten *Teamklausurtage* bei. Diese können sich sowohl auf die Klassenteams als auch auf die Fachteams beziehen. Diese Teamklausurtage schulintern zu ermöglichen und so zu regeln, dass produktiv gearbeitet werden kann, ist ein wichtiger Beitrag zur innovationszentrierten Personalentwicklung. Lehrkräfte, die in einschlägigen Workshops gelernt haben, gemeinsam Unterrichtsvorbereitung zu betreiben und arbeitsteilig Materialien und sonstige Lehr-/Lernhilfen zu entwickeln, werden davon auch im Alltag profitieren können und viel eher bereit sein, bewährte methodische Ideen weiterzugeben und gemeinsam aufgebaute Materialbörsen zu nutzen, als dieses für die notorischen Einzelkämpfer in unseren Schulen gilt. Letztere tun sich erfahrungsgemäß schwer damit, persönliches Know-how weiterzugeben und mit anderen Lehrkräften selbstlos zu kooperieren. Von daher sind die besagten Teamklausurtage wichtige und hilfreiche »Lerninseln« für all diejenigen, die neue Wege des Lehrens und Lernens suchen und im Verbund mit anderen Lehrkräften gehen wollen. Das gilt für die erwähnten »produktiven Fachkonferenzen« genauso wie für die ein- bis zweitägigen Workshops der Klassenteams zur Vorbereitung der anstehenden Trainingswochen – vorausgesetzt, es wird themen- und methodenzentriert gearbeitet und auf eine produktive Gestaltung der Teamklausuren geachtet. Wichtig hierbei: Die Teamklausuren sollten sich über mindestens einen halben Tag erstrecken, damit sie wirklich produktiv werden können. Andernfalls besteht die Gefahr, dass sie ergebnis- und folgenlos bleiben – so wie das für viele Konferenzen im Schulalltag gilt. Wer dieser Krise der herkömmlichen Konferenzarbeit wirksam begegnen will, der kommt letztlich nicht umhin, verstärkt auf zeitintensive, produktive Teamarbeit im Sinne der angesprochenen Teamklausurtage zu setzen und dafür auch gelegentlich Unterrichtszeit zu »opfern«.

Eine andere Form der Teamarbeit, die ebenfalls als Lernfeld für innovationswillige Lehrkräfte zu sehen ist, ist das *Teamteaching* (vgl. Abb. 32). Gelegentliches Teamteaching kann dazu beitragen, dass die betreffenden Lehrkräfte zusammenwachsen und durch das gemeinsame Erleben und Gestalten von Unterricht ein Mehr an Zielstrebigkeit, Sicherheit und Teamgeist entwickeln. So gesehen ist Teamteaching ein Element der Personalentwicklung. Denn Personen, die sich entwickeln und neue Wege des Lehrens und Lernens kultivieren wollen, brauchen Anstöße von außen. Sie brauchen Mitstreiter, die am gleichen Strang ziehen und als verständnisvolle Gesprächspartner und Ideenlieferanten bereitstehen. Zwar ist es im schulischen Alltag nur sehr begrenzt möglich, zu zweit oder gar zu dritt zu unterrichten und gemeinsam geplante Lernarrangements zu erproben; aber wo ein Wille ist, da lässt sich unter Umständen auch ein Weg finden. Sei es, dass die eine oder andere Freistunde bzw. Springstunde genutzt wird, um einen gemeinsamen Unterrichtsversuch zu starten, sei es, dass von der Schulorganisation her gelegentlich Doppelbesetzungen für Förderstunden oder spezielle Differenzierungsphasen vorgesehen werden oder sei es auch, dass für bestimmte Gemeinschaftsaktionen wie die Durchführung einer Trainingswoche in begrenztem Umfang Vertretungsunterricht organisiert wird. Natürlich müssen hierbei Schulleitung und Eltern mitspielen und den partiellen Unterrichtsausfall im Interesse einer effektiven Weiterentwicklung des schulischen Lehrens und Lernens tolerieren und akzeptieren. Und selbstverständlich muss auch die Stimmungslage im Kollegium so sein, dass die betreffenden Teammitglieder grünes Licht für ihr Teamteaching-Anliegen bekommen.

Lohnend ist das besagte Teamteaching allemal. Das zumindest ergibt sich aus den Rückmeldungen verschiedener Klassenteams, die in zurückliegenden Trainingswochen gezieltes Teamteaching versucht haben. »Endlich hatten wir mal Zeit«, so das Fazit eines Beteiligten, »die Praktikabilität und Ergiebigkeit der eingesetzten Methoden eingehender zu studieren, einzelne SchülerInnen genauer zu beobachten und einzuschätzen, auftretende Probleme bewusster wahrzunehmen, während des Unterrichts das Gespräch mit einzelnen Schülern und Schülergruppen zu suchen sowie am Ende oder während der jeweiligen Stunde mit den Teammitgliedern gemeinsam zu reflektieren, was gut gelaufen ist und was beim nächsten Mal anders angegangen werden muss.« Diese Bilanz macht beispielhaft deutlich, dass schulinterne Regelungen wie Teamteaching, Teamhospitationen und gezielte Teamarbeit auf Klassen- wie auf Fachebene ein nicht zu unterschätzendes Lernfeld für die beteiligten Lehrkräfte eröffnen – ein Lernfeld, das nicht nur den Teamgeist im Kollegium fördert, sondern auch und zugleich Unterstützung und Verstärkung für all jene Lehrkräfte gewährleistet, die mit den neuen Lern- und Trainingsformen noch nicht hinreichend vertraut sind. So gesehen tragen die skizzierten Formen der Teambildung und der Teamarbeit ganz sicher zur Personalentwicklung im besten Sinne des Wortes bei. Nur müssen Schulaufsicht, Schulleitung, Eltern und Kollegium dahinter stehen und möglichst engagiert dafür eintreten, dass die interessierten Lehrkräfte entsprechenden Raum zum konzertierten Planen, Vorbereiten, Erproben und Reflektieren neuer Lehr- und Lernformen bekommen. Dann wird der hier in Rede stehende Innovationsprozess nur davon profitieren können.

4. Veränderte Stunden- und Stoffpläne

Zu den Rahmenbedingungen eines Erfolg versprechenden Innovationsprozesses gehören darüber hinaus angemessene Stunden- und Stoffpläne, die die Implementierung der neuen Methoden begünstigen. Ganz gleich, ob Eigenverantwortliches Arbeiten und Lernen im Fachunterricht ansteht oder ob Methodentraining, Kommunikationstraining oder Teamentwicklung im Klassenraum angesagt sind, stets bedarf es dazu veränderter organisatorischer Rahmenbedingungen und inhaltlicher Setzungen. Das beginnt bei vermehrten Doppelstunden und modifizierten Lehrplänen und reicht über anschlussfähige Unterrichtsstunden der Teammitglieder bis hin zu spezifischen Blocktagen und Blockwochen zur intensiven Methoden-, Kommunikations- und Teamschulung. Die herkömmlichen Gepflogenheiten der FachlehrerInnen wie der Stundenplangestalter lassen sich also nicht länger unverändert aufrechterhalten, sondern bedürfen einer kritischen Prüfung und einer gewissen Neuorientierung. Wie diese Neuorientierung aussehen kann, wird in diesem Abschnitt umrissen.

Zunächst zur *Stundentafel*: Traditionell orientiert sich die Stundenplangestaltung am Leitbild des darbietenden Unterrichts sowie am Grundsatz der Einzelstunde. Der übliche Zeittakt, der den alltäglichen Unterricht kennzeichnet, ist der 45-Minuten-Takt. Nach 45 Minuten wechseln in der Regel nicht nur die LehrerInnen, sondern mit ihnen auch die Fächer und Themen. Dieses rasche Wechselspiel ist für Grundschüler vielleicht noch angezeigt, für die SchülerInnen der Sekundarstufen I und II dagegen ist es außerordentlich fragwürdig und führt beinahe zwangsläufig zu einem relativ antiquierten Unterricht mit wenig Tiefgang und noch weniger forschendem und entdeckendem Lernen der SchülerInnen. Wer dieser Verkürzung und Verflachung des Lernens entgegenwirken und den Schülerinnen vermehrt Raum zum anspruchsvollen eigenverantwortlichen Arbeiten und Lernen geben möchte, der kommt kaum umhin, den 45-Minuten-Takt aufzubrechen und verstärkt auf Doppelstunden und größere Stundenblöcke zu setzen. Wohlgemerkt, die Einzelstunde fällt damit nicht völlig weg, wohl aber wird sie nachdrücklich ergänzt durch längere Lernstrecken, die den SchülerInnen Raum zur intensiveren Auseinandersetzung mit vergleichsweise komplexen Aufgaben und Problemstellungen geben. Die alarmierenden Ergebnisse der TIMSS-Studien sprechen eindeutig für diese Akzentverschiebung.

Am einfachsten ist die Platzierung von Doppelstunden natürlich in solchen Fächern, in denen mindestens drei Wochenstunden vorgesehen sind. Dann nämlich können Doppelstunde(n) und Einzelstunde(n) problemlos verknüpft werden. Eine derartige Regelung ist in den meisten Kollegien auch durchaus konsensfähig.

Schwieriger wird es hingegen bei Ein- oder Zwei-Stunden-Fächern. Da wird dann immer wieder argumentiert, dass die SchülerInnen im Falle von Doppelstunden zu selten das jeweilige Fach hätten. Das stimmt zwar, aber letztlich kann es ja nicht darum gehen, ein Fach nur wiederholt zu streifen, sondern Ziel muss es sein, die SchülerInnen im betreffenden Fach möglichst tief schürfende Einblicke und Erkenntnisse gewinnen sowie grundlegende Arbeits-, Kommunikations- und Kooperationstechniken einüben zu lassen. Dieses erweiterte Verständnis von Kompetenzvermittlung spricht fraglos für mehr Doppelstunden – selbst in einem Ein-Stunden-Fach. Da ist es vielfach besser, ein halbes Jahr lang eine Doppelstunde kompakt zu unterrichten und dabei auf motivierende handlungsorientierte Methoden abzustellen, als jede Woche einmal für 45 Minuten einen lehrerzentrierten Streifzug durch ein bestimmtes Stoffgebiet zu veranstalten. Diese Option gilt insbesondere für die höheren Klassen der Sekundarschulen.

Ein anderer Weg zur Überwindung des 45-Minuten-Takts ist der, dass eine Lehrkraft nicht nur ein Fach, sondern besser gleich zwei oder mehr Fächer in einer Klasse unterrichtet, die zeitlich so liegen sollten, dass die zur Verfügung stehenden Wochenstunden bei Bedarf zu Doppelstunden oder größeren Stundenkontingenten verknüpft werden können. Wenn die Stundenplanverantwortlichen und die Lehrkräfte des jeweiligen Kollegiums mitspielen, ist diese gelegentliche Einrichtung anschlussfähiger Unterrichtsstunden in der Regel kein Problem. Der Vorteil dieser Regelung ist sogar ein doppelter: Zum einen kann die je verantwortliche Lehrkraft stärker auf Doppelstunden zurückgreifen, zum anderen kann sie die betreffenden Fächer periodisch so unterrichten, dass die SchülerInnen über mehrere Stunden hinweg am gleichen Thema bleiben können. So gesehen kann intensiver gelernt und mit mehr Kontinuität gearbeitet werden. SchülerInnen und LehrerInnen tut diese Kumulierung und Verzahnung unterschiedlicher Fachstunden erfahrungsgemäß nur gut, da auf diese Weise die Möglichkeit besteht, länger bei einem Thema zu verweilen und eine bestimmte Aufgabenstellung differenzierter und nachhaltiger zu beleuchten.

Eine dritte Möglichkeit zur Sicherstellung größerer Lerninseln für die SchülerInnen ist der Methodentag. Kennzeichend für derartige Methodentage ist, dass bestimmte Lern- und/oder Trainingsmethoden über einen ganzen Vormittag hinweg im Zentrum der Unterrichtsarbeit stehen und von den SchülerInnen relativ intensiv praktiziert werden können. Bei diesem methodenzentrierten Arbeiten kann es zum einen um komplexere EVA-Arrangements wie z.B. Planspiele, Hearings oder Projekte gehen, zum anderen um ausgewählte Übungen und Übungsfolgen zur gezielten Pflege und Festigung elementarer Arbeitstechniken, Kommunikationstechniken und/oder Kooperationstechniken. Blocktage dieser Art können von vornherein in die Stundentafel eingeplant werden und dienen dazu, bestimmte Methodenbereiche intensiver zu thematisieren und den SchülerInnen Gelegenheit zu geben, bestehende methodische Unsicherheiten bzw. Defizite zu überwinden sowie die eigene Routinebildung in methodischer Hinsicht weiter voranzutreiben. Zuständig für die Vorbereitung und Moderation dieser Methodentage sind in aller Regel die erwähnten Klassenteams (3er-Teams). Sie entscheiden rechtzeitig vor dem jeweiligen Methodentag, welche Lerninsel für die SchülerInnen eröffnet werden soll und welche methodischen Skills zur Pflege anstehen. Diese letztgenannte Methodenpflege kann z.B. das Vorbereiten von Klassenarbeiten, das Erstellen und Präsentieren von Visualisierungsprodukten, das Durchführen einer regelgebundenen Gruppenarbeit oder das Einüben freier Vorträge betreffen. Die Anzahl der jährlich eingeplanten Methodentage kann unterschiedlich geregelt werden, je nachdem, welche Freiheitsgrade in der jeweiligen Schule vorhanden sind und welche Prioritäten gesetzt werden. Eingespielt hat sich in einigen Versuchsschulen die Anzahl von zwei Methodentagen pro Jahr.

Noch wesentlich intensiver und ergiebiger als diese Methodentage sind die an anderer Stelle bereits erwähnten Trainingswochen (vgl. Kapitel II, Abschnitt 3). Diese Trainingswochen dienen der systematischen Methodenschulung mit unterschiedlichen Schwerpunkten: Das beginnt beim Einüben elementarer Lern- und Arbeitstechniken und reicht über das Trainingsfeld »Kommunikationstraining mit Schülern« bis hin zur systematischen Teamentwicklung im Klassenraum. Wie derartige Trainingswochen ablaufen können und welche Trainingsschwerpunkte und -folgen sich an den einzelnen Wochentagen bewährt haben, wird im nächsten Kapitel näher skizziert. Das in Abbildung 33 dokumentierte Programm gibt einen groben Überblick über die Trainingswoche »Teamentwicklung im Klassenraum« sowie darüber, wie die SchülerInnen schrittweise für die Belange konstruktiver, regelgebundener Gruppenarbeit (= Teamarbeit) sensibilisiert und qualifiziert werden können. Die einzelnen Übungen, die an den betreffenden Wochentagen durchgespielt werden, lassen sich im Detail aus dem entsprechenden Trainingshandbuch des Verfassers ersehen (vgl. Klippert 1998).

Die skizzierte Blockwoche kann selbstverständlich auch so modifiziert werden, dass das Training z.B. am Mittwoch oder am Donnerstag beginnt und bis zum Dienstag bzw. Mittwoch der nächsten Woche dauert. Der Vorteil dieser Variante ist, dass sich die SchülerInnen am zwischengeschalteten Wochenende von den Strapazen der ersten Trainingstage »erholen« und am nächsten Montag wieder mit neuem Elan weitermachen können. Gerade für die 5. Klassen hat sich diese Variante als günstig erwiesen, da die konsequente Trainingsarbeit über täglich sechs Stunden doch recht anstrengend ist, da sich die SchülerInnen eigentlich an keiner Stelle aus dem Arbeitsprozess ausklinken und ungestört ausruhen können – eine Möglichkeit, die sie im stärker lehrerzentrierten Unterricht viel eher haben. Ganz gleich jedoch, welche Organisationsform gewählt wird: Auf jeden Fall muss die Stundentafel geändert und methodenzentrierter Blockunterricht über mehrere Tage hinweg ermöglicht und organisiert werden. Und dazu bedarf es sowohl der Unterstützung durch Schulleitung, Kollegium und Eltern als auch der Bereitstellung einschlägiger Ressourcen für die verantwortlichen Lehrkräfte (Arbeitsmittel, partielle Unterrichtsbefreiung für die Trainingsmoderation etc.). Wenn diese Rahmenbedingungen nicht gesichert sind, ist die konsequente Umsetzung der hier in Rede stehenden Trainingsprogramme nicht nur schwierig, sie ist vielerorts auch in Frage gestellt.

Letzteres gilt im Übrigen nicht minder, wenn die tradierten *Stoffpläne* für die einzelnen Jahrgangsstufen unverändert gelassen werden. Denn eine Forcierung der neu-

Beispiel für eine Trainingswoche

(Thema: »Teamentwicklung im Klassenraum«)

1. Tag

Gruppenarbeit im Schulalltag
– mehrstufiger Erfahrungsaustausch –

2. Tag

Warum Gruppenarbeit wichtig ist …
– gezielte Übungen und Klärungen –

3. Tag

Alltägliche Gruppenprozesse reflektieren
– gezielte Übungen und Klärungen –

4. Tag

Regeln für gute Gruppenarbeit entwickeln
– gezielte Übungen und Klärungen –

5. Tag

Vereinbarte Regeln festigen und anwenden
– gezielte Übungen und Klärungen –

Abb. 33 © Dr. H. Klippert

en Lern- und Trainingsmethoden verlangt zwingend, dass die etablierten Stoffvorgaben überdacht und die üblichen Stoffpensen vorübergehend zurückgenommen werden, um mehr Zeit für methodenzentrierte Übungen und Klärungen im Unterricht zur Verfügung zu haben. Denn wenn ein Lehrerteam in seiner jeweiligen Klasse die eine oder andere Trainingswoche vorsieht, ferner gelegentliche Blocktage einplant, um bestehende Unzulänglichkeiten im methodischen Bereich gezielt nachzubessern, und darüber hinaus auch noch den Anspruch hat, im normalen Fachunterricht verstärkt auf Methoden-, Kommunikations- und Teampflege zu achten, dann werden sich die betreffenden Teammitglieder zwangsläufig schwer damit tun, die gleichen Stoffpensen durchzunehmen wie ihre lehrerzentriert unterrichtenden Kolleginnen und Kollegen in irgendwelchen Parallelklassen. Von daher besteht die Gefahr, dass es zu einer unheilvollen Konkurrenz zwischen den Methoden- und den Stoffbefürwortern kommt. Wenn dieser »ruinöse Wettbewerb« verhindert werden soll, dann müssen zumindest für die Anfangsklassen spezifische Stoffverteilungspläne entwickelt und zwischen den betroffenen FachlehrerInnen möglichst einvernehmlich vereinbart werden, die der ins Auge gefassten Methodenschulung genügend Raum geben und das jeweilige Stoffpensum entsprechend zurücknehmen. Schulleitung, Eltern und Schulaufsicht müssen auch hier dahinter stehen und entsprechende Regelungen unterstützen.

Längerfristig sieht die Lernerfolgsbilanz ohnehin günstig aus. Das zumindest zeigen die zurückliegenden Erfahrungen, die in diversen Versuchsschulen in München, Rheinland-Pfalz und Nordrhein-Westfalen gesammelt werden konnten. Entscheidend für den Lernerfolg der SchülerInnen ist nämlich nicht, wie viel Stoff im Unterricht durchgenommen wird, sondern welche fachspezifischen Kenntnisse, Erkenntnisse und Fähigkeiten bei den SchülerInnen längerfristig tatsächlich übrig bleiben. Und in dieser Hinsicht kann das hier propagierte Lehr-/Lernkonzept allemal mit den konventionellen Lehrmethoden mithalten. Zum einen deshalb, weil der von den SchülerInnen im EVA-Stil erarbeitete Lernstoff vergleichsweise nachhaltig begriffen und behalten wird, da dieses »learning by doing« verschiedene Sinne anspricht und deshalb zu recht vielseitigen Vernetzungs- und Verankerungseffekten im Gedächtnis führt. Ein zweiter Grund für die ausgeprägte Lernwirksamkeit des hier vertretenen Konzepts liegt darin, dass die angesprochenen Arbeits- und Trainingsformen auch und zugleich zu einer nachhaltigen Steigerung der Methoden-, der Kommunikations- und der Teamkompetenz der SchülerInnen beitragen. Diese letztgenannten Kompetenzen lassen sich mit den tradierten Lehrverfahren per se kaum vermitteln, da die SchülerInnen unter diesen Umständen nur selten Gelegenheit zum Eigenverantwortlichen Arbeiten, zum freien Sprechen, Argumentieren und Vortragen sowie zum regelgebundenen Arbeiten im Team erhalten. Methodenpflege, Kommunikationspflege und Teampflege sind nachweislich die Ausnahmen im konventionellen Unterricht und keinesfalls die Regel. So gesehen spricht vieles dafür, in den Anfangsklassen massiv in die Grundlegung der angedeuteten »Schlüsselqualifikationen« zu investieren und zu diesem Zweck die im Lehrplan angeführten Themen und Stoffe teils zu verschieben, teils knapper zu behandeln oder teilweise auch ganz wegzulassen. Erfahrungsgemäß lassen sich die zurückgestellten Themen und Stoffe innerhalb eines Zeitraums von ca. drei Jahren recht fundiert nachholen, da infolge der konsequenten Methoden-, Kommunikations- und Teamschulung auf Schülerseite ein beträchtlicher Zuwachs an Zielstrebigkeit, Arbeitsdisziplin, Methodenbeherrschung und kognitiver Verarbeitung und Vernetzung erreicht wird. Hinzu kommen – wie erwähnt – ausgesprochen positive Effekte in den Kompetenzbereichen Kommunikation, Kooperation, Problemlösungsfähigkeit und Selbstmanagement.

5. Innovationsfördernde Klassenraumgestaltung

Zu einer erfolgreichen Unterrichtsreform gehört nicht zuletzt eine innovationsfördernde Lernumgebung. Das beginnt bei der Sitzordnung und reicht über die inspirierende Gestaltung des Klassenraumes bis hin zur Bereitstellung von Regalen und Schränken zur Aufbewahrung der gängigen Arbeitsmittel und -materialien. Auch diesbezüglich müssen die Verantwortlichen in der jeweiligen Schule gewisse Vorkehrungen treffen, damit die ins Auge gefassten neuen Lern- und Trainingsmethoden angemessen realisiert werden können. Wenn beispielsweise Nachschlagewerke wie Lexika oder Wörterbücher fehlen, wie sollen dann die SchülerInnen ans konsequente Nachschlagen von Informationen herangeführt und zur raschen Informationsbeschaffung befähigt werden. Oder wenn es an Präsentationsflächen und Visualisierungsmaterialien fehlt, wie sollen die SchülerInnen dann das Strukturieren, Visualisieren und Präsentieren einschlägiger Informationen lernen? Oder wenn die SchülerInnen im Unterricht so sitzen, dass sie zwar den Lehrer, nicht aber die MitschülerInnen sehen, wie sollen sie dann in Gesprächssituationen lernen, aufeinander einzugehen und einander anzuschauen. Diese wenigen Beispiele zeigen, dass der Aufbau der ins Auge gefassten neuen Lernkultur gewisser Rahmenbedingungen in der Klasse bedarf, deren Sicherstellung gar nicht viel Geld kosten muss, die aber vielerorts erst noch geschaffen werden müssen. Einige Anhaltspunkte dazu liefert Abbildung 34.

Zunächst zur Sitzordnung: Eines der Hauptprobleme bei der Implementierung neuer Lernformen ist die lehrerzentrierte Sitzordnung, die in den meisten Klassenzimmern nach wie vor dominiert. Diese Sitzordnung behindert nicht nur die Schüler-Schüler-Kommunikation; sie erschwert auch ungemein die Durchführung von Gruppenunterricht. Denn eine gedeihliche Zusammenarbeit in Gruppen ist letztlich nur möglich, wenn Tische und Stühle zu Beginn der jeweilige Stunde so umgeräumt werden, dass aus der bestehenden Frontalsitzordnung eine passable Gruppensitzordnung wird. Wenn aber diese Umräumerei am Ende der Stunde wieder in die andere Richtung erfolgen muss, weil die nachfolgenden Lehrkräfte die alte Ordnung wieder hergestellt sehen möchten, dann wird das Interesse der betreffenden LehrerInnen an Gruppenarbeit verständlicherweise schnell erlahmen.

Da Gruppenarbeit andererseits aber eine wichtige Sozialform zur Vermittlung von Teamfähigkeit sowie zur Sicherstellung eines anspruchsvollen EVA-Unterrichts ist, muss dieser lähmenden und nervenden Prozedur des »Möbelrückens« ein einfacheres Verfahren entgegengesetzt werden, das ein möglichst flexibles Wechselspiel von Gruppenunerricht und Frontalunterricht gewährleistet. Mit anderen Worten:

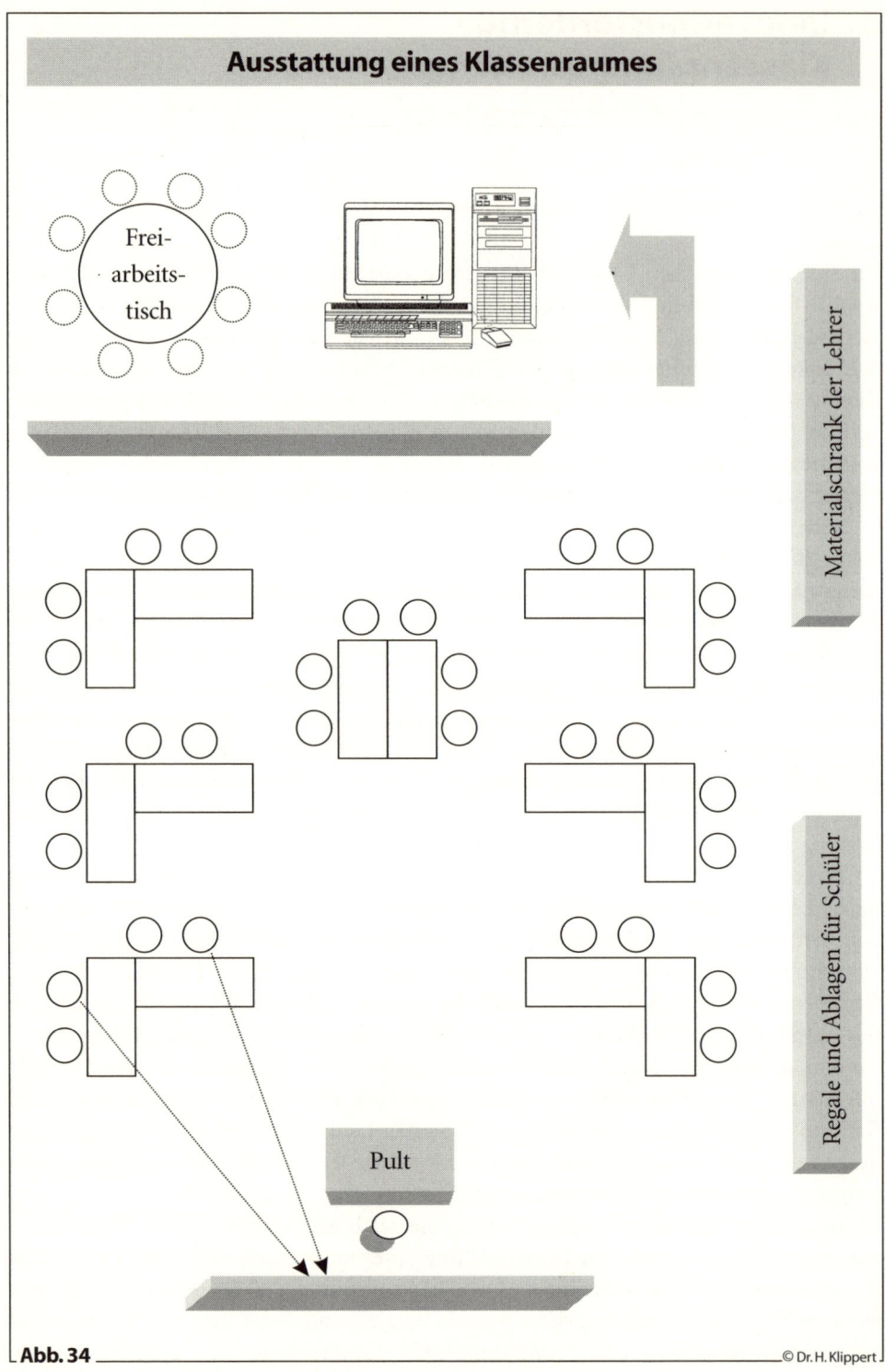

Abb. 34

Nötig ist eine Sitzordnung, die ohne größere Möbelschieberei sowohl den am Frontalunterricht festhaltenden Lehrkräften als auch den auf Gruppenunterricht setzenden LehrerInnen gerecht wird. Denn eine exklusive Gruppensitzordnung, die einem Großteil der SchülerInnen den Blick zum Lehrer und zur Tafel verstellt, ist ebenso fragwürdig wie eine ausschließliche Frontalsitzordnung. Faktisch nämlich wechseln sich im alltäglichen Unterrichtsbetrieb Gruppenarbeits- und Frontalphasen relativ rasch ab und müssen deshalb möglichst gut kompatibel sein. Wie eine derartige Kompromiss-Sitzordnung aussehen kann, lässt sich aus Abbildung 34 ersehen. Die wichtigsten Vorzüge dieser Sitzordnung lassen sich wie folgt zusammenfassen:

- Die skizzierte Winkel-Sitzordnung ist flexibel und leicht zu arrangieren. Die Tische stehen über Eck, haben eine klare Anordnung und sind in den gängigen Klassenräumen in aller Regel gut zu stellen. Ferner ist es im Falle einer längeren Gruppenarbeitsphase rasch und geräuschlos möglich, durch 90/-Drehung eines Tisches eine richtige »Gruppenplattform« herzurichten, die sich genauso problemlos wieder rückgängig machen lässt.
- Die besagte Sitzordnung gewährt Blickkontakt zur Lehrerzone hin. Die Sitzpositionen der SchülerInnen sind so, dass sie im Fall eines lehrerzentrierten Einschubs oder einer im Tafelbereich erfolgenden Präsentation einzelner MitschülerInnen guten Blickkontakt nach vorne haben, ohne dass Möbelrücken erforderlich ist. Die an den Außenwänden sitzenden SchülerInnen müssen sich zwar seitlich etwas drehen, was ergonomisch gewiss nicht günstig ist, aber durch den gelegentlichen Wechsel der Sitzplätze kann diese einseitige Beanspruchung abgemindert werden.
- Die SchülerInnen sitzen hinreichend dicht beieinander, um sich gut sehen und auch gut hören zu können – vorausgesetzt, der Arbeitslärm in der Klasse hält sich im Rahmen. Der Abstand zu den Nachbargruppen ist zwar nicht groß, aber die SchülerInnen sind erfahrungsgemäß daran gewöhnt, mit Nebengeräuschen zu leben und selektiv zuzuhören.
- Die skizzierte Sitzordnung begünstigt das rasche Stellen eines Stuhlkreises: Mit ein wenig Übung und logistischer Planung ist es leicht möglich, eine größere Innenzone freizuräumen und einen Stuhlkreis oder einen Doppelkreis für spezifische Gesprächsanlässe zu stellen. Dazu werden alle Tische von den jeweiligen Tischpartnern an die nächstgelegene Außenwand geräumt und nötigenfalls in zwei Etagen gestapelt. Mit entsprechender Übung und Routine ist diese Umräumaktion in 20–30 Sekunden ziemlich geräuschlos zu bewerkstelligen, sodass mit geringem Aufwand eine günstige Kommunikationssituation hergestellt werden kann.

Dieses Beispiel der Sitzordnung zeigt, mit welch einfachen Mitteln sich die Rahmenbedingungen in einem Klassenraum innovationsfördernd verändern lassen. Die breite Resonanz und Akzeptanz, die diese Winkel-Sitzordnung zwischenzeitlich in verschiedenen Versuchsschulen gefunden hat, ist ein Indiz dafür, dass pragmatische Lösungen dieser Art nicht nur gewünscht, sondern von vielen Lehrkräften auch geschätzt werden – zumal dann, wenn sie wirksam sind und von den SchülerInnen angenommen werden. Zumindest hat sich bei der Realisierung dieser Sitzordnung in den betreffenden Kollegien ziemlich durchgängig gezeigt, dass die alten Fronten zwischen Gruppenarbeitsgegnern und Gruppenarbeitsbefürwortern relativ rasch und wirkungsvoll aufgelöst werden konnten.

Die Sicherstellung innovationsfördernder Rahmenbedingungen betrifft aber nicht nur die Sitzordnung, sondern auch und zugleich die Ausstattung des jeweiligen Klassenraums mit diversen Arbeitsmitteln und Präsentationshilfen. Das beginnt bei den erwähnten Regalen, Schränken und Verbrauchsmaterialien (Plakate, Stifte, Folien, Scheren, Visualisierungskarten, Klebeband etc.) und reicht über geeignete Pinwände und/oder strapazierfähige Wandflächen zur Präsentation der erstellten Lernprodukte bis hin zum Computer oder etwas abseits liegenden Sonderarbeitsplätzen für Freiarbeits- bzw. Differenzierungsphasen (vgl. Abb. 34). So schlicht und selbstverständlich diese Ausstattungskomponenten auch sein mögen, sie gehören in den meisten Schulen bislang keinesfalls zum Standard.

Die bestehenden »Versorgungslücken« mögen bei Computern und anderen kostspieligen technischen Geräten noch nachvollziehbar sein, da die finanziellen Spielräume der meisten Schulträger sehr begrenzt sind. Auch die Einrichtung separater Freiarbeitszonen stellt in den meisten Schulen angesichts großer Klassenstärken und vergleichsweise kleiner Unterrichtsräume ein nahezu unüberwindbares Problem dar. Aber an einfachen Arbeitsmitteln und gängigen Verbrauchsmaterialien muss es wahrlich nicht mangeln. Egal, ob es sich nun um Kopierkontingente, um Verbrauchsmaterialien, um einfache Regale und Ablagesysteme, um Schränke zur Aufbewahrung wichtiger Arbeitsmittel oder um mobile Pinwände bzw. andere geeignete Präsentationsflächen im Klassenraum handelt – das alles kann auch in Zeiten knapper Finanzmittel einigermaßen sichergestellt werden. Es muss nur der nötige Wille da sein. Und es müssen entsprechende Prioritäten gesetzt und/oder Finanzierungswege gesucht werden, damit die angeführten Ressourcen zur Verfügung stehen. Letzteres beginnt bei der Mittelzuweisung der Schulträger und reicht über Elternumlagen und andere schulinterne Geldbeschaffungsmaßnahmen bis hin zur Suche nach geeigneten Sponsoren im wirtschaftlichen Umfeld der jeweiligen Schule.

Fest steht auf jeden Fall: Wenn die anvisierte neue Lernkultur tatsächlich Platz greifen und das eigenverantwortliche, methodenzentrierte Lernen nachhaltig intensiviert werden soll, dann muss in den betreffenden Klassen auch eine entsprechende Lernumgebung geschaffen werden. Dazu zählt die ansprechende Gestaltung des Klassenraumes genauso wie die Ausstellung und Würdigung der von den SchülerInnen erstellten Lernprodukte. Ohne spürbare Bestätigung und Verstärkung stellt sich auf Schülerseite in aller Regel weder die nötige Motivation noch der angestrebte Lernerfolg ein. Effektives Lernen braucht ein inspirierendes Lernumfeld. Dazu tragen Pinflächen, Blumenstöcke, Regale, Nachschlagewerke, Ablagekästen, ansprechende Arbeitsmittel und anregend gestaltete Außenwände ebenso bei wie die in Abbildung 34 angedeuteten seperaten Sitzecken oder die flexibel zu nutzenden Computerarbeitsplätze.

Zwar gebietet es der pädagogische Realismus, diesbezüglich nicht zu viel zu erwarten, da die Ausstattung der meisten Schulen in den letzten Jahren eher schlechter als besser geworden ist. Dennoch: Was nicht ist, kann ja noch werden. Wenn das deutsche Bildungswesen den Herausforderungen der modernen Wissens- bzw. Informationsgesellschaft gewachsen sein soll, dann geht das auf jeden Fall nicht ohne zusätzliche finanzielle Anstrengungen und Aufwendungen der Bildungsträger. Das ist auch der Tenor in der Rede des Bundespräsidenten anlässlich des Deutschen Bildungskongresses am 13. April 1999 in Bonn. Wenn Altbundespräsident Roman Herzog in dieser Rede die Forderung erhob, Computer gehörten in jedes Klassenzimmer, weil der Umgang mit Computern mittlerweile wie Lesen und Schreiben zu den selbstverständlichen Kulturtechniken gehöre, dann hat er damit nicht nur Recht; er setzt damit auch das deutliche Signal, dass zu einer wirksamen Bildungsreform nicht nur kluge Erklärungen, sondern auch handfeste Investitionen gehören – Investitionen, die dazu beitragen, die Rahmenbedingungen des schulischen Arbeitens so zu verändern und zu verbessern, dass die tradierte Lehr-/Lernkultur zeitgemäß weiterentwickelt und erneuert werden kann. Denn eine Schul- und Unterrichtsentwicklung, die ohne zusätzliche finanzielle Ressourcen auskommen muss, wird es schwer haben, erfolgreich zu sein.

6. Veränderte Leistungsmessung und -beurteilung

Zu den veränderten Rahmenbedingungen, die mit der Umsetzung der neuen Lern- und Trainingsformen einhergehen müssen, gehört auch und nicht zuletzt die Revision der Leistungsmessung und -beurteilung. Wenn von den SchülerInnen verstärkt Methoden-, Kommunikations- und Teamkompetenz eingefordert und entsprechende Fähigkeiten und Fertigkeiten vermittelt werden, dann kann die Leistungsmessung nicht länger auf schriftliche Überprüfungen und punktuelle Abfragen im kognitiven Bereich reduziert werden. Diese tradierte Verengung des Lern- und Leistungsbegriffs ist vor dem Hintergrund der aktuellen Diskussion über zukunftsgerechte Schlüsselqualifikationen längst obsolet geworden. Nötig ist stattdessen eine nachdrückliche Erweiterung des Diagnoseverfahrens sowie eine entsprechende Veränderung des konkreten Instrumentariums, mit dem die fachlichen und überfachlichen Leistungen der SchülerInnen erfasst und beurteilt werden. Ist z.B. Methodenlernen angesagt, dann muss auch ein Instrumentarium da sein, das auf verlässliche Weise Auskunft darüber gibt, inwieweit die betreffenden Schüler die eingeübten Lern- und Arbeitstechniken beherrschen. Steht dagegen Kommunikationstraining auf dem Programm, dann müssen die SchülerInnen auch Gelegenheit erhalten, ihre kommunikativen Fähigkeiten und Fertigkeiten nachzuweisen und im Falle überzeugender Leistungen eine entsprechend gute Note zu erhalten. Gleiches gilt für das dritte zentrale Methodenfeld: die Teamentwicklung im Klassenraum. Nähere Hinweise zur Erfassung und Beurteilung der korrespondierenden Schülerleistungen lassen sich den einzelnen Trainingshandbüchern des Verfassers entnehmen (vgl. Klippert 1994, 1995, 1998). Wie beispielsweise die Teamfähigkeit der SchülerInnen im Schulalltag erfasst werden kann, zeigt überblickshaft Abbildung 35. Dazu einige knappe Erläuterungen:

Grundsätzlich gilt für jede Art der Leistungsbeurteilung, dass klare Kriterien da sein müssen, die zum einen als Richtschnur bei der Unterrichtsplanung und -gestaltung dienen und zum anderen den SchülerInnen gegenüber deutlich machen, was von ihnen erwartet wird. Diese Kriterien werden in der Regel zusammen mit den SchülerInnen erarbeitet und auf Plakaten sowie im jeweiligen Methodenheft festgehalten. Kennzeichnend für die Beurteilung der Kommunikations- und der Teamfähigkeit der SchülerInnen ist, dass in erster Linie auf Beobachtung und gezielte Reflexionen gesetzt wird, da schriftliche Leistungsnachweise in diesen Bereichen wenig sinnvoll sind. Kommunikationskompetenz muss durch die gezielte Beobachtung des Kommunikationsverhaltens, Teamkompetenz durch die differenzierte, kriteriumsorientierte Beobachtung des Gruppengeschehens erfasst werden. Worauf es speziell

Raster zur Bewertung der Teamfähigkeit

Verhalten in der Gruppe	Katja			Simon			Frederic			Miriam			Kerstin		
	Sb	Fb	⌀ Lb	Sb	Fb	⌀ Lb	Sb	Fb	⌀ Lb	Sb	Fb	⌀ Lb	Sb	Fb	⌀ Lb
hilft anderen geduldig und geschickt															
bringt gute Ideen und Vorschläge ein															
achtet darauf, dass zügig gearbeitet wird															
sorgt dafür, dass alle Gruppenmitglieder mitarbeiten															
kann gut zuhören und auf andere eingehen															
ist sachkundig und kann gut argumentieren															
arbeitet in der Gruppe aktiv und interessiert mit															
versteht es, bei Konflikten geschickt zu vermitteln															
spricht »Missstände« in der Gruppe offen an															
toleriert andere Meinungen und Vorschläge															

Name der Gruppenmitglieder

Abb. 35 © Dr. H. Klippert

bei der Bewertung der Teamfähigkeit ankommt und wie diese im Unterrichtsalltag in praktikabler Weise zu bewerkstelligen ist, zeigt Abbildung 35.

Das dokumentierte Bewertungsraster stellt auf einen Dreischritt ab: auf Selbstbewertung, Fremdbewertung und Lehrerbewertung. Selbstbewertung (Sb) meint hierbei die kriteriumsorientierte Selbsteinschätzung der SchülerInnen nach Abschluss der jeweiligen Lernperiode; Fremdbewertung (Fb) meint die wechselseitige Bewertung der Gruppenmitglieder am Ende dieser Periode und die Lehrerbewertung (Lb) schließlich umfasst die systematische Beobachtung und Beurteilung der betreffenden Gruppenmitglieder durch die je verantwortliche Lehrkraft. Durch dieses Zusammenspiel mehrerer BeobachterInnen wird der subjektive Beobachtungsfehler reduziert und eine recht fundierte Einschätzung bzw. Note angebahnt. Das zumindest bestätigen die zurückliegenden Erfahrungen. Das letzte Wort bei der Notenfindung hat selbstverständlich die jeweilige Lehrperson, die unter Berücksichtigung der Selbst- und Fremdeinschätzungen der SchülerInnen am Ende des Halbjahres oder des Schuljahres zu einem verbindlichen Urteil kommen muss. Die SchülerInnen sind lediglich Hilfsbeobachter und Hilfsbeurteiler – nicht mehr, aber auch nicht weniger. Oder anders ausgedrückt: Sie sind Informanten, Impulsgeber und in gewisser Weise auch Korrektive gegenüber der jeweiligen Lehrperson und tragen als solche dazu bei, dass die subjektiven Wahrnehmungen und Verzerrungen dieser Lehrperson wirksam korrigiert werden.

Zunächst zur Beobachtungsaufgabe und -tätigkeit der Lehrerseite: Die jeweils zuständige Lehrkraft beobachtet auf der Basis des geltenden Beobachtungsbogens (vgl. Abb. 35) das Arbeits- und Interaktionsverhalten der einzelnen Gruppenmitglieder über einen Zeitraum von ca. sechs bis acht Wochen. Dieser Zeitraum ergibt sich auf Grund der Vorentscheidung, dass die Gruppen etwa alle sechs bis acht Wochen mittels Losverfahren neu zusammengestellt werden (vgl. Klippert 1998). Da es erfahrungsgemäß jedoch unmöglich ist, alle SchülerInnen zur gleichen Zeit sensibel zu beobachten, empfiehlt sich die Konzentration der Beobachtungstätigkeit auf je eine Schülergruppe pro Woche. Dieses Verfahren bedeutet ja nicht, dass während der übrigen Wochen gar nichts registriert wird. Nur muss die jeweilige Lehrkraft nicht allen Schülergruppen zu jeder Zeit die gleiche Aufmerksamkeit schenken. Das bringt sowohl eine gewisse Entlastung als auch eine verstärkte Möglichkeit, die Stärken und Schwächen der je im Blickpunkt stehenden Gruppenmitglieder intensiver und gezielter wahrzunehmen. Welche Gruppe wann schwerpunktmäßig beobachtet wird, das entscheidet der/die LehrerIn nach eigenem Gusto; die SchülerInnen werden darüber nicht informiert, damit sie gar nicht erst in Versuchung kommen, nur eine Woche lang »geschöntes Verhalten« zu demonstrieren.

Am Ende der Beobachtungsepoche von sechs bis acht Wochen wird Bilanz gezogen, d.h., die jeweilige Lehrkraft bündelt die unterschiedlichen Beobachtungen und Eindrücke, die sie zwischenzeitlich zu den einzelnen Schülerinnen gesammelt hat und trägt entsprechende Vornoten von 0 bis 4 in das abgebildete Bewertungsraster ein (vgl. Abb. 35). »0« heißt hierbei, dass die betreffende Fähigkeit überhaupt nicht zu beobachten war, »4«, dass sie sehr ausgeprägt beobachtet werden konnte. Die Ziffern 1, 2 und 3 bilden Zwischenstufen. Diese Bilanz wird nach Möglichkeit während einer laufenden Gruppenarbeit im Unterricht gezogen, damit die verantwortliche Lehrkraft die SchülerInnen sehr direkt vor Augen hat und das eigene Erinnerungsvermögen mobilisieren kann. Natürlich sind nach sechs bis acht Wochen keinesfalls zu allen Bewertungskriterien fundierte Einschätzungen möglich; unter Umständen stehen bei einigen SchülerInnen sogar mehr Fragezeichen als Ziffern, da keine rechten Eindrücke vorliegen. Allerdings muss dieses Fehlen signifikanter Beobachtungen keinesfalls immer an den betreffenden SchülerInnen liegen, sondern kann durchaus auch mit der selektiven Wahrnehmung der zuständigen Lehrkraft zusammenhängen.

Um dieser drohenden Einseitigkeit und Fehlerhaftigkeit der Lehrerbeobachtung entgegenzuwirken, werden ganz gezielt und ganz bewusst die SchülerInnen als »Hilfsbeobachter« in die Bewertungsprozedur mit einbezogen. Das sieht konkret so aus, dass am Ende der jeweiligen Beobachtungsepoche alle SchülerInnen in einer eigens dafür bereitgestellten Unterrichtsstunde aufgefordert werden, unter Verwendung des abgebildeten Beurteilungsbogens zunächst sich selbst und dann die eigenen Gruppenmitglieder zu beurteilen (vgl. Abb. 35). Anschließend werden die vorliegenden Einschätzungen Person für Person offen gelegt und bei Vorliegen gravierender Differenzen zwischen Selbst- und Fremdeinschätzung klärende Gespräche geführt und konsensfähige Mittelwerte gesucht. Am Ende muss die jeweilige Gruppe für jedes Gruppenmitglied einen möglichst einvernehmlichen Bewertungsvorschlag zwischen 0 und 4 machen und in die betreffende -Spalte des vorliegenden Bewertungsbogens eintragen. Die ausgefüllten Bewertungsbögen werden alsdann an die zuständige Lehrkraft weitergereicht, die die Vorbewertungen der SchülerInnen zum Anlass nehmen kann, um die eigenen Einschätzungen zu überprüfen und bei gravierenden Abweichungen oder sonstigen Besonderheiten das Gespräch mit der betreffenden Gruppe zu suchen.

Auf diese Weise entstehen zwar keine objektiven Urteile im strengen Sinne des Wortes, wohl aber wird die Teamfähigkeit der SchülerInnen durch das differenzierte Verfahren recht gründlich sondiert. Die Beurteilungen, die dabei herauskommen, sind selbstverständlich umso fundierter, je länger und je häufiger Gruppenarbeit praktiziert wird und je mehr Eindrücke von den beteiligten SchülerInnen vorliegen. Da nach dem hier ins Auge gefassten Verfahren in jedem Schulhalbjahr mindestens zweimal Bilanz in der skizzieren Weise gezogen wird, werden die auftretenden Missverständnisse und Fehler letztendlich minimiert. Auf die SchülerInnen ist hierbei durchaus Verlass. Wie die Erfahrung zeigt, bemühen sie sich in aller Regel sehr ernsthaft darum, ein fundiertes Urteil zu finden und sehen dabei manches sogar kritischer als ihre LehrerInnen. Durch den Bewertungsbogen sowie die in den Gruppen laufenden Reflexionen ist darüber hinaus sichergestellt, dass die SchülerInnen ziemlich genau wissen, worauf es ankommt.

Und der Zeitaufwand? Die durch die skizzierte Bewertungsprozedur erforderliche Zeit ist gleich aus drei Gründen sinnvoll verwandt. Zum Ersten räumt sie den SchülerInnen wichtige Mitwirkungsmöglichkeiten ein und trägt damit zur Vertrauensbildung und zur Konzeptverinnerlichung in der Klasse bei. Zweitens stützt und erleichtert sie die Bewertungsarbeit der LehrerInnen durch ein ebenso ökonomisches wie praktikables Verfahren. Und drittens schließlich bietet sie den SchülerInnen in äußerst lernrelevanter Weise Gelegenheit, sich in puncto Selbst- und Fremdbewertung zu üben.

Die Beurteilung der Teamfähigkeit stützt sich allerdings nicht nur auf die Beobachtung des individuellen Arbeits- und Interaktionsverhaltens der SchülerInnen in den anstehenden Gruppenarbeitsphasen, sondern auch darauf, wie die erstellten Gruppenprodukte aussehen und wie sie präsentiert werden. Nach dem hier vertretenen Konzept erhalten die Mitglieder der jeweiligen Gruppe hin und wieder Einheitsnoten in Abhängigkeit vom vorgestellten Gruppenergebnis. Dadurch sollen sie zur Mitverantwortung und konstruktiven Mitwirkung am Gruppenprozess veranlasst werden. Sind Produkt und Präsentation gut, so bekommen alle Gruppenmitglieder ein »2« zugewiesen. Bringt die Gruppe dagegen kein passables Ergebnis zu Stande, so erhalten alle Gruppenmitglieder eine entsprechend schlechte Note, weil sie grundsätzlich alle mitverantwortlich sind für das Gelingen oder Nicht-Gelingen der jeweiligen Gruppenarbeit. Die Einheitsnote soll diese Gesamtverantwortung unterstreichen. Damit jedoch die engagierten Gruppenmitglieder nicht über Gebühr bestraft werden, haben die produkt- und präsentationsabhängigen Einheitsnoten nur sehr begrenztes Gewicht. Mit anderen Worten: Die »Teamnoten« der SchülerInnen beruhen ganz vorrangig auf der mithilfe des abgebildeten Rasters gewonnenen individualisierten Bewertung.

Die endgültige Beurteilung der Teamkompetenz der SchülerInnen am Ende des Schul(halb)jahres sieht so aus, dass die zuständige Lehrkraft auf der Basis der ausgefüllten Bewertungsbögen für jede Schülerin und jeden Schüler einen Trend innerhalb der besagten Bewertungsskala von 0 bis 4 ermittelt und diesen in eine entsprechende Note umwandelt (0 = Note 5; 1 = Note 4 usw.). Die so ermittelten Noten gehen anteilig in die jeweilige Fachnote ein, da zur Fachkompetenz im weiteren Sinne immer auch die fachspezifische Teamkompetenz gehört. Vorausgesetzt, die Teamentwicklung hat den hier anvisierten Stellenwert, dann kann die Teamfähigkeit der SchülerInnen durchaus mit einem Gewichtungsfaktor von 20 Prozent in die Gesamtnote des jeweiligen Faches einfließen. Die tatsächliche Gewichtung ist letztlich jedoch Sache der zuständigen Lehrkräfte.

Ein ähnliches Prozedere empfiehlt sich für die Erfassung und Beurteilung der Kommunikationsfähigkeit. Denn auch dieser Leistungsbereich lässt sich mit herkömmlichen Tests und Klassenarbeiten kaum erfassen. Auch hier kommt der Beobachtungstätigkeit der verschiedenen Unterrichtsakteure besondere Bedeutung zu. Und auch hier müssen einschlägige Kriterien bestimmt und festgehalten werden, die den SchülerInnen Aufschluss darüber geben, was in Gesprächs- und Vortragssituationen von ihnen erwartet wird. Welche Kriterien bzw. Verhaltensnormen dieses sein können, lässt sich aus dem entsprechenden Trainingshandbuch des Verfassers ersehen (vgl. Klippert 1995). Wichtig ist, dass die Entwicklung dieser Kriterien zusammen mit den SchülerInnen geschieht.

V. Die Umsetzung der Trainingsprogramme im Unterricht

In diesem Kapitel wird näher präzisiert, wie die praktische Methodenschulung im Unterricht angegangen und begründet werden kann. Das beginnt beim Eigenverantwortlichen Arbeiten und Lernen der SchülerInnen im Fachunterricht (EVA) und reicht über die fächerübergreifende Vermittlung elementarer Lern- und Arbeitstechniken bis hin zum Kommunikationstraining und zur Teamentwicklung im Klassenraum. Typisch für diese Methodenschulung ist dreierlei: Erstens die kleinschrittige Arbeitsweise, zweitens die konsequente Handlungsorientierung (learning by doing) und drittens das konzertierte Vorgehen der betreffenden Lehrerteams.

1. Eigenverantwortliches Arbeiten und Lernen

Die Diskrepanz zwischen dem, was die SchülerInnen von einem guten Unterricht erwarten und dem, was traditionell ausgebildete Lehrkräfte praktisch anbieten und erwarten, ist mittlerweile sehr groß geworden. So groß, dass sich beinahe zwangsläufig Friktionen und Frustrationen auf allen Seiten einstellen. Die Lehrkräfte bemühen sich, ihren Stoff durchzubringen und die SchülerInnen möglichst straff und fachsystematisch in das jeweilige Thema einzuführen. Sie dozieren und präsentieren, sie steuern und korrigieren, sie setzen Impulse und strukturieren Ergebnisse – kurzum, sie sind «hyperaktiv» und lassen den SchülerInnen häufig nur noch den Nachvollzug (vgl. Abb. 36). Und die SchülerInnen? Sie sind in zunehmendem Maße weder gewillt noch kompetent, diesen lehrerzentrierten Unterricht erfolgreich mitzumachen. Als wohlstands- und medienverwöhnte Kinder erwarten und brauchen sie anderes: Viele von ihnen möchten selbst aktiv sein und etwas Sinnvolles machen; sie möchten Erfolgserlebnisse haben und reale Probleme lösen; sie möchten kreativ sein und etwas gestalten; sie möchten forschen und entdecken anstatt nur vordergründig das wiederzukäuen, was ihnen die LehrerInnen vorgekaut haben. Kein Wunder also, dass die sattsam bekannten Lern- und Motivationsprobleme im Unterricht wachsen und LehrerInnen wie SchülerInnen zunehmend zu schaffen machen. Die hier in Rede stehende Forcierung des Eigenverantwortlichen Arbeitens und Lernens (EVA) bietet die Chance, aus dem beschriebenen Teufelskreis herauszukommen.

1.1 Überblick über das EVA-Programm

Im Zentrum des EVA-Unterrichts steht das aktiv-produktive Lernen der SchülerInnen. Die Palette der Lernaktivitäten reicht vom Bearbeiten themenzentrierter Arbeitsblätter (zum »guten« Arbeitsblatt vgl. Klippert 1993) über das Erstellen einschlägiger Lernprodukte (Plakate, Texte, Tabellen, Werkstücke, Tests, Hörspiele, künstlerische Produkte etc.) bis hin zur Durchführung ausgewählter Rollenspiele, Planspiele und Projekte zum jeweiligen Thema des Unterrichts. Entscheidendes Merkmal des EVA-Unterrichts ist also, dass die SchülerInnen weniger rezeptiv und reproduktiv lernen, sondern ganz vorrangig aktiv und kreativ zu Werke gehen und in hohem Maße eigenständig und eigenverantwortlich arbeiten. Eigenverantwortliches Arbeiten und Lernen in diesem Sinne zielt also auf tätiges Lernen schlechthin. Die dabei anfallenden Lernhandlungen sind stets lehrplan-, themen- und materialbezogen ausgerichtet und stellen auf problem- und praxisorientiertes Lernen ab.

Unterrichts-Alltag

(Was LehrerInnen und SchülerInnen belastet)

Der Lehrer ...

- ❏ plant
- ❏ entscheidet
- ❏ trägt vor
- ❏ erklärt
- ❏ korrigiert
- ❏ bewertet
- ❏ strukturiert
- ❏ organisiert
- ❏ weist an
- ❏ fragt nach
- ❏ problematisiert
- ❏ demonstriert
- ❏ experimentiert
- ❏ visualisiert
- ❏ übernimmt Verantwortung
- ❏ löst Probleme

etc.

Die Schüler sollen ...

- ❏ zuhören
- ❏ rezipieren
- ❏ abstrahieren
- ❏ aufpassen
- ❏ einspeichern
- ❏ reproduzieren
- ❏ Durchhaltevermögen zeigen
- ❏ angepasst lernen

etc.

Aber ... die Schülerinnen und Schüler können und wollen das immer weniger!!!

Abb. 36 © Dr. H. Klippert

EVA umfasst Wochenplanarbeit, Stationenarbeit und Projektarbeit – aber nicht nur das! Denn diese Methoden sind Hochformen des Eigenverantwortlichen Arbeitens und Lernens und setzen auf Schülerseite eine Menge an Selbststeuerungs- und Methodenkompetenz voraus – Kompetenzen also, über die die meisten SchülerInnen nur unzureichend verfügen. Das zeigt sich insbesondere in Phasen der Projektarbeit. Von daher ist es wichtig, dass dem EVA-Unterricht auch in schlichterer Form Raum gegeben wird, damit sich die SchülerInnen in puncto Selbstmanagement allmählich üben und die nötigen Fähigkeiten und Fertigkeiten erlernen können. Mit anderen Worten: Selbstständigkeit, Selbstverantwortung und Selbstmanagement müssen möglichst kleinschrittig eingeübt und internalisiert werden und dürfen nicht vorschnell vorausgesetzt werden. Zwar ist es wichtig und richtig, dass die angedeuteten Hochformen des EVA-Unterrichts konsequent angesteuert werden müssen, aber diese »Highlights« des EVA-Programms werden auf absehbare Zeit wohl kaum den Unterrichtsalltag beherrschen, sondern eher die Ausnahme bleiben. Im Normalfall dominieren nach wie vor die vielen kleineren Arbeits-, Kommunikations- und Produktionsaktivitäten, wie sie in Abbildung 37 umrissen werden.

EVA beginnt ganz schlicht und einfach beim eigenverantwortlichen Beschaffen und Auswerten lernrelevanter Informationen und reicht über das Planen und Organisieren anstehender Arbeitsprozesse bis hin zum Analysieren, Kommentieren und Problematisieren fachlicher Sachverhalte. So gesehen ist EVA alles andere als vordergründiger Aktionismus und oberflächliche Beschäftigungstherapie; EVA-Unterricht zielt ganz entschieden auf die sinnfällige Integration von praktischem Tun, fachlicher Reflexion, konstruktiver Begriffsklärung und fachspezifischer Erkenntnisgewinnung. Diese ausgesprochen vielschichtige Lernarbeit ist das Markenzeichen des hier in Rede stehenden EVA-Programms. Darin eingeschlossen sind inhaltlich-fachliches, methodisch-strategisches, sozial-kommunikatives und nicht zuletzt auch affektives Lernen der SchülerInnen. Letzteres meint u.a. den Aufbau von Selbstvertrauen und Selbstwertgefühl auf Schülerseite.

Gewährleistet wird diese Integration von fachlichem, methodischem, kommunikativem, kooperativem und affektivem Lernen durch den Einsatz entsprechender Lern- und Arbeitsmethoden. Das beginnt beim gezielten Suchen bestimmter Fachinformationen in Schulbüchern, Lexika, Leittexten, Broschüren und sonstigen Nachschlagewerken *(erschließendes Arbeiten)* und reicht über die Herstellung themenzentrierter Lernprodukte wie Tabellen, Grafiken, Kommentare, Lernkärtchen, freie Texte, Plakate, Bilder und Reportagen *(produktives Tun)* sowie die argumentative und diskursive Klärung fachspezifischer Sachverhalte *(kommunikatives Handeln)* bis hin zum projektartigen Erforschen und Erkunden innerschulischer und außerschulischer Gegebenheiten *(exploratives Handeln)*. Die Palette der konkreten Lernhandlungen ist entsprechend umfänglich: Die SchülerInnen forschen und entdecken, planen und entscheiden, schreiben und gestalten, diskutieren und argumentieren, produzieren und organisieren, kooperieren und präsentieren, zeigen Initiative und übernehmen Verantwortung. Dieser Handlungsprozess wird in aller Regel abgerundet und abgeschlossen durch ein spezifisches Handlungsprodukt, das gleichermaßen

Eigenverantwortliches Arbeiten (EVA) im Schulalltag

(Mögliche Lernaktivitäten der SchülerInnen)

Produktives Tun	Kommunikatives Handeln	Exploratives Handeln
❏ Informationen nachschlagen/ exzerpieren	❏ Gruppengespräch/ Partnergespräch	❏ Erkundung/ Beobachtung
❏ Arbeitsblätter bearbeiten/herstellen	❏ Kreis- bzw. Doppelkreisgespräch	❏ Expertenbefragung
❏ Struktogramme erstellen (Tabelle, Diagramm, Schaubild)	❏ Stationengespräch	❏ Interview (z.B. in der Fußgängerzone)
❏ Rätsel lösen bzw. herstellen	❏ Frage-Antwort-Spiel	❏ Sozialstudie/ Fallstudie
❏ Plakat/Wandzeitung/ Flugblatt gestalten	❏ Freies/fiktives Erzählen bzw. Berichten	❏ Recherche/ Reportage/Film
❏ Referat/Wochenbericht verfassen	❏ Argumentationsspiel	❏ Themenzentrierte Bibliotheksarbeit
❏ Lernspiele durchführen bzw. herstellen (Puzzle, Würfelspiel etc.)	❏ Plenardiskussion	❏ Projektarbeit im kommunalen Umfeld der Schule
❏ Kommentar/Bericht/Brief schreiben	❏ Talkshow	❏ Betriebs-/Sozialpraktikum
❏ Assoziationsbilder zeichnen	❏ Rollenspiel/ Planspiel	❏ Exkursionen (z.B. in Geografie)
etc.	❏ Fishbowl-Gespräch	etc.
	❏ Pro-und Kontra-Debatte	
	❏ Hearing/Tribunal	
	❏ Vortrag/Rede halten	
	etc.	

Abb. 37 © Dr. H. Klippert

Ansporn wie Erfolgsindikator ist. Die Palette der möglichen Handlungsprodukte, die am Ende einer Lernsequenz stehen können, ist ähnlich groß wie die Palette der Lernhandlungen. Das beginnt bei selbstgefertigten Texten, Briefen, Schaubildern, Tabellen, Zeichnungen, Protokollen, Flugblättern, Plakaten und Wandzeitungen und reicht über die Produktion themenzentrierter Reportagen, Hörspiele, Diareihen und Videofilme bis hin zur Vorbereitung und eigenverantwortlichen Ausgestaltung von Rollenspielen, Sketchen, Talkshows, Planspielen, Debatten, Hearings und Vorträgen sowie zur Planung und Organisation von Recherchen innerhalb wie außerhalb der Schule. Wie gesagt: All dieses erfolgt lehrplan-, themen-, material-, praxis- und problembezogen.

Eigenverantwortliches Arbeiten und Lernen setzt also bei relativ einfachen Lerntätigkeiten ein und wird mit wachsender Routine der SchülerInnen zunehmend anspruchsvoller und komplexer. Zu den vergleichsweise einfachen Operationen zählt alles, was mit simplen Verfahren der Informationsbeschaffung zu tun hat. Hierunter fällt z.B. das Suchen bestimmter Sachinformationen im Schulbuch, im Lexikon, in einer einschlägigen Broschüre oder in einem vom Lehrer zusammengestellten Leitmaterial. Indem von Lehrerseite entsprechende Problemfragen, Rätsel oder Suchaufgaben vorgegeben werden, werden die SchülerInnen auf »Entdeckungsreise« durch das jeweilige Kompendium geschickt und ebenso wirksam wie motivierend veranlasst, sich selbstständig Informationen zu beschaffen sowie einige grundlegende Arbeitstechniken einzuüben (Nachschlagen, Exzerpieren, Diagonallesen, Fragen erfassen etc.).

Gleiches gilt, wenn den SchülerInnen aufgetragen wird, themen- bzw. materialzentrierte Fragen zu formulieren, einen Übungstest zu erstellen, ein Quiz vorzubereiten oder ein Kreuzworträtsel zur Festigung bestimmter Fachbegriffe anzufertigen. Auch das Nacherzählen eines bestimmten Textes, das Erläutern eines Schaubildes, das Interpretieren einer Karikatur oder das Kommentieren einer These in Partner- oder Kleingruppenarbeit gehören zu diesen relativ einfachen Aufgaben und Anforderungen im Rahmen des EVA-Unterrichts. Ja selbst so elementare Lerntätigkeiten wie das Ausfüllen eines Arbeitsblattes, das Zeichnen eines Kurvendiagramms oder das Ausschneiden, Anmalen, Zusammensetzen und Aufkleben eines Lernpuzzles haben – je nach Altersstufe – ihren berechtigten Stellenwert. Denn sie lenken die Aufmerksamkeit der SchülerInnen auf den jeweiligen Lerngegenstand und sorgen zudem dafür, dass elementare Arbeitstechniken zur Anwendung gelangen. Des Weiteren bahnen sie den sachlichen Klärungsprozess in der Weise an, dass die SchülerInnen die besagten Puzzleteile bewusst lesen, kombinieren, ordnen und während oder nach dieser Klärungsarbeit vertiefende Gespräche mit den MitschülerInnen führen. Von daher sind selbst sehr simple Arbeitsaufgaben und Arbeitsblätter alles andere als bloßer Aktionismus. Sie induzieren bewusste Auseinandersetzungen, Gespräche und damit auch Lernen!

Nur darf die schulische Bildungsarbeit nicht bei derartigen Lernaufgaben stehen bleiben, sondern muss die Anforderungen sukzessive steigern und immer wieder auch so streuen, dass die unterschiedlichen Begabungen in der jeweiligen Klasse zur

Geltung kommen können. So gesehen haben natürlich auch komplexere Problemstellungen, Versuchsabläufe, Wochenpläne, Recherchen, Präsentationen, Planspiele, Referate, Debatten, Hearings und selbstverständlich auch anspruchsvolle Projekte ihren Platz. Nur muss klar sein, dass diese relativ komplexen und komplizierten Aufgaben eine Menge voraussetzen und deshalb ein eher fortgeschrittenes Stadium des EVA-Unterrichts darstellen. Denn sowohl auf Schülerseite als auch auf Lehrerseite müssen entsprechende organisatorische und methodische Kompetenzen vorhanden sein, die vielerorts aber noch erheblich im Argen liegen. Das gilt insbesondere für die fächerübergreifende Projektarbeit.

Was sich im alltäglichen Unterricht jedoch relativ schnell und problemlos umsetzen lässt und selbst von eher ängstlichen Lehrkräften wohl wollend aufgegriffen wird, das sind die vielen kleineren Arbeits- und Kommunikationsarrangements, wie sie in den beiden linken Spalten von Abbildung 37 beispielhaft angeführt werden. Diese Arrangements sind nicht nur relativ überschaubar, sondern sie lassen sich bei Bedarf auch in den 45-Minuten-Takt einpassen, wie er in unseren Schulen nach wie vor vorherrschend ist. Diese Gegebenheiten und Restriktionen des Schulalltags müssen ganz nüchtern gesehen und berücksichtigt werden, wenn über praktikable Möglichkeiten und Schritte zur Implementierung des EVA-Ansatzes nachgesonnen wird. Von daher spricht vieles für eine Strategie der kleinen Schritte – im Unterricht selbst genauso wie bei der Unterrichtsplanung.

Demnach tun die an EVA-Methoden interessierten Lehrkräfte gut daran, bei der Unterrichtsplanung zunächst vorrangig auf kleinere Arrangements zu setzen und die SchülerInnen zu solchen Lernaktivitäten zu veranlassen, die ohne ausgefeilte Basiskompetenzen zu bewältigen sind. Das heißt für die konkrete Unterrichtsvorbereitung: Die betreffenden Lehrkräfte müssen themenzentrierte »Arbeitsinseln« ausfindig machen, die die SchülerInnen zum einen nicht überfordern, die sie zum anderen jedoch in möglichst vielfältiger Weise veranlassen zu schreiben und zu rechnen, zu lesen und zu zeichnen, zu markieren und zu exzerpieren, zu ordnen und zu gestalten, Rätsel zu lösen und Probleme zu bearbeiten, zu planen und zu entscheiden, zu kommunizieren und zu kooperieren, zu argumentieren und zu kommentieren, zu forschen und zu entdecken, zu debattieren und zu präsentieren. Diese dezidierte Ausrichtung der Unterrichtsplanung auf lernrelevante Aktivitäten der SchülerInnen ist Markenzeichen des hier in Rede stehenden EVA-Unterrichts.

Wohlgemerkt: Dieser Anspruch ist im Kern gar nicht so neu. Konsens besteht unter Reformpädagogen der verschiedensten Couleur im Prinzip seit Jahrzehnten, dass dem tätigen Lernen der SchülerInnen verstärkt Raum zu geben ist, damit sie ihre unterschiedlichen Begabungen besser ins Spiel bringen und das eigene Lernen effektiver gestalten können. Nur sind diese Erkenntnisse und Ansprüche in der Schulpraxis viel zu selten in die Tat umgesetzt worden. Das lag und liegt zum einen an den perfektionistischen Ansprüchen vieler LehrerInnen, zum anderen am bildungspolitischen Zeitgeist, der dem Prinzip der lehrerzentrierten Stoffvermittlung bis heute oberste Priorität einräumt. Soll sich daran etwas ändern, dann muss den zuständigen Lehrkräften Mut zur skizzierten Strategie der kleinen Schritte gemacht werden. Denn angemessener EVA-Unterricht besteht eben nicht nur aus den angesprochenen Hochformen, sondern auch und vor allem aus den vielen kleineren EVA-Arrangements, die sich unter den restriktiven Bedingungen des Schulalltags realisieren lassen.

Natürlich bringt die Forcierung des eigenverantwortlichen Arbeitens und Lernens auch eine gravierende Veränderung der Lehrerrolle mit sich. Der Lehrer wird stärker zum Lernorganisator, zum Lernberater und zum Moderator schülerzentrierter Lernprozesse. Dementsprechend muss sich auch die Haltung gegenüber den SchülerInnen verändern. Egal, ob Arbeitsblätter zu bearbeiten, einschlägige Lernprodukte zu erstellen, diffizile Probleme zu lösen, Projektarbeiten zu erledigen, Versuche durchzuführen, Vorträge zu halten oder offene Plan- und Entscheidungsspiele zu realisieren sind – stets müssen die betreffenden Lehrkräfte bereit sein, den SchülerInnen Verantwortung zu übertragen und Mut zum experimentellen Arbeiten zu machen. Sie müssen ihnen etwas zutrauen und zumuten. Sie müssen geeignete Arbeitsinseln organisieren, ohne die SchülerInnen über Gebühr zu reglementieren und zu kontrollieren. Sie müssen Fehler und Lernumwege prinzipiell zulassen, weil andernfalls offenes, schülerzentriertes Arbeiten leicht zur Farce wird. Geführt wird also primär durch Rahmenvorgaben (Ziel-, Zeit-, Material-, Organisationsvorgaben) und weniger durch Detailanweisungen und Detailkontrollen, damit die SchülerInnen lernen können, sich durchzuwursteln und Verantwortung für den eigenen Lernprozess wie für den Prozess in der Gruppe zu übernehmen.

Selbstverständlich hat dieser veränderte Führungsstil auch Konsequenzen für die Rolle der SchülerInnen im alltäglichen Schulbetrieb. Denn wenn die Lehrkräfte defensiver agieren und stärker Arbeit und Verantwortung delegieren, dann müssen die SchülerInnen zwingend aktiver und offensiver werden. Mit anderen Worten: Die SchülerInnen arbeiten im Rahmen des EVA-Unterrichts verstärkt selbstständig und selbstorganisiert. Sie planen und gestalten. Sie lösen Probleme und tun dies alles möglichst oft in Kooperation mit anderen SchülerInnen. Auf diese Weise intensivieren sie nicht nur das eigene Lernen, sondern entwickeln auch und zugleich ein Mehr an Kommunikations- und Kooperationskompetenz, an Teamgeist und Teamfähigkeit. Von diesen Fähigkeiten und Fertigkeiten zehrt sowohl der Offene Unterricht als auch die spätere Berufstätigkeit. Nähere Überlegungen und Begründungen zur Relevanz des skizzierten EVA-Programms folgen im nächsten Abschnitt.

1.2 Warum EVA-Methoden wichtig sind

Einige wichtige Vorzüge und Chancen des EVA-Unterrichts lassen sich aus Abbildung 38 ersehen. Ganz grundsätzlich spricht für eine Forcierung des eigenverantwortlichen Arbeitens und Lernens der SchülerInnen die motivationsfördernde Wirkung, die davon ausgeht. Folgt man den Befunden der Lernforschung, so ist die Selbsttätigkeit der SchülerInnen die Quelle nachhaltiger intrinsischer Motivation. Indem nämlich die SchülerInnen aktiv werden und in kreativ-produktiver Weise zu

Vorzüge des EVA-Unterrichts für SchülerInnen und LehrerInnen

EVA

fördert auf Schülerseite ...

reduziert auf Lehrerseite ...

Schülerseite	Lehrerseite
Motivation und Eigeninitiative	Allseitige Verantwortlichkeit
Selbstständigkeit und Selbstvertrauen	Belastung durch Schülerstörungen
Problemlösungsfähigkeit	Disziplinierungszwang
Methodenbeherrschung	Physisch-psychische Anstrengung
Soziale Kompetenz	Nervliche Anspannung
Sachverstand und Lernerfolg	Gefühl des »Versagens«

Abb. 38 © Dr. H. Klippert

Werke gehen, gelangen sie mit hoher Wahrscheinlichkeit zu greifbaren Erfolgserlebnissen und schöpfen daraus wiederum die Motivation für die Weiterarbeit. Der Lernpsychologe Jerome S. Bruner spricht diesbezüglich von »Kompetenzmotivation« und meint damit die Lernbereitschaft und Lernfreude der SchülerInnen, die sich aus der Erfahrung und Gewissheit speist: »Das kann ich! Das habe ich schon mal ähnlich gemacht; das wird mir schon gelingen!« Diese positive, motivationsfördernde Selbsteinschätzung steht und fällt freilich damit, dass entsprechende praktische Lernätigkeiten und Problemlösungsprozesse bereits vollzogen wurden. Von daher lautet die zwingende Konsequenz, dass im Unterricht verstärkt auf problemlösendes Lernen und eigenverantwortliches Arbeiten gesetzt werden muss. Denn Mut machende Erfahrungen sammeln kann letztlich nur derjenige, der aktiv lernt. Und wer in aktiver und kreativer Weise an schulische Aufgaben herangeht, der wird für sich schon bald Erfolg versprechende Wege und Strategien entdecken, die das eigene Selbstbewusstsein und Selbstvertrauen stärken. Und genau dieses ist die Quelle einer wirksamen Motivation. Das gilt insbesondere für die Gruppe der praktisch-anschaulichen Lerner, die in unseren Schulen erwiesenermaßen am stärksten vertreten ist und von daher besondere Beachtung verdient (vgl. Kapitel I, Abschnitt 4).

Für eine nachdrückliche Ausweitung des Eigenverantwortlichen Arbeitens und Lernens sprechen aber auch noch andere Gründe. Einige dieser Begründungsstränge werden im Folgenden skizziert.

- *Berufspropädeutisches Lernen:* Die Vielfalt der Fähigkeiten und Fertigkeiten, die die SchülerInnen im Rahmen des hier in Rede stehenden EVA-Unterrichts erwerben können, ist groß. Das gilt nicht zuletzt im Hinblick auf die vonseiten der Wirtschaft immer stärker geforderten »Schlüsselqualifikationen« wie Selbstständigkeit, Eigeninitiative, Problemlösungsvermögen und Verantwortungsbewusstsein. Dazu heißt es beispielsweise in einer aktuellen Veröffentlichung des Instituts der Deutschen Wirtschaft: »Qualifizieren für die Zukunft bedeutet für die deutsche Wirtschaft, dass so genannte weiche Faktoren wieder stärker ins Blickfeld rücken: Eigenverantwortung, Kreativität, Flexibilität, Problemlösungspotenzial, ein gesundes Selbstwertgefühl, Risikofreude, Teamfähigkeit und Selbstständigkeit sind Kompetenzen, die gefragt sind.« (Brockhagen u.a. 1999, S. 9f.). Bestätigt wird diese Einschätzung u.a. durch einen aktuellen Befund des Bundesinstituts für Berufsbildung vom Sommer 1998. Auf der Basis von 4000 Stellenanzeigen kommt das BiBB zu dem Schluss, dass extrafunktionale Qualifikationen von den Betrieben zunehmend gefordert werden. Fähigkeiten wie Teamfähigkeit, Belastbarkeit, selbstständige Arbeitsweise und Zielstrebigkeit stehen dabei an oberster Stelle, gefolgt von Flexibilität und Kommunikationsfähigkeit, Verantwortungsbewusstsein und Lernbereitschaft, Durchsetzungsvermögen und Krativität/Innovationsfähigkeit, Organisationstalent und Mobilitätsbereitschaft (vgl. ebenda, S. 11). Wenn derartige Fähigkeiten und Fertigkeiten in der Schule verstärkt vermittelt werden sollen, dann muss sich ganz fraglos der Unterricht verändern, und zwar in der Weise, dass den SchülerInnen möglichst oft und möglichst konsequent Gelegenheit zum Eigenverantwortlichen Arbeiten und Lernen gegeben wird. Mit den tradierten Lehr-/Lernverfahren sind die angeführten Kompetenzen auf jeden Fall nur unzureichend zu vermitteln, da die SchülerInnen kaum entsprechend gefordert und gefördert werden. So gesehen leistet der anvisierte EVA-Unterricht einen nicht zu unterschätzenden Beitrag zur Vorbereitung der SchülerInnen auf die Berufs- und Arbeitswelt.

❑ *Effektive Stoffvermittlung:* Der in aktiv-produktiver Weise erarbeitete Lernstoff bleibt erwiesenermaßen recht langfristig im Gedächtnis haften. Das zeigen zahlreiche lernpsychologische Untersuchungen (vgl. Aebli 1983; Piaget 1976; Bruner 1981; Vester 1978). Der Hauptgrund dafür: Die aktive und interaktive Auseinandersetzung sorgt dafür, dass die SchülerInnen den jeweiligen Lernstoff sukzessive erschließen, verarbeiten und diskursiv festigen. Dadurch wird die Speicherkraft des Gedächtnisses entscheidend gestützt. Nach einer Untersuchung der American Audiovisual Society behalten Menschen durchschnittlich nur etwa 20 Prozent von dem, was sie hören und nur wenig mehr – nämlich 30 Prozent – von dem, was sie sehen bzw. lesen. Von dem hingegen, was sie aktiv sagen/vortragen bzw. praktisch tun, behalten sie durchschnittlich 70 bis 90 Prozent (vgl. Witzenbacher 1985, S. 17). Diese hohe Behaltensrate ist – wie u.a. Frederic Vester nachgewiesen hat – die Folge der gleichzeitigen Aktivierung verschiedener Sinne beim Lernen in konkreten Handlungsvollzügen (vgl. Vester 1978). Da wird in der Regel nicht nur praktisch gearbeitet und diskutiert, sondern häufig auch etwas »erlebt« – nämlich Erfolg oder Misserfolg, Spaß oder Ärger, Enttäuschungen oder Überraschungen. Das gilt keineswegs nur für Rollenspiele, Planspiele oder andere erlebnisbetonte Lernaktivitäten, sondern auch für ganz normale Arbeitsvollzüge, die Raum für forschendes, entdeckendes und/oder interaktives Lernen geben. Fazit also: Lernstoffe, die von den SchülerInnen eigenverantwortlich erarbeitet, strukturiert, diskutiert, dokumentiert, präsentiert, wiederholt und/oder in spielerischer Weise erschlossen werden, bleiben verhältnismäßig gut im Gedächtnis haften und unterstützen von daher den längerfristigen Lernerfolg. Oder anders ausgedrückt: Durch den bewussten Vollzug bestimmter Lernoperationen entstehen einprägsame Handlungsschemata im kognitiven Apparat der SchülerInnen, die relativ wirksam gespeichert und abgerufen werden können (vgl. Aebli 1983, S. 184ff.).

❑ *Praktische Methodenschulung:* Das Eigenverantwortliche Arbeiten und Lernen der SchülerInnen trägt darüber hinaus dazu bei, dass unter der Hand elementare Methoden der selbstständigen Informationsbeschaffung und -verarbeitung überlegt, ausprobiert und schrittweise eingeübt werden (vgl. dazu die näheren Ausführungen im nachfolgenden Abschnitt 2). So gesehen ist EVA praktische Methodenschulung im besten Sinne des Wortes. Praktiziert und gefestigt werden sowohl diverse Kommunikations- und Kooperationsmethoden als auch und vor allem grundlegende Lern- und Arbeitstechniken, die der systematischen Erarbeitung, Aufbereitung und Präsentation lernrelevanter Sach- und Fachinformationen dienen. Das beginnt beim Markieren und Exzerpieren der betreffenden Informationen und reicht über das gezielte Nachschlagen und rasche Lesen der jeweiligen Materialien bis hin zum Schreiben eigener Texte sowie zum Gestalten/Strukturieren themenzentrierter Plakate, Wandzeitungen, Heftseiten, Lernkärtchen, Spickzettel, Tabellen, Schaubilder, Probetests, Referate, Facharbeiten und sonstiger Lernprodukte. So gesehen trägt EVA zur systematischen Methodenpflege im alltäglichen Fachunterricht bei und ist damit Angebot und Chance zugleich, die Methodenkompetenz der SchülerInnen nachhaltig weiterzuentwickeln.

- *Sozialkommunikatives Lernen:* EVA fördert aber auch und zugleich die Sozialkompetenz der SchülerInnen. Denn das hier anvisierte Eigenverantwortliche Arbeiten und Lernen ist über weite Strecken mit Partner- und Gruppenarbeit verbunden, damit sich die SchülerInnen wechselseitig fragen, besprechen und unterstützen können. Diese Kooperation und Kommunikation sind nicht nur nötig; sie werden im Rahmen des EVA-Unterrichts auch recht vielfältig ermöglicht und geübt. Das beginnt bei kleinen Präsentationen und Vorträgen und reicht über themenzentrierte Gespräche und Debatten bis hin zur konstruktiven Zusammenarbeit in Gruppen. Sind diese Kommunikations- und Kooperationsrituale nicht hinreichend geübt, so besteht die Gefahr, dass gerade die schwächeren und/oder unsicheren SchülerInnen vorschnell aufgeben oder unter Umständen auch einfach untergebuttert werden. Der hier in Rede stehende EVA-Unterricht wirkt dieser Gefahr entgegen. Da wird u.a. gefragt und geantwortet, zugehört und argumentiert, diskutiert und debattiert, erläutert und erklärt, Kritik geübt und diszipliniert, Konsens gesucht und Konsens gefunden. Wer wollte bestreiten, dass ein derartiges Interaktionsgeschehen gleichermaßen lern- wie lebensrelevant ist!?

- *Förderung von Mitverantwortung:* Durch die vielfältigen aktiven und interaktiven Lernhandlungen, die die SchülerInnen im Rahmen ihrer Arbeitsprozesse vollziehen, lernen sie gleich in zweierlei Hinsicht Verantwortung zu übernehmen. Einmal, indem sie den eigenen Lernprozess steuern und eigenständig arbeiten, markieren, exzerpieren, Probleme lösen etc. Und zum Zweiten, indem sie in ihrer jeweiligen Arbeitsgruppe Mitverantwortung tragen, und zwar sowohl für das Gruppenergebnis als auch für das Arbeitsverhalten der Gruppenmitglieder. Diese Verantwortungsübernahme ist natürlich nur möglich, wenn die zuständige Lehrkraft hinreichend zurücktritt und den SchülerInnen im besten Sinne des Wortes Selbst- und Mitverantwortung zumutet und zutraut. Gerade in diesem Punkt aber tun sich viele Lehrkräfte noch ziemlich schwer. Deshalb wird in Deutschlands Schulen nach wie vor zu eng geführt und instruiert, beraten und geholfen, belehrt und korrigiert, Kontrolle ausgeübt und Verantwortung für alles und jeden übernommen. Diese »erdrückende Fürsorglichkeit« muss aufhören und abgelöst werden durch die gezielte Delegation von Verantwortung an die Adresse der SchülerInnen. Will sagen: Die SchülerInnen sind vom Grundsatz her verantwortlich für die Zeitplanung wie für die Arbeitsorganisation, für die Materialauswertung wie für die Strategieplanung, für die Zusammenarbeit in der Gruppe wie für das Erstellen spezifischer Lernprodukte, für die Ergebnissicherung wie für die Ergebnispräsentation, für die Selbstkontrolle wie für die Fremdkontrolle. Dieser keineswegs vollständige Katalog der von den SchülerInnen zu übernehmenden Verantwortlichkeiten macht deutlich, wie sehr im Rahmen des EVA-Unterrichts Selbst- und Mitverantwortung geübt und gelernt werden können.

- *Förderung von Kreativität:* Eine weitere Lernchance, die hier Erwähnung finden soll, betrifft die kreativitätsfördernde Wirkung des EVA-Unterrichts. Eigenverantwortliches Arbeiten und Lernen stellt die SchülerInnen nämlich immer wieder vor spezifische Probleme und Herausforderungen, die in irgendeiner Weise überwunden werden müssen. Das heißt, es müssen gangbare Wege gesucht, Alternativen durchdacht und diskutiert, Schwierigkeiten überwunden, unterschiedliche Meinungen zum Ausgleich gebracht, verschiedene Ideen zugelassen und geprüft, Konzeptionen entwickelt und verworfen, anstehende Probleme so oder so gelöst werden. Das alles fördert natürlich Kreativität und Flexibilität, Durchhaltevermögen und Frustrationstoleranz, Selbstkritikbereitschaft und Selbstkritikfähigkeit, geistige Beweglichkeit und Improvisationsvermögen, Toleranz und Kontroversität. Gleichwohl sind die kreativen Spielräume der SchülerInnen begrenzt, je nachdem, welche Lernaufgabe ansteht, welche Altersgruppe angesprochen ist und welche methodischen Routinen auf Schülerseite da sind. Ungeachtet dieser Relativierungen steht jedoch fest: Kreativität und Offenheit gehören zum hier anvisierten Eigenverantwortlichen Arbeiten und Lernen wie das Salz zur Suppe. Die SchülerInnen werden angehalten, sich durchzuwursteln und nicht aufzugeben, sich selbst zu helfen und andere zu inspirieren, Probleme zu erfassen und Probleme zu lösen, in Alternativen zu denken und alternative Wege auszuprobieren, Fehler zu wagen und Fehler zu korrigieren, Strategien zu planen und Strategien zu optimieren. Wer wollte bestreiten, dass die auf diesem Wege zu erzielenden Qualifikationen wichtige und wegweisende Qualifikationen sind – für die Gegenwart wie für die Zukunft!?

- *Entlastungschancen für LehrerInnen:* Die Intensivierung des Eigenverantwortlichen Arbeitens und Lernens bringt indes nicht nur Vorteile und verbesserte Lernchancen für die SchülerInnen mit sich, sondern eröffnet auch und zugleich beträchtliche Entlastungsperspektiven für die betreffenden Lehrkräfte. In dem Maße, wie die SchülerInnen üben und lernen, in eigener Regie zu arbeiten, auftretende Probleme zu überwinden, einander zu fragen und zu helfen und vorhandene Hilfsmittel (Nachschlagewerke, Computer etc.) geschickt zu nutzen, werden sich die verantwortlichen Lehrkräfte zurücknehmen und den eigenen Einsatz dosiert steuern können (vgl. Abb. 38). Ihre allseitige Verantwortlichkeit nimmt ab, ihre Belastung durch auftretende Schülerstörungen wird geringer, ihre physisch-psychische Anstrengung lässt sich infolge der verstärkten Aktivierung der SchülerInnen ebenso vermindern wie die nervliche Anspannung, der sie in einem lehrerzentrierten Unterricht hochgradig ausgesetzt sind. Auf diese Weise kann dem »Gefühl des Versagens« entgegengewirkt werden, das viele Lehrkräfte eingestandenermaßen beschleicht und belastet, wenn sie die akuten Lern- und Disziplinprobleme im Schulalltag wahrnehmen.

Damit jedoch keine Missverständnisse entstehen: EVA ist keinesfalls ein Allheilmittel gegen die zahlreichen Widrigkeiten und Belastungen im Schulalltag. Und EVA-Unterricht ist bei den SchülerInnen auch nicht nur beliebt und erwünscht, denn die geforderte Selbstständigkeit und Selbstverantwortung sind immer auch mit Unsicherheit und anstrengenden Lerntätigkeiten verbunden. Daraus können bei ungeübten SchülerInnen durchaus ernst zu nehmende Vorbehalte und Widerstände resultieren. Diese Ressentiments verlieren sich erfahrungsgemäß jedoch in dem Maße, wie die SchülerInnen mit den neuen Methoden und Anforderungen vertraut werden und die Erfahrung sammeln, dass diese Art der Unterrichtsarbeit vergleichsweise interessant und Erfolg versprechend ist. Alles in allem lässt sich also festhalten: EVA lohnt sich und bringt viele Chancen und Vorzüge mit sich – für die Gruppe der SchülerInnen genauso wie für die Gruppe der LehrerInnen.

1.3 EVA konkret: Vorstellung einer Lernspirale

Kennzeichnend für das Eigenverantwortliche Arbeiten und Lernen der SchülerInnen ist die spiralförmige Arbeitsweise, d.h. das sukzessive Eindringen in das jeweilige Thema bzw. Themenfeld mittels unterschiedlichster Lernaktivitäten. Dieses Grundmuster des Lernens wird in Abbildung 39 exemplarisch verdeutlicht. Wie sich aus dieser Abbildung ersehen lässt, durchlaufen die SchülerInnen unterschiedliche, sich ergänzende »Arbeitsinseln« (A 1 bis A 13), die ihnen Gelegenheit zum themenzentrierten Arbeiten, Kommunizieren, Produzieren, Erkunden etc. geben, und zwar mit dem Ziel, einschlägige Informationen und Erkenntnisse zu erschließen und dabei zudem grundlegende methodische Kompetenzen einzuüben. Redundanzen sind bei diesem Lehr-/Lernkonzept nicht nur zulässig, sondern sogar erwünscht, damit die SchülerInnen zu einem möglichst nachhaltigen Durchdringen und Begreifen des jeweiligen Lernstoffes gelangen. Vorbereitet, organisiert und moderiert werden die besagten Arbeitsinseln von der je zuständigen Lehrkraft. Diese hält sich ansonsten deutlich zurück und schaltet sich nur in Ausnahmefällen als HelferIn und BeraterIn ein. Der Begriff »Arbeitsinsel« soll dieses intendierte Selbstmanagement der SchülerInnen unterstreichen.

Jede Lernspirale setzt sich aus mehr oder weniger vielen kleineren oder größeren Arbeitsinseln zusammen, die die SchülerInnen vielleicht 15 Minuten, vielleicht auch 30 Minuten, vielleicht aber auch mehrere Stunden lang im Sinne Eigenverantwortlichen Arbeitens und Lernens fordern. Planspiele, Erkundungen, Referate und Projekte gehören beispielsweise zu diesen letztgenannten zeitintensiven Arbeitsinseln. Je nachdem, ob eine eng begrenzte Aufgabe oder eine komplexere Unterrichtseinheit zur Behandlung ansteht, kann von einer Mikrospirale oder einer Makrospirale gesprochen werden. Die *Mikrospirale* zeichnet sich dadurch aus, dass die SchülerInnen eine eng begrenzte Aufgabe in mehreren Arbeitsschritten erschließen und dabei von der Einzel- über die Partner- und/oder Gruppenarbeit schließlich zur Präsentation und/oder Diskussion im Plenum vorstoßen. Derart gestufte Arbeitsprozesse sind in

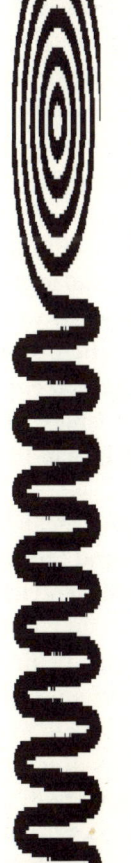

Themenzentrierte Lernspirale

(Mögliche Arbeitsinseln zum Thema »Menschen im Betrieb«)

Sensibilisierungsphase:
Vorwissen/Voreinstellungen mobilisieren

A 1: Assoziatives Zeichnen zum Thema »Menschen im Betrieb« (Skizzen entwerfen ⇨ Plakate gestalten ⇨ Plakate präsentieren)

A 2: Verfassen eines Kommentars zu einer vorliegenden Karikatur (Einzelkommentar ⇨ Gruppenkommentar ⇨ Präsentation nach Los)

A 3: Dissonanzmethode: Bewertung und Diskussion ausgewählter Thesen (Punktabfrage ⇨ Doppelkreisgespräche ⇨ Fishbowl-Debatte)

Informationsphase
Grundlegende Sachinformationen erarbeiten

A 4: Nachschlagen im Betriebsverfassungsgesetz: Beantworten bestimmter Problemfragen (Partnerarbeit ⇨ Kleingruppenkontrolle ⇨ Quiz)

A 5: Arbeitsblatt erarbeiten: Entwickeln wichtiger Problemfragen zum Jugendarbeitsschutzgesetz (Gruppenarbeit ⇨ Bearbeitungsphase)

A 6: Schaubilder-Rallye: Erschließen ausgewählter Schaubilder (Lesephase ⇨ Expertengruppen ⇨ Vortragszirkel ⇨ Plenarvorträge)

A 7: Arbeitsblätter bearbeiten: Bearbeiten themenzentrierter Arbeitsblätter in Einzel- oder Partnerarbeit (Bearbeitungsphase ⇨ Kontrollphase)

A 8: Suchaufgaben zum Schulbuch: Bearbeiten vorliegender Schlüsselfragen mit Hilfe des Schulbuchs (Partnerarbeit ⇨ Präsentation nach Los)

A 9: Lernkärtchen erstellen: Üben und Wiederholen mit Hilfe einer selbst erstellten Lernkartei (Produktionsphase ⇨ Frage-Antwort-Spiel)

A10: Erkundung/Fallstudie: Betriebserkundung unter dem Motto »Dem Betriebsrat auf der Spur« (Befragung ⇨ Dokumentation ⇨ Präsentation)

Problematisierungsphase
Neuralgische Punkte thematisieren und kritisieren

A11: Stationengespräch: Besprechung ausgewählter Karikaturen (Assoziationsrunde ⇨ Expertengruppen ⇨ Präsentationsphase)

A12: Kritische Reportage zur Praxis der betrieblichen Mitbestimmung erstellen (Planung ⇨ Recherche ⇨ Produktion ⇨ Präsentation)

A13: Durchführung eines themenzentrierten Planspiels (in Klippert 1996 finden sich u.a. die Planspiele »Ein Betrieb soll verlagert werden«, »Konflikt in der Metallfabrik« und »Roboter für die Agro-KG«)

Abb. 39 © Dr. H. Klippert

unseren Schulen eher die Ausnahme und keinesfalls die Regel. Meist wird von der Einzelarbeit direkt in die Plenarauswertung unter besonderer Beteiligung der Lehrkraft gewechselt. Von daher mangelt es vielen SchülerInnen an den nötigen Gärungs- und Klärungsprozessen, die für nachhaltiges Begreifen und Behalten von entscheidender Wichtigkeit sind. Die in Abbildung 39 jeweils in Klammern stehenden Arbeitsetappen verdeutlichen die besagte Grundstruktur einer Mikrospirale.

Kennzeichnend für die *Makrospirale* dagegen ist ein komplexerer Arbeitsprozess, der sich über viele Stunden hinziehen kann. Die in Abbildung 39 skizzierte Lernspirale zum Thema »Menschen im Betrieb« ist eine solche Makrospirale. Gestartet wird das tätige Lernen in der *Sensibilisierungsphase* mit einigen ersten Arbeitsinseln, die die SchülerInnen veranlassen, ihr Vorwissen und ihre Voreinstellungen zu aktivieren und der gemeinsamen Reflexion zugänglich zu machen. Daran schließen sich in der *Informationsphase* diverse weitere Arbeitsinseln an, die vorrangig der Erarbeitung einschlägiger Sach- und Fachinformationen dienen. Abgerundet wird die Makrospirale in der *Problematisierungsphase* durch einige spezifische Arbeitsinseln, die den SchülerInnen Gelegenheit geben und gezielt helfen, ihr Problembewusstsein und ihre Kritikfähigkeit in Sachen Arbeits- und Berufswelt exemplarisch zu schulen. Freilich: Die skizzierten drei Phasen sind durchaus nicht trennscharf, sondern weisen partielle Überschneidungen auf. Denn in irgendeiner Weise wird natürlich überall informiert und problematisiert. Allerdings sind die Lehr-/Lernakzente in den einzelnen Phasen deutlich unterschiedlich gesetzt. Das hilft nicht nur bei der Unterrichtsplanung, sondern begünstigt auch einen ebenso abwechslungsreichen wie »eindringlichen« Arbeits- und Klärungsprozess aufseiten der SchülerInnen.

Für die Unterrichsplanung bedeutet das skizzierte Spiralkonzept ein erhebliches Umdenken. An die Stelle der traditionellen lehrerzentrierten Lernziel- und Stoffplanung tritt stärker die Vorbereitung und Organisation geeigneter schülerzentrierter Arbeitsinseln. Dementsprechend ergibt sich für die planende Lehrperson eine veränderte Leitfrage, die da sinngemäß lautet: »Wie kann ich die SchülerInnen beim anstehenden Thema zum Eigenverantwortlichen Arbeiten, Kommunizieren, Kooperieren, Produzieren, Explorieren etc. veranlassen? Welche Materialien und Lernarrangements sind diesbezüglich geeignet?« Angesagt ist also vorrangig das Initiieren, Organisieren und Moderieren themenzentrierter Arbeits- und Klärungsprozesse aufseiten der SchülerInnen und weniger das umfängliche Durchnehmen des obligatorischen Lernstoffes durch die jeweilige Lehrkraft. Wie gesagt: Das erfordert ein gewisses Umdenken, ein Umdenken allerdings, das sowohl machbar ist als auch SchülerInnen wie LehrerInnen Erfolg versprechende Perspektiven eröffnet.

Damit jedoch keine Missverständnisse entstehen: Die in Abbildung 39 angeführten Arbeitsinseln ergeben in der Summe keinesfalls eine komplette Unterrichtseinheit, sondern hinzu kommen selbstverständlich auch lehrerzentrierte Inputs (Vorträge, Demonstrationen, Filme, Tests etc.) und lehrergelenkte Unterrichtsgespräche. Diese Relativierung ist insofern wichtig, als hier keinesfalls der Eindruck erweckt werden soll, der anvisierte EVA-Unterricht stelle ausschließlich auf das Selbsterarbeiten des Lernstoffes durch die SchülerInnen ab. Eine derartige Verabsolutierung des

EVA-Prinzips wäre unrealistisch und irreführend zugleich. Unrealistisch deshalb, weil im Schulalltag letztlich ein Methoden-Mix nötig ist, und zwar sowohl aus Motivations- als auch aus Effizienzgründen. Und irreführend wäre eine solche Verabsolutierung insofern, als sie selbst engagierte und innovationswillige Lehrkräfte eher abschrecken und überfordern müsste. Um eine realistische Marge zu nennen: Wenn statt der bisher üblichen 8 Prozent EVA-Anteil am gängigen Unterricht ein Anteil von vielleicht 40 Prozent der Unterrichtszeit erreicht würde, dann wäre das ein ausgezeichnetes Ergebnis. In der restlichen Unterrichtszeit bestünde dann immer noch ausreichend Gelegenheit zum Katechisieren von Lernstoff und zu diversen lehrerzentrierten Darbietungen und Gesprächen. Auch diese haben gelegentlich ihren Platz – nur nicht mehr in dem Umfang, der in deutschen Schulen bislang üblich ist (vgl. Hage u.a. 1985).

Damit die abgebildete Lernspirale etwas konkreter wird, seien abschließend einige Erläuterungen zu ausgewählten Arbeitsinseln angeführt: Zunächst zur *Sensibilisierungsphase:*

- *Assoziatives Zeichnen:* Diese als A 1 ausgewiesene Mikrospirale umfasst die folgenden Lernaktivitäten: Die SchülerInnen reflektieren zunächst in einer kurzen Besinnungsphase die Situation der Menschen im Betrieb und skizzieren alsdann auf der Basis der eigenen Vorkenntnisse und Voreinstellungen einen ihnen wichtig erscheinenden Aspekt der modernen Arbeitswelt auf einem DIN-A4-Blatt. Danach werden per Abzählen oder mittels Losverfahren mehrere Zufallsgruppen mit je vier bis fünf SchülerInnen gebildet, die sich wechselseitig ihre Assoziationsskizzen erläutern und dann daran gehen, ein gemeinsames Plakat zum Thema »Menschen im Betrieb« zu gestalten (Plakatformat: ca. 80 cm × 100 cm). Da der Zufall unterschiedliche Talente zusammenführt, ist die Gestaltung »ausdrucksstarker« Plakate in der Regel kein Problem. Das zumindest zeigen die bisherigen Erfahrungen. Die so entstandenen Plakate werden schließlich im Plenum von ausgelosten Gruppensprechern präsentiert. Das kann ein einzelner Sprecher sein; das kann aber z.B. auch ein Tandem sein. Sinn und Zweck des vorgesehenen Losverfahrens ist, die SchülerInnen von vornherein stärker in die Pflicht zu nehmen, da jedes Gruppenmitglied potenzieller Präsentator ist. Diese Perspektive bewirkt erfahrungsgemäß ein deutliches Mehr an Mitarbeit und Mitverantwortung in den Gruppen und begünstigt damit sowohl die Arbeitshaltung des Einzelnen als auch die Integrationsbemühungen der jeweiligen Gruppe.
- *Dissonanzmethode:* Diese als A 3 ausgewiesene Mikrospirale weist folgende Arbeitsschritte auf: Ausgangspunkt ist eine mehr oder weniger provokative These, die geeignet ist, die vorhandenen Vorkenntnisse und Voreinstellungen der SchülerInnen auf den Tisch zu bringen. Eine mögliche These kann z.B. lauten: »In den bundesdeutschen Betrieben können die Unternehmer weithin tun und lassen, was sie wollen!« Die SchülerInnen erhalten diese These samt einer Bewertungsskala von +3 bis –3 auf einem kleinen Zettel und kreuzen nach einer kurzen Besinnungsphase eine bestimmte Bewertungsrubrik an (+3 heißt volle Zustim-

mung zur These; −3 heißt volle Ablehnung). Alsdann werden sie aufgefordert, auf einem entsprechend gestalteten Thesen-Plakat je einen roten Klebepunkt in jene Rubrik zu kleben, die sie vorher angekreuzt haben. Hierbei geht es (noch) nicht um richtig oder falsch, sondern lediglich darum, dass plausible Begründungen vorgetragen werden können. Die so kenntlich gemachten Meinungen werden alsdann in einer Partner- oder Kleingruppen-Runde erläutert und ansatzweise besprochen. Abschließend folgt im Plenum eine thesenbezogene Pro- und-Kontra-Deatte, an der je zwei Vertreter der Plus- und der Minus-Seite teilnehmen, die unter der Gesprächsleitung des Lehrers ihre unterschiedlichen Sichtweisen stellvertretend für die Klasse austauschen und diskutieren. Eine Öffnung zum Publikum hin kann hierbei durch je einen freien Stuhl auf der Pro- und auf der Kontra-Seite erreicht werden, die von interessierten »Zuschauern« kurzzeitig besetzt und für das Einbringen des einen oder anderen zusätzlichen Arguments genutzt werden können.

❏ *Nachschlagen im Betriebsverfassungsgesetz:* Diese als A 4 ausgewiesene Mikrospirale gehört bereits zur Informationsphase. Die einzelnen Arbeitsetappen sehen wie folgt aus: In einer ersten Sequenz werden die SchülerInnen mithilfe spezifischer Problemfragen, die die zuständige Lehrkraft vorzubereiten hat, in das Betriebsverfassungsgesetz (BVG) hineingeführt. Voraussetzung ist hierbei, dass die Gesetzestexte im Klassensatz vorliegen (sie sind beim Bundesarbeitsministerium kostenlos erhältlich). Die Beantwortung der einzelnen Problemfragen erfolgt zunächst in Partnerarbeit, damit sich die SchülerInnen bei Bedarf wechselseitig unterstützen und etwaige Schwierigkeiten gemeinsam überwinden können. Da zu den betreffenden Problemfragen durchweg ein begrenzter Suchkorridor vorgegeben ist (z.B. §§ 76–82 oder 2. Teil, 3. Abschnitt BVG), wird verhindert, dass die SchülerInnen uferlos suchen müssen. Die SchülerInnen blättern also im BVG, überlesen die in Frage kommenden Gesetzespassagen und filtern die gesuchten Schlüsselinformationen heraus. In einem zweiten Schritt werden alsdann neue Gruppen (Zufallsgruppen) gebildet, in denen die gefundenen Antworten verglichen, kontrolliert und nötigenfalls auch näher besprochen werden. In einem dritten Schritt schließlich wird ein Quiz im Plenum durchgeführt, und zwar in der Weise, dass ein bestimmter Schüler eine Problemfrage stellt, kundige MitschülerInnen sich melden, der Fragesteller das Wort an einen der Bewerber weitergibt, der Drangenommene bei der Formulierung seiner Antwort den Fragesteller anschaut und sodann selbst eine nächste Problemfrage stellt etc. In dieser Phase kann sich die Lehrperson – bei Bedarf – mit ergänzenden/korrigierenden Anmerkungen einbringen.

❏ *Schaubilder-Rallye:* Diese als A 6 ausgewiesene Mikrospirale gehört ebenfalls zur Informationsphase. Im Mittelpunkt steht dabei das systematische Erarbeiten ausgewählter Schaubilder zum Thema »Menschen im Betrieb« in einem insgesamt vierstufigen Verfahren. Zunächst »zieht« jeder Schüler eines der fünf Schaubilder, die ausreichend kopiert sein müssen, und setzt sich damit in einer kurzen Stillarbeitsphase auseinander, um festzustellen, was klar ist und wo es unter Umständen noch Nachfragen gibt. Dann gehen die SchülerInnen mit den gleichen Schaubildern zusammen und klären in ihren Stammgruppen die bestehenden Fragen und bereiten sich auf die anstehenden Kurzvorträge vor. Im dritten Arbeitsschritt nämlich werden Querschnittsgruppen gebildet, in denen Vertreter aller fünf Stammgruppen zusammensitzen, die sich wechselseitig kurze Vorträge zu ihren unterschiedlichen Schaubildern halten müssen. Im vierten und letzten Schritt schließlich wird aus jeder ursprünglichen Stammgruppe jemand ausgelost, der das eigene Schaubild nochmals mittels Overheadprojektor im Plenum vorstellt und erläutert. An dieser Stelle kann sich bei Bedarf die Lehrperson einklinken.

- *Lernkärtchen erstellen:* Diese als A 9 ausgewiesene Mikrospirale dient der Vorbereitung und Nutzung einer themenzentrierten Lernkartei. Der erste Arbeitsschritt sieht so aus, dass sich je zwei SchülerInnen die vorliegenden Materialien zum Thema »Menschen im Betrieb« (Schulbuch, Haushaft etc.) vornehmen und z.B. fünf »Schlüsselfragen« überlegen, auf die die MitschülerInnen Antworten wissen sollten. Anschließend werden durch das Zusammenlosen dieser Tandems mehrere Sechsergruppen gebildet, die sich auf je zehn »Schlüsselfragen« verständigen und entsprechende Fragekärtchen mit den zugehörigen Anworten auf der Rückseite erstellen. Diese Frage-Antwort-Kärtchen bilden alsdann die Basis für das abschließende Quiz. Ein Schüler stellt eine erste Frage, gibt das Wort weiter, korrigiert nötigenfalls die vorgetragene Antwort und überlässt dann einem zweiten Fragesteller das Feld usw. Auf diese Weise kann das betreffende Stoffgebiet recht intensiv wiederholt und durch ergänzende Anmerkungen der zuständigen Lehrperson abgesichert werden.

- *Stationengespräch:* Diese als A11 ausgewiesene Mikrospirale gehört bereits zur Problematisierungsphase. Der betreffende Arbeitsprozess beginnt damit, dass durch Abzählen oder Auslosen sechs Schülergruppen gebildet werden, die sich auf sechs Gesprächsstationen im Klassenraum verteilen. An jeder Gesprächsstation hängt/liegt – verdeckt – eine Karikatur, die zur kritischen Auseindersetzung mit bestimmten betrieblichen Gegebenheiten einlädt. Die beiden Leitfragen für die Schülergruppen lauten: »(a) Was will der Karikaturist mit seiner Karikatur wohl aussagen?; (b) Was haltet ihr von dieser Aussage?« Die sechs Gruppen durchlaufen die sechs Gesprächsstationen im 3-Minuten-Takt und tragen an jeder Station einige wichtige Gedanken und Argumente zusammen. Nach diesem Streifzug werden die sechs Karikaturen zusammengelegt und unter den noch im Raum stehenden Schülergruppen verlost, die nunmehr die Aufgabe haben, eine differenziertere Stellungnahme unter Berücksichtigung der genannten Leitfragen zu erarbeiten und diese anschließend im Plenum vorzutragen. Die Präsentatoren der Statements werden ebenfalls per Los ermittelt. Ergänzende Anmerkungen der Lehrperson können die Präsentationen abrunden.

2. Methodentraining mit SchülerInnen

Die SchülerInnen müssen Methoden lernen und beherrschen. Das ist unter Pädagogen weithin unstrittig. Lernformen wie Wochenplanarbeit, Freiarbeit, Stationenarbeit, Projektarbeit und Gruppenarbeit sind letztlich zum Scheitern verurteilt, wenn den SchülerInnen die entsprechenden methodischen Instrumente und Routinen fehlen. Es ist einfach irrig anzunehmen, dass die SchülerInnen schon zurechtkommen werden, wenn man sie im Offenen Unterricht nur gewähren lässt. Zumindest die unsicheren, unselbstständigen, phlegmatischen und/oder leistungsschwächeren SchülerInnen sind ganz elementar darauf angewiesen, dass sie grundlegende methodische Strategien ebenso kleinschrittig wie konsequent einüben. Aber auch die leistungsstärkeren SchülerInnen profitieren durchaus davon, wenn methodische Übungen und Klärungen im Schulalltag mehr Gewicht erhalten. Von daher ist im Unterricht eine verstärkte Methodenschulung geboten. Nutznießer dieser Methodenschulung sind nicht nur die SchülerInnen, sondern auch und zugleich ihre Lehrkräfte. Näheres dazu wird in Abschnitt 2.2 ausgeführt.

2.1 Überblick über das Trainingskonzept

Methodentraining meint hier und im Folgenden das systematische Einüben elementarer *Lern- und Arbeitstechniken*. Diese Klarstellung ist insofern wichtig, als der Methodenbegriff üblicherweise deutlich weiter gefasst wird. Einen Überblick über einige gängige Lern- und Arbeitstechniken, um die es in diesem Abschnitt geht, vermittelt Abbildung 40. Dass viele SchülerInnen diesbezüglich erhebliche Defizite und Unsicherheiten haben, kann im Schulbetrieb alltäglich beobachtet werden. Mit dem hier anvisierten Methodentraining soll diesen Defiziten entgegengewirkt werden.

Wichtig dabei ist, dass Methodentraining und fachliches Lernen nicht als Gegensatz, sondern als komplementäres Ganzes gesehen werden. Der vermeintliche Gegensatz von Fachkompetenz und Methodenkompetenz, den viele FachlehrerInnen noch immer monieren, ist irreführend und falsch zugleich. Irreführend ist diese Sicht deshalb, weil sie suggeriert, eine Intensivierung des Methodenlernens gehe zulasten der Stoffvermittlung und des fachlichen Durchblicks der SchülerInnen. Zwar kann in den methodenzentrierten Übungsphasen in aller Regel weniger Lernstoff dargeboten werden, doch das heißt ja nicht, dass die SchülerInnen deshalb weniger lernen. Vor allem längerfristig sind die Lerneffekte auf Schülerseite ganz entscheidend davon abhängig, dass sie den Lernstoff methodisch durchdacht erschließen

Wichtige Lern- und Arbeitstechniken

(Einige Beispiele)

Markieren	Ordnung halten
Rasch lesen	Arbeitsplatzgestaltung
Nachschlagen	Protokollieren
Fragen formulieren	Mitschrift anfertigen
Auswendig lernen	Prüfungen vorbereiten
Exzerpieren	Visualisieren
Zusammenfassen	Heft gestalten
Strukturieren	Arbeitsplan erstellen
»Spicker« schreiben	Entscheidungen treffen
Stringentes Schreiben	Zeit einteilen

etc.

Abb. 40 © Dr. H. Klippert

und im Gedächtnis verankern. Das aber ist wiederum eine Frage der Methodenbeherrschung. In dem Maße, wie die SchülerInnen lernen, den je anstehenden Lernstoff sinnfällig zu strukturieren und zu visualisieren, Informationen rasch nachzuschlagen und selektiv zu lesen, Fragen zu formulieren und Lernkärtchen anzulegen, stringent zu schreiben und zu protokollieren, Exzerpte zu erstellen und Mitschriften anzufertigen, Ordnung zu halten und die eigene Arbeit zu organisieren, Klassenarbeiten geschickt vorzubereiten und den häuslichen Arbeitsplatz sinnvoll zu gestalten – in dem Maße werden sie auch das eigene Lernen effektiver und erfolgreicher gestalten können. So gesehen sind Methodentraining und fachliches Lernen aufs Engste miteinander verwoben und im alltäglichen Unterricht notwendigerweise als Einheit zu betrachten und zu »pflegen«.

Kennzeichnend für das hier anvisierte Methodentraining ist, dass das Methodenlernen der SchülerInnen ins Zentrum der Unterrichtsarbeit gerückt wird und phasenweise Vorrang vor der Stoffvermittlung erhält. Zwar wird in den methodenzentrierten Phasen auch Stoff behandelt, aber dieser ist eher sekundär. Das Unterrichtsgeschehen kreist in den methodenzentrierten Phasen vorrangig um das methodische Vorgehen der SchülerInnen, um ihre Unsicherheiten und Defizite, ihre Anfragen und positiven Ansätze zur Verbesserung der eigenen Lern- und Arbeitsmethodik. Dementsprechend werden Experimente durchgeführt, methodische Strategien erprobt und verglichen, auftretende Probleme besprochen, Regeln erarbeitet und geklärt, persönliche Tipps ausgetauscht und von Lehrerseite natürlich auch konkrete Anregungen gegeben. Die Methodik der SchülerInnen wird also zum Lerngegenstand, während die Inhalte in diesen Trainingsphasen einen deutlich nachgeordneten Stellenwert haben.

Wichtig ist, dass das methodenzentrierte Arbeiten nicht nur sporadisch im Fachunterricht stattfindet, sondern hin und wieder zu regelrechten »Crashkursen« verdichtet wird, die den SchülerInnen Gelegenheit geben, sich ebenso intensiv wie vielschichtig mit methodischen Fragen und Strategien auseinanderzusetzen und die eigene Lernmethodik zu verbessern. Wie ein derartiger Crashkurs als Wochentraining ablaufen kann, zeigt Abbildung 41. Wie sich aus dieser Abbildung ersehen lässt, durchlaufen die SchülerInnen mehrere Trainingsspiralen zu unterschiedlichen Methodenfeldern. Dabei üben und klären sie in handlungsbetonter Weise, wie man den Lernstoff effektiver ins Gedächtnis bekommen kann, wie man Klassenarbeiten geschickt vorbereitet, wie sich das Lese- und Nachschlagetempo steigern lässt, worauf beim Markieren, Strukturieren und Visualisieren von Informationen zu achten ist, und welche Tricks und Tipps es gibt, um das eigene Zeitmanagement zu verbessern. Nähere Hinweise zu diesen Trainingsspiralen finden sich im nachfolgenden Abschnitt 2.3.

Durchgeführt wurden derartige Sockeltrainings bislang sowohl in der 5. Jahrgangsstufe als auch in den Klassen 7, 9 und 11. Auch in diversen Grundschulen wurden in den letzten Jahren mehrtägige Methodentrainings in Anlehnung an das abgebildet 6-Stufen-Modell durchgeführt. Die Erfahrungen waren durchweg positiv. Das konsequente Üben, Reflektieren, Wiederholen und Festigen elementarer Lern- und

Das 6-Stufen-Modell des Methodentrainings

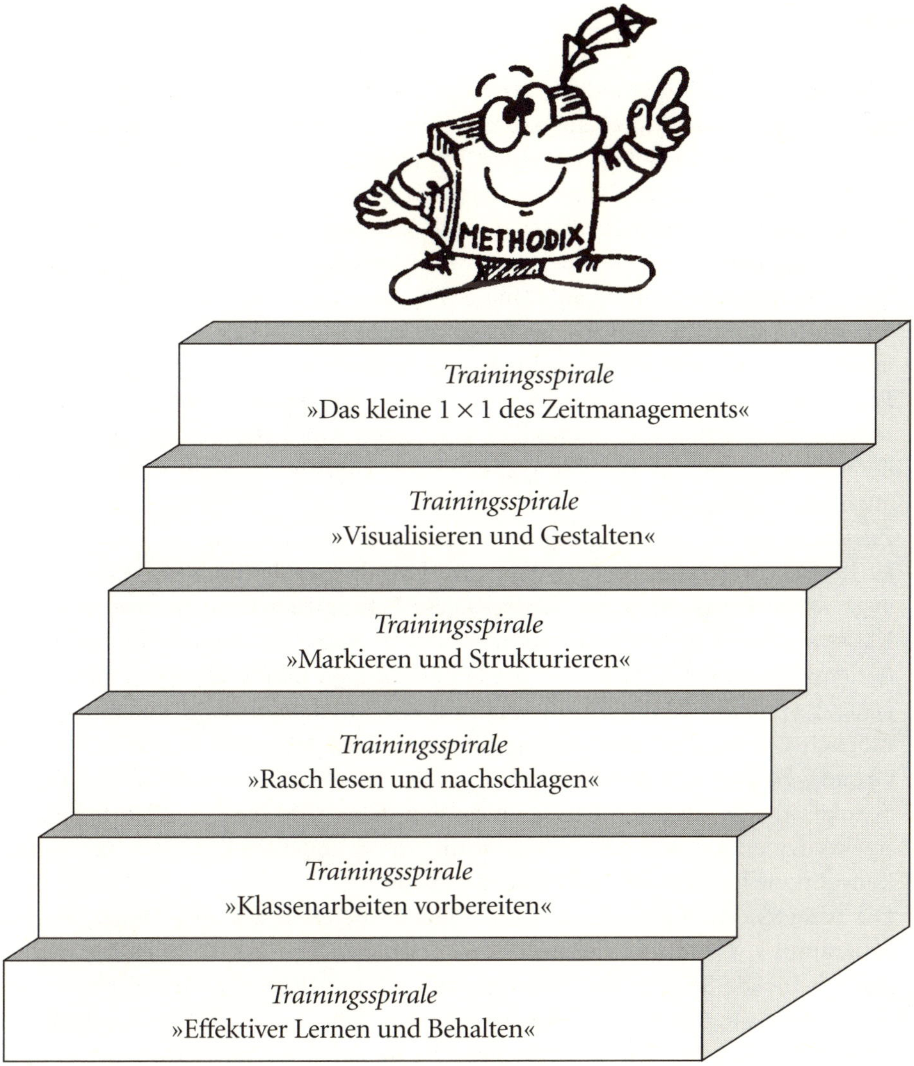
METHODIX
Trainingsspirale
»Das kleine 1 × 1 des Zeitmanagements«
Trainingsspirale
»Visualisieren und Gestalten«
Trainingsspirale
»Markieren und Strukturieren«
Trainingsspirale
»Rasch lesen und nachschlagen«
Trainingsspirale
»Klassenarbeiten vorbereiten«
Trainingsspirale
»Effektiver Lernen und Behalten«

Abb. 41 © Dr. H. Klippert

Arbeitstechniken führt zu einem deutlich gesteigerten Methodenbewusstsein sowie zu größerer methodischer Zielstrebigkeit, Flexibilität und Routine der SchülerInnen. Diese methodenzentrierte Klärungsarbeit braucht naturgemäß viel Zeit, mehr Zeit auf jeden Fall, als den einzelnen Fachlehrerinnen und Fachlehrern im Kontext ihres jeweiligen Faches normalerweise zur Verfügung steht. Um diesem Zeitdruck zu entgehen und den SchülerInnen ein möglichst nachhaltiges Methodenlernen zu ermöglichen, sind die besagten Trainingswochen ins Leben gerufen worden. Zu deren Organisation noch einige Hinweise und Anregungen:

- Die Durchführung methodenzentrierter Trainingswochen empfiehlt sich im Bereich der Sekundarschulen auf jeden Fall in der 5. Jahrgangsstufe (in der Regel in den Wochen vier bis sechs des neuen Schuljahres). Ziel dieser Trainingswoche ist es, die SchülerInnen mit ganz elementaren Lern- und Arbeitstechniken vertraut zu machen bzw. diese aufzufrischen und auszubauen, sofern in den Grundschulen bereits entsprechende Vorarbeit geleistet wurde. Bewährt hat sich darüber hinaus ein Intensivtraining auf höherem Niveau in der 11. Jahrgangsstufe, in dessen Mittelpunkt die Klärung wissenschaftspropädeutischer Methoden und Verfahrensweisen steht (Referatgestaltung, Bibliotheksnutzung, Anfertigen einer Facharbeit, Erstellen von Mitschriften, Einsatz von Visualisierungs- und Präsentationstechniken). Selbstverständlich kann auch zwischendurch der eine oder andere Trainingstag zur Behebung spezifischer Defizite im methodischen Bereich angesetzt werden.
- Zuständig für die Vorbereitung und Moderation der Trainingswochen sind in aller Regel Lehrerteams, bestehend aus zwei bis drei methodisch interessierten und engagierten Lehrkräften pro Klasse. Diese Lehrkräfte sollten in ihrer jeweiligen Klasse möglichst viele Wochenstunden unterrichten (zusammengenommen mindestens 15 Stunden), damit sie ihre SchülerInnen in methodischer Hinsicht eingehend »prägen« können und während der Wochenkurse in anderen Klassen möglichst wenig vertreten werden müssen. Diesen Anspruch zu realisieren, ist in Grund-, Haupt- und Sonderschulen in aller Regel kein Problem, in den übrigen Schularten ist es dagegen häufig eines. Von daher sind bei der alljährlichen Lehrereinsatzplanung und bei der Gestaltung der Stundentafeln Kreativität und unkonventionelles Denken und Handeln gefragt.
- Die besagten »KernlehrerInnen« (3er-Teams) bereiten das anstehende Wochenprogramm vor und moderieren die vorgesehenen Trainingsspiralen im Wechsel. Das gilt für die Schulen der Sekundarstufen I und II. In den Grundschulen wird die Vorbereitung ebenfalls in Teams geleistet (Jahrgangs- bzw. Stufenteams), die Durchführung hingegen ist weitgehend Sache der KlassenlehrerInnen, die in der Regel fast alle Stunden unterrichten. Moderiert wird das Training grundsätzlich tageweise, d.h. pro Tag ist jeweils nur eine Lehrkraft zuständig und kann von daher die einzelnen Übungen relativ geduldig und flexibel durchführen und auswerten lassen. Das begünstigt sowohl das Lernklima als auch die Lernintensität. Teamteaching wird dadurch selbstverständlich nicht ausgeschlossen, sondern ist

sogar erwünscht. Auch Hospitationen anderer Lehrkräfte sind grundsätzlich gerne gesehen. Das gilt für alle Schularten und Schulstufen.

❑ Zur Vorbereitung des Wochentrainings ziehen sich die zuständigen Lehrerteams für einen bis zwei Tage in Klausur zurück (zumindest beim ersten Mal), um zum einen die einzelnen Übungen und Übungsfolgen für die Trainingswoche abzusprechen und auszuarbeiten sowie zum anderen den korrespondierenden Elternabend vorzubereiten (zu empfehlen ist das Thema »Klassenarbeiten vorbereiten« mit ausgewählten Übungen). Diese Vorbereitungsarbeit wird in der Schule als selbstorganisierte Fortbildung »verbucht«. Als Hilfe und Materialfundgrube für die zu planende Trainingsarbeit steht den Teams das Buch »Methodentraining« mit seinen mehr als 120 Übungsbausteinen zur Verfügung (vgl. Klippert 1994).

❑ Durchgeführt werden kann das Wochentraining entweder in einem separaten Raum der Schule oder z.B. auch im Landschulheim oder in geeigneten Räumlichkeiten der Kommune (Jugendhaus, Dorfgemeinschaftshaus, kommunale Bildungsstätte etc.). Die Wahl einer externen Bildungsstätte empfiehlt sich vor allem für den wissenschaftspropädeutischen Crashkurs, der für die 11. Jahrgangsstufe vorgesehen ist (siehe oben). Auf jeden Fall sollten Räumlichkeiten zur Verfügung stehen, die ganztägig genutzt werden können und möglichst abgeschieden liegen – am besten fernab des Klingelzeichens und des üblichen Pausentrubels.

Fächerübergreifende Intensivwochen der skizzierten Art alleine genügen freilich nicht. Hinzu kommen muss zwingend eine möglichst konsequente Methodenpflege im ganz normalen Fachunterricht. Andernfalls besteht die Gefahr, dass die SchülerInnen das in der Trainingswoche eingeübte Methodenrepertoire sehr schnell wieder vergessen. Kennzeichnend für die anvisierte *Methodenpflege* ist, dass die zuständigen FachlehrerInnen ein verstärktes Augenmerk auf die spezifischen Lern- und Arbeitstechniken richten, die sich in Verbindung mit dem jeweiligen Fachthema üben und festigen lassen. Diese Lern- und Arbeitstechniken werden im Fachunterricht möglichst oft und möglichst gezielt aufgegriffen, praktisch durchgespielt und (selbst)-kritisch reflektiert. Das Methodenlernen wird also phasenweise auch im Fachunterricht zum Lerngegenstand. Auf diese Weise können sich die SchülerInnen immer wieder methodisch vergewissern und ihr praktisches Methodenrepertoire bewusst und durchdacht weiterentwickeln.

Die Umsetzung des skizzierten Trainingskonzepts verlangt selbstverständlich unterstützende organisatorische Regelungen und Maßnahmen der Schulleitung und/oder des Kollegiums. Das beginnt bei der »wohl wollenden« Einplanung und Ermöglichung der einzelnen Trainingswochen und -tage und reicht über die partielle Vertretung der verantwortlichen Lehrkräfte während der unterschiedlichen Trainingsphasen bis hin zur Bildung spezifischer Lehrerteams, die sich der spezifischen Aufgabe der Methodenschulung im Unterricht annehmen. Nur wenn das Gros der Lehrkräfte und der Führungskräfte im jeweiligen Kollegium mitspielt, wird es gelingen, dem Methodentraining den nötigen Nachdruck zu geben. Hinzu kommt, dass die zuständigen Lehrkräfte bereit und in der Lage sein müssen, intensiv zusammenzuarbeiten, und zwar sowohl während der Unterrichtsvorbereitung als auch im Unterricht selbst. Teamteaching, Teamhospitationen, Teamfortbildung, Teamklausurtage und gelegentliche Teamkonferenzen haben sich als Lerninseln bestens bewährt. Freilich müssen dazu die betreffenden Lehrkräfte auch mal vom Unterricht freigestellt werden, um z.B. das angesprochene Wochentraining und/oder den korrespondierenden Elternabend gründlich vorzubereiten.

Auch die fachspezifische Methodenpflege bedarf neuer Überlegungen und Vorbereitungsmaßnahmen, die nicht nur so nebenbei in den üblichen nachmittäglichen Fachkonferenzen zu erledigen sind. Viel sinnvoller und wirksamer ist es stattdessen, gelegentlich auf ganztägige »produktive Fachkonferenzen« mit methodenzentriertem Zuschnitt zu setzen. Auf Fachkonferenzen also, die den betreffenden Lehrkräften ausgiebig Gelegenheit geben, zu ausgewählten Themen des Lehrplans innovative methodenzentrierte Lehr-/Lernarrangements zu entwickeln und die zugehörigen Arbeitsmaterialien zu erstellen. Produktive Teamarbeit dieser Art wirkt erwiesenermaßen inspirierend, motivierend und nicht zuletzt zeitsparend und entlastend. Von daher sind Trainerteams, Teamklausurtage, Teamteaching, Teambesprechungen und produktive Fachkonferenzen wichtige Maßnahmen zur Sicherstellung einer erfolgreichen Methodenschulung. Die Schulleitung sollte derartige Aktivitäten großzügig unterstützen.

2.2 Gezieltes Methodentraining lohnt sich

Einschlägigen empirischen Untersuchungen zufolge führen mehr als fünfzig Prozent der SchülerInnen ihre Lernschwierigkeiten darauf zurück, dass ihnen die nötigen Methoden und Techniken zur Planung und Steuerung des eigenen Lernens fehlen (vgl. Hilligen 1985, S. 209). Gelernt wird irgendwie, aber meist ohne klares Konzept. Das führt vor allem bei lernschwächeren SchülerInnen zu ausgeprägtem Lernversagen, da diese nur selten von selbst zu tragfähigen Lern- und Arbeitsmethoden gelangen. Ursächlich für das auftretende Lernversagen ist u.a., dass viele SchülerInnen ausgesprochen einkanalig lernen, nämlich durch Lesen. Wenn sie fleißig sind, lesen sie die betreffenden Texte und Unterlagen auch mehrfach durch. Allerdings gehen sie viel zu selten dazu über, den anstehenden Lernstoff aktiv-produktiv zu bearbeiten und so zu erschließen, dass eingängige kognitive Bahnen und Vernetzungen entstehen. Ähnlich problematische Vorgehens- und Arbeitsweisen sind auch in anderen Bereichen zu beobachten – so z.B. bei der Zeit- und Arbeitsplanung sowie beim Vorbereiten von Klassenarbeiten. Das gilt keineswegs nur für die lernschwächeren SchülerInnen, sondern beispielsweise auch für viele Gymnasiasten, wie einschlägige Untersuchungen in der Schweiz belegen. Nach einer Befragung von 765 Absolventen Zürcher Gymnasien zeigten sich rund drei Viertel der befragten Jugendlichen mit der in der Schule praktizierten »Anleitung zum selbstständigen Arbeiten« mehr oder weniger unzufrieden (vgl. Schräder-Naef 1987, S. 17). Das ist ein Alarmsignal!

Welche Defizite SchülerInnen vorrangig beklagen, geht aus verschiedenen Befragungen hervor, die der Verfasser zur Vorbereitung schulinterner Studientage an diversen rheinland-pfälzischen Schulen durchgeführt hat (befragt wurden rund 800 SchülerInnen). Einbezogen waren sowohl Hauptschulen als auch Realschulen als auch Gymnasien. Zusammenfassend lässt sich aus den Rückmeldungen der SchülerInnen das Fazit ziehen: Der Mehrzahl der SchülerInnen fällt es nach eigenem Bekunden »eher schwer«,

- den Lernstoff längerfristig in den Kopf zu bekommen sowie den eigenen Lernerfolg treffend einzuschätzen;
- im Unterricht zielstrebig zu arbeiten sowie etwaige Probleme und Schwierigkeiten beim Lernen zu überwinden;
- umfangreiche Materialien/Texte zielstrebig durchzuarbeiten und das Wesentliche daraus zu entnehmen;
- wichtigen Lernstoff übersichtlich zusammenzufassen und entsprechende Berichte sinnvoll zu gliedern und zu gestalten;
- Klassenarbeiten frühzeitig vorzubereiten sowie den anstehenden Lernstoff gezielt zu üben und zu wiederholen.

Bei der Besprechung der Befragungsergebnisse wurde darüber hinaus deutlich, dass es vielen SchülerInnen nicht nur an faktischen Kompetenzen im methodischen Bereich mangelt, sondern auch am nötigen Problembewusstsein und an der nötigen Selbstkritikfähigkeit. Vieles, was objektiv unzulänglich und verbesserungsbedürftig war, sahen sie schlichtweg als normal an. Die Folge dieses Deutungsmusters ist, dass an den bestehenden Lern- und Verfahrensproblemen kaum gearbeitet wird.

Das bestätigten auch die für die befragten Klassen verantwortlichen Lehrkräfte. Die von ihnen geäußerten Einschätzungen zur Methodenkompetenz ihrer SchülerInnen waren insgesamt noch deutlich kritischer als die der SchülerInnen selbst. Beklagt wurden von Lehrerseite u.a. die dürftige Lesefähigkeit und -bereitschaft vieler SchülerInnen, ihre geringe Ausdauer und Konzentration, ihre Unsicherheit und Unselbstständigkeit bei komplexeren Arbeitsaufträgen, ihre mangelnde Eigeninitiative und Problemlösungsfähigkeit, ihre dürftige Ordnungsliebe, ihr rasches Vergessen des Lernstoffes sowie – last but not least – ihre überwiegend geringe Lernmotivation.

Die Unbedarftheit vieler SchülerInnen in methodischen Dingen lässt sich beispielhaft aus den Momentaufnahmen in Abbildung 42 ersehen. Die Folgen sind Hilflosigkeit und Abhängigkeit von den konkreten Anweisungen und methodischen Klärungen der Lehrkräfte. Wer dieser Unmündigkeit der SchülerInnen entgegenwirken will, der tut gut daran, das Methodentraining im Unterricht zu intensivieren. Egal, ob die SchülerInnen Tabellen, Diagramme, Tafelbilder, Lernkärtchen, Spickzettel, Heftseiten, Plakate oder Wandzeitungen erstellen sollen, egal, ob sie einen Arbeitsprozess zu planen, die Zeit einzuteilen oder den häuslichen Arbeitsplatz sinnvoll zu organisieren haben, egal auch, ob sie Texte markieren, Fragen formulieren, Infor-

Einige gängige Lernprobleme

Schüler A soll im Rahmen des Deutschunterrichts ein Referat über einen namhaften Schriftsteller und ein von diesem verfasstes Theaterstück schreiben und irgendwann vor der Klasse vortragen. Er schreibt aus der vom Lehrer zur Verfügung gestellten Sekundärliteratur ganze Passagen mehr oder weniger gedankenlos ab. Die formale Referatgestaltung wird zum Teil sträflich vernachlässigt. Die Präsentation vor der Klasse sieht schließlich so aus, dass die schriftliche Ausarbeitung langatmig vorgelesen wird.

Schülerin B. erhält einen Informationstext zur Funktionsweise des Gedächtnisses und soll diesen so markieren, dass sie später möglichst auf einen Blick erfassen kann, um was es im Text geht. Schülerin B. fängt sofort mit dem Markieren an. Sie unterstreicht mit einem Kugelschreiber. Sie unterstreicht sehr viel – teilweise mehrere Zeilen hintereinander. Hier oder dort wählt sie Wellenlinien. Am Ende ist der Text zu großen Teilen unterstrichen – getreu dem Motto: »Alles ist wichtig«. Markante Blickfänge und Erinnerungsstützen fehlen fast völlig.

Schülerin C. erhält im Rahmen des Sozialkundeunterrichts einen mehrseitigen Text mit Grundinformationen zum Thema Arbeitslosigkeit und soll auf dieser Basis ein möglichst übersichtliches Schaubild zu den Ursachen der Arbeitslosigkeit erstellen. Doch Schülerin C. reagiert ziemlich hilflos: »Wie soll denn das Schaubild aussehen und welche Aspekte sollen berücksichtigt werden?« Ihre Frage klingt vorwurfsvoll. Auch die übrigen SchülerInnen sitzen ziemlich ratlos und lustlos herum und hoffen, dass der Lehrer zu strukturieren beginnt.

Schüler D. hat seine Biologiearbeit zurückbekommen. Note »Fünf«! Die Enttäuschung ist groß, die Ratlosigkeit ebenso. Er hat diesmal doch wirklich gründlich gelernt. Wie er mit Tränen in den Augen berichtet, hat er zu Hause stundenlang gelesen und gepaukt. Und das noch am letzten Tag, damit der Stoff auch wirklich hängen bleibt. Er hat sich die betreffenden Ausführungen im Schulbuch und im Hausheft mehrfach durchgelesen. Er war wirklich fleißig, aber gelohnt hat sich's letztlich nicht.

Abb. 42 © Dr. H. Klippert

mationen rasch nachschlagen oder zielstrebig mit Computerdateien arbeiten müssen – stets sehen sie sich methodischen Anforderungen ausgesetzt, auf die sie zumeist nur unzulänglich oder gar nicht vorbereitet sind. Durch die Öffnung des Unterrichts allein werden sich die fehlenden Methoden gewiss nicht einstellen. Vielmehr ist die Gefahr groß, dass das Gros der SchülerInnen mangels Methodenkompetenz mehr oder weniger planlos und hilflos vor sich »hinwerkelt« und in unnötige Misserfolgserlebnisse hineinschlittert. Dieses zu verhindern, ist Ziel der hier in Rede stehenden Methodenschulung.

Die Vorteile, die ein verstärktes Methodentraining für die SchülerInnen mit sich bringt, liegen auf der Hand: Die methodische Versiertheit der SchülerInnen wächst. Das fördert ihre Selbstständigkeit, ihr Selbstvertrauen und ihre Zielstrebigkeit. Und das begünstigt nicht zuletzt ihren fachlichen Lernerfolg. Denn das methodisch versierte Erarbeiten, Markieren, Reduzieren, Strukturieren und Visualisieren des jeweiligen Lernstoffs trägt erwiesenermaßen dazu bei, dass die SchülerInnen nachhaltiger begreifen und behalten, als das im Rahmen des lehrerdominierten Unterrichts möglich ist (vgl. Vester 1978; Aebli 1983; Bruner 1981). So gesehen sind Methodenkompetenz und Fachkompetenz hochgradig kompatibel und aufeinander angewiesen. Darüber hinaus begünstigt die hier anvisierte Methodenschulung auch und nicht zuletzt die Motivation der SchülerInnen. Denn grundsätzlich gilt: Je fundierter das Methodenrepertoire der SchülerInnen, desto ausgeprägter ist üblicherweise ihr Kompetenzgefühl und desto größer ist von daher auch ihre Kompetenzmotivation, d.h. ihre Motivation aus dem Gefühl heraus, das kann ich und das wird schon zum Erfolg führen.

Diese Wirkungskette sollte Mut machen, das Methodentraining im Unterricht entschieden zu intensivieren. Vor allem die lernschwächeren SchülerInnen werden diesen Service zu schätzen wissen, da es ihnen in aller Regel an abgeklärten methodischen Fähigkeiten und Fertigkeiten mangelt. Und natürlich wird den SchülerInnen ein fundiertes Methodenrepertoire auch in der späteren Ausbildung zugute kommen – egal, ob in der Universität oder im Betrieb. Gerade die Groß- und Mittelbetriebe fordern in den letzten Jahren verstärkt solche Schlüsselqualifikationen wie Eigeninitiative, Methodenbeherrschung, Selbststeuerung, Kreativität, rationelles Arbeiten, schriftliche Ausdrucksfähigkeit, Organisationsfähigkeit sowie Planungs- und Entscheidungskompetenz.

Ein verstärktes Methodentraining kommt allerdings nicht nur den SchülerInnen zugute. Es schafft auch und zugleich reizvolle Entlastungsperspektiven für die Gruppe der LehrerInnen, und zwar gleich auf zwei Ebenen. Zum einen tragen die verbesserten Lernroutinen und Erfolgschancen auf Schülerseite den verantwortlichen Lehrkräften vermehrt Bestätigung und positives Feedback ein. Und zum Zweiten führt die trainingsbedingte Förderung von Selbstständigkeit und methodischer Versiertheit dazu, dass die betreffenden Lehrkräfte im Unterricht mehr und mehr entlastet werden. Die Unterrichtsstörungen nehmen ab, und die Phasen des disziplinierten, selbstständigen Arbeitens und Lernens der SchülerInnen nehmen zu. Das entlastet die zuständigen Lehrkräfte sowohl vom ständigen »Geben-Müssen« als auch vom nervtötenden Desinteresse eines mehr oder weniger großen Teils der Schülerschaft. Dieser Effekt ist zwar nicht unter allen Umständen garantiert, da die gängigen Störungen und Defizite im Unterricht natürlich nicht nur auf die mangelnde Kompetenz der SchülerInnen zurückgehen, sondern auch noch ganz andere Ursachen haben können. Wohl aber wird mit dem Anwachsen der Methodenkompetenz auf Schülerseite eine wichtige Quelle des Misserfolgs und der Unzufriedenheit eingedämmt und damit ein Mehr an Entlastungen und Berufszufriedenheit auf Lehrerseite erreicht. Von daher kann ein vorübergehender Mehraufwand für das Vorbereiten methodenzentrierter Lernarrangements als durchaus sinnvolle »Zukunftsinvestition« angesehen werden.

Fazit also: Eine verstärkte Methodenschulung im Unterricht lohnt sich – für die SchülerInnen wie für die LehrerInnen. Zusammenfassend lassen sich sechs wichtige Gründe und Überlegungen anführen: Methodentraining ist sinnvoll und dringlich, weil …

- viele SchülerInnen beim Lernen unsicher und/oder überfordert sind, da ihnen die nötigen methodischen Klärungen und Routinen (Algorithmen) fehlen;
- die Lernmethoden im Unterricht in aller Regel »Lehrermethoden« sind, d.h., die LehrerInnen bahnen den methodischen Weg für die SchülerInnen, indem sie präzise Instruktionen geben und Vorgaben machen. Kein Wunder also, dass viele SchülerInnen recht hilflos sind, wenn die gewohnte Lehreranweisung fehlt und sie in eigener Regie arbeiten müssen;
- die gelegentliche Methodenbelehrung durch die Lehrkräfte wenig bewirkt, da sie letztlich mehr oder weniger abstrakt und appellativ bleiben muss. Methoden müssen experimentell gelernt und im Wege des »learning by doing« eingeübt werden. Sie können erfahrungsgemäß nur sehr begrenzt »gelehrt« werden;
- in den Lehrplänen, den Schulbüchern und in der Lehrerbildung traditionell sehr stark stofforientiert gearbeitet wird. Dem Methodenlernen wird demgegenüber wenig Aufmerksamkeit geschenkt. Das hat zur Folge, dass die Methodenschulung im Unterricht in der Regel stark vernachlässigt wird;
- die Bildungsexperten aller Couleur mittlerweile darin übereinstimmen, dass die Methoden- und die Sozialkompetenz relativ zur Fachkompetenz an Bedeutung gewinnen, da die Halbwertzeit des Fachwissens dramatisch sinkt und daher die Fähigkeit zur selbstständigen Informationsbeschaffung und -verarbeitung immer wichtiger wird;
- die Lehrkräfte im Unterricht dringend Entlastung benötigen, um dem drohenden »Burnout« zu entgehen. Diese Entlastung aber steht und fällt mit der Selbstständigkeit und Methodenkompetenz der SchülerInnen.

Fazit also: Die Methodenschulung muss im Unterricht deutlich ausgebaut werden, d.h. methodenzentrierte Übungen und Klärungen müssen phasenweise zum Lerngegenstand werden – teils im Rahmen mehrtägiger Intensivkurse, teils im Rahmen des normalen Fachunterrichts. Wenn dieses geschieht, dann bestehen gute Chancen, dass das Lernen der SchülerInnen effektiver und das Lehren der Pädagogen befriedigender und kraftsparender werden.

2.3 Einige bewährte Trainingsspiralen

Wie in Abschnitt 2.1 erwähnt, ist das Spezifische des Methodentrainings, dass die SchülerInnen über mehrere Tage hinweg zur intensiven Auseinandersetzung mit ausgewählten Methodenfeldern veranlasst werden. Dabei bildet das in Abbildung 41 vorgestellte 6-Stufen-Modell den Orientierungsrahmen, der die einzelnen Etappen des Methodentrainings umreißt. Das Unterrichtsgeschehen kreist in diesen Etappen ganz vorrangig um das methodische Vorgehen der SchülerInnen, um ihre Unsicherheiten und positiven Ansätze.

Typisch für das Methodentraining ist dreierlei: Erstens das induktive Vorgehen – vom Experiment über die Reflexion bis hin zur Regelentwicklung und -festigung. Zweitens das Zugeständnis, dass Fehler und Unzulänglichkeiten erlaubt sind (trial and error) und letztlich die Basis für eine effektive Weiterentwicklung des eigenen Methodenrepertoirs bilden. Und drittens schließlich, dass Training zwingend auf redundantes Arbeiten angewiesen ist, d.h. auf partielle Wiederholungen und Überschneidungen der einzelnen Übungen, damit die SchülerInnen sukzessive zu einer Optimierung und Automatisierung ihrer methodischen Handlungsabläufe gelangen. Da derartige Redundanzen im Rahmen des normalen Fachunterrichts mit seinen zeitlichen und stofflichen Restriktionen in aller Regel nur sehr begrenzt möglich sind, wird hier – wie erwähnt – auf einschlägige Trainingswochen mit ausschließlich methodenzentriertem Schwerpunkt gesetzt.

Im Vordergrund dieser Trainingswochen und/oder Trainingstage stehen ausgewählte *Trainingsspiralen*, die den SchülerInnen Gelegenheit geben, bestimmte Methodenbereiche relativ ausführlich zu sondieren und im Zuge der korrespondierenden Übungen und Reflexionen eine Reihe wichtiger Fragen und Strategien zu klären. Welche Methodenbereiche das üblicherweise sind, geht aus Abbildung 41 auf Seite 195 hervor. Die Trainingswoche beginnt also in der Regel mit der Trainingsspirale »Effektiver Lernen und Behalten«. Hierbei geht es darum, Mittel und Wege zu finden, wie der Lernstoff längerfristig im Gedächtnis verankert und verfügbar gehalten werden kann. Für diesen Übungs- und Klärungsprozess sind rund vier Unterrichtsstunden anzusetzen. Die zweite Trainingsspirale zum Thema »Klassenarbeiten vorbereiten« baut auf dieser Vorarbeit auf und gibt den SchülerInnen Raum zur Klärung wichtiger Vorbereitungsstrategien sowie zur exemplarischen Anwendung dieser Strategien in Verbindung mit einer bevorstehenden Klassenarbeit. Der Zeitrahmen dieser Lernsequenz beträgt sechs bis acht Unterrichtsstunden. Die dritte Trainingsspirale – Zeitbedarf ca. vier Unterrichtsstunden – ist dem Methodenfeld »Rasch Lesen und Nachschlagen« vorbehalten und zielt darauf, den SchülerInnen Tricks und Tipps bewusst zu machen, wie man sich rasch gesuchte Informationen in Texten,

Lexika, Broschüren, Schulbüchern und nicht zuletzt im Computer erschließen kann. Die vierte und fünfte Trainingsspirale sind dem Verarbeiten und Aufbereiten relevanter Fach- und Sachinformationen gewidmet und geben den SchülerInnen Gelegenheit, sich im »Markieren und Strukturieren« sowie im »Visualisieren und Gestalten« von Informationen zu üben. Für beide Trainingsspiralen ist je ein Unterrichtsvormittag zu veranschlagen. Thema der sechsten Trainingsspirale schließlich ist das »Kleine 1 × 1 des Zeitmanagements« mit den Schwerpunkten Zeit- und Arbeitsplanung. Dafür werden im Regelfall nochmals vier bis sechs Unterrichtsstunden benötigt. Eingedenk der angeführten »Zeitrichtwerte« ist klar, dass die letztgenannte Trainingsspirale während der Trainingswoche meist nicht mehr realisiert werden kann, sondern auf einen späteren Trainingstag verlagert werden muss.

Selbstverständlich muss die Trainingswoche nicht unbedingt am Montag beginnen und am Freitag abschließen. Unter bestimmten Umständen kann es sogar sehr sinnvoll sein, die Trainingswoche über ein Wochenende laufen zu lassen, d.h. am Mittwoch oder Donnerstag zu beginnen, das Wochenende als »Regenerationszeitraum« zu nutzen und die Trainingsarbeit bis Dienstag bzw. Mittwoch der nächsten Woche fortzusetzen. Gerade in den fünften Klassen gibt es gute Gründe dafür, den SchülerInnen diese Erholungsphase zuzugestehen, da das Trainingsprogramm doch sehr kompakt und anstrengend ist. Ähnliche Überlegungen gelten selbstverständlich auch für die Grundschulen. Allerdings ist es immer auch möglich, während des Trainings die eine oder andere Meditations-, Spiel- und/oder Bewegungsphase einzuplanen, damit sich die SchülerInnen ein wenig entspannen können (z.B. können einzelne Sportstunden beibehalten werden). Einige Schulen gehen sogar soweit, die Trainingswoche in zwei zeitlich auseinander liegende Trainingsblöcke von je zwei bis drei Tagen aufzuteilen, um den SchülerInnen nicht zu viel zuzumuten und zugleich den Fachunterricht nicht zu lange auszusetzen. Vor dieser Lösung sei indes gewarnt, da die Trainingsarbeit erfahrungsgemäß erst nach einem bis zwei Tagen Anlaufzeit so richtig fruchtbar wird und die SchülerInnen zu begreifen beginnen, dass es beim Lernen nicht nur um Inhalte, sondern auch und zugleich um Methoden geht, und dass diese Methoden verstärkt geübt und geklärt werden müssen. Nach zwei Tagen bereits wieder abzubrechen, hieße also, die fruchtbare Phase im Trainingsprozess über Gebühr zu verkürzen.

Nähere Hinweise zum Aufbau der erwähnten Trainingsspiralen finden sich in Abbildung 43. Kennzeichnend für diese Trainingsspiralen ist, dass die SchülerInnen ein je spezifisches Methodenfeld in mehreren Arbeitsetappen erschließen und auf diesem Wege eine Reihe methodischer Fragen und Strategien klären. Vorherrschend ist dabei das »learning by doing«, d.h., die SchülerInnen erschließen sich unterschiedliche methodische Einsichten und Verfahrensweisen, indem sie differenzierte Arbeitsprogramme durchlaufen. Da wird markiert und exzerpiert, da werden Notizen gemacht und kleine Vorträge gehalten, da werden Kärtchen beschriftet und Plakate gestaltet, da werden Spickzettel erstellt und Tests bearbeitet, da werden Rollenspiele durchgeführt und Gruppenergebnisse präsentiert. Näheres dazu lässt sich aus Abbildung 43 ersehen. Der Grundgedanke dabei: Methodische Einsichten und Fä-

Einige Trainingsspiralen im Aufriss

Trainingsspirale
Effektiver Lernen und Behalten

① Zettelabfrage zum Thema »Lernen«
② Partnergespräch im Doppelkreis
③ Strategiesuche in Mix-Gruppen
④ Präsentation der Lerntipps
⑤ Fallbeispiel »Jan« bearbeiten
⑥ Beratungsgespräch simulieren
⑦ Lerntypen-Test durchführen
⑧ Lernverhalten beurteilen
⑨ Individuelle Vorsätze fassen

Trainingsspirale
Klassenarbeiten vorbereiten

① Notizen zur eigenen Vorgehensweise machen
② Erfahrungsaustausch in Kleingruppen
③ Basistext zum Thema »Klassenarbeiten« lesen und markieren
④ Regelplakate erarbeiten und gestalten
⑤ Präsentation der Plakate im Plenum
⑥ Eine bevorstehende Klassenarbeit exemplarisch vorbereiten (Spickzettel, Übungstest, Quiz etc.)

Trainingsspirale
Rasch Lesen und Nachschlagen

① Übungen zum selektiven Lesen unter Zeitdruck (ausgewählte Texte)
② Gruppenarbeit: Lesetipps sammeln
③ Visualisierung und Besprechung der gefundenen Lesetipps
④ Weitere Texte unter Zeitdruck selektiv lesen
⑤ Gezieltes Nachschlagen im Schulbuch, im Lexikon etc.
⑥ Bibliotheks-Rallye in der Schule, in der Stadtbibliothek oder anderswo

Trainingsspirale
Markieren und Strukturieren

① Text(e) versuchsweise markieren
② Markierte Texte in Gruppen vergleichen und Regeln entwickeln
③ Regeln visualisieren / vertiefende Anregungen des Lehrers
④ Regelgebundenes Markieren ausgewählter Texte
⑤ Strukturieren eines markierten Textes ⇨ Reflexion der Ergebnisse
⑥ Erstellen weiterer Struktogramme (Tabelle, Spickzettel, Diagramm ...)

Abb. 43 © Dr. H. Klippert

higkeiten müssen von den SchülerInnen sukzessive entdeckt und begriffen werden; sie können nur sehr begrenzt durch Lehrervorträge oder durch sonstige schriftliche Instruktionen vermittelt werden.

Der Zeitbedarf pro Trainingsspirale beträgt zwischen vier Stunden und eineinhalb Tagen (siehe oben) – je nachdem, wie viele Übungen und Reflexionen hintereinander geschaltet werden. Die korrespondierenden Arbeitsschritte sind so aufgebaut, dass sich die SchülerInnen sukzessive in das jeweilige Methodenfeld hineinarbeiten bzw. hineinbohren Deshalb der Begriff »Spirale« in Anlehnung an den Spiralbohrer. Am Beispiel der beiden Trainingsspiralen »Effektiver Lernen und Behalten« und »Klassenarbeiten vorbereiten« soll dieses spiralförmige, redundante Lernen näher verdeutlicht werden.

Zunächst zur Trainingsspirale »Effektiver Lernen und Behalten«: In einem ersten Arbeitsschritt überlegen und notieren die SchülerInnen anhand eines kleinen Fragekärtchens, ob es ihnen eher schwer oder eher leicht fällt, neuen Lernstoff ins Gedächtnis zu bekommen und längerfristig zu behalten und was sie im Einzelnen tun, um ihr Gedächtnis zu stützen und die eigene Behaltensleistung zu verbessern. Im zweiten Arbeitsschritt wird sodann ein Doppelkreis gebildet, in dem sich die SchülerInnen paarweise gegenübersitzen und anhand ihres Notizzettels wechselseitig berichten, was sie zur Verbesserung der eigenen Behaltensleistung tun und wie sie versuchen, den jeweiligen Lernstoff längerfristig im Gedächtnis zu verankern. Im dritten Arbeitsschritt werden SchülerInnen, denen diese Verankerung »eher schwer« fällt, mit solchen, die sich damit »eher leicht« tun, zu mehreren Arbeitsgruppen zusammengelost, deren Aufgabe es ist, zunächst sich auszutauschen und dann je drei wichtige Tipps zur Steigerung der Gedächtnisleistung zusammenzutragen und auf Visualisierungskarten zu übertragen. Diese Lerntipps werden im vierten Arbeitsschritt im Wege einer Stafettenpräsentation im Plenum vorgestellt und auf einer Pinwand zu Clustern zusammengefügt. Im fünften Arbeitsschritt wird den SchülerInnen sodann ein Text zum Problemschüler »Jan« vorgelegt, der beim Lernen so seine Schwierigkeiten hat. Dieser Text wird gelesen, in Gruppen ausgewertet und besprochen und schließlich zur Grundlage eines Beratungsgesprächs gemacht, das Jan (= Lehrer) zusammen mit zwei MitschülerInnen führt. Dieses Beratungsgespräch bildet den sechsten Arbeitsschritt und greift auf all das zurück, was in den vorangehenden Etappen an Lernstrategien zusammengetragen worden ist (Redundanz!). Der siebte Arbeitsschritt führt diese Vertiefung fort, indem die SchülerInnen einen einfachen Lerntypentest ausfüllen müssen, der ihnen Aufschluss darüber gibt, auf welchem Lernweg sie das meiste behalten und welche Lernstrategien von daher als sinnvoll und hilfreich gelten können. Das Ergebnis ist praktisch immer das gleiche: Fast alle SchülerInnen lernen am wirksamsten, wenn sie den Lernstoff handlungsbetont erschließen. Im achten Arbeitsschritt werden die bis dahin gesammelten Erkenntnisse und Einsichten auf unterschiedliche Lernverhaltensweisen angewandt, die auf 18 kleinen Kärtchen geschildert sind und von den SchülerInnen zunächst in Einzelarbeit und dann in Gruppenarbeit gewürdigt werden müssen. Im neunten Arbeitsschritt schließlich müssen alle SchülerInnen Bilanz ziehen und je drei persönliche Vorsätze für ihr zukünftiges Lernen fassen und schriftlich fixieren – einmal im obligatorischen Methodenheft, zum anderen auf kleinen Kärtchen, die – namentlich gekennzeichnet – als »Erinnerungsposten« an einer Pinwand im Klassenraum angeheftet werden.

Ähnlich redundant und handlungsbetont verläuft der Trainingsprozess zum Thema »Klassenarbeiten vorbereiten«. In einem ersten Arbeitsschritt erhalten die SchülerInnen Gelegenheit, sich ihre eigene Vorgehensweise beim Vorbereiten von Klassenarbeiten zu vergegenwärtigen und gängige Praktiken stichwortartig zu notieren. Dann werden im zweiten Schritt mittels Los- oder Abzählverfahren mehrere Zufallsgruppen gebildet, in denen sich die versammelten SchülerInnen austauschen und einige wichtige Tipps zur geschickten Vorbereitung von Klassenarbeiten zusammentragen. Diese Tipps werden auf Visualisierungskarten übertragen und an einer Seitenwand des Klassenraums ausgehängt und von wechselnden Gruppensprechern erläutert. Auf diese Weise entsteht eine Landschaft mit mehr oder weniger durchdachten und hilfreichen Empfehlungen. In einer dritten Arbeitsetappe wird dieser Erfahrungsschatz überprüft und erweitert durch die Bereitstellung eines vierseitigen Informationstextes mit wichtigen Hinweisen zur besagten Vorbereitungsarbeit. Dieser Text ist von den SchülerInnen zu lesen und zu markieren. Im vierten Arbeitsschritt werden erneut Zufallsgruppen gebildet, deren Aufgabe es ist, die im Text enthaltenen Anregungen zur Vorbereitung von Klassenarbeiten auf einem großen Plakat übersichtlich zu visualisieren. Die so entstehenden Plakate werden anschließend von ausgelosten Gruppensprechern im Plenum vorgestellt und bei Bedarf näher diskutiert und kommentiert. Für diese fünf genannten Arbeitsetappen sind ca. vier Unterrichtsstunden anzusetzen. Hinzu kommt dann noch eine sechste größere Arbeitsetappe dergestalt, dass die SchülerInnen eingedenk der erarbeiteten Regeln und Anregungen eine realiter anstehende Klassenarbeit nach allen Regeln der Kunst vorbereiten. So werden z.B. Spickzettel erstellt und im Doppelkreis erläutert (zum Doppelkreis vgl. Klippert 1995), Lernkärtchen mit einschlägigen Fragen und Antworten produziert, anschauliche Lernplakate gestaltet, Übungstests erstellt und im Austausch bearbeitet etc. Mit dieser aktiven Übungs- und Wiederholungsarbeit lässt sich leicht ein ganzer Schulvormittag ausfüllen. Die Chance, dass die SchülerInnen nach diesem »learning by doing« ihre Klassenarbeiten bewusster und durchdachter vorbereiten, ist auf jeden Fall ungleich größer, als wenn sie zum betreffenden Thema nur »herumwursteln« und/oder von Lehrerseite lediglich einige allgemeine Hinweise erhalten.

Ähnliche Übungsfolgen lassen sich zu den anderen Trainingsspiralen zusammenstellen, sodass die SchülerInnen im Zuge der skizzierten Trainingswoche eine recht breite Palette an bewährten Lern- und Arbeitsmethoden kennen lernen. Das relativ intensive, kontinuierliche, redundante Arbeiten und Üben trägt darüber hinaus dazu bei, dass die SchülerInnen nicht nur ein Mehr an methodischen Kenntnissen erwerben, sondern auch einen deutlichen Zuwachs an methodischen Fertigkeiten erleben. Allerdings reichen fächerübergreifende Wochentrainings der skizzierten Art alleine keineswegs aus, um den SchülerInnen eine nachhaltige Methodenkompetenz zu vermitteln. Viele Methoden werden sehr schnell wieder vergessen, wenn sie nicht immer wieder gepflegt werden. Nötig ist von daher auch und zugleich eine möglichst konsequente Methodenpflege im ganz normalen Fachunterricht unter Beteiligung möglichst vieler FachlehrerInnen.

2.4 Tipps zur fachbezogenen Methodenpflege

Möglichkeiten zur fachbezogenen Methodenpflege gibt es viele. Nur muss bei der Unterrichtsplanung und -vorbereitung gründlich umgedacht werden. Normalerweise planen die Lehrkräfte inhalts- bzw. stofforientiert, d.h., überlegt und geplant wird, welcher Lernstoff wie behandelt und gesichert werden soll und welche inhaltlichen Lernziele dabei im Vordergrund stehen. Nur selten hingegen wird sondiert, welche elementaren Lern- und Arbeitstechniken beim jeweils anstehenden Thema zur Anwendung gelangen und von den SchülerInnen gezielt gepflegt und gefestigt werden können. Diese letztgenannte Sichtweise aber ist das A und O, wenn die SchülerInnen nachhaltige Methoden- und Fachkompetenz erwerben sollen (vgl. dazu den vorangehenden Abschnitt 2.1).

Die hier anvisierte Methodenpflege kann praktisch in allen Fächern forciert werden. Geeignete Themen und Materialien gibt es genug. Und auch die Lehrpläne lassen inzwischen eine Menge Spielraum für methodenzentriertes Arbeiten und Üben. Teilweise wird dieses sogar explizit gefordert. Wie eine gezielte Methodenpflege im Fach Deutsch aussehen kann, wird in Abbildung 44 am Beispiel des Themas »Umgang mit Hunden« für den Deutschunterricht exemplarisch aufgezeigt. Die angeführten Ansatzpunkte sind gewiss noch nicht vollständig, sondern können ganz sicher durch weitere Varianten ergänzt werden. Wichtig ist nur, dass die je zuständige Lehrkraft vor Beginn einer Unterrichtssequenz ein gezieltes Brainstorming durchführt, um möglichst viele methodenzentrierte Arrangements ausfindig zu machen, die später gegebenenfalls wahlweise in die Unterrichtsarbeit eingebaut werden können. Selbstverständlich ist dieses Brainstorming umso ergiebiger, je mehr FachlehrerInnen daran beteiligt sind und ihre unterschiedlichen Erfahrungen und Ideen einbringen. Die an anderer Stelle angesprochenen »produktiven Fachkonferenzen« sind geeignete Orte für dieses Brainstorming in Sachen Methodenpflege. Was dabei herauskommen kann, zeigt die folgende Übersicht über verschiedene Möglichkeiten zur Methodenpflege in Verbindung mit dem Thema Arbeitslosigkeit. Folgende Varianten bzw. Optionen wurden von den TeilnehmerInnen einer entsprechenden »produktiven Fachkonferenz« vorgeschlagen:

❑ Die SchülerInnen erstellen auf der Basis vorgegebener empirischer Daten einschlägige *Tabellen* und *Schaubilder* zur Veranschaulichung spezifischer Gegebenheiten und Entwicklungen auf dem Arbeitsmarkt.
❑ Sie *markieren* in einem umfangreicheren Informationstext die darin angeführten Ursachen der Arbeitslosigkeit, indem sie sich der »Drei-Schritt-Methode« bedie-

Methodenpflege im Fach Deutsch

Mögliche methodenzentrierte Übungen zum Thema »Umgang mit Hunden«

- ❏ **Nachschlagen im Schulbuch:** Den SchülerInnen werden Autor und Kapitelüberschrift des betreffenden Sachtextes zum Thema »Hunde« vorgegeben;

- ❏ **Markieren:** Die SchülerInnen markieren jene Schlüsselbegriffe bzw. -passagen, die andeuten, wie man sich Hunden gegenüber verhält;

- ❏ **Strukturieren:** Die SchülerInnen arbeiten 8–10 wichtige Verhaltensregeln heraus und ordnen diese übersichtlich auf einem vorgegebenen DIN-A4-Blatt;

- ❏ **Präsentieren:** Ein Schüler nennt eine erste Regel ⇨ dann gibt er das Wort weiter ⇨ der nächste Schüler wiederholt die erste Regel ⇨ dabei schaut er den Vorredner an ⇨ dann nennt er eine zweite Regel usw.

- ❏ **Erlebnisgeschichte schreiben:** Die SchülerInnen beschreiben ein besonderes Ereignis/Erlebnis, welches mit Hunden zu tun hat (DIN-A4-Seite);

- ❏ **Spickzettel erstellen:** Die SchülerInnen fassen ihre Erlebnisgeschichten auf übersichtlichen Spickzetteln mit maximal zehn Wörtern zusammen – Skizzen, Symbole und andere grafische Elemente sind unbegrenzt erlaubt;

- ❏ **Freies Erzählen:** Die SchülerInnen tragen ihre Erlebnisgeschichten in kleinen Gesprächszirkeln anhand ihres »Spickzettels« frei vor;

- ❏ **Plakat gestalten:** Die SchülerInnen fassen die erarbeiteten Regeln bzw. Tipps zum Umgang mit Hunden auf einem großen Plakat anschaulich zusammen.

Abb. 44 © Dr. H. Klippert

nen (⇨ Text überfliegen ⇨ mit Bleistift vormarkieren ⇨ mit einem Textmarker und einem roten dünnen Stift differenziert markieren).
- Sie *schlagen* im Schulbuch, in Broschüren oder in sonstigen Leitmaterialien lernrelevante Informationen *nach* und/oder klären spezifische Fachbegriffe zum Themenfeld Arbeitslosigkeit mithilfe des Lexikons.
- Sie erstellen auf der Basis ihres Vorwissens oder unter Heranziehung einschlägiger Informationsmaterialien persönliche *Mindmaps* zu den psychosozialen und sonstigen Auswirkungen der Arbeitslosigkeit aufseiten der Arbeitslosen und ihrer Familien.
- Sie entwickeln einen *Fragebogen* für eine Bürgerbefragung zum Thema »Arbeitslosigkeit« und führen auf dieser Grundlage gezielte Interviews z.B. in der Fußgängerzone durch und *protokollieren* die dabei ermittelten Argumente.
- Sie erstellen unter Zugrundelegung einschlägiger Informationsmaterialien einen übersichtlichen *Spickzettel* zu den beschäftigungspolitischen Ansatzpunkten in der Bundesrepublik und halten anschließend in kleinen Gesprächszirkeln entsprechende Kurzvorträge.
- Sie *visualisieren* die Angebote und Leistungen des Arbeitsamtes in Form eines großen Plakats und stellen dieses unter dem Thema »Was ein Arbeitsloser vom Arbeitsamt erwarten kann …« im Plenum vor.
- Sie fertigen zu einem kompakten Lehrervortrag und/oder zu einem eingespielten Informationsfilm eine möglichst hilfreiche *Mitschrift* an und optimieren die individuellen Mitschriften in Kleingruppen.
- Sie erstellen *Frage-Antwort-Kärtchen* mit wichtigen Schlüsselfragen zur Wiederholung des anstehenden Lernstoffes und bereiten damit eine Lernkartei vor, die als Grundlage für Quiz-Spiele und/oder zur Vorbereitung der nächsten Klassenarbeit dienen kann.
- Sie entwickeln in Kleingruppen einen *Übungstest* zum Gesamtkomplex »Arbeitslosigkeit« mit möglichst intelligenten und differenzierten Aufgaben und geben diesen zwecks Bearbeitung an andere Gruppen weiter (und umgekehrt).

Diese Übungspalette ist weder vollständig noch ergibt sie in Summe eine ausgefeilte Unterrichtseinheit. Wohl aber zeigt sie exemplarisch, wie vielfältig die methodenzentrierten Übungsmöglichkeiten sind, die sich im Fachunterricht bei den unterschiedlichsten Themen finden und einsetzen lassen, wenn nur bei der Unterrichtsvorbereitung dezidiert danach gesucht wird. Selbstverständlich ist die Bandbreite der Methodenpflege von Fach zu Fach und von Thema zu Thema verschieden. In Fächern wie Deutsch, Sozialkunde, Geschichte, Geografie, Biologie und Religion ist in aller Regel mehr möglich als z.B. in Mathematik oder im Anfangsunterricht in den Fremdsprachen. Dennoch bestehen auch im mathematisch-naturwissenschaftlichen Bereich und im Bereich der Fremdsprachen viele Gelegenheiten zur gezielten Pflege ausgewählter Lern- und Arbeitstechniken. Typisch für diese Pflege ist, dass die betreffenden Lern- und Arbeitstechniken nicht nur angewandt, sondern immer wieder auch reflektiert, problematisiert und von den SchülerInnen bewusst optimiert werden.

Diese konsequente Methodenpflege gelingt erfahrungsgemäß umso besser, je mehr Lehrkräfte daran mitwirken und je höher ihr Stundendeputat ist, das sie in den betreffenden Klassen unterrichten. Denn eines steht fest: Ein Einzelkämpfer, der in seinen vielleicht zwei bis drei Unterrichtsstunden pro Woche die SchülerInnen methodisch »auf Vordermann« zu bringen versucht, der wird in aller Regel nicht nur wenig ausrichten, sondern über kurz oder lang mit hoher Wahrscheinlichkeit auch frustriert aufgeben. Von daher sind Teamkonzepte – Teamfortbildung, Teamklausurtage, Teamteaching, Teambesprechungen etc. – dringend vonnöten, damit die angestrebte Methodenkompetenz auf Schülerseite möglichst nachhaltig erreicht wird.

3. Kommunikationstraining mit SchülerInnen

Die Kommunikationsbereitschaft und -fähigkeit vieler SchülerInnen ist ähnlich unbefriedigend wie die zuletzt thematisierte Methodenkompetenz. Entsprechende Klagen kommen nicht nur von Lehrerseite, sondern in den letzten Jahren zunehmend auch aus den Reihen der Wirtschaft. Besonders fatal ist das deshalb, weil anspruchsvolle Arbeitsformen wie Gruppenarbeit und Projektarbeit hochgradig darauf angewiesen sind, dass die SchülerInnen die Bereitschaft und die Fähigkeit besitzen, frei zu reden, konstruktiv miteinander zu kommunizieren und etwaige Arbeitsergebnisse überzeugend zu präsentieren. Nur, wo lernen sie das? In den Einkind-Familien und in ihrer von Medien verstellten Alltagswirklichkeit lernen sie das immer weniger. Auch im traditionellen lehrerzentrierten Unterricht kommen sie nur selten zu Wort, sodass eine intensivere Kommunikations- und Rhetorikschulung ausfällt. So gesehen sind neue Akzente im Unterricht angesagt. Akzente, die eine möglichst nachhaltige Steigerung der Kommunikationskompetenz der SchülerInnen zur Folge haben.

3.1 Überblick über das Trainingskonzept

Die hier anvisierte Kommunikationsschulung setzt auf zwei Ebenen an: Die erste Ebene betrifft das so genannte »Sockeltraining«, das als mehrtägiger Intensivkurs organisiert ist und die SchülerInnen in ausgesprochen dichter und eindringlicher Weise mit grundlegenden Strategien und Techniken der themenzentrierten Kommunikation vertraut macht. Das beginnt bei der freien Rede und sensiblen Diskussionsführung und reicht über das aktive Zuhören und konstruktive Miteinander-Reden bis hin zur rhetorisch überzeugenden Vortragsgestaltung. Wie ein derartiger Intensivkurs aufgebaut sein kann, geht aus Abbildung 45 hervor. Die zweite Ebene betrifft das eher punktuelle Üben und Wiederholen bestimmter Kommunikationsweisen und -regeln im Rahmen des normalen Fachunterrichts. Auf diese fachimmanente Kommunikationspflege wird in Abschnitt 3.4 noch näher eingegangen. Einschlägige Arrangements sowohl zum Kommunikationstraining als auch zur Kommunikationspflege finden sich im entsprechenden Trainingshandbuch des Verfassers (vgl. Klippert 1995).

Grundsätzlich lässt sich nach den bisherigen Erfahrungen feststellen: Eine Erfolg versprechende Kommunikationsschulung verlangt mehr als diskretionäre Sprechanlässe und/oder gut gemeinte Anregungen der Lehrkräfte. Eine nachhaltige Förde-

Das 5-Stufen-Modell der Kommunikationsschulung

- Komplexere Kommunikations- und Interaktionsspiele
- Überzeugend argumentieren und vortragen
  – rhetorische Übungen –
- Miteinander reden lernen
  – das kleine 1 × 1 der Gesprächsführung –
- Übungen zur Förderung des freien Sprechens und Erzählens
- Nachdenken über Kommunikation
  – propädeutische Übungen –

Abb. 45 © Dr. H. Klippert

rung der Kommunikationskompetenz der SchülerInnen erfordert auch und zugleich eine ebenso planvolle wie konsequente Übungs- und Klärungsarbeit im Rahmen spezifischer Trainingswochen. Wie die einzelnen Etappen einer derartigen Trainingswoche aussehen können, zeigt das 5-Stufen-Modell in Abbildung 45. Zu den angeführten Trainingsstufen im Einzelnen:

Gestartet wird das Kommunikationstraining üblicherweise mit diversen propädeutischen Übungen, die den SchülerInnen Gelegenheit geben, sich über ihr alltägliches Kommunikationsverhalten im Unterricht kritisch und selbstkritisch Gedanken zu machen und auf diesem Wege sensibel zu werden für die Bedeutung der anstehenden Kommunikationsschulung. Hauptziel dieser propädeutischen Phase ist es, die SchülerInnen in der Überzeugung und Einsicht zu bestärken, dass Kommunizieren gelernt und möglichst konsequent geübt werden muss, wenn sich mit der Zeit die nötige Kommunikationskompetenz einstellen soll. Wird diese Sensibilisierungs- und Überzeugungsarbeit vernachlässigt, so besteht die Gefahr, dass die SchülerInnen das vorgesehene Kommunikationstraining nur halbherzig oder gar nicht nutzen, weil sie weder das nötige Problembewusstsein haben noch einsehen, wozu sie sich der besonderen Anstrengung der mündlichen Beteiligung aussetzen sollen.

Diese Überzeugungsarbeit wird in der zweiten Trainingsetappe dahingehend fortgesetzt, dass die SchülerInnen ganz gezielt zum freien Sprechen ermutigt und angehalten werden. Dieses geschieht in der Weise, dass ihnen in kleinen und kleinsten Gesprächszirkeln relativ angstfreie Sprechanlässe offeriert werden, die ihnen mit hoher Wahrscheinlichkeit Erfolgserlebnisse bescheren und von daher dazu beitragen, dass sich die Gesprächsbereitschaft in der Klasse verbessert. Kennzeichnend für diese Sprechanlässe ist, dass es in aller Regel nicht um richtig oder falsch im strengen Sinne des Wortes geht, sondern ganz vorrangig um persönliche Assoziationen, Sichtweisen, Berichte und Stellungnahmen zu unterschiedlichen Fragen, Thesen und Problemen. Im erwähnten Trainingshandbuch des Verfassers werden mehr als zwanzig derartige Kommunikationsarrangements vorgestellt (vgl. Klippert 1995, S. 85ff.). Die Absicht, die sich damit verbindet, geht dahin, die SchülerInnen möglichst eindringlich erfahren und erleben zu lassen, dass sie frei sprechen können und LehrerInnen wie MitschülerInnen dieses auch von ihnen erwarten. Die Bedeutung dieser therapeutischen Arbeit darf nicht unterschätzt werden.

Gleiches gilt für die dialogischen Übungen im Rahmen des dritten Trainingsabschnitts. Die betreffenden Kommunikationsarrangements zielen zum einen darauf, den SchülerInnen alltägliche Kommunikationsstörungen vor Augen zu führen und ihnen bewusst zu machen, dass ein gedeihliches Miteinander-Reden gewisse Regeln verlangt. Diese Regeln werden im Trainingsprozess gemeinsam entwickelt. Zum anderen werden konkrete regelgebundene Gespräche und Diskussionen durchgeführt, die den SchülerInnen erfahrbar machen, worauf es bei einer konstruktiven Gesprächsführung ankommt. Das beginnt mit einfachen Übungen zur Schulung des Zuhörens und reicht über Interviews, Frage-Antwort-Spiele und sonstige Formen des konstruktiven Dialogs bis hin zu regelgebundenen Aussprachen und Debatten in Gruppen oder im Plenum (vgl. die entsprechende Trainingsspirale in Abb. 46).

Trainingsspirale: Miteinander reden lernen

 Mögliche Übungen
im Rahmen einer Trainingswoche oder eines Trainingstages

① Simulationsspiel »Gestörte Kommunikation« (mit systematischer Auswertung)

② Verschiedene Redewendungen beurteilen, problematisieren und in Kleingruppen kommentieren;

③ Gesprächsregeln entwickeln und auf Folie/Plakat anschaulich festhalten (Gruppenarbeit ⇨ Präsentation);

④ Regelgebundenes Kreisgespräch zu einem spezifischen Fachthema durchführen und reflektieren;

⑤ Regelgebundene »Frage-Antwort-Runde« zur Wiederholung des anstehenden Lernstoffs durchführen und reflektieren;

⑥ Regelgebundene Debatte zu einer ausgewählten Streitfrage durchführen und reflektieren.

etc.

Abb. 46 © Dr. H. Klippert

Die vierte Trainingsetappe ist der Rhetorik im engeren Sinne vorbehalten. Das Motto »überzeugend argumentieren und vortragen« zeigt an, in welche Richtung die entsprechenden Übungen zielen. Dabei geht es sowohl um Körpersprache, Mimik, Gestik und Artikulation als auch um die Verständlichkeit, Stringenz und fachliche Fundiertheit der jeweiligen sprachlichen Darbietung. Zwar ist es in der Schule gemeinhin weder nötig noch möglich, die SchülerInnen zu ausgefeilter Rhetorik zu befähigen, aber eines ist ganz sicher zu leisten: Sie können für bestimmte Aspekte des »guten Vortrags« bzw. der überzeugenden Argumentation so sensibilisiert werden, dass sie hernach bewusster und durchdachter vorgehen und geeignete rhetorische Stilmittel gezielter einsetzen, als das bisher üblich ist. Welche Übungsarrangements diesbezüglich in Frage kommen, geht aus dem angesprochenen Trainingshandbuch des Verfassers hervor (vgl. Klippert 1995, S. 157ff.).

Die fünfte Trainingsetappe schließlich gibt den SchülerInnen in übergreifender Weise Gelegenheit, die bis dahin eingeübten Kommunikationstechniken, -regeln und -rituale in unterschiedlichen Themenzusammenhängen vertiefend anzuwenden und zu festigen. Die betreffenden Kommunikations- und Interaktionsspiele reichen von der Debatte über Konferenzen und Hearings bis hin zur Gerichtsverhandlung und zum Planspiel. Kennzeichnend für diese Kommunikationsarrangements ist, dass die SchülerInnen relativ vielschichtig argumentieren, diskutieren und bei alledem darauf achten müssen, dass die vereinbarten Regeln möglichst konsequent eingehalten werden. Dass derartige Anwendungs- und Festigungsphasen wichtig sind, ist unstrittig. Nur müssen die zuständigen FachlehrerInnen im Rahmen ihrer Unterrichtsplanung verstärkt darauf achten, dass entsprechende Kommunikations- und Interaktionsspiele möglichst regelmäßig vorgesehen und durchgeführt werden, damit die SchülerInnen ihre Routinebildung im kommunikativen Bereich konsequent fortführen können.

Die Potenziale der SchülerInnen sind auf jeden Fall beachtlich. Das zeigen die bisherigen Trainingserfahrungen sehr deutlich. Die SchülerInnen können offensichtlich wesentlich mehr als das, was sie im Rahmen der gängigen Unterrichtsgespräche und der lehrerdominierten mündlichen Abfragen zeigen können. Die Konsequenz daraus: Den SchülerInnen muss in möglichst vielen Fächern und bei möglichst vielen Anlässen Gelegenheit gegeben werden, sich im freien Reden und im regelgebundenen Vortragen und Diskutieren konsequent zu üben. Sie müssen ganz praktisch erfahren, dass sie frei sprechen, argumentieren, diskutieren und vortragen können. Denn Sprechen lernt man nun einmal nicht, indem man schweigt, sondern nur dadurch, dass man spricht. Nötig sind von daher vielfältige Übungen und darauf aufbauende Reflexionen – teils im Rahmen spezifischer Trainingswochen, teils im Rahmen des ganz normalen Fachunterrichts. Auf diesem Wege können bestehende Sprechängste abgebaut, positive Routinen verinnerlicht und tragfähige kommunikative Kompetenzen entwickelt werden, die den SchülerInnen im Privatleben, wie im Beruf und in politischen Organisationen zugute kommen. Sie müssen nur Gelegenheit dazu erhalten – Gelegenheit, zu erzählen und zu berichten, zu argumentieren und zu diskutieren, zu fragen und zu antworten, aktiv zuzuhören und nachzuerzählen, kleine Vorträge zu halten und in Rollenspielen zu agieren, Gespräche zu leiten und Arbeitsergebnisse zu präsentieren, vereinbarte Regeln anzuwenden und bei anderen anzumahnen etc. Damit derart vielfältige Sprechaktivitäten der SchülerInnen angesichts der knappen Zeit im Unterricht überhaupt möglich werden, ist es notwendig, immer wieder kleine und kleinste Gesprächszirkel zu bilden, die gewährleisten, dass zur gleichen Zeit mehrere SchülerInnen vortragen, erzählen und in sonstiger Weise kommunizieren können.

Doch wer leistet diese Übungs- und Trainingsarbeit? Traditionell zuständig für das Lernfeld Kommunikation ist der Deutschunterricht, für den das Lernziel »Kommunikationsfähigkeit« schon immer eine gewisse Rolle gespielt hat. Doch kommunikationszentriertes Üben und Lernen muss natürlich auch in anderen Fächern stattfinden und ernst genommen werden. Am besten ist es, wenn pro Klasse mehrere Lehrkräfte an einem Strang ziehen und sich auf der Basis der vorliegenden Trainingshilfen (vgl. Klippert 1995) spezifische Trainingsmenüs für die angesprochenen Intensivphasen und/oder für den eigenen Fachunterricht überlegen und diese bei passender Gelegenheit umsetzen. Am einfachsten haben es natürlich all jene Lehrkräfte, die in ihren Klassen gleich mehrere Fächer unterrichten und dadurch pro Woche auf eine so hohe Stundenzahl kommen, dass sie die anvisierte Kommunikationsschulung gleichsam in eigener Regie realisieren können. Das gilt beispielsweise für die Grundschulen und – mit Abstrichen – auch für Hauptschulen und Sonderschulen. Vorausgesetzt, die betreffenden Lehrkräfte sind in ein Lehrerteam eingebettet und erfahren von dort die nötige Unterstützung und Inspiration, ist ein derartiger Alleingang durchaus machbar. Unabhängig von diesem Sonderfall ist es jedoch auf jeden Fall ratsam, in bestimmten Jahrgangsstufen richtiggehende Trainingswochen mit Schwerpunkt »Kommunizieren lernen« anzusetzen, die von interessierten Lehrerteams vorbereitet und realisiert werden (vgl. dazu den nachfolgenden Abschnitt 3.3). Allerdings: Ohne regelmäßige Anschlussübungen und eine möglichst verbindliche Methodenpflege im alltäglichen Fachunterricht verpuffen die erarbeiteten Strategie- und Regelklärungen sehr schnell wieder. Von daher ist die ins Auge gefasste Methodenschulung nicht nur eine Sache des angesprochenen Sockeltrainings, sondern auch und zugleich eine ständige Aufgabe möglichst vieler LehrerInnen in möglichst vielen Fächern.

3.2 Gezieltes Kommunikationstraining lohnt sich

Die Gründe, die für eine verstärkte Betonung des kommunikationszentrierten Arbeitens und Lernens im Unterricht sprechen, sind vielschichtig. Das lässt sich u.a. aus Abbildung 47 ersehen. Ganz grundsätzlich lässt sich feststellen, dass die Einführung Offener Lernformen wie Projektarbeit, Wochenplanarbeit und Stationenarbeit in hohem Maße mit Gruppen- und Partnerarbeit verbunden ist und daher sensibles, konstruktives Kommunizieren verlangt. Neben diesem »pädagogischen Zwang« gibt es freilich auch noch eine ganze Reihe weiterer Gründe, warum sich eine intensive

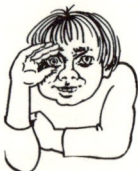

Abb. 47

Kommunikationsschulung für die SchülerInnen wie für die LehrerInnen lohnt (vgl. Abb. 47).

Erstens fördert das Training kommunikativer Fähigkeiten und Fertigkeiten das soziale Miteinander in der Klasse. Denn wer zu kommunizieren versteht, der tut sich in aller Regel leichter, mit anderen SchülerInnen zusammenzuarbeiten und etwaige Konflikte friedfertig zu lösen. Zweitens fördert das kommunikationszentrierte Arbeiten und Lernen im Unterricht die fachliche Aneignung und Verarbeitung des jeweiligen Lernstoffs, und zwar getreu dem Kleist'schen Motto: »Die allmähliche Verfertigung der Gedanken beim Reden«. Wer über einen bestimmten Inhalt spricht oder diesbezüglich anderen SchülerInnen einen kleinen Vortrag hält, der vergewissert sich auf diesem Wege auch höchst intensiv in der Sache, entdeckt eigene Unsicherheiten, versucht diese zu beheben und fundiert damit ganz zwangsläufig seine persönliche Sach- und Fachkompetenz. Drittens kommt die konsequente Kommunikationsschulung selbstverständlich auch der mündlichen Note zugute, da die mündlichen Darbietungen der SchülerInnen mit zunehmender Übung versierter und überzeugender werden.

Viertens wächst mit zunehmender Kommunikationskompetenz der SchülerInnen in aller Regel auch ihr Selbstvertrauen und ihre Motivation, da erfahrungsgemäß all das mit relativ großer Selbstsicherheit und Freude gemacht wird, was spürbare Erfolgserlebnisse verspricht. Die Lernpsychologie nennt dies »Kompetenzmotivation«. Fünftens werden durch das anvisierte Kommunikationstraining u.a. jene Qualifikationen ausgebildet, die in einem auf Argumentation, Diskussion und Debatte abstellenden demokratischen Gemeinwesen nachgerade unverzichtbar sind, nämlich die Fähigkeit und Bereitschaft zuzuhören, andere Argumente gelten zu lassen, sachlich zu bleiben, die anderen Gesprächspartner ernst zu nehmen etc. Die mangelnde Gesprächskultur im Fernsehen wie in vielen politischen Gremien und Organisationen macht die Bedeutung dieser demokratischen Tugenden nur zu deutlich. Und sechstens schließlich gehören die hier in Rede stehenden kommunikativen Fähigkeiten und Fertigkeiten bekanntlich zu den vielzitierten beruflichen Schlüsselqualifikationen, von deren Erwerb die Einstellungs- und Berufschancen der Jugendlichen immer stärker abhängen. Das gilt längst nicht mehr nur für die Großbetriebe, sondern in zunehmendem Maße auch für Mittel- und Kleinbetriebe.

Für die Forcierung der Kommunikationsschulung sprechen weiterhin die alltäglich zu beobachtenden Defizite im Unterricht. Wie aus diversen Schüler- und Lehrerbefragungen hervorgeht, die der Verfasser in der ersten Hälfte der Neunzigerjahre an insgesamt zehn rheinland-pfälzischen Hauptschulen, Realschulen und Gymnasien durchgeführt hat, liegt im kommunikativen Bereich so einiges im Argen (vgl. Klippert 1995, S. 26ff.). Beklagt wird von Lehrerseite insbesondere die unzureichende Ausdrucksfähigkeit, die mangelnde Gesprächsdisziplin sowie die insgesamt recht unterentwickelte Gesprächskultur in den Klassen. Es werde zu sehr in Satzfragmenten gesprochen, oft zusammenhanglos und wenig sachbezogen bzw. sachkompetent. Den MitschülerInnen zuzuhören falle vielen SchülerInnen ebenso schwer wie andere Meinungen im Gespräch gelten zu lassen. Die SchülerInnen fielen sich häufig wechselseitig ins Wort und ließen sich nicht ausreden. Es fehle sowohl an Regeln als auch an Regelungskompetenz. Massiv beanstandet wurden von den befragten Lehrkräften ferner die dürftige Gesprächsbereitschaft vieler SchülerInnen, ihre Angst, eine eigene Meinung zu äußern, ihre Hemmungen sowie ihr insgesamt recht unterentwickeltes Selbstbewusstsein in kommunikativen Angelegenheiten. Auf Grund dieser und anderer Beanstandungen kamen z.B. in einem renommierten pfälzischen Gymnasium 22 der 30 anwesenden Lehrkräfte zu dem Schluss, die Gesprächskompetenz der MittelstufenschülerInnen sei »eher unbefriedigend«. Nur acht Lehrkräfte zeigten sich einigermaßen zufrieden.

Die SchülerInnen gestehen eigene Schwächen und Ängste durchaus ein. So fällt es der Mehrheit der befragten 800 SchülerInnen nach eigenem Bekunden »eher schwer«, (a) vor der Klasse frei zu reden, (b) nach Stichworten einen kleinen Vortrag zu halten, (c) an der Tafel etwas zu erläutern, (d) trotz Unsicherheit etwas zu sagen, (e) so zu reden, dass die MitschülerInnen zuhören, (f) einem Vortrag aufmerksam zu folgen und (g) ein Gespräch bzw. eine Diskussion zu leiten. Auch das Zuhören und Miteinander-Reden bereiten vielen SchülerInnen offenkundig erhebliche Probleme.

Vieles spricht dafür, dass die angeführten Unzulänglichkeiten keineswegs nur von den SchülerInnen zu verantworten sind. Sie sind auch und nicht zuletzt eine Folge der erdrückenden sprachlichen Dominanz der Lehrkräfte. Wenn erwiesenermaßen 60–90 Prozent der im Unterricht gesprochenen Worte von Lehrerseite stammen, dann ist es kein Wunder, dass die SchülerInnen ihr Sprachpotenzial nicht hinreichend entwickeln können. Die allseits beklagte Passivität und sprachliche Unbedarftheit vieler SchülerInnen ist vor diesem Hintergrund nurmehr ein Anzeichen dafür, dass sie von ihren Lehrern möglicherweise »totgeredet« werden. Von daher wird klar, dass die hier in Rede stehende Kommunikationsschulung nicht nur ein Lernfeld für die Gruppe der SchülerInnen, sondern auch eines für die Gruppe der LehrerInnen ist. Ein Lernfeld allerdings, das den Lehrkräften unter dem Strich eine deutliche Entlastung verspricht – zumindest im Unterricht. Denn je kommunikationsfähiger die SchülerInnen werden, desto harmonischer und konstruktiver verläuft in aller Regel auch die Zusammenarbeit in der Klasse. Dadurch wiederum wird der alltägliche Ärger der LehrerInnen wegen der mangelnden Sprachkompetenz und -bereitschaft der SchülerInnen reduziert, destruktives Gesprächsverhalten wird seltener; es muss weniger diszipliniert werden; die Sprechanteile der Lehrkräfte nehmen ab. Und das alles trägt dazu bei, dass die nervliche Anspannung sowie die physisch-psychische Anstrengung reduziert und das verbreitete »Misstrauen« gegenüber den SchülerInnen wirksam abgebaut wird. Wer wollte bestreiten, dass dieses eine reizvolle Perspektive ist, für die einzutreten sich lohnt. Zwar kann es keine Entlastungsgarantie geben, da es außer den hier zur Debatte stehenden kommunikativen Unzulänglichkeiten natürlich noch eine Vielzahl anderer Stör- und Belastungsfaktoren im Unterricht gibt. Wohl aber zeigen die bisherigen Erfahrungen, dass die Chancen für eine spürbare Entlastung der Lehrkräfte im Unterricht sowie für ein Mehr an beruflicher Zufriedenheit recht gut stehen, sofern die Kommunikationskompetenz der SchülerInnen systematisch auf- und ausgebaut wird. Ein Grund mehr also, das Kommunikationstraining zu forcieren.

3.3 Gestaltungsvorschlag für eine Trainingswoche

Wie bereits angedeutet, empfiehlt sich als integraler Bestandteil schulischer Kommunikationsförderung u.a. die Durchführung spezifischer Trainingswochen. Der Vorteil solcher Intensivphasen ist, dass sich die SchülerInnen über mehrere Tage hinweg ausschließlich mit kommunikationsspezifischen Übungen, Überlegungen und Strategieklärungen beschäftigen, ohne dass Klingelzeichen, Stoffdruck, Lehrerwechsel und/oder Raumwechsel den Arbeitsprozess stören. Das führt erfahrungsgemäß zu einem höchst intensiven Lernen und schafft zugleich eine Situation, in der alle Beteiligten gelassener und organischer arbeiten können, als das im alltäglichen Unterrichtstrubel möglich ist. Wie eine derartige Trainingswoche vorbereitet und durchgeführt werden kann, wird nachfolgend erläutert.

❏ *Vorbereitende Maßnahmen:* Die Trainingswoche, auf die hier Bezug genommen wird, wurde vom Verfasser in einer neunten Klasse des Trifelsgymnasiums im pfälzischen Annweiler durchgeführt. Vorbereitet wurde diese Trainingswoche zum einen durch eine gesonderte Konferenz, die der Information des Kollegiums und der Klärung organisatorischer Einzelfragen diente, zum Zweiten durch eine »Schnupperstunde« in der betreffenden Klasse 9c, die den SchülerInnen einen ersten Einblick in die bevorstehende Trainingsarbeit vermitteln sollte. Die Gesamtkonferenz lief so ab, dass zunächst in einem einführenden Impulsreferat überblickshaft verdeutlicht wurde, warum es für LehrerInnen wie für SchülerInnen wichtig und lohnend ist, der Förderung kommunikativer Fähigkeiten und Fertigkeiten mehr Nachdruck zu verleihen. Alsdann erhielten die versammelten Lehrkräfte Gelegenheit, ihre Eindrücke vom Kommunikationsverhalten der SchülerInnen zuerst in Kleingruppen und dann im Plenum zum Ausdruck zu bringen und gemeinsam zu reflektieren. Sie durchliefen also selbst ein mehrstufiges Kommunikationsverfahren – hier »Mikrospirale« genannt. Vor diesem Hintergrund wurde schließlich das vorgesehene Trainingsprogramm vorgestellt und erläutert (vgl. Abb. 48) sowie über bestehende Hospitationsmöglichkeiten und -wünsche gesprochen. Des Weiteren wurde mit Zustimmung des Kollegiums für die Trainingswoche ein separater Klassenraum in einem Nebengebäude der Schule freigeblockt, der für die speziellen Belange des Trainings hergerichtet werden konnte (veränderte Sitzordnung, Bereitstellung von Pinwänden und Videoanlage etc.).

❏ *Der erste Teil der Trainingswoche:* Die ersten beiden Tage waren – wie Abbildung 48 zeigt – als Sensibilisierungsphase ohne speziellen Fach- und Themenbezug konzipiert. Eingestiegen wurde am Montag mit diversen Berichten und Gesprächen zum alltäglichen Kommunikationsgeschehen im Unterricht. Eingegangen

Ablauf der Trainingswoche

1. Tag

Reflexion des alltäglichen Kommunikationsgeschehens

❏ Wünsche und Erwartungen zur Trainingswoche ❏ Reflexionen zur Gesprächsbeteiligung im Unterricht ❏ Plakatgestaltung: Was hemmt die Gesprächsbeteiligung? ❏ Fragebogen: Einschätzungen zur eigenen Kommunikationskompetenz ❏ Umgang mit Sprechängsten ❏ Hausaufgabe: Zeitungsartikel schreiben.

2. Tag

Übungen zur Förderung der Kommunikationsbereitschaft

❏ Zeitungsartikel vorlesen und besprechen ❏ Ausgewählte (Killer-)Thesen bewerten und diskutieren ❏ Simulation/Analyse von Vorstellungsgesprächen ❏ Sondierung und Besprechung auf Video aufgenommener Schüler-Reden ❏ Hearing zum Kommunikations-Thema ❏ Hausaufgabe: Plädoyers pro Kommunikationstraining schreiben.

3. Tag

Freies Erzählen und Berichten zum Themenfeld »Umweltschutz«

❏ Plädoyers vorlesen und besprechen ❏ Reizwortassoziationen zum Thema »Natur und Umwelt« ❏ Erlebnisgeschichten schreiben und frei vortragen ❏ Themenzentrierte Fotos auswählen und kommentieren ❏ Fiktive Bildergeschichten ausdenken und vortragen ❏ Karikaturenrallye ❏ Begriffsnetz erstellen und erläutern ❏ Hausaufgabe: Bilder zeichnen.

4. Tag

Aktives Zuhören und Diskutieren zum Themenfeld »Umweltschutz«

❏ Präsentation der mitgebrachten Zeichnungen und Collagen ❏ Fantasiegeschichten im Doppelkreis vortragen ❏ Satzketten mündlich entwickeln ❏ Frage-Antwort-Spiel ❏ Reportagen auf der Basis ausgewählter Leittexte erstellen ❏ Einfaches Plan- und Entscheidungsspiel durchführen ❏ Hausaufgabe: Spickzettel zum »guten Vortrag« anfertigen.

5. Tag

Vortrags- und Argumentationsversuche zum Themenfeld »Umweltschutz«

❏ Berichte anhand der mitgebrachten Spickzettel ❏ Expertenvorträge zum Thema Rhetorik ❏ Fünf-Satz-Argumentationen zu ökologischen Fragen ❏ »Mustervortrag« des Lehrers ❏ Plädoyers einzelner SchülerInnen zu unterschiedlichen Umweltfragen ❏ Anklageerhebung gegenüber Umweltsündern ❏ Wochenbilanz

Abb. 48 © Dr. H. Klippert

wurde u.a. auf die Gesprächsbeteiligung der SchülerInnen, auf bestehende Gesprächshemmnisse sowie auf das Phänomen der Redeangst. Ziel hierbei war es, die SchülerInnen zur bewussten Auseinandersetzung mit dem eigenen Kommunikationsverhalten zu veranlassen, ihr Problembewusstsein und ihre Selbstkritikbereitschaft zu fördern sowie ihr strategisches Repertoire im Umgang mit der eigenen Redeangst zu verbessern. Am Dienstag ging es alsdann vorrangig darum, den SchülerInnen die Relevanz eines verstärkten Kommunikationstrainings einsichtig zu machen und auf diesem Wege ihre Motivation und Bereitschaft zu fördern, am eigenen Kommunikationsrepertoire zu feilen und die eigene Kommunikationskompetenz weiterzuentwickeln. Die entsprechenden Übungen dienten daher durchweg dazu, die verschiedenen Begründungsebenen zu sondieren und zu reflektieren, die für ein verstärktes kommunikationszentriertes Lehren und Lernen in der Schule sprechen. Diese Begründungsebenen hatten die SchülerInnen im Rahmen einer nachbereitenden Hausaufgabe zusammenfassend zu würdigen.

❏ *Der zweite Teil der Trainingswoche:* Ab Mittwoch verlief das Training fach- und themenzentriert. Im Zentrum der Übungen stand der Themenbereich »Umweltschutz«, zu dem eine ganze Reihe unterschiedlicher Kommunikationsarrangements angeboten wurde. Am Mittwoch selbst waren die Übungen noch relativ einfach geartet, d.h., die SchülerInnen hatten zum Komplex »Natur und Umwelt« variantenreich zu berichten und zu erzählen. Im Vordergrund standen dabei assoziative Verfahren der verschiedensten Art – angefangen bei persönlichen Erfahrungsberichten über Reizwort- und Fotoassoziationen bis hin zu themenzentrierten Bildergeschichten. Kennzeichnend für all diese Kommunikationsaktivitäten war, dass es kein richtig oder falsch im strengen Sinne des Wortes gab. Die Gefahr des Versagens war mithin für die einzelnen SchülerInnen stark reduziert. Das schaffte eine relativ angstfreie Sprechsituation und ermutigte selbst die Ängstlichen und/oder die chronisch Schweigsamen unter den SchülerInnen zum freien Sprechen und Erzählen. Jeder kam mal dran und konnte sich in Paar- und Kleingruppenkonstellationen versuchen.

Am Donnerstag wurde dieser Weg der programmierten Ermutigung fortgesetzt, verbunden mit einigen neuen Anforderungen und Qualifizierungsabsichten. Gefragt war in dieser Phase nämlich nicht mehr nur das freie Sprechen und Erzählen, sondern auch und besonders das konstruktive Miteinander-Reden der SchülerInnen. Dementsprechend standen Übungen im Sinne des »aktiven Zuhörens« und des regelgebundenen Diskutierens im Vordergrund. Denn gerade beim Zuhören, Wiedergeben und verständnisvollen Würdigen mündlicher Beiträge der MitschülerInnen offenbaren viele SchülerInnen erhebliche Defizite. Diesen Defiziten sollte und konnte mit den angedeuteten dialogischen Übungen entgegengewirkt werden. Dabei ging es u.a. um das Erkennen und Beherzigen solcher Verhaltensmaximen wie: zuhören, ausreden lassen, verständlich reden, den anderen ernst nehmen, Blickkontakt halten, auf Argumente der MitschülerInnen eingehen, Kompromisse suchen und finden etc.

Diese dialogfördernden Übungen wurden am Freitag unter besonderer Berücksichtigung rhetorischer Ansätze und Strategien weitergeführt. Unter dem Motto »Das kleine 1 × 1 der Rhetorik« ging es insbesondere darum, Kriterien für einen guten Vortrag zu erarbeiten, in Gesprächen abzuklären und schließlich gezielt anzuwenden. Dazu standen den SchülerInnen grundlegende Informationsmaterialien zur Verfügung. Aus diesen Vorinformationen gingen wegweisende Anregungen zur verbalen und nonverbalen Vortragsgestaltung hervor, die arbeitsteilig zu erarbeiten und in Kleingruppen wechselseitig zu präsentieren waren. Die so gewonnenen Kriterien und Anregungen für den guten Vortrag hatten die SchülerInnen anschließend in persönlichen Plädoyers versuchsweise umzusetzen. Dabei mussten sie sich der freien Rede bedienen und am Rednerpult stehend, gestützt nur auf einen kleinen Spickzettel, zwei- bis vierminütige Plädoyers unter Berücksichtigung rhetorischer Stilmittel halten, als da sind: direkte Ansprache der Zuhörer, lebendige Gestik und Mimik, gezielte Stimmvariation, überzeugender Redeaufbau etc. Alle diese Kurzvorträge wurden überdies mit einem Camcorder aufgenommen und anschließend kurz eingespielt, vom betreffenden Redner kommentiert und bei Bedarf näher besprochen.

Die Lerneffekte, die während der Woche erzielt wurden, können sich sehen lassen. Darin stimmten die beteiligten SchülerInnen mit den hospitierenden Lehrkräften überein. Einig waren sich die besagten Lehrkräfte darin, dass durch das intensive Üben während der Trainingswoche die Gesprächsbereitschaft und -fähigkeit der SchülerInnen wesentlich gefördert werden konnte. Die zu Wochenbeginn signalisierten Ängste und Beklemmungen konnten im Trainingsverlauf deutlich abgebaut werden, was sowohl mit der Vielzahl der »Bewährungsproben« als auch mit bestimmten ermutigenden Ritualen und Regeln zu tun hatte, die im Zuge der Trainingswoche eingeführt wurden. Dies alles spricht eindeutig für das Konzept der Trainingswoche mit ihren vielfältigen Möglichkeiten des Übens, Reflektierens, Wiederholens und Optimierens bestimmter Kommunikationsstrategien und -rituale. Den SchülerInnen muss das Thema Kommunikation einfach unter die Haut gehen; es muss sie im besten Sinne des Wortes gefangen nehmen; es muss sie bewegen. Diese Intensität lässt sich im Rahmen einer Trainingswoche erreichen. Allerdings reichen Crashkurse dieser Art alleine nicht aus. Hinzu kommen muss zwingend die bereits erwähnte *Kommunikationspflege*.

3.4 Anregungen zur Kommunikationspflege

Die kommunikativen Fähigkeiten und Fertigkeiten der SchülerInnen müssen selbstverständlich vertieft und erweitert werden, indem in den verschiedensten Fächern möglichst häufig verbindliche Sprechanlässe geschaffen werden. Sprechanlässe, die nicht nur der Routinebildung im kommunikativen Bereich dienen, sondern auch und zugleich der nachhaltigen Klärung und Internalisierung der vereinbarten Regeln. Beim Sprechen die Mitschüler anzuschauen, laut und deutlich zu reden, beim

Thema zu bleiben, auf Vorredner Bezug zu nehmen, sachlich zu bleiben, kurz und präzise zu argumentieren, andere Meinungen ernst zu nehmen, Behauptungen zu begründen, Nebengespräche zu vermeiden, Melderegeln zu beachten etc. – dies alles muss immer wieder geübt/gepflegt werden, wenn es zum festen Repertoire der SchülerInnen werden soll.

Dazu ist es gelegentlich erforderlich, ganz penetrant bestimmte Regeln vorzugeben und deren Einhaltung im Rahmen einer passenden Gesprächssequenz im Fachunterricht einzufordern. Aus Abbildung 49 lassen sich derartige Regelvorgaben ersehen, die gleichsam als »Kommunikationsalgorithmus« zu verstehen sind. Damit die SchülerInnen bewusst bestimmte Operationen bedenken und vollziehen, sollte hin und wieder nach solchen »Fahrplänen« vorgegangen werden. Selbstverständlich sind rigide Ritualisierungen dieser Art im Rahmen des Fachunterrichts nicht allzu häufig angebracht, da der Gesprächsfluss dadurch doch ziemlich gehemmt wird. Im Rahmen einer Trainingswoche jedoch können solche Übungen durchaus mehrfach hintereinander angesetzt werden.

Ansonsten ist es zum Zweck der konsequenten Kommunikationspflege im Fachunterricht wichtig und hilfreich, dass die Sprechaktivitäten der SchülerInnen in kleinste Gesprächszirkel verlagert werden, damit möglichst viele SchülerInnen gleichzeitig zu Wort kommen können. Sei es nun, dass sie das Tafelbild der letzten Stunden erläutern, einen Versuchsablauf mündlich beschreiben, einen Text nacherzählen, ein Schaubild erläutern, eine These kommentieren, anstehende Fragen beantworten oder sonstige mündliche Leistungen erbringen müssen. Kennzeichnend ist stets, dass nicht nur ein Schüler oder eine Schülerin im Plenum spricht und alle anderen schweigen, sondern dass durch die Wahl geeigneter Kommunikationsarrangements sichergestellt wird, dass gleich mehrere SchülerInnen zur gleichen Zeit mündlich aktiv werden können. Kommunikationsarrangements dieser Art finden sich in großer Vielzahl im erwähnten Trainingshandbuch des Verfassers (vgl. Klippert 1995). Die beiden nachfolgend skizzierten Beispiele vermitteln einen kleinen Einblick, wie im alltäglichen Fachunterricht Kommunikationspflege betrieben werden kann:

❑ *Kugellagermethode:* Kennzeichnend für dieses Kommunikationsarrangement ist, dass sich die SchülerInnen in einem Doppelkreis paarweise gegenübersitzen und sich wechselseitig zu einem bestimmten Thema berichten bzw. kleine Vorträge halten – und zwar so, dass jeweils die Hälfte der Klasse für kurze Zeit gleichzeitig spricht. Darüber hinaus erhalten die SchülerInnen Gelegenheit, durch mehrfachen Partnerwechsel unter Umständen mehrere Vortragsversuche zu starten und dabei sprachlich Sicherheit zu gewinnen und Selbstvertrauen zu tanken. Zum Übungsablauf im Einzelnen: Zunächst bereiten sich die SchülerInnen in einer kurzen Lese- und/oder Besinnungsphase auf ihre mündliche Darbietung vor. Inhaltlich kann es dabei u.a. um Erfahrungsberichte, um Fantasiegeschichten, oder auch um konkrete fachliche Darbietungen/Vorträge z.B. zu einem Schaubild, einem Versuch, einem Sachtext, einer These, einer Leitfrage, einem Schlüsselbegriff

Gesprächsregeln zur themenzentrierten Kommunikationspflege

(Zwei Beispiele)

Frage-Antwort-Spiel
zur gezielten Wiederholung eines bestimmten Stoffgebiets

Regeln

Ein Schüler liest eine erste Frage vor
↓
Wer die Antwort weiß, meldet sich
↓
Der Fragende gibt das Wort weiter
↓
Zunächst wird die Frage wiederholt
↓
Dann wird die Antwort gegeben
↓
Dabei wird der Fragende angeschaut
↓
Der Antwortgeber stellt nun eine zweite Frage
↓
Wer die Antwort weiß, meldet sich
↓
Bei Rückfragen *zwei Hände* heben!

Argumentationskette
zum Thema »Brauchen wir schärfere Umweltgesetze?«

Regeln

Lehrer erteilt erstem Schüler das Wort
↓
Der betreffende Schüler stellt sich in seiner Rolle vor und bringt ein erstes Argument
↓
Wer sich anschließen will, meldet sich
↓
Der letzte Redner gibt das Wort weiter, indem er ein Mikrofon hinträgt
↓
Beim Reden sind die Mitschüler anzuschauen
↓
Alle Schüler dürfen zunächst nur einmal argumentieren
↓
Dann beginnt eine zweite Runde: »Aufeinander Bezug nehmen!«

Abb. 49 © Dr. H. Klippert

oder einer spezifischen Problemlösung gehen. Nach dieser Vorbereitungsphase wird das »Kugellager« arrangiert, d.h. die SchülerInnen setzen sich in Kreisform paarweise gegenüber, sodass ein Innenkreis und ein Außenkreis entstehen. Die Paarbildung erfolgt dabei in aller Regel durch Los oder durch Abzählen. Nun tragen zunächst alle im Innenkreis sitzenden SchülerInnen ihre Berichte vor, ihre Gesprächspartner hören zu, fragen bei Bedarf nach und fassen das Gesagte anschließend möglicherweise in eigenen Worten zusammen. Der Zeitrahmen für diese Sprechfrequenz beträgt üblicherweise drei bis fünf Minuten. Anschließend rücken die im Innenkreis sitzenden SchülerInnen beispielsweise drei Stühle im Uhrzeigersinn weiter, sodass neue Gesprächspaare entstehen. Nun werden die SchülerInnen im Außenkreis aktiv und erzählen/berichten ihrem neuen Partner gegenüber zum gleichen Thema etc. Diese gegenläufige Bewegung von Innenkreis und Außenkreis, die mehrfach in Gang gesetzt werden kann, gleicht einer Kugellagerbewegung – deshalb wird hier von »Kugellagermethode« gesprochen. Am Ende wird der Gesprächsprozess sowohl unter kommunikativen wie unter inhaltlichen Gesichtspunkten ausgewertet.

❑ *Expertenmethode:* Kennzeichend für dieses Kommunikationsarrangement zur fachspezifischen Kommunikationspflege ist Folgendes: Die SchülerInnen bereiten sich anhand einschlägiger Materialien in mehreren Stammgruppen auf je ein bestimmtes Spezialgebiet vor und referieren ihr Spezialwissen anschließend in so genannten Expertengruppen, in denen mehrere »Spezialisten« zusammenkommen. Auf diese Weise üben sich die SchülerInnen sowohl in fachlicher Hinsicht als auch dahingehend, in einer kleineren Gruppe frei und verständlich vorzutragen. Zum Übungsablauf im einzelnen: Zunächst machen sich die SchülerInnen in den besagten Stammgruppen mit ihrem jeweiligen Spezialgebiet vertraut. Sie lesen das zugehörige Informationsmaterial, klären gemeinsam schwierige Begriffe und Sachverhalte und besprechen sich hinsichtlich der Vortragsgestaltung. Alsdann werden mehrere »Querschnittsgruppen« gebildet, in denen Vertreter aller Stammgruppen sitzen. Diese Experten referieren nun im Wechsel zu ihren Spezialgebieten. Sie tragen frei vor, halten Blickkontakt, setzen gegebenenfalls visuelle Stützen ein (Schaubilder, Stichwortkärtchen etc.) und bemühen sich, rhetorische Stilmittel zu berücksichtigen. Die Vorträge werden in mehreren Stehzirkeln im Klassenraum gehalten, d.h., die Mitglieder der jeweiligen Expertengruppen verfolgen die einzelnen Kurzvorträge im Stehen, was der Präsentationsatmosphäre erfahrungsgemäß nur gut tut. Anschließend erhalten die betreffenden Zuhörer Gelegenheit zu Rückfragen und zu Kommentaren. Dann kommt der zweite Experte mit seinem Spezialgebiet an die Reihe usw. Da diese Prozedur in allen Expertengruppen in gleicher Weise abläuft, hat am Ende jeder Schüler zu seinem Spezialgebiet einen Kurzvortrag gehalten sowie mehrfach aktiv zugehört. Darüber hinaus kann zur Abrundung aus jeder Stammgruppe ein Vertreter ausgelost werden, der zum eigenen Spezialgebiet nochmals im Plenum referiert. Abgeschlossen wird das Ganze u.a. mit einer gezielten Reflexion der gezeigten Kommunikations- und Präsentationsleistungen.

Wie die beiden geschilderten Arrangements zeigen, ist Kommunikationspflege im Fachunterricht also sehr wohl möglich. Es muss nur intensiver als bisher üblich nach geeigneten Spechanlässen gesucht werden, die den SchülerInnen Gelegenheit geben, sowohl das freie Sprechen, Argumentieren und Vortragen zu üben als auch die jeweilige Sache in aktiver und interaktiver Weise vertiefend zu klären. Die Palette der möglichen Sprechanlässe ist breit. Das zeigen die mehr als 100 Kommunikationsbausteine im erwähnten Trainingshandbuch des Verfassers (vgl. Klippert 1995). Wenn diese Bausteine bei der gängigen Unterrichtsvorbereitung konsequent bedacht und berücksichtigt werden, dann ist bereits ein wichtiger Schritt getan, um die sprachlichen Aktivitäten der SchülerInnen im alltäglichen Fachunterricht kräftig zu steigern. Weiterhin sollte bei der hier in Rede stehenden Kommunikationspflege darauf geachtet werden, dass die SchülerInnen ihre Sprachkompetenz sukzessive aufbauen können und nicht gleich nach der Stillarbeitsphase ins kalte Wasser der Plenarpräsentation geworfen werden. Empfehlenswert ist es, den SchülerInnen nach der individuellen Vorbereitung zunächst ein »warming up« in kleinen und kleinsten Gesprächszirkeln zuzugestehen, damit sie gedanklich und sprachlich »in Fluss« kommen, bevor sie dann eventuell im Plenum mündlich gefordert werden. Das kostet zwar etwas mehr Zeit, ist de facto aber ein höchst wirksames Verfahren, um Sprach- und Fachkompetenz integrativ zu fördern.

4. Teamentwicklung im Klassenraum

Gute Gruppenarbeit ist eine äußerst anspruchsvolle Arbeitsform. Das wurde und wird in der Schulpraxis häufig übersehen. Die SchülerInnen an Gruppentischen zusammenzusetzen und irgendwelche Aufgaben bearbeiten zu lassen, bedeutet noch nicht, dass an diesen Tischen auch Teamarbeit abläuft. Auch wohl gemeinte Tipps und Ermahnungen von Lehrerseite sind erfahrungsgemäß nur sehr begrenzt geeignet, die SchülerInnen zu konstruktiver, regelgebundener Gruppenarbeit (= Teamarbeit) zu veranlassen und zu befähigen. Teamfähigkeit ist letztlich ein ausgesprochen anspruchsvolles Lernziel, das ebenso kleinschrittig wie konsequent angesteuert werden muss. Wenn Gruppenarbeit tatsächlich zur Teamarbeit werden soll, dann müssen die SchülerInnen möglichst systematisch üben und lernen, in kleineren oder größeren Zirkeln zielstrebig und konstruktiv zusammenzuarbeiten und die je geltenden/vereinbarten Regelsysteme zu beachten. Diese teamorientierte Übungs- und Klärungsarbeit wird an unseren Schulen bislang viel zu wenig bedacht und geleistet. Kein Wunder also, dass sich viele SchülerInnen mit der alltäglichen Gruppenarbeit schwer tun und erhebliche Vorbehalte äußern, wenn sie nach dem Sinn und Zweck der Gruppenarbeit gefragt werden. Derartige Vorbehalte werden allerdings nicht nur von Schülerseite vorgebracht, sondern auch und nicht zuletzt von vielen Lehrkräften geäußert.

4.1 Überblick über das Trainingskonzept

Teamarbeit meint also mehr als das landläufige Zusammensitzen an Gruppentischen. Teamarbeit bedeutet auch und vor allem, dass die SchülerInnen sensibel, zielstrebig und erfolgreich zu kooperieren verstehen. Teamarbeit verlangt ferner, dass die SchülerInnen im besten Sinne des Wortes aufeinander angewiesen sind und sich bei der anstehenden Lernarbeit wechselseitig unterstützen und bestärken. Und Teamarbeit impliziert auch und nicht zuletzt, dass in den Gruppen konstruktiv gearbeitet und unnötige Störungen und/oder Trödeleien gruppenintern unterbunden werden. Nötig sind von daher sowohl einschlägige Regelwerke als auch spezielle Regelbeobachter, die auf die Einhaltung der vereinbarten Regeln pochen, sofern dagegen verstoßen wird. Und nötig sind ferner gelegentliche regelorientierte Reflexionen und Sanktionen, die den SchülerInnen das gewünschte Teamverhalten immer wieder ins Bewusstsein heben. Teamarbeit in diesem Sinne ist also nicht allein durch gruppendynamische Übungen und aufwendige Befindlichkeitsklärungen sicherzustellen, sondern sie verlangt zuallererst eingespielte Regeln, Abläufe und Interaktionsroutinen.

Die hier zur Debatte stehende Teamentwicklung zielt auf diese Art der Routinebildung. Angestrebt wird eine ebenso sensible wie routinierte Ausgestaltung der je anstehenden Gruppenarbeitsprozesse. Da sich diese Teamkompetenz bei den wenigsten SchülerInnen von selbst einstellt, muss das entsprechende Repertoire im Unterricht möglichst gezielt eingeübt und im Wege des »learning by doing« gefestigt werden. Nötig ist von daher ein ebenso konsequentes wie kleinschrittiges Einüben elementarer Kooperationstechniken und -strategien. Da sich diese Sensibilisierungs- und Qualifizierungsarbeit erfahrungsgemäß nicht einfach so nebenbei im Fachunterricht bewerkstelligen lässt, da dieser in aller Regel doch sehr stark vom Stoff dominiert wird, ist das Teamtraining gelegentlich zu separieren, d.h., es ist aus dem regulären Fachunterricht auszukoppeln und phasenweise als eigener Lerngegenstand zu behandeln. Dieses so genannte »Sockeltraining« kann als einwöchiger Kompaktkurs mit ausschließlich teamzentrierten Übungen, Reflexionen und Klärungen organisiert sein (vgl. das 4-Stufen-Programm in Abbildung 50); es kann aber auch als Querschnittsprogramm realisiert werden, das von einigen KernlehrerInnen der jeweiligen Klasse vorbereitet und moderiert wird. Wichtig ist dabei nur, dass die SchülerInnen während dieser teamzentrierten Unterrichtssequenzen ebenso intensiv wie vielfältig Gelegenheit erhalten, sich mit grundlegenden Regeln und Verfahrensweisen guter Gruppenarbeit vertraut zu machen. Natürlich müssen die Intensivphasen der Teamentwicklung nicht losgelöst von fachlichen Inhalten erfolgen, sondern können sehr wohl fach- und themenspezifisch eingebunden sein. Nur geht es in diesen Phasen nicht allein um die Inhalte, sondern auch und zugleich um teamspezifische Reflexionen und Klärungen.

Kennzeichnend für die hier in Rede stehende Teamentwicklung ist also eine enge Koppelung von fächerübergreifendem *Teamtraining* und fachspezifischer *Teampflege*. Zu beiden Bereichen finden sich im korrespondierenden Trainingshandbuch des Verfassers einschlägige Übungen und Anregungen (vgl. Klippert 1998). Das in Abbildung 50 skizzierte 4-Stufen-Modell zielt als Ordnungsmuster vorrangig auf das fächerübergreifende Teamtraining und kann vom Aufbau her als Fahrplan für die Gestaltung eines mehrtägigen Teamentwicklungsprozesses verstanden werden. Wann ein solcher Teamentwicklungsprozess im Unterricht einer Klasse anzusetzen ist, das müssen die jeweils zuständigen Lehrkräfte entscheiden. Grundsätzlich empfiehlt es sich jedoch, die Teamentwicklung so früh wie möglich anlaufen zu lassen, damit die SchülerInnen bereits in der Anfangsphase ihrer Schullaufbahn mit den wichtigsten Spielregeln und Verfahrensweisen guter Gruppenarbeit vertraut gemacht werden. Diese Grundüberlegung hat in zahlreichen Sekundarschulen inzwischen dazu geführt, ein erstes Kompakttraining in der 5. Jahrgangsstufe zu veranstalten – zumeist Anfang Februar. Das besagt freilich nicht, dass Intensivtrainings dieser Art nicht auch in höheren Klassen sinnvoll platziert werden können. Bewährt hat sich auf jeden Fall ein zweiter Trainingsblock in der 9. Jahrgangsstufe, und zwar in Verbindung mit der Berufswahlvorbereitung.

Das 4-Stufen-Modell zur Teamentwicklung

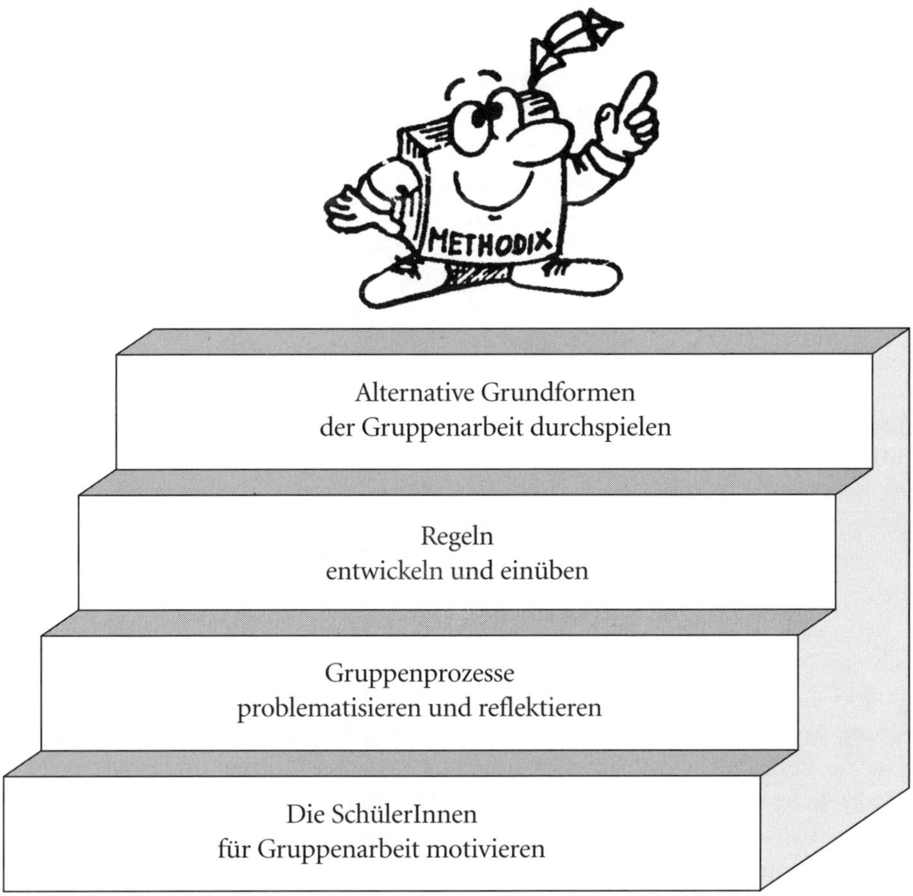

Alternative Grundformen
der Gruppenarbeit durchspielen

Regeln
entwickeln und einüben

Gruppenprozesse
problematisieren und reflektieren

Die SchülerInnen
für Gruppenarbeit motivieren

Abb. 50 — © Dr. H. Klippert

Allerdings hat die Trainingsarbeit während der letzten Jahre auch gezeigt, dass ein Intensivkurs alleine nicht ausreicht, um auf Schülerseite dauerhafte Teamkompetenzen entstehen zu lassen. Zur längerfristigen Fundierung der Teamfähigkeit ist es vielmehr erforderlich, die vereinbarten und ansatzweise eingeübten Regeln und Verfahrensweisen immer wieder aufzufrischen und zu festigen, und zwar in möglichst vielen Fächern. Diese *Teampflege* ist unerlässlich, wenn die SchülerInnen die in Abbildung 51 umrissenen »Spielregeln« guter Gruppenarbeit nachhaltig verinnerlichen sollen. Fehlen derartige auffrischende/vertiefende Übungen, so geht das im Zuge des Sockeltrainings erworbene Repertoire sehr schnell wieder verloren. Von daher ist es zwingend notwendig, dass sich einige Lehrkräfte in jeder Klasse dieser Teampflege annehmen und dafür Sorge tragen, dass die eingeführten Regeln und Verfahrensweisen einigermaßen regelmäßig aufgefrischt und weiterentwickelt werden.

Um diese Verbindlichkeit sowohl des Sockeltrainings als auch der darauf aufbauenden Teampflege sicherzustellen, empfiehlt es sich, auf Lehrerteams zu setzen, d.h. pro Klasse zwei bis drei interessierte Lehrkräfte vorzusehen, die sich um eine möglichst konsequente Teamentwicklung kümmern. Diese »KernlehrerInnen« sollten in ihrer jeweiligen Klasse möglichst viele Wochenstunden unterrichten (Richtwert: 15–20 Stunden), um von daher auch hinreichend Zeit und Gelegenheit zu haben, die SchülerInnen in Sachen Teamarbeit eingehend zu fordern und zu fördern. Die Bildung derartiger Lehrerteams auf Klassenebene ist eine Herausforderung und Chance für jedes Kollegium und jede Schulleitung. Sie sollte bei der alljährlichen Lehrereinsatzplanung auf alle Fälle Priorität bekommen, sofern sich interessierte Lehrkräfte finden, die in der einen oder anderen Klasse konzertierte Teamentwicklung betreiben möchten. Wenn diese Lehrkräfte derartige »Lerninseln« eingeräumt bekommen und mit hohem Stundendeputat nutzen, dann bestehen gute Aussichten, dass es mit der Teamentwicklung vorangehen wird und auf Lehrer- wie auf Schülerseite die nötigen Routinen entstehen können.

Kennzeichnend für das in Abbildung 50 skizzierte Trainingskonzept ist indes noch ein Weiteres, nämlich das ausgeprägte »learning by doing« der Schülerinnen während der einzelnen Trainingssequenzen. Egal, ob die SchülerInnen für die Bedeutung und die Vorzüge der Gruppenarbeit sensibilisiert werden sollen (Stufe 1), ob sie zur Reflexion und Problematisierung alltäglicher Gruppenprozesse angehalten und angeleitet werden sollen (Stufe 2), ob es im Klassenverband elementare Teamregeln zu entwickeln und einzuüben gilt (Stufe 3) oder ob es darum geht, einige gängige Grundformen des Gruppenunterrichts durchzuspielen und die SchülerInnen mit unterschiedlichen Ablaufmustern der Gruppenarbeit vertraut zu machen (Stufe 4) – stets ist »learning by doing« angesagt. Das heißt, die SchülerInnen agieren und interagieren in vielfältiger Weise. Sie planen und organisieren, sie argumentieren und diskutieren, sie schreiben und gestalten, sie reflektieren und kritisieren, sie visualisieren und präsentieren, sie entscheiden und bewerten etc. Dieses aktive, spielerische Lernen ist nicht nur eine wesentliche Stütze der Schülermotivation, sondern gewährleistet auch und nicht zuletzt die nötigen Gärungs- und Klärungsprozesse, ohne die eine nachhaltige Teamkompetenz auf Schülerseite letztlich nicht zu erreichen ist.

Einige wichtige Verhaltensregeln

Gute Gruppenarbeit verlangt, dass …

* einer dem anderen hilft und Mut macht;
* andere Meinungen toleriert und akzeptiert werden;
* zugehört und aufeinander eingegangen wird;
* persönliche Angriffe und Beleidigungen vermieden werden;
* kein Gruppenmitglied links liegen gelassen wird;
* jeder mitmacht und sein Bestes gibt;
* das Thema/die Aufgabe beachtet wird;
* zielstrebig gearbeitet und diskutiert wird;
* auftretende Probleme offen angesprochen werden;
* jeder die aufgestellten Regeln beachtet

Abb. 51 — © Dr. H. Klippert

So gesehen ist der hier vertretene Ansatz der Teamentwicklung ein eher pragmatischer Ansatz. Im Unterschied zu den gruppendynamischen und sozialpsychologischen Konzepten der 60er- und 70er-Jahre wird das soziale Lernen auf das reduziert, was die »normale Lehrkraft« im Unterrichtsalltag am ehesten noch zu leisten vermag, nämlich auf die Erarbeitung teamspezifischer Regeln, praktischer »skills« und sozialer Handlungsroutinen, die ein effektives Zusammenarbeiten in Gruppen gewährleisten. Denn die meisten Lehrkräfte haben de facto weder die Zeit noch die Kompetenz, sich auf intensivere gruppendynamische und sozialtherapeutische Übungen und Prozesse einzulassen, zumal diese nicht selten recht brisant verlaufen und leicht zu »Sprengsätzen« in der Klasse werden können. Von daher empfiehlt sich ein äußerst behutsamer Umgang mit derartigen Methoden und Ansätzen. Sozialen Lernen ja! Aber in erster Linie doch so, dass auf relativ sachrationale Weise grundlegende Spielregeln und Strategien für eine gedeihliche Kooperation im alltäglichen (Fach-)Unterricht entwickelt und eingeübt werden. Der Vorteil dieses eher pragmatischen Teamentwicklungsansatzes ist der, dass sich die »Durchschnittslehrkräfte« erfahrungsgemäß recht schnell in der Lage sehen und bereit finden, diesen Weg mitzugehen. Von daher bestehen gute Chancen, dass der Gruppenunterricht auf diese Weise endlich aus seinem »Kümmerdasein« (Hilbert Meyer) herauskommt und in der Breite vorangebracht und kultiviert wird.

4.2 Gezielte Teamentwicklung lohnt sich

Ein erster Grund für die Forcierung des Teamtrainings ist das weithin defizitäre Geschehen im Rahmen des alltäglichen Gruppenunterrichts. Im Schulalltag dominieren die eher unzulänglichen Gruppenarbeitsprozesse. Das zumindest lässt sich aus diversen Lehrerbefragungen ableiten, die der Verfasser in den letzten Jahren im Rahmen seiner schulinternen Lehrerfortbildung durchgeführt hat. Beklagt wird von Lehrerseite u.a., dass der soziale Zusammenhalt in den Gruppen fehle und die Arbeitsdisziplin doch sehr zu wünsche übrig lasse. Da arbeite einer für alle; da werde mehr gegeneinander als miteinander gearbeitet; da trödelten viele Gruppenmitglieder herum und kämen zu keinem rechten Ergebnis; da hapere es beim Zeitmanagement genauso wie bei der Arbeitsorganisation; da kämen stille SchülerInnen zu kurz oder würden womöglich ganz »untergebuttert«; Da sei die Ergebnispräsentation langweilig und häufig auch schlecht organisiert; da werde Gruppenarbeit als Zeitvergeudung eingestuft und nur widerwillig mitgemacht; da werde die Lautstärke überzogen und die Arbeit der MitschülerInnen gestört; da werde oberflächlich herumpalavert und der fachliche Tiefgang vermieden; da gebe es zu viele Trittbrettfahrer, die sich im Schatten leistungswilliger Gruppenmitglieder erfolgreich vor der Arbeit drückten; da würden immer wieder Konflikte produziert, die sich hernach kaum noch kanalisieren ließen; da stimmten die Rahmenbedingungen der Gruppenarbeit nicht (Einzelstunden, Stoffdruck, hohe Schülerzahl, kleine Klassenräume, fehlendes Arbeitsmaterial etc.) und erschwerten für LehrerInnen wie SchülerInnen eine halbwegs effektive Gruppenarbeit … So oder ähnlich lauten die Vorbehalte und Kritikpunkte der befragten Lehrkräfte gegenüber dem Gruppenunterricht. So gesehen ist Teamentwicklung dringend vonnöten, wenn Gruppenunterricht überhaupt Sinn machen soll. Denn viele SchülerInnen sind de facto überfordert, wenn Gruppenarbeit angesagt ist, und verlieren sich von daher nur zu leicht in irgendwelchen Streitereien, Pseudoaktivitäten und/oder Arbeitsvermeidungsstrategien. Wer dieses ändern will, muss den SchülerInnen möglichst konsequent Gelegenheit geben, Teamfähigkeit zu lernen und das betreffende Know-how einzuüben und immer wieder bewusst und durchdacht anzuwenden, damit sich nach und nach die nötigen Handlungsroutinen und Regelungskompetenzen einstellen können.

Nachdrückliche Teamentwicklung im Klassenraum ist aber nicht nur nötig, weil es den SchülerInnen an den entsprechenden Basiskompetenzen mangelt, sondern auch deshalb, weil Teamfähigkeit mittlerweile zu den zentralen Schlüsselqualifikationen zählt, auf die in Wirtschaft und Beruf besonderer Wert gelegt wird. In der modernen Informations- bzw. Wissensgesellschaft, in der die Halbwertzeit des Fachwissens dramatisch abnimmt, wird es zunehmend wichtig, dass Spezialisten mit unterschiedlichem Teilwissen zusammenarbeiten und ihre individuellen Fähigkeiten und Fertigkeiten »selbstlos« in eine Gruppe einbringen und damit sicherstellen, dass die zunehmend komplexer werdenden realen Probleme und Aufgaben wirksam gelöst werden können. Jeder Einzelne für sich genommen ist immer weniger in der Lage, den gestellten Anforderungen in Wirtschaft und Beruf gerecht zu werden. Das zeigen nicht zuletzt die Befragungsergebnisse in Abbildung 52. Die Zukunft gehört nach allem, was wir heute wissen und abschätzen können, den Teams. Zumindest gilt das für die Groß- und Mittelbetriebe mit ihren hoch technisierten Verfahren und Erzeugnissen. Dass die Schulen darauf reagieren und die entsprechenden Teamkompetenzen verstärkt anbahnen und vermitteln müssen, ist mittlerweile weitgehend Konsens.

Teamarbeit steht hoch im Kurs

Auf welche Schlüsselqualifikationen Personalchefs bei jungen Bewerbern am meisten achten
(Mehrfachnennungen möglich)

Qualifikationsbezeichnungen	%
sind kommunikativ und teamorientiert	96
zeigen hohen Leistungswillen	83
sind auch im privaten Umfeld (Kultur, Sport, Soziales) besonders engagiert	63
sind fähig, Kritik zu üben und anzunehmen	59
können sich sprachlich gut ausdrücken	56
haben in der Schul- bzw. Studienzeit Betriebspraktika absolviert	49
verfügen über Fremdsprachenkenntnisse	44
sind durchsetzungsfähig	38
haben Erfahrungen im Umgang mit Computern	22
lassen auch gesellschaftspolitisches Interesse erkennen	21

aus: STERN 47/1995, S. 188 (befragt wurden Personalverantwortliche aus rund 250 großen deutschen Firmen)

Abb. 52 © Dr. H. Klippert

Allerdings wäre es falsch, würde die Bedeutung der Teamarbeit allein auf ökonomische Umstände und Sachzwänge zurückgeführt. Die Forderung nach Gruppenunterricht und sozialem Lernen ist letztlich eine zutiefst pädagogische Forderung, die sich zwingend aus der Option für ganzheitliches Lernen und umfassende Persönlichkeitsentwicklung ergibt, wie sie von reformpädagogischer Seite seit Jahrzehnten erhoben wird. Wer die vielfältigen Begabungen der SchülerInnen wirksam fördern und ihrem eigenverantwortlichen Arbeiten und Lernen im Unterricht verstärkt Raum geben möchte, der kommt eigentlich gar nicht umhin, den Gruppenunterricht gezielt zu forcieren. Denn nur auf diese Weise lässt sich die nötige Kommunikation und Kooperation zwischen den SchülerInnen sicherstellen, die gewährleistet, dass sich diese wechselseitig inspirieren und ermutigen, fragen und kontrollieren, unterstützen und korrigieren können. Zwar löst Gruppenarbeit ganz sicher nicht alle pädagogischen Probleme, wohl aber ist sie fraglos ein ganz zentraler Ansatz, um die SchülerInnen stärker in die Verantwortung zu nehmen und wesentlich vielseitiger und zeitgemäßer zu qualifizieren, als das mit den traditionellen, lehrerzentrierten Methoden möglich ist. Diese Einsicht ist zwar nicht neu, nur ist sie bislang viel zu wenig in die Tat umgesetzt worden.

Eine verstärkte Teamentwicklung im Klassenraum ist aber auch deshalb geboten, weil offene Lernformen wie Projektarbeit, Wochenplanarbeit, Stationenarbeit, Planspiele und andere Formen des eigenverantwortlichen Arbeitens und Lernens in hohem Maße darauf angewiesen sind, dass die SchülerInnen bereit und in der Lage sind, konstruktiv in Partner- und in Gruppenkonstellationen zusammenzuarbeiten und sich wechselseitig zu unterstützen und zu helfen, zu kontrollieren und zu kritisieren. Andernfalls sind viele schwache, ängstliche und/oder unselbstständige SchülerInnen beinahe zwangsläufig zum Scheitern verurteilt. Die Gefahr ist einfach zu groß, dass sie überfordert werden und deshalb dazu neigen, entweder vorschnell aufzugeben oder aber den Unterricht in irgendeiner anderen Weise zu stören. Da beides gleichermaßen fatal ist, gilt es, in die Teamentwicklung im Klassenraum zu investieren und die SchülerInnen diesbezüglich konsequent zu fordern und zu fördern. Dieser enge Konnex von Teamentwicklung und offenem Unterricht ist vielen Unterrichtspraktikern in den letzten Jahren erst so richtig bewusst geworden.

Fundierter Gruppenunterricht bringt aber nicht nur positive Effekte für die SchülerInnen, sondern auch und nicht zuletzt spürbare Vorteile für die betreffenden Lehrkräfte. Denn je geübter die SchülerInnen in Sachen Teamarbeit sind, desto besser verstehen sie es auch, in eigener Regie zu arbeiten und die bestehenden Aufgaben und Probleme gemeinsam zu lösen. Für die betreffenden Lehrkräfte bringt das eine nicht zu unterschätzende Entlastung mit sich – zumindest im Unterricht. Ist es bislang nämlich eher so, dass die SchülerInnen ihre Lehrkräfte durch vielfältige Erwartungen, Fragen, Seitengespräche und sonstige Störmanöver während der Stunden hochgradig beanspruchen, belasten und auch nerven, so verbindet sich mit der besagten Teamentwicklung die reelle Chance, dass die SchülerInnen in ihren Gruppen ein hohes Maß an Selbstregulierung und Selbsthilfe leisten – vorausgesetzt, sie sind mit den grundlegenden Belangen und Prinzipien guter Gruppenarbeit hinreichend vertraut. So gesehen zielt Teamentwicklung auf zweierlei: Erstens auf funktionierende Helfersysteme und zweitens auf wirksame Erziehungssysteme. Oder anders ausgedrückt: Intendiert ist, dass sich die SchülerInnen auf der Basis der vereinbarten Regelwerke sowohl in fachlicher als auch in erzieherischer Hinsicht unterstützen und in die Pflicht nehmen. Wer wollte bestreiten, dass sich der Aufbau derartiger Helfer- und Erziehungssysteme lohnt!? Wer diese Aufgabe frühzeitig angeht, der kann über Jahre hinweg davon profitieren und den eigenen physischen und psychischen Aufwand im besten pädagogischen Sinne reduzieren.

Fazit also: Für die hier in Rede stehende Teamentwicklung im Klassenraum sprechen gute Gründe, die sich wie folgt zusammenfassen lassen: Teamentwicklung und Teamarbeit …

- reagieren auf den vorherrschenden Trend zur Ein-Kind-Familie und geben den SchülerInnen Gelegenheit zum kompensatorischen sozialen Lernen sowie zur Entfaltung sozial-integrativer Fähigkeiten und Fertigkeiten;
- tragen den elementaren Kommunikations- und Kooperationsbedürfnissen der SchülerInnen Rechnung und vermitteln ihnen tendenziell mehr Sicherheit, Geborgenheit, Motivation und Selbstwertgefühl;
- fördern die Auseinandersetzung mit dem Lernstoff und den je anstehenden Lernaufgaben und begünstigen damit den Erwerb nachhaltiger Fachkompetenz und vielseitiger fachlicher Kenntnisse und Erkenntnisse;
- korrespondieren mit den veränderten Bedingungen und Anforderungen in der modernen Arbeits- und Berufswelt und ermöglichen den SchülerInnen den Erwerb zukunftsträchtiger »Schlüsselqualifikationen«;
- erleichtern den LehrerInnen die alltägliche Differenzierungs- und Disziplinierungsarbeit durch den Aufbau tragfähiger Helfer- und Erziehungssysteme und eröffnen ihnen auf diese Weise bemerkenswerte Entlastungsperspektiven;
- reflektieren die demokratiefeindlichen Tendenzen in der modernen Jugendszene und leisten durch ihre sozial-integrative Ausrichtung einen nicht zu unterschätzenden Beitrag zur Gewaltprophylaxe in unserer Gesellschaft;

4.3 Gestaltungsvorschlag für eine Trainingswoche

Den Kern der Teamentwicklung bilden, wie erwähnt, gelegentliche Intensivtrainings über mehrere Tage hinweg, die den SchülerInnen Gelegenheit geben, die spezifischen Chancen und Spielregeln guter Gruppenarbeit zu entdecken und vertiefend zu klären. Wie ein fächerübergreifendes »Sockeltraining« ablaufen kann, zeigt die in Abbildung 53 skizzierte Trainingswoche. Durchgeführt wurde diese Trainingswoche u.a. in einem rheinland-pfälzischen Gymnasium. Die SchülerInnen der Klasse 10b des Trifelsgymnasiums im pfälzischen Annweiler waren – wie eine Vorbefragung ergab – in Sachen Teamarbeit eher unbedarft und gegenüber dem Gruppenunterrricht ziemlich skeptisch eingestellt. Dennoch ließen sie sich auf die angebotene Trainings-

Ablauf der Trainingswoche

1. Tag

Pro und Kontra Gruppenarbeit – mehrstufiger Erfahrungsaustausch

❏ Vorstellung und Erläuterung des Trainingsprogramms ❏ Assoziationsübung zum Begriff »Gruppenarbeit« ❏ Problemanzeigen zur GA/Problemlösungsfantasien entwickeln ❏ Brainstorming zu den Vorzügen der GA ❏ Schatzsuche: Eine gelungene GA rekonstruieren ❏ Bewertung und Diskussion ausgewählter »Killerthesen« zur GA ❏ Hausaufgabe: Zeitungsartikel schreiben

2. Tag

Warum Gruppenarbeit wichtig ist – vertiefende Übungen

❏ Zeitungsartikel vorlesen und besprechen ❏ Simulationsspiel zu einem Einstellungsgespräch ❏ Plädoyers für GA aus der Sicht der Wirtschaft halten ❏ Simulationsspiel »Gruppenarbeit – Einzelarbeit« ❏ Expertenvorträge auf der Basis vorbereiteter Info-Bausteine ❏ Plakat unter dem Motto »Top im Team« gestalten ❏ Hausaufgabe: Leserbrief zu einem teamkritischen Zeitungskommentar schreiben

3. Tag

Alltägliche Gruppenprozesse analysieren und reflektieren

❏ Leserbriefe vorlesen und besprechen ❏ Entscheidungsspiel durchführen ❏ Themenzentriertes Plakat erstellen ❏ Werbesendung fürs Trifels-Gymnasium produzieren ❏ Hausaufgabe: Vorschläge zur Lösung vorgegebener Gruppenkonflikte entwickeln

4. Tag

Regeln für »gute GA« schrittweise erarbeiten und visualisieren

❏ Konfliktlösungsstrategien besprechen ❏ Regelplakat erstellen ❏ Gruppenarbeitsfahrplan erstellen ❏ Fallstudie »GA mit Regelverstößen« bearbeiten ❏ Eine gelungene Präsentation analysieren ❏ Hausaufgabe: Stellenanzeige für ein neues Gruppenmitglied entwerfen

5. Tag

Vereinbarte Regeln festigen und exemplarisch anwenden

❏ Gemeinsame Stellenanzeige für neues Gruppenmitglied erarbeiten ❏ Aufgabenbeschreibung anfertigen »Was ist zu tun, wenn …« ❏ regelgebundene GA zum Thema »Gruppenarbeit im Betrieb« durchführen und auswerten ❏ Wochenbilanz: Brainwriting zum abgelaufenen Arbeitsprozess

Abb. 53 © Dr. H. Klippert

woche recht bereitwillig ein, zumal auch ihre Eltern und ihre LehrerInnen ein deutliches Interesse an einer Verbesserung der Teamfähigkeit signalisierten.

Neben der frühzeitigen Einbeziehung der SchülerInnen und ihrer Eltern wurden natürlich auch die Lehrkräfte der Schule rechtzeitig informiert und zur gelegentlichen Hospitation eingeladen. Die Klassenlehrerin der Klasse 10b war denn auch während der ganzen Trainingswoche als Hospitantin dabei, und einige andere Lehrkräfte nutzten ebenfalls des Öfteren die Möglichkeit zum Unterrichtsbesuch. Auf diese Weise konnte gewährleistet werden, dass einige KernlehrerInnen der Klasse 10b recht intensiv mitbekamen, was in puncto Teamentwicklung angeboten und eingeübt wurde, um dieses späterhin gezielt im eigenen Fachunterricht wieder aufgreifen und weiterpflegen zu können. Von daher war die Verzahnung von Sockeltraining und anschließender Teampflege im Rahmen des Fachunterrichts recht wirksam gewährleistet.

Die schulorganisatorischen Rahmenbedingungen der Trainingsarbeit sahen so aus, dass der normale Unterricht außer Kraft gesetzt war und die SchülerInnen der Klasse 10b fünf Tage lang von der ersten bis zur sechsten Stunde ausschließlich damit befasst waren, sich in puncto Teamfähigkeit zu üben und die eigene Teamkompetenz zu verbessern. Während des Schulvormittags gab es weder Klingelzeichen noch galten die üblichen Pausenzeiten der Schule. Die Pausenzeiten wurden flexibel geregelt, je nachdem, wo sich vom Arbeitsprogramm und von der Arbeitsleistung her sinnvolle Einschnitte anboten. So gesehen konnte recht organisch und systematisch gearbeitet werden.

Als Klassenraum stand während der ganzen Woche ein freigeblockter Raum in einem Nebengebäude der Schule zur Verfügung. In diesem Raum gab es zudem genügend freie Wände, die zu Visualisierungszwecken genutzt werden konnten. So entstand nach und nach eine richtige Lernlandschaft mit zahlreichen Plakaten und sonstigen Visualisierungen, die die erstellten Arbeitsergebnisse und Regeln ständig vor Augen hielten. Zu dieser Lernlandschaft gehörte nicht zuletzt ein Stuhlkreis als Standardsitzordnung. Die Tische waren bis auf zwei Abstelltische aus dem Raum entfernt worden, sodass nicht nur zusätzlicher Platz entstand, sondern die Gruppenbildung auch recht problemlos möglich war.

Was während der fünf Trainingstage so alles in Angriff genommen wurde, geht aus dem Übungsprogramm in Abbildung 53 hervor. An den beiden ersten Tagen ging es vorrangig darum, die SchülerInnen für die Probleme und Chancen des Gruppenunterrichts zu sensibilisieren und in ihnen die Überzeugung reifen zu lassen, dass Gruppenarbeit wichtig ist und möglichst konsequent geübt und gelernt werden muss. Am dritten Tag stand alsdann die Analyse konkreter Gruppenprozesse und -probleme mit dem Ziel auf dem Programm, auf Schülerseite ein gewisses Regelbewusstsein anzubahnen. Dieses Regelbewusstsein wurde an den beiden letzten Wochentagen systematisch ausgebaut und durch ausgewählte Übungen und Reflexionen gefestigt.

Zum Trainingsprogramm im Einzelnen: Montag früh wurde den SchülerInnen das Wochenprogramm in groben Zügen vorgestellt und erläutert. Dann folgte eine themenzentrierte Assoziationsphase, die ihnen Gelegenheit gab, einige Gedanken/ Stichworte zur alltäglichen Gruppenarbeit zu notieren und diese mit verschiedenen MitschülerInnen zu besprechen und schließlich in verdichteter Form im Plenum zu präsentieren. Im nächsten Schritt wurde eine spezifische Problemlandschaft erstellt und in mehreren Zufallsgruppen überlegt, wie den herausgefilterten Kernproblemen wirksam begegnet werden könnte. In einer weiteren Arbeitsetappe erhielten die SchülerInnen die Aufgabe, in einem mehrstufigen Brainstorming-Verfahren wichtige Vorzüge der Gruppenarbeit herauszuarbeiten und diese mittels Folien zu präsentieren. Die als fünfte Etappe vorgesehene »Schatzsuche« musste wegen Zeitmangels wegfallen, kann unter anderen Umständen aber ein durchaus sinnvolles Arrangement sein, um die SchülerInnen zur Rekonstruktion positiver Gruppenarbeitserfahrungen zu veranlassen. Von daher wurde direkt zur Bewertung und Diskussion ausgewählter »Killerthesen« mit dem Ziel übergegangen, die vorhandenen Voreinstellungen der SchülerInnen gegenüber Gruppenarbeit auf den Tisch zu bekommen. Als abschließende Hausaufgabe war ein Zeitungsartikel zur Frage »Ist unser Unterricht noch zeitgemäß?« zu schreiben.

Der zweite Trainingstag begann mit der Thematisierung der erstellten Zeitungsartikel. Dann wurde ein Simulationsspiel zur Bewerberauswahl durchgeführt, das den SchülerInnen ansatzweise erfahrbar machte, welcher Wert mittlerweile in vielen Betrieben auf Teamfähigkeit gelegt wird. In einer dritten Arbeitsetappe wurde diese Reflexion betrieblicher Anforderungen mittels eines fiktiven Experteninterviews fortgeführt, das die SchülerInnen auf der Basis verschiedener Statements aus dem Unternehmensbereich führen mussten. Im Mittelpunkt der vierten Arbeitsetappe stand erneut ein Simulationsspiel. Diesmal allerdings mit dem Ziel, den SchülerInnen die positiven Effekte der Gruppenarbeit am Beispiel der Bearbeitung spezifischer Problemfragen aus dem mathematisch-naturwissenschaftlichen Bereich deutlich werden zu lassen. Die Arbeitsetappen 5–7 schließlich gaben den SchülerInnen in unterschiedlicher Weise Gelegenheit, sich über die Vorzüge guter Gruppenarbeit klar zu werden und mit wechselnden Gesprächspartnern auszutauschen.

Der dritte Tag begann wie üblich mit der Auswertung der Hausaufgabe, d.h. mit dem Verlesen und Besprechen der erstellten Leserbriefe. In den dann folgenden Arbeitsetappen 2–4 ging es mit unterschiedlicher thematischer Ausrichtung darum, die SchülerInnen in Zufallsgruppen komplexere Aufgaben erledigen und die damit verbundenen Arbeitsprozesse anschließend gruppenintern bilanzieren und reflektieren zu lassen. Dazu wurden unterschiedliche »Bilanzbögen« zur Verfügung gestellt. Als abschließende Hausaufgabe erhielten die SchülerInnen den Auftrag, ausgewählte Konfliktsituationen, wie sie in Gruppen immer wieder auftreten (können), versuchsweise zu analysieren sowie Überlegungen anzustellen, wie man derartigen Konflikten/Problemen begegnen kann.

Zu Beginn des vierten Tages wurden zunächst die zu Hause bearbeiteten Konfliktfälle thematisiert. In den Arbeitsetappen 2 und 3 ging es alsdann darum, (a) wichtige Verhaltensregeln und (b) grundlegende Ablaufregeln für »gute Gruppenarbeit« zu eruieren und übersichtlich zu visualisieren. Die vierte Arbeitsetappe diente der Vertiefung dieser Regelwerke, indem eine defizitär verlaufene Gruppenarbeit auf etwaige Regelverstöße hin abzuklopfen war. Im Mittelpunkt der fünften Arbeitsetappe stand alsdann die Erarbeitung zentraler Präsentationsregeln. Auf diesem Hintergrund war als Hausaufgabe schließlich eine Stellenanzeige für ein »gutes Gruppenmitglied« zu entwerfen.

Der fünfte Trainingstag begann mit der Besprechung der mitgebrachten Entwürfe und der gemeinsamen Erarbeitung einer aussagekräftigen Stellenanzeige. Dann erhielten die SchülerInnen die Aufgabe zu präzisieren, was ein Regelbeobachter, ein Fahrplanüberwacher, ein Zeitwächter, ein Gesprächsleiter oder ein Präsentator im Gruppenprozess zu tun haben. Daran schloss sich im dritten Arbeitsabschnitt eine relativ komplexe Gruppenarbeit zum Thema »Gruppenarbeit im Betrieb« an. Im Rahmen dieses Arbeitsprozesses sollten die SchülerInnen die bis dahin erarbeiteten Erkenntnisse und Regelwerke möglichst konsequent anwenden. Abgeschlossen wurde der fünfte und letzte Trainingstag mit einer Wochenbilanz in Gestalt eines Brainwritings. Da eine nähere Dokumentation der einzelnen Übungen und Arbeitsmaterialien hier aus Platzgründen nicht möglich ist, bleibt nur der Hinweis auf das im Anhang genannte Trainingshandbuch des Verfassers (vgl. Klippert 1998). Darin sind alle Übungsbausteine dokumentiert.

Wie das Feedback der SchülerInnen am Ende der Trainingswoche zeigte, waren sie mit dem Verlauf und den Ergebnissen der Trainingsarbeit durchweg zufrieden bis sehr zufrieden. Als besonders positiv wurde das vielseitige Erarbeiten, Diskutieren, Visualisieren und Präsentatieren von immer neuen Lernprodukten hervorgehoben sowie die intensive Auseinandersetzung mit dem Thema »Teamarbeit« über mehrere Tage hinweg. »Endlich haben wir mal ausgiebiger Zeit gehabt, uns über den Sinn und Zweck der Gruppenarbeit klar zu werden und genauer festzuhalten, was gute Gruppenarbeit ist und was wir als Schüler so alles beachten müssen, wenn wir in Gruppen arbeiten sollen« – so fasste einer der Schüler seine Wochenbilanz zusammen. Die übrigen SchülerInnen signalisierten deutliche Zustimmung. Bemängelt wurde von drei SchülerInnen lediglich der Umstand, dass es nach den spannenden und abwechslungsreichen Übungen in der Anfangsphase gegen Mitte der Woche doch etwas langweilig geworden sei, da sich einige Übungen erheblich überschnitten hätten und deshalb zu wenig Neues geboten worden sei. Am Freitag sei es dann jedoch wieder richtig interessant geworden. Zugegeben, diese Redundanzen hat es gegeben; und diese wird es auch weiterhin geben müssen, da viele SchülerInnen erst durch die partiellen Überschneidungen und Wiederholungen zum nötigen Durchblick und Regelverständnis gelangen.

4.4 Praktische Tipps für die »TrainerInnen«

Das skizzierte Teamtraining verlangt einige organisatorische und pädagogische Sonderregelungen, die den Teamentwicklungsprozess erfahrungsgemäß unterstützen. Zwar bieten derartige Regelwerke noch keine Gewähr dafür, dass sich die anvisierte

Teamkompetenz auf Schülerseite auch tatsächlich einstellt. Wohl aber zeigen die bisherigen Erfahrungen und Versuche, dass der Erfolg der Teamentwicklung nicht nur vom gutem Willen der SchülerInnen und der LehrerInnen abhängt, sondern auch und nicht zuletzt davon, ob bestimmte pädagogisch-organisatorische Maximen und Regelungen bedacht werden. Welche dieser Maximen und Regelungen sich als hilfreich und bedenkswert herausgestellt haben, wird im Folgenden skizziert:

- *Die Unterrichtsatmosphäre muss stimmen!* Gute Gruppenarbeit verlangt eine ansprechende Arbeitsatmosphäre. Das beginnt bei der Sitzordnung und reicht über großzügig zu bemessende Zeittakte (Doppelstunden etc.) bis hin zur Bereitstellung der notwendigen Arbeitsmittel, Regale, Nachschlagewerke und Pinflächen/Plakatflächen zur Visualisierung und Präsentation der Gruppenergebnisse. Zwar sind diese »Ressourcen« angesichts der chronischen Finanznöte vieler Schulträger längst nicht überall vorhanden, aber als Perspektive sollten sie auf jeden Fall im Blick bleiben.
- *Gruppenbildung nach dem Zufallsprinzip!* Eine entscheidende Voraussetzung für wirksames soziales Miteinander ist, dass sich die SchülerInnen möglichst vielfältig kennen lernen und in den unterschiedlichsten Arbeitszusammenhängen als Kooperationspartner versuchen müssen. Viele SchülerInnen gehen sich nämlich recht konsequent aus dem Weg, wenn sie die Möglichkeit haben, sich nach Interesse und Neigung in Gruppen zusammenzufinden. Auf diese Weise werden die bestehenden Vorurteile und Abgrenzungstendenzen nurmehr zementiert. Die Gruppenbildung nach dem Zufallsprinzip (Losen, Abzählen etc.) wirkt diesen Abgrenzungsbestrebungen entgegen und sorgt dafür, dass die unterschiedlichsten SchülerInnen über kürzere oder längere Zeit zusammenarbeiten müssen. Das schafft Kontakte und fördert das Wir-Gefühl. Interessant dabei ist, dass das Zufallsverfahren in aller Regel recht klaglos akzeptiert wird, nicht aber die direkte Versetzung bzw. Zuweisung durch die Lehrperson. Selbstverständlich gibt es dann und wann auch mal Neigungs- bzw. Interessengruppen, zu denen sich die SchülerInnen nach eigenem Gusto zusammenfinden können. Das Zufallsprinzip ist und bleibt jedoch das vorherrschende Verfahren.
- *Praktikable Sitzordnung!* Wenn Gruppenarbeit stärker kultiviert werden soll, dann bedarf es dazu einer flexiblen Sitzordnung, die sowohl Gruppenarbeit als auch Frontalbelehrung ermöglicht, ohne dass Tische und Stühle aufwendig umgestellt werden müssen. Denn im alltäglichen Unterricht wechseln sich Gruppenarbeit und Frontalunterricht eigentlich ständig ab. Die in Abbildung 34 auf Seite 164 skizzierte Winkel-Sitzordnung trägt diesem Wechselspiel Rechnung und hat sich als Kompromiss im Schulalltag recht gut bewährt, da die SchülerInnen Blickkontakt sowohl zu ihren jeweiligen Gruppenmitgliedern als auch zur Tafel hin haben. Das lästige Umstellen des Mobiliars entfällt also. Lediglich bei längeren Gruppenarbeitsphasen werden die einzelnen Tischpaare zu größeren Arbeitsplattformen zusammengestellt. Das geht nicht nur schnell, sondern auch nahezu lautlos vonstatten.

- *Klare Regelvereinbarungen:* Gute Gruppenarbeit verlangt klare Ablauf- und Interaktionsregeln. Diese herzuleiten und konsequent einzuüben, ist Aufgabe des erwähnten Teamtrainings. Die betreffenden Regelwerke reichen vom Verhaltenskodex über den Gruppenarbeitsfahrplan bis hin zu einschlägigen Präsentations- und Feedbackregeln. Diese Regelwerke werden von den SchülerInnen im Zuge diverser Übungen sukzessive erarbeitet und auf großen Plakaten visualisiert. Nähere Hinweise und Übungsmaterialien zu dieser Klärungsarbeit finden sich in dem im Anhang genannten Trainingshandbuch des Verfassers (vgl. Klippert 1998). Die in der jeweiligen Klasse entwickelten Regelwerke bilden sodann die Grundlage für je spezifische »Kontrollaktivitäten« der einzelnen Gruppenmitglieder. Da gibt es dann den *Regelbeobachter*, den *Fahrplanüberwacher*, den *Zeitwächter*, den *Gesprächsleiter* und den *Präsentator*. Diese Spezialfunktionen werden im Wechsel von den jeweiligen Gruppenmitgliedern wahrgenommen.
- *Regelmäßige Reflexionsphasen!* Damit sich die vereinbarten Regeln einschleifen können, werden die abgelaufenen Gruppenarbeitsprozesse von Zeit zu Zeit eingehender reflektiert. In der Anfangsphase des Teamtrainings finden diese Reflexionen ziemlich regelmäßig statt, später dann nur noch gelegentlich, wenn Bedarf besteht. Als Grundlage dieser Reflexionsphasen können spezifische Bilanz- bzw. Feedbackbögen eingesetzt werden, wie sie im erwähnten Trainingshandbuch des Verfassers dokumentiert sind. Es genügt unter Umständen aber auch ein einfaches Blitzlicht unter dem Motto »Wie habt ihr die abgelaufene Gruppenarbeit erlebt?« oder das besinnliche Beschriften und Besprechen eines Feedbackplakats mit den Rubriken »Mir hat gefallen ...«, »Mich hat gestört ...«, »Ich wünsche mir für die nächste Gruppenarbeit ...«. Auch ein einfaches Stimmungsbild durch Ankreuzen auf einer Skala von 0 (sehr unzufrieden) bis 10 (sehr zufrieden) kann ein geeigneter Reflexions- und Gesprächsanlass sein.
- *Kooperationsfördernde Aufgabenstellungen*! Wirksame Gruppenarbeit verlangt, dass die SchülerInnen schon durch die Art der Aufgabenstellung möglichst verbindlich zur Zusammenarbeit veranlasst werden. Von daher müssen die Lehrkräfte Aufgaben- bzw. Arbeitsarrangements überlegen und vorbereiten, die von den Gruppenmitgliedern nur im Wege der Kommunikation und der Kooperation bewältigt werden können. Dieses Aufeinanderangewiesensein kennzeichnet gute Gruppenarbeitsaufgaben. Als kooperationsfördernd hat sich z.B. erwiesen, wenn die Gruppenmitglieder differenzierte Sachinformationen zur Lösung einer gemeinsamen Aufgabe haben oder wenn die betreffenden Gruppen in einem Wettbewerbsverhältnis zueinander stehen und unbedingt gewinnen wollen oder wenn die Präsentatoren am Ende der Gruppenarbeit ausgelost werden und von daher alle Gruppenmitglieder darauf bedacht sein müssen, gut mitzuarbeiten, um im Eventualfall weder die Gruppe noch sich selbst zu blamieren. Der lapidare Hinweis »Analysiert gemeinsam den vorliegenden Text!« reicht als Impuls also nicht aus, um verbindliche Kooperation sicherzustellen.
- *Teamfähigkeit muss bewertet werden!* Wenn Teamfähigkeit als Lernziel angesteuert wird, dann muss sie nach einer gewissen Übungsphase auch bewertet werden.

Andernfalls gerät der ganze Anspruch ins Wanken, denn was wichtig ist, wird in der Schule üblicherweise auch bewertet. Gerade die ambitionierten/leistungsstarken SchülerInnen legen Wert auf diese notenmäßige Anerkennung ihrer gruppenspezifischen Leistungen. Diese Erwartung ist nicht nur verständlich, sie ist auch legitim. Wie eine gezielte Beurteilung der Teamkompetenz im Unterricht aussehen kann, geht ansatzweise aus dem auf Seite 169 abgebildeten Bewertungsbogen hervor (vgl. Abbildung 35). Vorausgesetzt, die angepeilten Verhaltensmaximen sind geklärt, erhalten die SchülerInnen von Zeit zu Zeit Gelegenheit, sich als Beurteiler zu versuchen. Sie beurteilen zunächst sich selbst (Sb), dann die übrigen Gruppenmitglieder (Fb), um sich schließlich im gruppeninternen Gespräch auf konsensfähige Punktzahlen bzw. Vornoten zu verständigen, die zwecks näherer Prüfung und Reflexion dann an die je zuständige Lehrkraft weitergeleitet werden. Dieses Prozedere läuft ein- bis zweimal pro Halbjahr ab. Dabei kommen keinesfalls gleich schlüssige Bewertungen heraus, sondern bei manchen Kriterien stehen am Anfang auch nur Fragezeichen. Mit der Zeit wird die Beobachtungs- und Beurteilungsleistung der SchülerInnen – genauso wie die ihrer Lehrkräfte – erfahrungsgemäß jedoch deutlich qualifizierter und fundierter. Je häufiger Gruppenarbeit praktiziert wird und je mehr Eindrücke von den einzelnen Gruppenmitgliedern vorliegen, desto zuverlässiger fällt die Beurteilung ihrer Teamfähigkeit aus. Selbstverständlich können statt der in Abbildung 35 ausgewiesenen zehn Kriterien auch weniger Beurteilungskriterien als verbindlich erklärt werden. Eine interessante Beobachtung am Rande: Die von vielen Lehrkräften befürchteten »Gefälligkeitsnoten« sind in den Erprobungsklassen durchweg ausgeblieben. Die SchülerInnen haben sich in aller Regel sogar strenger bewertet, als das ihre Lehrkräfte taten.

4.5 Teamarbeit konkret – einige Beispiele

Wenn Teamentwicklung einigermaßen konsequent betrieben wird, dann kann den SchülerInnen schon nach einigen Monaten Bemerkenswertes zugemutet und abverlangt werden, ohne dass gleich die übliche Hilflosigkeit und/oder Disziplinlosigkeit ausbricht. Die nachfolgenden Beispiele machen dieses deutlich. Zugleich zeigen sie, wie die angesprochenen Regelwerke im Unterrichtsalltag ihren Niederschlag finden.

❏ *In der sechsten Klasse einer Realschule geht es im Biologieunterricht um das Thema »Bienen«.* Die Lehrerin hat auf der Basis des entsprechenden »Was-ist-Was-Heftes« fünf unterschiedliche Infoseiten zusammengestellt und mehrfach in verschiedenen Farben kopiert. Die Klasse wird zu Unterrichtsbeginn durch Verlosen unterschiedlicher Symbole in fünf Gruppen aufgeteilt, die je eine bestimmte Infoseite zur Lektüre und weiteren Bearbeitung erhalten. Die Mitglieder dieser fünf »Stammgruppen« bekommen nun die Aufgabe, zu ihrem jeweiligen Spezialgebiet einen kleinen Vortrag vorzubereiten und sich entsprechende Spickzettel zu machen, um auf dieser Grundlage später einigen Mitschülern, die sich auf andere Infoseiten spezialisiert haben, gezielt zu berichten. Alsdann werden – wiederum durch Los – fünf »Expertengruppen« gebildet, die sich aus Vertretern aller fünf Stammgruppen zusammensetzen. Die versammelten Experten halten sich nun wechselseitig ihre Kurzvorträge und beantworten die auftretenden Fragen. Nötigenfalls wird die Lehrerin als Chefexpertin in Sachen Bienen zurate gezogen. Auf diese Weise wird schrittweise das fünfseitige Informationsmosaik zusammengesetzt und von den SchülerInnen aktiv erschlossen. Doch damit nicht genug. In einer nächsten Arbeitsetappe erhalten alle Expertengruppen die zusätzliche Aufgabe, unter Berücksichtigung des vorliegenden Informationsmaterials ein größeres Plakat zum Thema Bienen zu gestalten und die wichtigsten Grundinformationen möglichst übersichtlich und einprägsam zu veranschaulichen. Ferner soll – wie die Lehrerin erklärt – jedes Gruppenmitglied am Ende der Visualisierungsphase in der Lage sein, anhand des erstellten Plakates einen etwa drei- bis fünfminütigen freien Vortrag zum Thema Bienen zu halten. Denn der Präsentator der jeweiligen Gruppe soll später ausgelost werden.

Diese Vorgaben erhöhen ganz offensichtlich die Verbindlichkeit und die Ernsthaftigkeit, mit der die Gruppenmitglieder zusammenarbeiten und zu einem gemeinsamen Lernprodukt zu kommen versuchen. Eine weitere Maßnahme zur Sicherstellung konstruktiver Gruppenarbeit ist, dass an der Wand des Klassenraums ein großes Plakat mit insgesamt sieben wichtigen Verhaltensregeln hängt, die von den SchülerInnen irgendwann erarbeitet und vereinbart worden sind. Außerdem gibt es in jeder Gruppe einen so genannten »Regelbeobachter«, der bei Bedarf dafür sorgt, dass die gemeinsam festgelegten Regeln auch eingehalten werden. Die SchülerInnen sind mit diesen Eigenheiten der Gruppenarbeit ganz offenbar schon ziemlich vertraut. Zumindest zeigen sie im Arbeitsprozess eine bemerkenswerte Bereitschaft, Verantwortung zu übernehmen und zielstrebig auf ein gutes Ergebnis hinzuarbeiten. Sie arbeiten ebenso diszipliniert wie routiniert zusammen. Die Vorträge, die Plakate und die abschließenden Plakat-Präsentationen können sich sehen lassen. Die Lehrerin ist sichtlich zufrieden. Sie hat zusammen mit zwei weiteren Lehrkräften einiges an Zeit und Energie in die Teamentwicklung in der Klasse investiert. Nun erntet sie die Früchte.

❏ *Szenenwechsel:* Im Religionsunterricht einer 9. Hauptschulklasse steht eine Übungsphase zum Thema »Islam« an. Um die nötigen Helfersysteme sicherzustellen, werden leistungsheterogene Gruppen mittels Setz- und Zufallsverfahren gebildet. Die Aufgabe der einzelnen Gruppenmitglieder ist es nun zunächst, sich anhand der vorliegenden Materialien und Hefteinträge möglichst gründlich zu informieren und auftretende Unklarheiten gruppenintern zu beheben, denn anschließend »drohen« zwei Übungstests. Dann erhalten die SchülerInnen den ersten Übungstest mit zehn Schlüsselfragen, den sie – getrennt sitzend – individuell zu bearbeiten haben. Zur Ermittlung der Punktwerte werden anschließend die ausgefüllten Testblätter der jeweiligen Gruppenmitglieder zusammengeheftet und an eine der Konkurrenzgruppen zur Auswertung gegeben (ein Lösungsblatt des Lehrers liegt vor). Am Ende dieser Bewertungsprozedur werden die fünf Gruppen entsprechend ihrer Gesamtpunktzahl in eine Rangfolge gebracht, die in der Klasse veröffentlicht wird. Nun folgt eine zweite Übungsphase, in der die Mitglieder der einzelnen Gruppen zunächst Gelegenheit haben, gruppenintern »Nachhilfeunterricht« zu praktizieren und für mehr Klarheit bei den einzelnen Gruppenmitgliedern zu sorgen. Dann folgt ein zweiter Übungstest mit abermals 10 Schlüsselfragen, der diesmal allerdings gemeinsam zu bearbeiten ist. Im letzten Arbeitsschritt schließlich wird wiederum ein individuell zu bearbeitender Übungstest eingebracht, und zwar mit dem Ziel, dass nach erfolgter Auswertung erneut ein »Ranking« der Gruppen vorgenommen wird. Der besondere Reiz dieses zweiten Rankings: Wenn die Gruppenmitglieder gut zusammengearbeitet und einander gezielt gefragt und geholfen haben, dann haben sie gute Chancen, beim zweiten Ranking nach oben zu kommen und als Gruppe zumindest einen Achtungserfolg zu erzielen. Fazit: Unverkennbar war auch in dieser Klasse, dass die SchülerInnen gut zu kooperieren verstanden und der zuständige Lehrer offenbar eine Menge Vorarbeit geleistet hatte. Eine Vorarbeit allerdings, die sich für ihn unmittelbar auszahlte, denn er konnte in der besagten Unterrichtssequenz nicht nur einen relativ angenehmen, sondern auch einen recht effektiven Lernprozess seiner SchülerInnen erleben.

❑ *Erneuter Szenenwechsel:* Schauplatz ist diesmal das erste Lehrjahr einer berufsbildenden Schule – Berufsgruppe: Fachhandelspacker. Viele der SchülerInnen haben nicht einmal den Hauptschulabschluss und zeigen dennoch nach rund einem halben Jahr relativ konsequenter Teamentwicklung ein bemerkenswert diszipliniertes und zielstrebiges Gruppenarbeitsverhalten. Inhaltlich geht es um das Thema »Buchführung«. Die einzelnen Gruppen haben relativ komplexe Teilaufgaben mit einer zeitlichen Reichweite von ca. zehn Unterrichtsstunden zu bearbeiten, wobei gruppenintern nochmals zu differenzieren ist. Die Arbeitsplanung funktioniert gut. Es gibt in jeder Gruppe u.a. einen gemeinsam verabschiedeten »Personalbewertungsbogen« (Verhaltenskodex), auf den in gelegentlichen Reflexionsphasen Bezug genommen wird. Letzteres geschieht z.B. während des Hospitationstages, als ein Schüler mit mehr als einstündiger Verspätung in seiner Gruppe auftaucht, ohne eine plausible Erklärung parat zu haben. Nun beginnt ein bemerkenswerter Prozess »geschwisterlicher Erziehung«. Es gibt Tadel, aber es gibt auch eindringliche Erläuterungen und Gespräche, warum jeder in der Gruppe gebraucht wird. Dem betreffenden Lehrer konnte dieser gruppeninterne Regulierungs- und Disziplinierungsprozess nur recht sein!

5. Korrespondierende Lehr- und Lernhilfen

Zur Konzeption des skizzierten Trainings wie des vorliegenden Buches gehört es, dass den Lehrkräften entsprechende Hilfen und Anregungen bereitgestellt werden, die die Umsetzung der vorgeschlagenen Innovationsmaßnahmen erleichtern. Denn die Realisierung der skizzierten Unterrichtsreform verlangt nicht nur von den SchülerInnen, sondern auch von den LehrerInnen eine gravierende Umstellung und Weiterentwicklung der alltäglichen Unterrichtsroutinen. Die althergebrachten Methoden und Materialien taugen nur noch begrenzt und müssen durch neue Lehr-/Lernarrangements ergänzt werden. Das macht erfahrungsgemäß eine Menge Arbeit und ist im alltäglichen Schulbetrieb nur schwer »so nebenbei« zu bewerkstelligen. Wenn die skizzierte Unterrichtsreform daran nicht scheitern soll, dann muss zumindest ein Grundstock an erprobten Materialien und Trainingsarrangements vorliegen, die den interessierten Lehrkräfte die ersten »Gehversuche« erleichtern und dazu verhelfen, die eigene methodische Kreativität weiterzuentwickeln.

Die nachfolgend vorgestellten Trainingshandbücher des Verfassers sollen genau diese Funktion erfüllen. Sie enthalten eine Fülle erprobter und praxisnaher Übungsbausteine für den alltäglichen Unterricht und machen deutlich, wie die Methoden-, die Kommunikations- und die Teamkompetenz der SchülerInnen systematisch gefördert werden können. Entstanden sind die Bücher im Rahmen der Lehrerfortbildung mit dem Ziel, den versammelten Lehrerteams nicht nur Appetit auf neue Methoden zu machen, sondern ihnen zumindest exemplarisch auch zu helfen und zu zeigen, wie diese neuen Methoden und Trainingsansätze im Unterrichtsalltag in die Tat umgesetzt werden können. Die Palette der dokumentierten Lern- und Trainingsarrangements ist groß und vermittelt von daher eine Vielfalt an nützlichen Anregungen sowohl für die Trainingsarbeit als auch für den normalen Fachunterricht. Deshalb sei allen interessierten FachlehrerInnen geraten, die Bücher vorrangig als »Ideenbörse« zu nutzen und während der Unterrichtsvorbereitung einfach mal durchzublättern. Das beflügelt die eigene Kreativität.

Methoden-Training. 264 Seiten. In diesem Buch werden mehr als 120 erprobte und bewährte Übungsbausteine dokumentiert, mit deren Hilfe sich die methodische Sensibilität und Kompetenz der SchülerInnen entscheidend verbessern lässt. Die einzelnen Übungsbausteine sind durchweg so konzipiert, dass die SchülerInnen in selbsttätiger und kreativer Weise grundlegende Lern- und Arbeitstechniken entdecken und erschließen. Das Buch ist eine Fundgrube für alle Lehrkräfte, die selbstständiges, methodenbewusstes Arbeiten und Lernen auf Schülerseite fördern und die entsprechenden Schlüsselqualifikationen anbahnen möchten. Einsetzbar sind die dokumentierten Übungsbausteine in unterschiedlichen Fächern und Jahrgangsstufen – insbesondere in der Sekundarstufe I.

Kommunikations-Training. 288 Seiten. Dieses Trainingshandbuch enthält eine Vielzahl erprobter und bewährter Hilfen und Anregungen zur systematischen Kommunikationsschulung im Unterricht. Denn Kommunizieren muss gelernt werden – auch und verstärkt in der Schule. Das beginnt beim freien Erzählen und Berichten und reicht über das verständnisvolle Zuhören und Miteinander-Reden bis hin zum überzeugenden Argumentieren und Vortragen. Dokumentiert werden mehr als 100 erprobte Kommunikationsarrangements sowie eine komplette Trainingswoche »Kommunizieren lernen«, die in einer rheinland-pfälzischen Schule erprobt wurde. Einsetzbar sind die dokumentierten Übungsbausteine in den unterschiedlichsten Fächern und Jahrgangsstufen.

Teamentwicklung im Klassenraum. 286 Seiten. Dieses Buch zeigt, wie eine systematische Teamentwicklung im Klassenraum erfolgen kann. Dass dieses wichtig ist, wird mittlerweile von allen möglichen Seiten betont: Von Wirtschaftsvertretern, Bildungspolitikern und Lehrplanmachern genauso wie von zahlreichen Praktikern in der Schule. Dokumentiert werden rund 70 bewährte Trainingsbausteine mit allen zugehörigen Materialien und Umsetzungshinweisen. Detailliert beschrieben wird ferner eine komplette Trainingswoche zum Thema »Teamentwicklung«, die in einer rheinland-pfälzischen Schule erprobt wurde. Die dokumentierten Übungsbausteine sind sowohl für mehrtägige Intensivkurse geeignet als auch punktuell im normalen Fachunterricht einzusetzen, um bestimmte Teamregeln und Arbeitsformen zu festigen.

Planspiele. 200 Seiten. DIN A4. In diesem Buch werden zehn komplette Planspiele mit allen zugehörigen Spielmaterialien dokumentiert, die sich im Unterricht der Klassen 8 aufwärts bewährt haben. Sie geben den SchülerInnen Raum zum selbstständigen und kreativen Arbeiten, zum planvollen, problemlösenden Denken sowie zum sozialen und kommunikativen Lernen im Rahmen vielschichtiger themenzentrierter Diskussions- und Verhandlungsprozesse. Einsetzbar sind die Planspiele in den unterschiedlichsten Fächern: Im Deutschunterricht genauso wie in Sozialkunde, Ethik, Religion und zum Teil auch in Biologie und Geografie. Und natürlich lassen sie sich bestens im fächerübergreifenden Unterricht sowie im Rahmen von Projekttagen, Projektwochen oder spezifischen Landschulheimaufenthalten einsetzen.

VI. Rückmeldungen aus verschiedenen »Versuchsschulen«

In diesem Kapitel werden die Ergebnisse einer Zwischenbefragung dokumentiert, die in insgesamt 22 Schulen in Rheinland-Pfalz und in Nordrhein-Westfalen mit dem Ziel durchgeführt wurde, erste Aufschlüsse über die Praktikabilität des skizzierten Trainings- und Innovationsprogramms zu bekommen. »Zwischenbefragung« deshalb, weil die besagten Schulen zum Zeitpunkt der Befragung erst seit rund einem Jahr dabei waren, das Klippert'sche »Aktionsprogramm zur Kultivierung neuer Lernformen« im Unterricht umzusetzen und entsprechende Qualifizierungsmaßnahmen für interessierte Lehrkräfte in Anspruch zu nehmen. Gleichwohl lässt sich aus den ermittelten Befragungsergebnissen bereits recht gut ersehen, welche positiven Effekte das anvisierte Trainings- und Innovationsprogramm mit sich bringt und mit welchen Problemen und Schwierigkeiten bei seiner Umsetzung gerechnet werden muss.

1. Zur Anlage der Befragungsaktion

Befragt wurden in erster Linie die Steuergruppen bzw. Führungsteams der betreffenden Schulen, die auf Grund ihrer besonderen Projektverantwortung nicht nur den besten Überblick über die laufenden Innovationsaktivitäten haben, sondern erfahrungsgemäß auch am ehesten bereit und in der Lage sind, die nötigen Einschätzungen im Kollegium einzuholen und zusammenfassend Auskunft zu geben. Einbezogen in den Meinungsbildungsprozess in den einzelnen Kollegien waren in aller Regel weitere Lehrkräfte bzw. Lehrerteams mit konkreten Erfahrungen in Sachen PSE, die von den Steuergruppen angesprochen und um Auskünfte gebeten wurden. Was im Einzelnen erfragt wurde, lässt sich aus dem nachfolgend dokumentierten Fragebogen ersehen. Beantwortet wurde der Fragebogen von allen angeschriebenen Schulen. In die Befragung einbezogen waren folgende Schulen:

- *Berufsbildende Schulen:* Alice-Salomon-Schule Linz; BBS Wirtschaft II Ludwigshafen; Berufskolleg Opladen; Friedrich-List-Berufskolleg Herford.
- *Gymnasien:* Kurfürst-Ruprecht-Gymnasium Neustadt/Weinstraße; Peter-Joerres-Gymnasium Ahrweiler; Rhein-Gymnasium Sinzig; Eduard-Spranger-Gymnasium Landau; Max-Slevogt-Gymnasium Landau; Trifels-Gymnasium Annweiler; Lise-Meitner-Gymnasium Leverkusen; Weser-Gymnasium Vlotho.
- *Realschulen:* Realschule Annweiler; Realschule Eisenberg; Otto-Hahn-Realschule Herford.
- *Gesamtschulen:* IGS Mutterstadt; IGS Wörrstadt; Gesamtschule Rödinghausen; Gesamtschule Leverkusen-Schlebusch.
- *Hauptschulen:* Hauptschule Löhne-West; Hauptschule Scharnhorststraße Leverkusen.
- *Schule für Lernbehinderte:* Albert-Schweitzer-Schule Herford

Kennzeichnend für die angeführten Schulen war und ist, dass sie seit rund einem Jahr in den Genuss des skizzierten Unterstützungssystems kommen und sowohl gezielte Innovationsberatung als auch einschlägige Lehrerfortbildung im Rahmen mehrerer Klippert-Seminare erfahren haben. Die angebotenen Seminarthemen: (a) Pädagogische Schulentwicklung für Führungskräfte, (b) Eigenverantwortliches Arbeiten und Lernen im (Fach-)Unterricht, (c) Methodentraining mit Schülern, (d) Kommunikationstraining mit Schülern, (e) Teamentwicklung im Klassenraum. Die angesprochenen Qualifizierungsmaßnahmen folgten in aller Regel dem so genannten »Teilgruppenmodell«, d.h. wechselnde Teams aus den besagten Schulen nahmen an je einem Trainingsseminar teil und gaben das erworbene Know-how in schulinternen Fortbildungs- und Kooperationsveranstaltungen an andere interessierte Lehrkräfte des eigenen Systems weiter. Auf diesem Wege erhielten im fraglichen Zeitraum zwischen 10 und 30 Lehrkräfte aus jeder der Versuchsschulen Gelegenheit, einschlägige Fortbildungsveranstaltungen zu durchlaufen – allerdings nur in Gestalt einmaliger »Schnupperseminare«. Die nötige Vernetzung, Vertiefung und Erweiterung des erworbenen Repertoirs musste und muss im Rahmen des schulinternen »learning by doing« im Zuge von Konferenzen, Teamklausurtagen und der praktischen Erprobung der neuen Methoden im Unterricht geschehen – eine Aufgabe, die sich mittels der vorhandenen bzw. der noch entstehenden Teamstrukturen erfahrungsgemäß recht gut bewältigen lässt.

Die in die Befragung einbezogenen Schulen stehen derzeit allerdings noch ziemlich am Anfang dieses Weges. Deshalb sind die einzelnen Kernelemente der PSE-Strategie (vgl. Block 6 des Fragebogens) vielfach erst in wenigen Ansätzen, teilweise auch noch gar nicht erprobt worden. Von daher ist die Erfahrungsbasis, auf die sich die befragten Lehrkräfte bei ihren Einschätzungen stützen können, noch relativ schmal. Dieses Faktum muss bei der Bewertung der Befragungsergebnisse bedacht und berücksichtigt werden. Dennoch haben alle angeschriebenen Schulen den Fragebogen als sinnvolles Reflexionsinstrument angenommen und durchweg recht aufschlussreiche Rückmeldungen gegeben, aus denen sich interessante Trends und Anregungen für die laufende Innovationsarbeit ableiten lassen. Näheres dazu wird in den nachfolgenden Abschnitten an- und ausgeführt.

Abschließend noch ein Nachtrag zum Fragebogen: Dem dokumentierten Fragebogen war folgendes »Vorwort« vorangestellt, das die verantwortlichen Akteure einstimmen und zur gewissenhaften Beantwortung der gestellten Fragen veranlassen sollte:

> »Ihre Schule hat sich vor rund einem Jahr auf den Weg gemacht, das Klippert'sche ›Aktionsprogramm zur Kultivierung neuer Lernformen‹ näher zu studieren und möglichst systematisch umzusetzen. Ein größerer Teil Ihres Kollegiums hat zwischenzeitlich einschlägige Trainingstagungen durchlaufen und ist anschließend daran gegangen, in ausgewählten Klassen und Jahrgangsstufen ein verstärktes Methoden-, Kommunikations-, Team- und EVA-Training in Gang zu setzen und durch flankierende Maßnahmen und Regelungen in der Schule abzusichern. Nach den bisherigen Rückmeldungen deutet alles darauf hin, dass Ihnen vieles gelungen ist; manches mag aber auch problematisch und verbesserungsbedürftig geblieben sein. Durch gezielte Rückmeldungen anhand dieses Fragebogens können Sie dazu beitragen, dass das laufende PSE-Programm realitätsgerecht gewürdigt und konstruktiv weiterentwickelt wird. Es wäre schön, wenn das Führungsteam bzw. die Steuergruppe Ihrer Schule die nachfolgenden Fragen in Abstimmung mit den bestehenden Klassen- und Fachteams gezielt reflektiert und pointiert beantwortet. Sie können sicher sein, dass Ihre Rückmeldungen mit Interesse und Verständnis gelesen und

Name der Schule:

Fragebogen
Erfahrungen mit der Vorbereitung und Umsetzung der Pädagogischen Schulentwicklung (PSE)

❶ Wenn Sie auf den zurückliegenden Innovationsprozeß in Sachen Pädagogische Schulentwicklung (PSE) zurückblicken: Wie lautet Ihre (vorläufige) Bilanz?

	Aussage	← stimmt nicht				stimmt voll →	
		0	1	2	3	4	5
1	Die angebotenen Trainingsseminare haben sich als „Eisbrecher" bewährt.						
2	Die Innovationsbereitschaft im Kollegium ist erheblich gestärkt worden.						
3	Im Kollegium hat es fruchtbare Diskussionen über „guten Unterricht" gegeben.						
4	Die PSE-Akteure erleben im Unterricht spürbare Verbesserungen und Entlastungseffekte.						
5	Die unterrichtliche Trainingsarbeit hat den SchülerInnen mehr Kompetenz und Sicherheit gebracht.						
6	Die Eltern stehen deutlich hinter dem Programm der Pädagogischen Schulentwicklung.						
7	Die Konferenzarbeit ist wesentlich effektiver und produktiver geworden.						
8	Die vorliegenden „Fahrpläne" und Trainingshilfen haben sich als innovationsfördernd bewährt.						
9	Die Kommunikation und Kooperation im Kollegium hat sich deutlich verbessert.						
10	Das PSE-Programm wird vom Gros der Lehrerschaft als praktikabel und nützlich eingeschätzt.						
11	Das PSE-Programm hat zur wirksamen Profilierung der Schule beigetragen.						
12	Der Vorbereitungsaufwand der Lehrkräfte konnte in erträglichen Grenzen gehalten werden.						

Raum für Kommentare zu den einzelnen Aussagen in Block ❶

zu 1:

zu 2:

zu 3:

zu 4:

zu 5:

zu 6:

Raum für Kommentare zu den einzelnen Aussagen in Block ❶
zu 7:
zu 8:
zu 9:
zu 10:
zu 11:
zu 12:

❷ **Wie hoch schätzen Sie den Anteil Ihres Kollegiums ein, der nach rund einjähriger Erprobung erkennbar hinter dem Klippert'schen Trainings- und Schulentwicklungsprogramm steht?**

- ❏ Weniger als 30 Prozent
- ❏ 30 - 50 Prozent
- ❏ 50 - 60 Prozent
- ❏ 60 - 70 Prozent
- ❏ 70 - 80 Prozent
- ❏ Mehr als 80 Prozent

❸ **Wenn Sie eine erste Bilanz ziehen: Wie zufrieden sind Sie mit den bisher erreichten Ergebnissen und Fortschritten?**

❏ sehr zufrieden   ❏ zufrieden   ❏ eher unzufrieden   ❏ sehr unzufrieden

❹ **Was hat die unterrichtszentrierte Trainings- und Innovationsarbeit den beteiligten Lehrkräften gebracht? Welche konkreten Effekte und/oder Reaktionen haben Sie beobachtet?**

_____
_____
_____
_____
_____
_____
_____
_____
_____
_____
_____
_____
_____
_____
_____
_____
_____
_____
_____
_____
_____

❺ **Wie schätzen Sie die trainingsbedingten Kompetenzzuwächse auf Schülerseite ein? Kreuzen Sie im nachfolgenden Raster die entsprechende Spalte an!** *(0 = kein Zuwachs; 1 = geringer Zuwachs; 2 = deutlicher Zuwachs; 3 = ausgeprägter Kompetenzzuwachs).* **Fügen Sie außerdem treffende Beispiele und Erläuterungen an!**

Kompetenzbereich	0	+1	+2	+3	Nähere Erläuterungen und Belege
Fähigkeit und Bereitschaft zum eigenverantwortlichen Arbeiten (EVA)					
Beherrschung elementarer Lern- und Arbeitstechniken					
Kommunikations- und Argumentationsfähigkeit					
Fähigkeit, konstruktiv und regelgebunden in Gruppen zu arbeiten					

⑥ Welche Erfahrungen haben Sie mit den folgenden Kernelementen der Pädagogischen Schulentwicklung (PSE) gemacht? Bitte ankreuzen und erläutern! (++ → *sehr positive Erfahrungen;* + → *positive Erfahrungen; 0* → *keine Erfahrungen; -* → *eher negative Erfahrungen)*

Kernelemente	++	+	o	-	Erläuterungen zur Bewertung
3er-Teams auf Klassenebene					
Team-klausurtage (3er-Teams)					
Methodenzentrierte Elternveranstaltungen					
Ganztägige produktive Fachkonferenzen					

➡ Welche Erfahrungen haben Sie mit den folgenden Kernelementen der Pädagogischen Schulentwicklung (PSE) gemacht? Bitte ankreuzen und erläutern! (++ ➡ *sehr positive Erfahrungen;* + ➡ *positive Erfahrungen; 0* ➡ *keine Erfahrungen;* - ➡ *eher negative Erfahrungen)*

Kernelemente	++	+	o	-	Erläuterungen zur Bewertung
Trainingswochen mit SchülerInnen					
Konsequente Methodenpflege im Fachunterricht					
Regelmäßige Teambesprechungen					
Hospitationen der KollegInnen					

❼ Welche offenen Fragen sind ihnen nach rund einjähriger Erprobungsarbeit geblieben? Welche Anregungen möchten Sie hinsichtlich der Weiterarbeit an Ihrer Schule geben?

Offene Fragen	Anregungen für die Weiterarbeit

❽ Welches sind abschließend für Sie die 5 wichtigsten Erkenntnisse, die Sie im Zuge des zurückliegenden PSE-Prozesses gewonnen haben?

1.	
2.	
3.	
4.	
5.	

2. Die Gesamtbilanz ist eindeutig positiv!

Die Rückmeldungen aus den befragten 22 Schulen lassen erkennen, dass das skizzierte »Aktionsprogramm zur Kultivierung neuer Lernformen« von den an der Umsetzung beteiligten Lehrkräften ganz überwiegend positiv eingeschätzt wird (vgl. Abbildung 54). Zwar können nach einem Jahr verhaltener Erprobung noch keine abschließenden Urteile gefällt werden, aber bemerkenswert ist doch, dass sich von den 22 Schulen immerhin 18 mit den bisher erreichten Ergebnissen und Fortschritten zufrieden zeigten. Nur vier Schulen signalisierten ein »eher unzufrieden«, was allerdings weniger mit dem PSE-Programm zu tun hat, sondern vorrangig damit, dass die befragten Lehrkräfte gerne bessere Rahmenbedingungen und eine konsequentere Umsetzungsarbeit in ihren Schulen hätten. Im Rückmeldebogen des Kurfürst-Ruprecht-Gymnasiums Neustadt heißt es dazu beispielsweise: »Wenn sich die Mehrheit der Befragten als ›eher unzufrieden‹ bezeichnet, dann zeigt diese Bewertung nur den deutlichen Wunsch vieler Lehrkräfte, das PSE-Programm intensiver und damit effizienter im Schulalltag umzusetzen, die Arbeit stärker zu vernetzen und bei den Schülern ein deutlicheres Bewusstsein für das eigenständige und eigenverantwortliche Arbeiten im Unterricht zu schaffen.« Auf diese Problemanzeige wird in Abschnitt 6 noch näher einzugehen sein.

Für die Akzeptanz und Praktikabilität des vorgestellten Innovationsprogramms spricht ferner, dass dieses Programm bereits nach relativ kurzer Zeit eine recht breite Zustimmung und Unterstützung durch relativ viele Lehrkräfte in den betreffenden Kollegien findet. Auf die Frage »Wie hoch schätzen Sie den Anteil Ihres Kollegiums ein, der nach rund einjähriger Erprobung erkennbar hinter dem Klippert'schen Trainings- und Schulentwicklungsprogramm steht?« meldeten 11 Schulen zurück, dieser Anteil läge zwischen 30 und 50 Prozent. Zehn Schulen signalisierten sogar einen Anteil von mehr als 50 Prozent, darunter drei Schulen mit einer Quote von 60 bis 70 Prozent und zwei Schulen mit einer Quote von 70 bis 80 Prozent. Nur eine Schule lag mit ihrer »Mobilisierungsrate« noch unter 30 Prozent, was in erster Linie mit den ungünstigen organisatorischen und personellen Bedingungen an dieser Schule zusammenhing sowie damit, dass das Führungsteam im betreffenden Kollegium zu wenig Rückhalt hatte und mit zu wenig strategischem Geschick operierte.

Detailliertere Aufschlüsse über die Einschätzungen der befragten PSE-Akteure gibt die Übersicht in Abbildung 54. Wie sich daraus ersehen lässt, wird das hier in Rede stehende PSE-Programm vom Gros der Lehrerschaft als durchaus praktikabel und nützlich eingeschätzt und von daher mit relativ viel Wohlwollen aufgenommen (vgl. Zeile 10). Mit einer durchschnittlichen Zustimmungsrate von 3,1 signalisieren

Einschätzungen aus den befragten »Klippert-Schulen«

– getrennt nach Schularten –

»Wenn Sie auf den zurückliegenden Innovationsprozess
in Sachen Pädagogische Schulentwicklung (PSE) zurückblicken:
Wie lautet Ihre (vorläufige) Bilanz?«

	Aussage	Grad der Zustimmung*						
		IGS	BBS	Gym	RS	HS	SoS	Ø**
1	Die angebotenen Trainingsseminare haben sich als »Eisbrecher« bewährt.	3,8	3,8	3,9	3,7	4,0	4,0	**3,9**
2	Die Innovationsbereitschaft im Kollegium ist erheblich gestärkt worden.	2,8	3,0	2,9	2,7	3,5	4,0	**3,0**
3	Im Kollegium hat es fruchtbare Diskussionen über »guten Unterricht« gegeben.	3,0	3,0	2,6	3,3	3,0	3,0	**2,9**
4	Die PSE-Akteure erleben im Unterricht spürbare Verbesserungen und Entlastungseffekte.	2,5	3,2	3,4	3,3	4,5	3,0	**3,3**
5	Die unterrichtliche Trainingsarbeit hat den Schülern mehr Kompetenz und Sicherheit gebracht.	3,2	3,0	3,8	3,0	4,5	4,0	**3,5**
6	Die Eltern stehen deutlich hinter dem Programm der pädagogischen Schulentwicklung.	4,0	3,0	4,0	3,3	2,5	/	**3,6**
7	Die Konferenzarbeit ist wesentlich effektiver und produktiver geworden.	1,6	2,0	1,2	3,0	4,0	3,0	**2,0**
8	Die vorliegenden »Fahrpläne« und Trainingshilfen haben sich als innovationsfördernd bewährt.	3,2	3,0	3,7	4,0	3,0	4,0	**3,5**
9	Die Kommunikation und Kooperation im Kollegium hat sich deutlich verbessert.	1,3	2,5	3,0	2,3	3,5	4,0	**2,6**
10	Das PSE-Programm wird vom Gros der Lehrerschaft als praktikabel und nützlich eingeschätzt.	3,8	2,8	2,8	2,7	3,0	5,0	**3,1**
11	Das PSE-Programm hat zur wirksamen Profilierung der Schule beigetragen.	2,7	3,2	3,7	2,7	3,0	3,0	**3,2**
12	Der Vorbereitungsaufwand der Lehrkräfte konnte in erträglichen Grenzen gehalten werden.	2,0	2,0	2,1	2,2	2,5	2,0	**2,1**

* Die Befragten konnten zwischen 0 ⇨ »Stimmt nicht« und 5 ⇨ »stimmt voll« ankreuzen. Ein Zustimmungsgrad von < 2 signalisiert eine eher kritische Sicht der jeweiligen Aussage, ein Wert zwischen 2 und 5 eine positive bis sehr positive Einschätzung.

** Der Durchschnittswert berücksichtigt die unterschiedliche Zahl der Schulen, stellt also eine gewichtete Größe dar.

Abb. 54 © Dr. H. Klippert

die Befragten, dass die unterstellte Praktikabilität und Nützlichkeit in erheblichem Maße gegeben ist und von den meisten Lehrkräften offenbar auch so gesehen wird. Allerdings gilt dieses Fazit primär für die »Eingeweihten«, wie es einschränkend in einem Antwortbogen eines Gymnasiums heißt, d.h. für diejenigen Lehrkräfte, die in den Genuss der einen oder anderen Trainingstagung gekommen sind und von daher einigermaßen wissen, worauf es bei der anvisierten Unterrichtsreform ankommt. Diese Relativierung ist sicherlich berechtigt und verweist zugleich darauf, wie wichtig einschlägige Fortbildungsmaßnahmen für möglichst viele Lehrkräfte in den einzelnen Kollegien sind. Ernst zu nehmen ist des Weiteren der Hinweis zweier Gymnasien, dass es innerhalb der Lehrerschaft noch erhebliche Vorbehalte hinsichtlich der Effektivität und der fachspezifischen Ein- und Umsetzbarkeit der neuen Methoden gebe. Diese Unsicherheit ist insofern jedoch normal, als die vom Verfasser eingebrachten Organisations- und Unterrichtshilfen selbstverständlich nur exemplarischen Charakter haben können und zwingend einer Ergänzung und Weiterentwicklung im Rahmen klassen- und fachspezifischer Workshops bedürfen (siehe »Teamklausurtage«). Das gilt insbesondere für den fremdsprachlichen Bereich sowie für die mathematisch-naturwissenschaftlichen Fächer. Diesbezüglich werden derzeit einschlägige Lern- und Trainingsarrangements zu ausgewählten Themen entwickelt und zukünftig unter dem Titel »EVA im Fachunterricht« im Beltz Verlag veröffentlicht werden.

Die vergleichsweise ausgeprägte Zustimmung zum PSE-Programm ist auf verschiedene Umstände zurückzuführen. Wie sich aus Abbildung 54 ersehen lässt, ist ein erster positiver Umstand ganz sicherlich darin zu sehen, dass das angebotene Unterstützungssystem als hilfreich und ermutigend erfahren wird. Das gilt sowohl für die Trainingsseminare als auch für die vorliegenden Organisations- und Unterrichtshilfen. Wie die Befragungsergebnisse in Zeile 1 zeigen, haben sich die angebotenen Lehrerfortbildungs- bzw. Trainingsseminare ganz offenkundig als »Eisbrecher« bewährt. Mit einer durchschnittlichen Zustimmungsrate von 3,85 werden diese Seminare ausgesprochen positiv beurteilt. Bemerkenswert ist dabei, dass diese Wertschätzung für alle Schularten gleichermaßen gilt. Die Zustimmungsraten variieren von Schulart zu Schulart nur ganz geringfügig zwischen 3,7 und 4,0. Etwas größer sind die Ausschläge zwar bei der Beurteilung der angebotenen »Fahrpläne und Trainingshilfen« (vgl. Zeile 8), aber auch hier sprechen die Befragungsergebnisse eindeutig für den Wert dieser Serviceleistungen. Die Aussage »Die vorliegenden ›Fahrpläne‹ und Trainingshilfen haben sich als innovationsfördernd bewährt« findet mit einer Zustimmungsrate von 3,5 hohe Akzeptanz. Dass diese Zustimmung im berufsbildenden Bereich mit einer Rate von 3,0 etwas verhaltener ist als in den anderen Schularten, wird verständlich, wenn man die komplizierten Traditionen, Organisationsstrukturen und Prüfungsmodalitäten in diesem schulischen Sektor in Rechnung stellt.

Ihren Ursprung hat die breite Zustimmung zum PSE-Programm aber nicht nur in den überzeugenden Leistungen des angesprochenen Unterstützungssystems (Training, Fahrpläne, Materialservice etc.), sondern auch und zugleich darin, dass durch dieses Programm offenbar fruchtbare Kommunikations- und Kooperationsprozesse im jeweiligen Kollegium in Gang gesetzt werden, die die schulinterne Innovationsbereitschaft zu fördern vermögen. Dafür sprechen die Befunde in den Zeilen 2 und 3 sowie – mit Abstrichen – in Zeile 9. Wie die Befragungsergebnisse in Zeile 2 zeigen, stimmen die befragten PSE-Akteure weitgehend darin überein, dass die hier in Rede stehenden PSE-Aktivitäten die Innovationsbereitschaft in den Kollegien gestärkt hätten. Die Zustimmungsrate von 3,0 deutet zwar an, dass einige Einschränkungen gemacht werden, aber in der Tendenz wird doch deutlich bejaht, dass das skizzierte PSE-Programm eine innovationsfördernde Wirkung hat. Selbst der Block der »entschiedenen Verweigerer« sei kleiner geworden, heißt es im Antwortbogen eines Gymnasiums. An ergänzenden/erläuternden Anmerkungen werden in den vorliegenden Antwortbögen ferner formuliert: Durch das besagte PSE-Programm hätten zahlreiche Lehrkräfte einen neuen Schub bekommen, sich über die Grenzen der einzelnen Fächer hinweg mit neuen Methoden des Lehrens und Lernens zu beschäftigen. Als motivierend und anregend hätte sich dabei insbesondere erwiesen, dass die im Rahmen der Fortbildungsseminare durchgeführten Trainingseinheiten und -arrangements sehr schnell Erfolgserlebnisse vermittelten und dadurch bei den teilnehmenden Lehrkräften die Gewissheit verstärkten, dass die anvisierte Unterrichtsreform machbar und chancenreich sei. Und das wiederum stärke in den Kollegien die Bereitschaft, auf diesem Reformweg mitzumachen und das Methodenlernen im Unterricht in den einzelnen Jahrgangsstufen zu intensivieren. Insgesamt sei die Arbeit an und mit den neuen Unterrichtsmethoden sehr ermutigend gewesen – so das Fazit der Steuergruppe der Albert-Schweitzer-Schule für Lernbehinderte in Herford.

Allerdings wird die These von der gestärkten Innovationsbereitschaft in den Kollegien in verschiedenen Antwortbögen auch unübersehbar relativiert. Die Innovationsbereitschaft sei insgesamt differenziert zu sehen, heißt es im Kommentar des Max-Slevogt-Gymnasiums Landau. Bei den PSE-Akteuren sei sie wesentlich größer als im »Restkollegium«. In die gleiche Richtung geht die Rückmeldung des Kurfürst-Ruprecht-Gymnasiums Neustadt: Für das Gesamtkollegium sei eine gestärkte Innovationsbereitschaft kaum festzustellen, so heißt es dort, wohl aber für den Kreis jener Kolleginnen und Kollegen, die an der Fortbildung teilgenommen hätten und die anschließend daran gegangen seien, in Zusammenarbeit mit anderen interessierten Lehrkräften die neuen Methoden zu erproben. Diese Relativierung ist fraglos berechtigt, da viele Lehrkräfte in den betreffenden Kollegien in dem einen Jahr der Erprobung noch kaum Gelegenheit hatten, sich näher mit dem PSE-Programm vertraut zu machen, geschweige denn einschlägige Fortbildungsseminare zu besuchen. Von daher ist verständlich, wenn sie eine eher reservierte Position einnehmen. Zur Erklärung dieser Reserviertheit wird in den Antwortbögen der Schulen darüber hinaus angeführt, dass sich viele KollegInnen vor den unabsehbaren Konsequenzen des ins Auge gefassten Innovationsprozesses fürchteten (BBS Linz) und dass sie außerdem zunehmend frustriert und entmutigt seien, weil sich die Rahmenbedingungen der schulischen Arbeit ständig verschlechterten, mit der Folge, dass die Innovationsbereitschaft in den Kollegien merklich nachlasse (so die Rückmeldung des Weser-Gymnasiums Vlotho).

Eine weitere Erklärung lässt sich aus den Befragungsergebnissen in den Zeilen 7 und 12 ableiten. Die Erklärung nämlich, dass die anstehende Unterrichtsreform von zahlreichen Lehrkräften als zu aufwendig und zu belastend erlebt wird und deshalb zu einer reservierten Einschätzung und Einstellung Anlass gibt. Wenn die Aussage, »der Vorbereitungsaufwand der Lehrkräfte konnte in erträglichen Grenzen gehalten werden«, eine durchschnittliche Zustimmungsrate von »nur« 2,1 erhält, dann ist das ein Indiz dafür, dass in diversen Schulen die Arbeitsorganisation überdacht und über wirksame Entlastungsstrategien nachgedacht werden muss. Das gilt insbesondere für jene Schulen, die einen Zustimmungsgrad von »0« (zwei Schulen) oder »1« (fünf Schulen) zurückgemeldet haben. Die Tatsache, dass es andererseits aber auch Schulen gibt, die Zustimmungsgrade von »5« (Realschule Annweiler) oder »4« (Integrierte Gesamtschule Mutterstadt; Rhein-Gymnasium Sinzig) signalisieren, macht deutlich, dass es offenbar auch anders geht und dass es durchaus praktikable Möglichkeiten gibt, den innovationsbedingten Arbeitsaufwand in akzeptablen Grenzen zu halten. In den Abschnitten 7 und 8 wird auf diese Problematik noch näher eingegangen. Ein praktikabler Ansatzpunkt ist diesbezüglich ganz fraglos die Umorientierung der Konferenzarbeit in Richtung auf ausgedehntere Workshops im Rahmen schulinterner Fortbildung, und zwar mit partieller Freistellung der betreffenden Lehrkräfte vom Unterricht.

Dass gerade im Hinblick auf die Effizienz der Konferenzgestaltung noch erheblicher Handlungsbedarf besteht, geht aus den Befragungsergebnissen in Zeile 7 hervor. Wie die Zustimmungsrate von durchschnittlich 2,0 andeutet, führt das PSE-Programm offensichtlich nicht automatisch dazu, dass die Konferenzarbeit effektiver und produktiver wird. In den befragten Gymnasien, Gesamtschulen und berufsbildenden Schulen gilt sogar eher das Gegenteil. Allerdings trifft diese Konferenzkritik in erster Linie auf den klassischen Konferenzbetrieb zu und weniger auf die zum PSE-Programm gehörenden pädagogischen Konferenzen bzw. Teamklausurtage. Das zumindest lässt sich aus den ergänzenden Kommentaren in den vorliegenden Antwortbögen entnehmen. Dort, wo solche Workshops von den verantwortlichen Klassen- oder Fachteams durchgeführt wurden, erhalten sie durchweg gute Noten. So heißt es z.B. im Antwortbogen der Realschule Annweiler: »Die Konferenz zur pädagogischen Schulentwicklung ist sehr produktiv gewesen, weil mit modernen, aktivierenden Methoden gearbeitet wurde; die übrigen Konferenzen dagegen sind über weite Strecken genauso abgelaufen wie vor dem Start des PSE-Programms.« Ähnliches vermelden die Verantwortlichen der Albert-Schweitzer-Schule für Lernbehinderte in Herford: Die Konferenzen, auf denen die Teams die Inhalte/Methoden der PSE vorstellten, seien durchweg recht produktiv verlaufen und hätten viel Eigenaktivität der Lehrkräfte mit sich gebracht. Alle anderen Lehrerkonferenzen dagegen müssten qualitativ noch erheblich verbessert werden.

So gesehen kann die innovationszentrierte Konferenzarbeit durchaus effektiver und motivierender gestaltet werden – vorausgesetzt, es wird konstruktiv kooperiert und auf eine möglichst produktive und praxisnahe schulinterne Fort- und Weiterbildung geachtet. Dass es offenkundig lohnt, den alltäglichen Unterricht durch neue Methoden zu bereichern, geht aus den Befragungsergebnissen in den Zeilen 4 und 5 hervor. Wie die Zustimmungsrate von 3,5 zeigt, hat die zurückliegende Trainingsarbeit den SchülerInnen offensichtlich ein Mehr an Kompetenz und Sicherheit gebracht (vgl. Zeile 5). Des Weiteren bestätigen die Befragungsergebnisse in Zeile 4, dass dieser Kompetenzzuwachs keineswegs nur den SchülerInnen zugute kommt, sondern auch und nicht zuletzt ihren LehrerInnen. Die PSE-Akteure hätten im Unterricht spürbare Verbesserungen und Entlastungen erlebt, so heißt es dort. Diese Aussage erlangt immerhin eine Zustimmungsrate von 3,3. Besonders ausgeprägt werden diese positiven Effekte offenbar im Hauptschulbereich erlebt, wie die beiden Bewertungsziffern von 4,0 und 5,0 zeigen. Gleichwohl werden die unterrichtlichen Vorteile und Entlastungsperspektiven auch von den Vertretern der übrigen Schularten angezeigt. Lediglich die Gesamtschulen fallen mit einer Zustimmungsrate von »nur« 2,5 etwas aus dem Rahmen.

3. Was die Lehrkräfte als positiv bilanzieren

In diesem Abschnitt wird vorrangig auf die Rückmeldungen bzw. Stellungnahmen eingegangen, die die befragten Schulen in Block ❹ des dokumentierten Fragebogens formuliert haben. Der Wortlaut der entsprechenden Frage: »Was hat die unterrichtszentrierte Trainings- und Innovationsarbeit den beteiligten Lehrkräften gebracht? Welche konkreten Effekte und/oder Reaktionen haben Sie beobachtet?« Diese relativ offene Fragestellung sollte die befragten PSE-Akteure dazu veranlassen, den angelaufenen Trainings- und Innovationsprozess rückblickend zu überdenken und gewisse »Essentials« in persönlichen Worten festzuhalten. Dass diese Bilanz natürlich nur sehr rudimentär und punktuell sein kann, ist klar. Interessant ist jedoch, was die befragten PSE-Akteure letztlich fixiert haben und welchen Erfahrungen und Beobachtungen sie damit Priorität zuweisen.

Zur Auswertungsprozedur: Da es wenig Sinn macht, die unterschiedlichen Statements der einzelnen Schulen zu einer übergreifenden Synopse zu vermischen, werden im Folgenden die vorliegenden Statements mit nur leichten Kürzungen wiedergegeben. Da die eingereichten Rückmeldungen teilweise nur stichwortartig formuliert waren, mussten sprachliche Ergänzungen vorgenommen werden, die sich im Wesentlichen jedoch an das halten, was von den befragten Schulen inhaltlich vorgegeben wurde. Damit die Herkunft des jeweiligen Statements ersichtlich bleibt, wird am Ende jeweils ein Hinweis auf die betreffende Schule angefügt. Die vorliegenden Statements im Einzelnen:

- »Die Methodenwoche hat bei vielen Kollegen neue Reflexionen über Unterricht ausgelöst und dazu beigetragen, dass neue Methoden ausprobiert wurden. Die Methodenwoche wirkte als guter Anfangsimpuls. Es treten jedoch Schwierigkeiten mit der Methodenpflege in den Fächern auf. Auch fehlt ein schulübergreifendes Methodencurriculum, das den Kollegen die Orientierung leichter macht. Unterrichtsbesuche haben jedoch deutlich gezeigt, dass Methodenpflege im Klippert'schen Sinne in Ansätzen durchaus stattfindet.« (IGS Wörrstadt)
- »Die unterrichtszentrierte Trainings- und Innovationsarbeit hat zu neuen Übungssituationen geführt sowie zur Erweiterung des Unterrichtsrepertoires der Lehrkräfte. Es sind neue Ideen für verschiedene Unterrichtsarrangements entstanden. Vielen Lehrkräften ist mal wieder bewusst geworden, wie wichtig die Methoden-, die Kommunikations- und die Teamkompetenz sind, vor allem in Zeiten, in denen die Informationsdichte immer größer wird. Wichtig auch: Den Schülerinnen und Schülern wird mittels der neuen Methoden mehr Verantwor-

tung übertragen und mehr Leistung abverlangt. Die verschiedenen Arten der Gruppenbildung lassen sich gut umsetzen und verhindern, dass ›eingeschliffene Grüppchen‹ entstehen.« (IGS Mutterstadt)
- »Hilfreich ist die Neuorientierung bzw. Rückbesinnung auf den schülerzentrierten Unterricht. Die ›Klippert-Techniken‹ stellen ein klares Regelwerk für SchülerInnen und LehrerInnen dar, das mit dazu beiträgt, dass im Unterricht erheblich mehr Ruhe und Systematik entstehen und die SchülerInnen aus ihrer relativ passiven Rolle herausgeholt werden. Dadurch wird der Unterrichtsstress vermindert – allerdings erst nach der Einarbeitung. Positiv ist ferner, dass die Kooperation mit FachkollegInnen neue Impulse erhält und die Jahrgangsarbeit intensiviert wird.« (IGS Leverkusen)
- »Einige ansonsten eher innovationsfeindliche Kolleginnen und Kollegen haben sich ermutigt gefühlt, neue Ansätze zu erproben. Auch einige ältere Lehrkräfte haben in bemerkenswerter Weise mitgezogen. Die Reaktionen im Kollegium reichen von Begeisterung bis Überforderung/Ablehnung.« (IGS Rödinghausen)
- »Die Stimmung im Kollegium hat sich positiv entwickelt. Das Teamgefühl ist größer geworden, die Arbeitszufriedenheit wächst. Dahinter stehen vermehrte Erfolgserlebnisse im Unterricht wie in der Zusammenarbeit mit KollegInnen. Ähnliches gilt für die SchülerInnen. Die SchülerInnen haben ihre Selbstständigkeit deutlich weiter entwickelt; auch ihre Kooperation hat sich verbessert. Nach wie vor hakt es jedoch im Bereich der Sachkompetenz. Sachliches Differenzieren bereitet ebenso Probleme wie sachlogisches schriftliches Formulieren.« (BBS Linz)
- »Die Motivation im Kollegium ist gestiegen, nicht zuletzt auf Grund der praktikablen Umsetzungshilfen. Die Bereitschaft zur Teamarbeit hat zugenommen und die pädagogische Diskussion ist durch die konkrete Arbeit mit den neuen Methoden angeregt worden. Überschattet werden diese positiven Effekte jedoch von der hohen Arbeitsbelastung einiger KollegInnen.« (BBS Herford)
- »Die größere Aktivität der SchülerInnen führt zu spürbarer Entlastung der LehrerInnen. Es ist angenehm zu wissen, dass man die eigene Person im Unterricht zurücknehmen darf und dennoch beste Chancen hat, dass die SchülerInnen mehr Schlüsselqualifikationen erlernen. Gut ist auch, dass sich der Zusammenhalt unter den in einer Klasse unterrichtenden Lehrerinnen und Lehrern verbessert hat. Andererseits gibt es natürlich auch beträchtliche Frustrationen wegen der belastenden Rahmenbedingungen, angefangen beim hohen Ausländeranteil über Raumnot und Wanderklassen bis hin zur fehlenden Kommunikationskompetenz der LehrerInnen und SchülerInnen.« (BBS Ludwigshafen)
- »Nach einem Jahr der Erprobung entsteht eine Bewegung hin zu mehr Kooperation und Abstimmung im Kollegium – freilich beeinträchtigt durch den damit verbundenen Mehraufwand sowie durch strukturelle Hemmnisse. Die Einrichtung der Kernteams scheitert noch an Stundenplanproblemen. Die Verankerung von Teamstunden im Stundenplan ist ebenso unklar wie die Rolle der Steuergruppe bzw. das Ausmaß ihrer Einflussmöglichkeiten.« (BBS Opladen)

- »Der Prozess der auf mehr Eigenverantwortlichkeit der SchülerInnen ausgerichteten Unterrichtsarbeit ist vorangetrieben worden. Wir sind zurzeit stark damit befasst, im Anschluss an Klippert ein für unsere Schule passendes Trainingsprogramm zu entwickeln und zu erproben.« (Gymn. Vlotho)
- »Die reale Erfahrung, als Verfechter eines schülerzentrierten Unterrichts nicht Einzelgänger bzw. Exot zu sein, tut gut. Es entsteht mehr Freude am Unterricht. Während der Unterrichtsstunden tritt eine spürbare Entlastung ein. Die im Zuge der Innovationsarbeit verbesserte Kommunikation und Kooperation im Kollegium bringt es mit sich, dass mehr neue Ideen zusammenkommen, wie man das Lehren und Lernen methodisch besser gestalten kann. Jahrelang eingefahrene Prozesse werden hinterfragt. Die Kehrseite der Medaille: Zunächst entsteht mehr Arbeit.« (Gymn. Leverkusen)
- »Die Teamarbeit im Kollegium ist besser geworden und wird von einer Reihe von Lehrkräften mittlerweile schon fast als normal angesehen. Fächerübergreifendes Lehren und Lernen wird erleichtert und tendenziell auch erfolgreicher. Die Kinder werden infolge des ausgeprägten EVA-Unterrichts selbstständiger.« (Gymn. Ahrweiler)
- »Wir haben endlich mal darüber nachgedacht und geredet, wie es um die Effektivität unseres Unterricht steht. Was bringt Teamarbeit und wo liegen ihre Grenzen? Wann ist Frontalunterricht sinnvoll und was kann dieser tatsächlich leisten? Der Austausch über neue Unterrichtsmethoden war hilfreich und anregend. Mittlerweile trauen wir uns viel eher, die SchülerInnen auch mal loszulassen und mit komplexeren Arbeitsaufträgen zu konfrontieren. Die fächerübergreifende Kooperation hat dabei deutlich geholfen und zur Stressreduktion geführt.« (ESG Landau)
- »Die Methodenvielfalt im Fachunterricht hat zugenommen; gleiches gilt für die Bereitschaft der KollegInnen, über Methodik nachzudenken und miteinander zu reden. Es hat kleine Motivationsschübe gegeben. Die Einsicht in den Wert praxisnaher Moderationsmethoden hat sich verstärkt. Für KollegInnen, die neu ins Kollegium kommen, bieten die bestehenden Inno-Teams ziemlich viel Gelegenheit und Anregungen, um rasch integriert zu werden. Allerdings sind auch die Grenzen der Teamarbeit und der Lehrermotivation sichtbar geworden.« (Gymn. Annweiler)
- »Die Methoden- und die Sozialkompetenz der SchülerInnen haben infolge der Trainings- und EVA-Arbeit deutlich zugenommen. Diese Fortschritte werden auch von Nicht-PSE-Lehrern positiv registriert. Die Streitkultur in den betreffenden Klassen ist besser geworden; die Fähigkeit zur konstruktiven Konfliktbewältigung hat sich günstig entwickelt. Im Vergleich zu anderen Klassen weisen die trainierten SchülerInnen eine deutlich größere Kompetenz in methodischer und sozialer Hinsicht auf. Diese positiven Effekte gelten bislang allerdings vorrangig für die Orientierungsstufe.« (MSG Landau)
- »Die unterrichtszentrierte Trainings- und Innovationsarbeit hat mehr Zufriedenheit gebracht – aufseiten der LehrerInnen genauso wie aufseiten der SchülerIn-

nen. Im Unterricht selbst registrieren die mit PSE befassten Lehrkräfte Entlastung und weniger Stress. Die Kommunikation mit KollegInnen und SchülerInnen hat sich verbessert. Die verstärkte Zusammenarbeit macht einigen Lehrkräften sogar Spaß.« (Gymn. Sinzig)

- »Die PSE-Arbeit hat zahlreiche Lehrkräfte an unserer Schule enger zusammenrücken lassen. Die Zusammenarbeit der Kolleginnen und Kollegen hat sich überwiegend positiv entwickelt. Allerdings gibt es nach wie vor das leidige ›Einzelkämpfertum‹, das einem noch besseren Ergebnis im Wege steht. Für die SchülerInnen selbst hat das PSE-Programm einen gewaltigen Motivationsschub gebracht. Den beteiligten LehrerInnen hat die Innovationsarbeit eine deutliche Bereicherung ihres Methodenrepertoires beschert.« (Gymn. Neustadt)
- »Die Trainingsveranstaltung für die unterschiedlichen Lehrerteams sind bei den beteiligten Lehrkräften durchweg positiv angekommen. Der weitaus überwiegende Teil hat die dort thematisierten und durchgespielten Methoden im eigenen Unterricht umgesetzt. Mittlerweile gibt es einen ziemlich starken Ideen- und Materialaustausch untereinander. Auch die Absprachen der Teammitglieder klappen inzwischen ganz gut. Einige TeilnehmerInnen wüssten allerdings gerne mehr über die Umsetzung der Klippert'schen Methoden in ihrem Fach.« (RS Herford)
- »Die Umsetzung der neuen Methoden ist zwar sehr vorbereitungsintensiv. Im Unterricht selbst erleben die aktiven Lehrkräfte jedoch eine wohl tuende Entlastung. Der Unterricht ist abwechslungsreicher geworden, die SchülerInnen gehen motivierter an die Arbeit. Beeinträchtigt wird dies alles jedoch durch ungünstige Rahmenbedingungen wie zu kleine Säle, zu wenig Doppelstunden, schlechte Materialausstattung, keine gemeinsamen Freistunden, kein Fachkonferenztag.« (RS Eisenberg)
- »Das PSE-Programm hat in unserem Kollegium anfangs beträchtliche Aha-Effekte ausgelöst. Viele Lehrkräfte waren verunsichert, einige geradezu euphorisch. Mittlerweile hat sich bei den meisten die Erkenntnis durchgesetzt, dass das Klippert'sche Reformprogramm praktikabel und durchführbar ist. Getragen ist dieser Optimismus u.a. von der Erfahrung, dass das konsequente Arbeiten in Klassen- und Fachteams sowie die gelegentliche Freistellung engagierter Lehrkräfte zum Zwecke der Teamfortbildung viel Sicherheit und Routine mit sich bringt.« (RS Annweiler)
- »Die Innovationsarbeit diente als Anstoß für die offene Reflexion der eigenen pädagogischen Arbeit, und zwar im Zusammenspiel mit anderen gleich gesinnten Lehrkräften. Das war nicht nur hilfreich, sondern hat auch eine Menge guter Ideen gebracht. Die Anwendung der EVA-Methoden hat im Unterricht deutliche Entlastung der Lehrkräfte zur Folge – in der Vorbereitungsphase bringt sie derzeit allerdings noch zusätzliche Belastungen mit sich.« (HS Leverkusen)
- »Die Motivation von Lehrern wie Schülern wurde gestärkt. Die Anregung und Anleitung konsequenter Teamarbeit hat dazu beigetragen, dass den engagierten Lehrkräften der Rücken gestärkt und die Arbeit erleichtert wurde. Wenn die Teams intakt sind, kann bei der Unterrichtsvorbereitung eine spürbare Entlas-

tung erreicht werden. Gut hat unserem Kollegium ferner getan, dass wir zu den Pionieren der Pädagogischen Schulentwicklung gehören und gewissermaßen eine ›Vorreiterrolle‹ spielen.« (HS Löhne)

- »Das PSE-Programm ist für uns ein Schulprogramm. Wir haben zwischenzeitlich auf der Basis der Klippert-Methoden eine Reihe praktikabler methodischer Arrangements für unsere Schule entwickelt und diese auch bereits in Ansätzen erprobt. Das kleinschrittige Einüben einfacher Arbeitstechniken und Kommunikationsrituale hat sich dabei gut bewährt, ebenso die dosierte Ausweitung des EVA-Unterrichts. Auch die Teamentwicklung in Schüler- wie in Lehrerkreisen macht gute Fortschritte. Die soziale Kompetenz der SchülerInnen hat ebenso zugenommen wie ihre EVA-Kompetenz. Ein Wermutstropfen ist nur die umfangreiche Unterrichtsvorbereitung.« (SoSch Herford)

4. Bemerkenswerte Erfolge im Unterricht

Die vorliegenden Rückmeldungen der befragten Schulen sprechen eindeutig dafür, dass die anvisierte Methodenschulung und -pflege der Kompetenzentwicklung und -erweiterung der SchülerInnen zugute kommt. Das gilt sowohl im Hinblick auf die Befähigung zum Eigenverantwortlichen Arbeiten und Lernen als auch bezüglich der Klärung grundlegender Arbeits-, Kommunikations- und Kooperationstechniken. Wie sich aus den vorliegenden Antwortbögen ersehen lässt, stimmen die befragten PSE-Akteure der Aussage »Die unterrichtliche Trainingsarbeit hat den SchülerInnen mehr Kompetenz und Sicherheit gebracht« in hohem Maße zu. (Zustimmungsrate = 3,5; vgl. Abbildung 54 auf Seite 263). Das ist ein deutliches Indiz dafür, dass die unterrichtszentrierte Trainings- und Innovationsarbeit zumindest im Ansatz erfolgreich ist und SchülerInnen wie LehrerInnen nutzt. Angeführt wird von den PSE-Akteuren des Landauer Max-Slevogt-Gymnasiums z.B., dass die SchülerInnen auf Grund des konsequenten Trainings und der anschließenden Methodenpflege einen deutlichen Zuwachs an Methoden- und Sozialkompetenz erzielt hätten. Dieses hätten mittlerweile selbst skeptische LehrerInnen positiv registriert.

Doch worin bestehen diese positiven Effekte konkret? Oder anders gefragt: Welche konkreten Fähigkeiten und Fertigkeiten der SchülerInnen werden durch die hier in Rede stehende Trainingsarbeit gefördert? Nähere Aufschlüsse darüber lassen sich aus den Rückmeldungen in Block ❺ des vorliegenden Fragebogens entnehmen. In diesem Teil des Fragebogens werden vier Kompetenzbereiche unterschieden, nämlich: EVA-Kompetenz, Methodenkompetenz, Kommunikationskompetenz und Teamkompetenz. Zu diesen vier Kompetenzbereichen mussten die befragten PSE-Akteure angeben, wie sie die trainingsbedingten Kompetenzzuwächse der SchülerInnen nach dem ersten Jahr der Erprobung einschätzen. Was dabei herausgekommen ist, lässt sich überblickshaft aus Abbildung 55 ersehen.

Der Tenor ist eindeutig: Die methodisch entsprechend geforderten und geförderten SchülerInnen haben infolge der Trainingsmaßnahmen in allen Kompetenzbereichen mäßig (+1) bis deutlich (+2) dazu gewonnen. In einigen wenigen Schulen wurden die Kompetenzzuwächse sogar als »sehr ausgeprägt« bezeichnet (+3). In Anbetracht der begrenzten Übungszeit und der bislang noch eher punktuellen und halbherzigen Trainings- und Pflegearbeit kann sich dieses Ergebnis gewiss sehen lassen. Offenbar profitieren die SchülerInnen selbst dann schon vom Training, wenn sie einfach mal die eine oder andere Trainingssequenz und/oder Trainingswoche mit ausgeprägten methodischen Übungen und Reflexionen durchlaufen, ohne dass gleich die wünschenswerte und notwendige Methodenpflege nachfolgt. Von daher

Kompetenzzuwächse auf Schülerseite

(Befragungsergebnisse)

»Wie schätzen Sie die trainingsbedingten Kompetenzzuwächse auf Schülerseite ein?« Kreuzen Sie im nachfolgenden Raster eine der Spalten 0 bis +3 an. Fügen Sie außerdem treffende Beispiele und Erläuterungen an!

Kompetenzbereiche	IGS	BBS	Gymn.	RS	HS	SoSchu
Fähigkeit und Bereitschaft zum eigenverantwortlichen Arbeiten (EVA)	2× (+2) 2× (+1)	1× (+2) 3× (+1)	1× (+3) 2× (+2) 5× (+1)	2× (+2) 1× (+1)	2× (+2)	+2
Beherrschung elementarer Lern- und Arbeitstechniken	1× (+3) 2× (+2) 1× (+1)	2× (+2) 2× (+1)	3× (+2) 5× (+1)	2× (+2) 1× (+1)	1× (+3) 1× (+2)	+2
Kommunikations- und Argumentationsfähigkeit	2× (+2) 1× (+1) 1× /*	3× (+1) 1× /*	1× (+3) 4× (+2) 3× (+1)	1× (+2) 2× (+1)	2× (+2)	+2
Fähigkeit, konstruktiv und regelgebunden in Gruppen zu arbeiten	1× (+3) 1× (+2) 2× (+1)	1× (+3) 1× (+2) 2× (+1)	4× (+2) 4× (+1)	1× (+3) 1× (+2) 1× (+1)	2× (+2)	+3

* Dieses Trainingsfeld ist laut Aussage der Befragten bis dato noch nicht angegangen worden. Deshalb liegen noch keine aussagekräftigen Erfahrungen vor.

Abb. 55 — © Dr. H. Klippert

spricht vieles dafür, dass die Kompetenzzuwächse auf Schülerseite noch wesentlich größer ausfallen dürften, wenn diese Pflegearbeit erst konsequent ins Programm genommen und von den erwähnten Lehrerteams (3er-Teams) mit hohem Stundenanteil pro Klasse und Woche im Unterricht umgesetzt wird.

Gleichwohl melden die befragten Schulen auch so schon bemerkenswerte Effekte und Erfolge bezüglich der Verbesserung der methodischen Fähigkeiten und Fertigkeiten der SchülerInnen. Das gilt insbesondere für jene Klassen und Jahrgänge, in denen während des Erprobungsjahres einigermaßen konsequent auf methodenzentriertes Arbeiten und Lernen gesetzt wurde. Einige der genannten Effekte und Erfolge seien im Folgenden zitiert, und zwar getrennt nach Kompetenzbereichen.

❏ *EVA-Kompetenz:* Nach einer anfänglichen »Spielphase« – so die Rückmeldung der Realschule Annweiler – hätten die SchülerInnen mittlerweile begriffen, dass ihnen das Eigenverantwortliche Arbeiten nütze und letztlich auch motivierender sei als das traditionelle Unterrichtsgeschehen. Festgestellt wird, dass infolge der kleinschrittigen Vorgehensweise und der Einführung hilfreicher Regeln, Rituale und Routinen eine größere Bereitschaft der SchülerInnen zu beobachten sei, in Gruppen zu arbeiten und sich auf Eigenverantwortliches Arbeiten und Lernen einzulassen (BBS Ludwigshafen). Die SchülerInnen in den betreffenden Klassen seien in bemerkenswerter Weise in der Lage, sich selbstständig Informationen zu besorgen, diese auszuwerten und den Mitschülern in einprägsamer Weise zu präsentieren – z.B. in einem Rollenspiel (BBS Linz). Partnerarbeit werde inzwischen recht effizient und konzentriert betrieben, ohne dass der Lehrer eingreifen müsse. Das gelte sogar für den Fall kurzfristiger Abwesenheit der Lehrperson (Gymn. Ahrweiler). Die Bereitschaft und Fähigkeit zur Wochenplanarbeit, zur Projektarbeit und zum Stationenlernen sei gestiegen (Gymn. Sinzig). Die Fehlerkorrektur durch MitschülerInnen sei in den geübten Klassen genauso selbstverständlich geworden wie das gegenseitige Helfen und die gelegentliche Evaluation der eigenen Arbeit mittels Lerntagebüchern (SoSchu Herford). Sogar im AG-Bereich hätten sich positive Auswirkungen eingestellt, und zwar dergestalt, dass die Bereitschaft der SchülerInnen zur Übernahme eigener Aufgaben zugenommen habe (MSG Landau). Einschränkend wird in einigen Antwortbögen lediglich angemerkt, dass es Schwierigkeiten mit der regelmäßigen Pflege der EVA-Methoden gebe und dass längst nicht alle Lehrkräfte mitzögen. Auch auf die Gefahr der Oberflächlichkeit der SchülerInnen beim Eigenverantwortlichen Arbeiten und Lernen wird hingewiesen. Alles in allem werden jedoch ganz vorrangig die Chancen und Positiva des EVA-Unterrichts betont.

❏ *Methodenkompetenz:* Die SchülerInnen in den »Modellklassen« – so die Bilanz der IGS Mutterstadt – hätten u.a. deutliche Fortschritte bei der Arbeitsplanung und Arbeitsplatzgestaltung, beim Sammeln und Aufbereiten von Informationen, beim Lesen und Verstehen von Texten sowie beim Umgang mit Nachschlagewerken gemacht. Die SchülerInnen seien auf Grund des Methodentrainings überraschend gut in der Lage, angemessene Methoden auszuwählen und anzuwenden

(BBS Linz). Sie könnten z.B. mithilfe von Lehrbuch und Nachschlagewerken fremdsprachliche Texte erarbeiten (RS Herford). Konstatiert werden ferner Kompetenzzuwächse beim Markieren und Strukturieren von Informationen, beim Erstellen von Lernplakaten und beim Präsentieren von Gruppenergebnissen und Referaten (HS Löhne). Die SchülerInnen in den trainierten Klassen seien recht gut in der Lage, z.B. Plakate interessant zu gestalten und Tafelbilder zu entwerfen (Gymn. Annweiler). Visualisierungs- und Präsentationstechniken seien in den höheren Klassen mit viel Erfolg eingeführt worden (Gymn. Sinzig). Fortschritte werden aber auch beim Vorbereiten von Klassenarbeiten beobachtet. Die SchülerInnen begännen früher und planvoller mit der Vorbereitung und nutzten verstärkt solche Hilfsmittel wie die Lernkartei (Gymn. Ahrweiler). Unbekanntes im Wörterbuch oder im Lexikon nachzuschlagen, Schlüsselwörter zu finden und zu markieren und im Rückgriff darauf eigene Texte zu schreiben sei den SchülerInnen mittlerweile recht geläufig geworden (SoSchu Herford). Aber es werden auch Einschränkungen formuliert. Das Methodentraining verlaufe bislang noch viel zu wenig konsequent und systematisch, sodass lediglich kleine Fortschritte feststellbar seien (BBS Ludwigshafen). Eine erste positive Resonanz in einzelnen Klassen sei zwar nicht zu übersehen, aber ansonsten seien die Kompetenzzuwächse der SchülerInnen doch noch eher bescheiden (Gymn. Vlotho). Deutliche Fortschritte könnten bei den leistungsstärkeren SchülerInnen festgestellt werden. Bei den stark behüteten und leistungsschwächeren SchülerInnen dagegen seien die Kompetenzzuwächse eher bescheiden (MSG Landau). Als erstaunlich wird darüber hinaus vermerkt, dass diejenigen SchülerInnen, die schlampig arbeiteten, ihre Arbeitsweise auch nach dem Methodentraining kaum änderten (ESG Landau). Durch mehr Methodenpflege sei diesen und anderen Unzulänglichkeiten aber durchaus erfolgreich entgegenzuwirken (RS Annweiler).

- *Kommunikationskompetenz:* Hier sei noch vieles aufzuarbeiten, meinen die PSE-Verantwortlichen der Realschule Annweiler; aber die ersten zaghaften Versuche eines Kommunikationstrainings seien viel versprechend. Die meisten Schulen stehen den Befragungsergebnissen zufolge noch sehr am Anfang der Kommunikationsschulung oder haben teilweise auch noch gar nichts gemacht. Diejenigen Schulen jedoch, die damit begonnen haben, berichten über bemerkenswerte Erfolge. Die mehrtägigen Kommunikationstrainings in den Klassen 6 und 9 seien sehr lohnend gewesen, besonders auch die Bewerbungsgespräche in Klasse 9 (Gymn. Sinzig). Bei den wöchentlich stattfindenden Klassenratssitzungen in Klasse 6 sei die Gesprächskultur deutlich besser geworden und die meisten SchülerInnen trauten sich mittlerweile zu, ein Gespräch zu leiten (Gymn. Ahrweiler). Die SchülerInnen hätten gelernt, die Gesprächsregeln zu beachten, in vollständigen Sätzen zu sprechen, sich stärker an Diskusssionen zu beteiligen und nicht zuletzt auf die nonverbale Kommunikation zu achten (SoSchu Herford). Zwar bestünden im Bereich der »Sprachrichtigkeit« nach wie vor erhebliche Defizite, aber bei der mündlichen Kommunikation seien große Fortschritte erzielt worden, und zwar sowohl hinsichtlich Wortschatz und Präsentation als auch bezüglich der Körpersprache (BBS Linz). Die SchülerInnen hätten gelernt, miteinander zu reden, einander zuzuhören und auf die Argumente anderer einzugehen (IGS Mutterstadt). Sie seien infolge des Trainings ermutigt und befähigt worden, kleine Vorträge bzw. Referate zu halten und Rollenspiele durchzuführen (HS Löhne). Als kleines »Highlight« vermeldet z.B. das Gymnasium Annweiler, dass es in einer 7. Klasse vorgekommen sei, dass bei einem »stillen Schüler« richtiggehend der Knoten geplatzt sei, als dieser infolge des Arrangements zum freien Sprechen »genötigt« wurde. Das habe ihm geholfen, seine Redeangst zu überwinden. Alles in allem jedoch sind die Erfahrungen der Schulen mit dem Kommunikationstraining zum Zeitpunkt der Befragung noch nicht allzu aussagekräftig.

❑ *Teamfähigkeit:* Die Trainingseinheiten hätten dazu geführt – so die Rückmeldung des Gymnasiums Sinzig –, dass die SchülerInnen Gruppenarbeit bewusster und cleverer auszufüllen verstünden. Durch das Erarbeiten des Regelkatalogs habe die Fähigkeit und Bereitschaft zum regelgebundenen Gruppengespräch zugenommen, was u.a. der Effektivität der Gruppenarbeit zugute komme (RS Herford). Die SchülerInnen hätten gelernt, Gruppenprozesse zu reflektieren und vereinbarte Regeln einzuhalten (IGS Mutterstadt). In der Oberstufe bräuchten die Regelwerke gar nicht mehr thematisiert zu werden; es klappe einfach! (BBS Linz) Hingewiesen wird z.B. auf eine ausgesprochen erfolgreiche Gruppenarbeit zur Vorbereitung einer Klassenfahrt sowie auf mehrwöchige teamgestützte Projektarbeiten, denen die Teamentwicklung ebenfalls zugute komme (Gymn. Ahrweiler). Der Anteil der Gruppenarbeit sei in den vom Training begünstigten Klassen deutlich gestiegen, da die SchülerInnen regelgebundener und regelkundiger zu arbeiten verstünden (HS Löhne). Das gelte besonders für die höheren Klassen, weniger dagegen für die unteren Klassen (ESG Landau). Die mit den Regeln guter Gruppenarbeit vertrauten SchülerInnen seien nicht nur disziplinierter und erfolgreicher, sondern sie zeigten auch eine stärkere Motivation (BBS Ludwigshafen). Bestens bewährt habe sich das Losverfahren bei der Gruppenbildung; die Zusammenarbeit in Zufallsgruppen klappe nahezu immer und werde von den SchülerInnen auch akzeptiert (SoSchu Herford). Angeführt wird aber auch, dass sich die wünschenswerten Erfolge keinesfalls immer einstellten, weil sich z.B. die »Trittbrettfahrer« im Rahmen der Gruppenarbeit schlichtweg weigerten, mitzumachen (ESG Landau). Gleichwohl ist der Tenor eindeutig: Teamentwicklung lohnt sich!

5. Gute Noten für das Unterstützungssystem

Positiv äußern sich die befragten Schulen nicht nur zu den durchgeführten Lehrertrainings und zu den vorliegenden Fahrplänen und sonstigen Trainingshilfen für den Unterricht (vgl. Abb. 54 auf Seite 263). Positive Rückmeldungen gibt es auch bezüglich verschiedener Kernelemente, wie sie im Rahmen des PSE-Programms angeregt und auf den Weg gebracht werden. Das beginnt bei der Einrichtung von 3er-Teams, Teamklausurtagen, regelmäßigen Teambesprechungen, produktiven Fachkonferenzen und gelegentlichen Hospitationsveranstaltungen und reicht über die Durchführung methodenzentrierter Trainingswochen und konsequenter Methodenpflege-Maßnahmen im Fachunterricht bis hin zur Durchführung methodenzentrierter Elternveranstaltungen mit ausgewählten praktischen Übungen und Beispielen. In Block ❻ des Fragebogens mussten sich die befragten Schulen dazu äußern und ihre spezifischen Wertungen und Kommentare fixieren. Zwar waren die vorliegenden Erfahrungen zum Zeitpunkt der Befragung noch ziemlich spärlich, da die angeführten Kernelemente nur zum Teil erprobt worden waren. Gleichwohl lassen sich aus den vorliegenden Antwortbögen einige recht aufschlussreiche Trendmeldungen und -aussagen entnehmen. Diese werden im Folgenden skizziert.

❏ *3er-Teams auf Klassenebene:* Diejenigen Schulen, die mit 3er-Teams auf Klassenebene gearbeitet haben, melden durchweg positive bis sehr positive Erfahrungen zurück. Zehn Schulen signalisieren positive Erfahrungen, sieben Schulen sogar sehr positive Erfahrungen. Nur fünf Schulen melden zurück, dass sie mit diesem Kernelement der pädagogischen Schulentwicklung in dem einen Jahr der PSE-Erprobung noch keine aussagekräftigen Erfahrungen gesammelt haben (vgl. Abb. 56). Nur bei konsequenter Teamarbeit habe PSE überhaupt eine Chance, so die Einschätzung der PSE-Akteure des Gymnasiums Vlotho. Die Zusammenarbeit in den Teams sei fruchtbar gewesen – beispielsweise bei der Planung von Trainingsvorhaben, Projekten oder bei der Vorbereitung von Fragebogenaktionen. Die 3er-Teams hätten es prima geschafft, dass sich die betreffenden Lehrkräfte gegenseitig helfen, motivieren und so unterstützen, dass mehr Freude am Beruf entstanden sei. Die gemeinsame Vorbereitung der Einschulungswoche sowie der Kommunikationswoche hätten den Beteiligten einen richtigen »Kick« gegeben. Es sei eine reine Freude gewesen (BBS Linz). Wenn die Teams zusammenpassten und die Bedingungen einigermaßen stimmten, dann sei die Arbeit der 3er-Teams recht effizient (RS Annweiler, Gymn. Ahrweiler). Aus schulorganisatorischen Gründen (Krankheit etc.) musste in einigen wenigen Schulen zwar auf 2er-Teams umgestellt werden, aber diese hätten erfreulich kontinuierlich, zielbezogen und kleinschrittig gearbeitet und insgesamt sehr gute Fortschritte erzielt (SoSchu Herford). Eine weitere Variante wird aus den Gesamtschulen vermeldet, die mit Jahrgangsteams in der Größenordnung von 6 bis 8 Lehrkräften arbeiten. Auch für diese größeren Teams werden gute bis sehr gute Erfahrungen signalisiert.

- *Teamklausurtage (3er-Teams):* Von den 14 Schulen, die während der PSE-Erprobung Teamklausurtage durchgeführt haben, signalisieren sechs positive und acht sehr positive Erfahrungen (vgl. Abb. 56). Dieses Ergebnis bestätigt eindeutig den zentralen Stellenwert einschlägiger Workshops für die Arbeit der Klassenteams. Teamklausurtage seien eine der effektivsten Arbeitsformen fürs Kollegium (Gymn. Vlotho). Sie seien sehr produktiv gewesen und hätten den beteiligten Lehrkräften eine Menge Ideen und Material gebracht (ESG Landau). Die durchgeführten Teamklausurtage seien als Entlastung wahrgenommen und genutzt worden (HS Löhne). Sie hätten die Kreativität der LehrerInnen gefördert und u.a. zu einer überzeugenden Vorbereitung des ersten Studientages geführt (BBS Ludwigshafen). Die gemeinsame Arbeit der 3er-Teams über einen bis zwei Tage hätte viel versprechende Hilfen und Anregungen für den Unterrichtsalltag gebracht (BBS Linz). Die Teams hätten gute, konkrete, zielorientierte Arbeitspläne erstellt, obzwar es anfangs durchaus einige Schwierigkeiten und Unsicherheiten gegeben habe (SoSchu Herford). Berichtet wird ferner über die Durchführung von Teamklausurtagen außerhalb der Schule, die sich bestens bewährt hätten. Dadurch seien keine Störungen aufgetreten, und es hätte effektiv gearbeitet werden können (MSG Landau).

- *Ganztägige produktive Fachkonferenzen:* Den Rückmeldungen zufolge haben die meisten Schulen noch keine ganztägigen produktiven Fachkonferenzen durchgeführt. 17 von 22 Schulen signalisieren diesen Erfahrungsmangel. Von den fünf Schulen, die erste Versuche gestartet haben, vermelden drei positive und zwei sehr positive Erfahrungen (vgl. Abb. 56). Es seien hilfreiche Materialien für den naturwissenschaftlichen Bereich sowie für den Englisch-, den Deutsch-, den Mathematik- und den Berufswahlunterricht erarbeitet worden, die zeigten, wie man EVA in Gang setzen und außerdem die Methoden-, die Kommunikations- und die Teampflege ausbauen könne (IGS Mutterstadt). Der erste ganztägige Workshop in Englisch sei sehr produktiv gewesen und hätte in sehr guter Atmosphäre stattgefunden (Gymn. Leverkusen). Derartige Workshops seien unbedingt wünschenswert und zwingend erforderlich, wenn sich das praktische »Handwerkszeug« der Lehrkräfte überzeugend weiterentwickeln solle (ESG Landau). Angemerkt wird von den meisten Schulen, dass für das kommende Schuljahr ganztägige oder halbtägige produktive Fachkonferenzen vorgesehen seien, von denen man sich eine Menge verspreche.

- *Regelmäßige Teambesprechungen:* Gut die Hälfte der befragten Schulen meldet zurück, dass diesbezüglich noch keine Erfahrungen vorliegen. Von den zehn Schulen, die über erste Erfahrungen verfügen, berichten fünf über positive und fünf über sehr positive Erfahrungen (vgl. Abb. 56). Dieses Ergebnis spricht deut-

Erfahrungen mit PSE-Kernelementen

(Befragungsergebnisse)

Welche Erfahrungen haben Sie mit den folgenden Kernelementen der Pädagogischen Schulentwicklung (PSE) gemacht?
(+2 ⇨ sehr positive; +1 ⇨ positive; 0 ⇨ keine; –1 ⇨ negative)

Kernelemente	Einschätzung der Schulen					
	IGS	BBS	Gymn.	RS	HS	SoSchu
3er-Teams auf Klassenebene	1× (+2) 1× (+1) 2× 0*	1× (+2) 2× (+1) 1× 0*	6× (+1) 2× 0*	3× (+2)	1× (+2) 1× (+1)	+2
Teamklausurtage (3er-Teams)	1× (+2) 1× (+1) 2× 0*	1× (+2) 3× (+1)	3× (+2) 5× 0*	1× (+2) 1× (+1) 1× 0*	1× (+2) 1× (+1)	+2
Ganztägige produktive Fachkonferenzen	2× (+1) 2× 0*	4× 0*	1× (+2) 7× 0*	3× 0*	1× (+2) 1× 0*	+1
Regelmäßige Teambesprechungen	1× (+2) 3× 0*	1× (+2) 3× 0*	2× (+2) 1× (+1) 5× 0*	2× (+1) 1× 0*	1× (+2) 1× (+1)	+1
Hospitationen der KollegInnen	4× 0*	4× 0*	8× 0*	1× (+1) 2× 0*	1× (+2) 1× 0*	+1
Trainingswochen mit Schülerinnen und Schülern	3× (+2) 1× (+1)	1× (+2) 2× (+1) 1× 0*	4× (+2) 3× (+1) 1× 0*	1× (+2) 2× (+1)	1× (+2) 1× (+1)	+2
Konsequente Methodenpflege im Fachunterricht	3× (+1) 1× 0*	1× (+2) 3× 0*	1× (+2) 5× (+1) 2× 0*	3× (+1)	1× (+2) 1× (+1)	+2
Methodenzentrierte Elternveranstaltungen	2× (+2) 2× 0*	1× (+1) 3× 0*	3× (+2) 3× (+1) 2× 0*	3× (+1)	1× (+1) 1× 0*	0*

* Dieses »Kernelement« wurde in den betreffenden Schulen noch nicht erprobt. Von daher liegen noch keine Erfahrungen vor!

Abb. 56 © Dr. H. Klippert

lich dafür, dass es sich lohnt, den interessierten Lehrkräften verstärkt Gelegenheit zu regelmäßigen innovationszentrierten Teambesprechungen einzuräumen. Als Grundproblem signalisieren die meisten Schulen, dass es diesbezüglich einfach keine Zeit gebe und dass es generell schwierig sei, diese Teambesprechungen organisatorisch auf die Reihe zu bringen – vor allem, wenn an einer Schule viele Teams diesen Wunsch hätten (RS Herford). Wenn es indes gelinge, Teamstunden im Stundenplan zu verankern, dann sei das sehr wohl tuend und hilfreich und vermittle den einzelnen Lehrkräften mehr Sicherheit und methodische Ideen (SoSchu Herford). Bewährt hätten sich die Teambesprechungen u.a. bei der Vor- und Nachbereitung der Trainingstage (ESG Landau). Durch die regelmäßigen Gespräche sei der horizontale Informationsfluss sichergestellt worden, der leiste Gewähr, dass z.B. der Deutschlehrer an die Methoden des Mathematiklehrers anknüpfen könne (MSG Landau). Positive Einschätzungen werden auch aus einzelnen Gesamtschulen vermeldet, zu deren Konzept es seit langem gehört, dass regelmäßig Teambesprechungen stattfinden.

- *Hospitationen der KollegInnen:* Hier liegen mit Abstand die wenigsten Erfahrungen vor. Nur drei von 22 Schulen berichten über erste Experimente mit schulinternen Hospitationen, in allen anderen Schulen fehlen derartige Aktivitäten bislang völlig (vgl. Abb. 56). Durch das enge Zeitraster der Halbtagsschulen seien Hospitationen kaum umsetzbar (IGS Mutterstadt). Zwar seien erste Hospitationen angeboten worden, aber die Resonanz der KollegInnen sei bisher gleich Null (IGS Wörrstadt). Offenbar sei noch eine Hemmschwelle zu überwinden, da es für LehrerInnen gänzlich unüblich sei, sich in die Karten schauen zu lassen (BBS Ludwigshafen). Berührungsängste der KollegInnen und/oder Terminstress verhinderten, dass Hospitationen in Gang kämen (MSG Landau). Zwar seien Lehrkräfte von anderen Schulen vereinzelt zu Hospitationen da gewesen, aber im eigenen Kollegium gebe es diesbezüglich nach wie vor kaum Resonanz (HS Löhne; Gymn. Sinzig). Positive Ansätze werden indes für die Trainingswochen vermeldet (Gymn. Leverkusen). Die Mitglieder der Kernteams seien schon eher mal bereit, Teamteaching zu praktizieren und/oder wechselseitig zu hospitieren (MSG Landau). Gute bis sehr gute Erfahrungen habe es ferner im Rahmen schulinterner Fortbildungstage gegeben, in die Hospitationen integriert gewesen seien – z.B. zum Thema »EVA« (SoSchu Herford).

- *Trainingswochen mit SchülerInnen:* Dieses Kernelement der Pädagogischen Schulentwicklung ist von den befragten Schulen sowohl am ausgeprägtesten erprobt als auch am positivsten beurteilt worden. Immerhin 11 von 22 Schulen berichten über sehr gute Erfahrungen, neun Schulen vermelden gute Erfahrungen und nur zwei Schulen sehen sich zum Zeitpunkt der Befragung noch nicht in der Lage, eine signifikante Einschätzung abzugeben (vgl. Abb. 56). Erprobt wurden Wochentrainings in verschiedenen Jahrgangsstufen, und zwar mit unterschiedlicher methodischer Ausrichtung (Methodentraining, Kommunikationstraining, Teamentwicklung). Die Trainingswochen in den Jahrgängen 5 und 11 seien nach einem Jahr zur unumstößlichen Einrichtung geworden (IGS Leverkusen). Die

SchülerInnen seien während der durchgeführten Trainingswoche sehr motiviert gewesen; auch viele Lehrkräfte hätten mit Begeisterung mitgemacht (IGS Wörrstadt). Die Trainingswoche zur Kommunikationsförderung sei bestens gelaufen (SoSchu Herford). Den engagierten LehrerInnen und den beteiligten SchülerInnen machten diese Trainings Spaß und sie profitierten eine Menge davon (Gymn. Annweiler). Die SchülerInnen hätten hohes Interesse gezeigt, allerdings müsse der jeweiligen Trainingswoche die konsequente »Pflege« der eingeführten Methoden unabdingbar nachfolgen (Gymn. Vlotho; BBS Linz). Als weitere Anregung wird formuliert, dass es in der 5. Jahrgangsstufe wohl ratsam sei, nicht länger als vier Stunden pro Tag zu trainieren (RS Eisenberg). Ferner wird darauf hingewiesen, dass es in vielen Gruppen – trotz eindeutig positiver Resonanz – nach drei Tagen einen gewissen Motivationsabfall gegeben habe (Gymn. Leverkusen).

- *Konsequente Methodenpflege im Fachunterricht:* Auch hierzu sind die Rückmeldungen der befragten Schulen deutlich positiv. 12 Schulen sehen das, was bisher in ersten Ansätzen gelaufen ist, positiv. Vier Schulen signalisieren sogar sehr positive Erfahrungen mit den zurückliegenden Versuchen zur Methodenpflege. Die restlichen fünf Schulen enthalten sich einer Einschätzung, da sie noch keine aussagekräftigen Versuche gestartet haben (vgl. Abb. 56). Erwähnt wird u.a., dass die FachlehrerInnen angehalten seien, bestimmte Methoden in ihrem Unterricht anzuwenden, was in den meisten Fällen auch mit gutem Erfolg gelinge (IGS Mutterstadt). Die konsequente Methodenpflege im Fachunterricht gewährleiste auf Schülerseite erhöhte Motivation und bessere Lernergebnisse (BBS Linz). Die Pflegearbeit im Fachunterricht trage erkennbar dazu bei, dass die SchülerInnen sicherer und routinierter würden (Gymn. Annweiler). Konsequent gepflegt würden u.a. Methoden der Informationsbeschaffung und -verarbeitung; auch die Ergebnisdarstellung und die Pflege einfacher Kommunikations- und Interaktionsrituale seien wichtige Schwerpunkte der Arbeit in den Fächern (SoSchu Herford). Je nach Klassenstufe und Fach gelinge die Methodenpflege unterschiedlich. Am effektivsten laufe sie in der Oberstufe ab, da dort die Lehrpläne flexibler seien (Gymn. Ahrweiler). Einig sind sich die meisten PSE-Akteure jedoch auch darin, dass in Sachen Methodenpflege sehr viel mehr laufen müsse. Es seien mehr Absprachen nötig und die Pflegearbeit müsse insgesamt viel konsequenter betrieben werden (RS Annweiler; Gymn. Leverkusen). Es gebe keine verpflichtende Absicherung (Gymn. Sinzig); die Methodenpflege verlaufe vielfach im Sande, weil sie nicht durch klare Beschlüsse der Fachkonferenzen gestützt sei (IGS Leverkusen).
- *Methodenzentrierte Elternveranstaltungen:* Diejenigen Schulen, die in der Elternarbeit neue Wege beschreiten und die gängigen Elternabende in kleine Workshops umwandeln, melden durchweg positive Einschätzungen zurück. Acht Schulen signalisieren positive Erfahrungen mit dieser Art der Elternarbeit, fünf Schulen berichten sogar über sehr positive Erfahrungen (vgl. Abb. 56). Die Durchführung methodenzentrierter Elternveranstaltungen mit kleinen Übungen bzw. Simulationsspielen zum jeweiligen Methodenfeld sei eine sehr wichtige methodische Neuerung (Gymn. Ahrweiler). Die Schulpflegschaft habe PSE kennen

gelernt und positiv reagiert (HS Löhne). Die Eltern hätten sich rege beteiligt, hätten rege diskutiert und am Ende langen Beifall gespendet (Gymn. Leverkusen). Die Resonanz sei interessant und ermutigend gewesen (RS Annweiler). Die Eltern hätten durchgängig sehr positive Rückmeldungen gegeben (Gymn. Vlotho). Einschränkende Äußerungen kommen lediglich von zwei Schulen. Der interessierte Teil der Elternschaft habe zwar interessiert mitgemacht, aber die anderen Eltern stünden außen vor und seien auch durch die neue Art der Elternarbeit nicht zu erreichen (RS Herford). Eine ähnliche Relativierung vermeldet eine Berufsbildende Schule: Der betreffende Elternabend sei zwar gut besucht gewesen und auch rundum positiv verlaufen; aber er sei letztlich folgenlos geblieben, da die Eltern kaum noch Einfluss auf ihre Kinder hätten (BBS Linz).

6. Problemanzeigen und strategische Anregungen

Die befragten PSE-Akteure zeigen sich zwar überwiegend zufrieden bis sehr zufrieden mit dem angelaufenen Innovationsprozess; gleichwohl signalisieren sie auch eine Reihe ernst zu nehmender Problemanzeigen, die den Erfolg des PSE-Programm beeinträchtigen oder sogar völlig verhindern können. Einige Hinweise zu den festgestellten »Knackpunkten« wurden bereits in den vorangehenden Abschnitten formuliert. Pointiertere Angaben finden sich darüber hinaus in Block ❼ des Fragebogens, der ausdrücklich dazu auffordert, offene Fragen und Problemanzeigen zu nennen sowie Anregungen für die Weiterarbeit im Rahmen des PSE-Projekts zu geben. Was die befragten Schulen diesbezüglich zurückgemeldet haben, wird nachfolgend zusammenfassend skizziert. Zunächst zu den Problemanzeigen:

- *Kooperationsprobleme:* Ein entscheidendes Hindernis für eine erfolgreiche Unterrichtsreform wird im immer noch weit verbreiteten Einzelkämpfertum gesehen. Die meisten LehrerInnen seien es einfach nicht gewohnt, mit anderen Lehrkräften zusammenzuarbeiten, gemeinsam Materialien zu entwickeln und eine möglichst wirksam abgestimmte Reformarbeit vorzubereiten und durchzuführen. Geklagt wird in den vorliegenden Antwortbögen u.a. darüber, dass der Materialaustausch nicht klappe, die Konferenzen nicht effizient genug seien und die Hospitationsbereitschaft in den Kollegien noch völlig im Argen liege.
- *Schlechte Rahmenbedingungen:* Kritische Anfragen richten sich u.a. an die Adresse der Schulleitung und der Schulaufsicht. Diese Führungskräfte seien vielfach nur halbherzig bereit, den PSE-Prozess zu unterstützen und den dringend benötigten Teamklausurtagen und Teamstunden den Weg zu ebnen oder gar Entlastungsstunden für besonders engagierte Lehrkräfte »freizuschaufeln«. Geklagt wird ferner darüber, dass infolge der Personalknappheit erhebliche Einschränkungen bei der Teambildung und Teamarbeit hingenommen werden müssten. Langfristige Vertretungen und ständig sich verändernde Stundenpläne machten es teilweise unmöglich, eine konzertierte Reformarbeit zu leisten. Hinzu kämen ungünstige Stundenraster (vorrangig Einzelstunden), überfrachtete Lehrpläne, überfüllte Klassen, zu kleine Klassenräume, mangelnde Finanzen und fehlende Materialien. Eine weitere Problemanzeige betrifft die politisch erklärte Eliminierung des Unterrichtsausfalls, die es nahezu unmöglich mache, den engagierten Kolleginnen und Kollegien die nötige schulinterne Freistellung zu gewähren.
- *Übermäßige Belastung:* Viele Lehrkräfte empfinden offenbar den Aufwand, den sie in Verbindung mit dem PSE-Programm betreiben müssen, als zu hoch (vgl.

Abb. 54 auf Seite 263). Das gilt sowohl für den Konferenzaufwand als auch und vor allem für die Vorbereitung der neuen Unterrichtsmaterialien und -arrangements. Zwar wird nicht bestritten, dass im Unterricht selbst spürbare Entlastung erfahren werden kann, aber diese Perspektive alleine reicht offenbar nicht aus, um die wahrgenommene Mehrbelastung im Vor- und Umfeld des Unterrichts hinreichend zu kompensieren. Dass diese Mehrbelastung teilweise durch mangelnde Teamarbeit, durch fehlende Arbeitsteilung und durch einen überzogenen Perfektionsmus der betreffenden Lehrkräfte mit verursacht ist, wird nur von einer Schule signalisiert.

❏ *Transferprobleme:* Als ein zentrales Problem sehen viele Schulen die wirksame Information und Mobilisierung des »Rest-Kollegiums« in Sachen Pädagogische Schulentwicklung an. Wie motiviert man das Mittelfeld? Wie kann das gesamte Kollegium zu allen Bausteinen des Trainingsprogramms hinreichend informiert und fortgebildet werden? Derartige Fragen werden mehrfach gestellt und zeigen an, dass die Weitervermittlung des von den PSE-Akteuren erworbenen Knowhows in vielen Schulen eine noch ungelöste Schwierigkeit und Herausforderung ist. Das gilt für die Weitergabe der Fortbildungserfahrungen genauso wie für den Transfer der gesammelten Unterrichtserfahrungen und -materialien.

❏ *Fehlende Konsequenz:* Ein mindestens ebenso brisantes Problem ist die bislang noch ziemlich unsystematische Art und Weise, wie die Pädagogische Schulentwicklung in den meisten Schulen betrieben wird. Zwar ist dieser »Dilletantismus« durchaus verständlich, wenn man bedenkt, dass die befragten Schulen noch ziemlich am Anfang ihrer PSE-Arbeit stehen und auf Grund des üblichen Planungsvorlaufs vielerorts erst zum kommenden Schuljahr 1999/2000 so richtig planvoll und systematisch zu Werke gehen können. Gleichwohl sind die kritischen Rückmeldungen aufschlussreich und alarmierend zugleich. Beklagt wird u.a. die dürftige oder sogar gänzlich ausbleibende Methodenpflege. Moniert wird ferner, dass es keine verpflichtenden Rahmenpläne bzw. Absprachen gebe, die eine kontinuierliche und konsequente Trainings- und Pflegearbeit sicherstellen. Die Gefahr sei, dass PSE zum Steckenpferd einiger weniger Lehrkräfte verkomme, die mehr oder weniger unverbindlich und unsystematisch vor sich hin werkelten.

❏ *Evaluationsprobleme:* Unsicherheiten bestehen offenkundig auch und nicht zuletzt bezüglich der Überprüfung und Beurteilung des Innovationserfolgs. Das gilt sowohl für die Messung und Benotung der anvisierten Schlüsselqualifikationen auf Schülerseite (Methodenkompetenz, Kommunikationskompetenz, Teamfähigkeit, Problemlösungsfähigkeit etc.) als auch für die Überprüfung und Beurteilung des Projekterfolgs insgesamt. Was den ersten Bereich der Leistungsbeurteilung betrifft, so ist diesbezüglich in den Kollegien sicherlich noch einiges an Klärungsarbeit zu leisten. Wichtige Anregungen dazu finden sich in Kapitel IV, Abschnitt 6 dieses Buches. Die Projektevaluation als solche schließlich ist ein Thema, zu dem es bislang noch keine griffigen Rezepte gibt. Einige Anregungen dazu finden sich in Kapitel III, Abschnitt 8 dieses Buches.

Die vorliegenden Befragungsergebnisse geben jedoch nicht nur Aufschluss über wichtige Problemanzeigen der involvierten Schulen, sondern auch darüber, worauf nach Ansicht der befragten PSE-Akteure im Zuge der Weiterarbeit verstärkt Wert gelegt werden sollte. Die Palette der Anregungen ist breit und reicht von »Lasst uns Zeit!« (BBS Opladen) bis hin zur Forderung nach Ermäßigungsstunden für besonders engagierte Lehrkräfte (IGS Wörrstadt). Die vorgebrachten Anregungen lassen sich wie folgt zusammenfassen: Weitgehende Einigkeit besteht darin, dass es einen verstärkten Erfahrungs- und Materialaustausch geben müsste, und zwar nicht nur innerhalb der Einzelschule, sondern auch darüber hinaus. Der Erfahrungsaustausch der an PSE beteiligten Schulen sollte, wie die BBS Ludwigshafen vorschlägt, fest institutionalisiert und z.B. in Gestalt eintägiger Treffen einzelnen Personen aus den Steuergruppen realisiert werden. Damit die Konsensbildung gefördert und die Arbeitsökonomie gesteigert werde, sollten – so die BBS Linz – die beteiligten Lehrkräfte verstärkt Gelegenheit erhalten, einschlägige Trainingseinheiten und -materialien gemeinsam zu entwickeln und zwischen den beteiligten Lehrkräften und Schulen auszutauschen. Zu diesem Zweck sollte ihnen mehr Geld für die Beschaffung einschlägiger Materialien und sonstiger Hilfsmittel bereitgestellt werden (Gymn. Leverkusen).

Natürlich bedarf es zu dieser Vorbereitungsarbeit der betreffenden Lehrkräfte auch entsprechender Freiräume und Freistellungen. Diese werden von den meisten Schulen denn auch recht nachdrücklich eingefordert. Plädiert wird für Teamstunden, für gemeinsame Springstunden, für gezielte Ermäßigungsstunden sowie für eine großzügige Freistellung der engagierten Lehrkräfte für schulinterne Workshops/Teamklausurtage zur Erarbeitung einschlägiger Trainingsmaterialien und -arrangements. Plädiert wird ferner für eine entschiedene Forcierung der Methodenpflege, damit die angestrebte Routinebildung auf Lehrer- wie auf Schülerseite besser erreicht werden kann. Diese Forderung nach konsequenterer Methoden-, Kommunikations- und Teampflege durchzieht die meisten Antwortbögen. Zu ihrer Vorbereitung wäre eines der PSE-Teams sogar bereit, auch mal ein Wochenendseminar zu akzeptieren, damit in aller Ruhe fachspezifische Lernspiralen entwickelt werden können, ohne dass gleich wieder Unterricht ausfällt (Gymn. Neustadt).

Eine weitere zentrale Forderung, die von den meisten Schulen erhoben wird, betrifft die Ausweitung des Unterstützungssystems. Im Kollegien sei der Wunsch nach methodenzentrierter Weiterbildung durch externe Trainer recht verbreitet, da die interessierten Lehrkräfte bestenfalls ein Methodenfeld näher kennen gelernt hätten. Diesbezüglich müsste unbedingt mehr angeboten werden (Gymn. Leverkusen). In die gleiche Richtung zielen auch die Anregungen anderer Schulen. Allerdings geht es den Befragten offenkundig nicht nur um die Trainings, sondern auch und zugleich um den dringlichen Hinweis, dass für die Umsetzung des PSE-Programms richtungsweisende Fahrpläne entwickelt und verbindlich vereinbart werden sollten, die eine systematische Umsetzungsarbeit gewährleisten. Derartige Fahrpläne sollten sowohl für den gesamtschulischen Bereich als auch für einzelne Jahrgangsstufen und Klassen entwickelt werden.

7. Das Fazit der befragten PSE-Verantwortlichen

Im letzten Block ❽ hatten die befragten PSE-Akteure Bilanz zu ziehen und die fünf wichtigsten Erkenntnisse aufzulisten, die sie im Zuge des zurückliegenden Innovationsprozesses gewonnen hatten. Mit dieser Komprimierung einiger Essentials sollte nochmals überprüft und fixiert werden, was sich aus der Sicht der Betroffenen als Quintessenz des Reformprojekts nach rund einem Jahr festhalten lässt. Die einzelnen Bilanzpositionen sehen natürlich unterschiedlich aus und markieren sowohl positive als auch neuralgische Punkte der Pädagogischen Schulentwicklung. Dass sich dabei selbstverständlich gewisse Überschneidungen mit dem bisher Gesagten ergeben, ist durchaus akzeptabel und zeigt nurmehr an, dass die betreffenden Punkte von den verantwortlichen Innovatoren als besonders bedeutsam wahrgenommen und eingeschätzt werden. Welche Bilanzen letztendlich herausgekommen sind, zeigt die Übersicht in Abbildung 57. In diese Übersicht sind aus Platzgründen nur acht der insgesamt 22 Bilanzen aufgenommen worden, die im Wesentlichen jedoch das abbilden, was von den Schulen in Summe zurückgemeldet wurde.

Bestätigt wird in den Resümees ziemlich übereinstimmend, dass Pädagogische Schulentwicklung ein chancenreicher Prozess und eine viel versprechende Herausforderung für alle Beteiligten ist. Viel versprechend insofern, als sich durch das gemeinsame Nachdenken über Unterricht und neue Lehr-/Lernmethoden ermutigende Perspektiven für die pädagogische Arbeit gewinnen lassen. Ermutigend sowohl für LehrerInnen und SchülerInnen als auch für die Gruppe der Eltern. Der Unterricht kann dank der neuen Lern- und Trainingsmethoden besser und effektiver werden – das ist der eindeutige Tenor in den vorliegenden Resümees. Die SchülerInnen könnten und wollten selbstständig arbeiten. Sie müssten nur entsprechend gefördert und gefordert werden. Verwiesen wird auf die Notwendigkeit der Routinebildung auf Schüler- wie auf Lehrerseite. Diese Routinebildung müsse kleinschrittig vonstatten gehen. Man brauche Geduld, aber auch Zielstrebigkeit. Weniger sei häufig mehr. Dementsprechend müssten die Ziele und Aufgaben entschieden begrenzt werden; das sei eine zentrale Erfolgsbedingung. Die Unterrichtsentwicklung müsse Kern der Schulentwicklung sein – ergänzt durch gezielte Maßnahmen der Personal- und der Organisationsentwicklung; der gewählte unterrichtspraktische Ansatz der PSE wirke insgesamt motivierend auf das Gesamtkollegium. Gleichzeitig könne auf diese Weise der Unterricht vielfältiger und spannender werden, und zwar für alle Beteiligten. Einschränkend wird dazu allerdings auch festgestellt, dass sich viele Lehrkräfte mit der neuen Lehrerrolle, die ihnen durch die neuen Methoden zuwachse, noch ziemlich schwer täten. Für viele Pädagogen sei es anstrengend, sich zurückzunehmen und den SchülerInnen mehr zuzutrauen und mehr Raum zum Eigenverantwortlichen Arbeiten und Lernen zu geben. Das erzeuge gelegentlich Schwierigkeiten und Widerstände.

Als wichtige und wirksame Gegenmaßnahme und als entscheidende Stütze der PSE-Arbeit wird die einschlägige Qualifizierung der Lehrerteams, der Steuergruppen und der Schulleitung bestätigt. Nötig sei sowohl eine versierte Schulleitung als auch eine einschlägig qualifizierte Lehrerschaft. Diese Qualifizierungsarbeit sei wichtig für die Absicherung des PSE-Prozesses. Durch den gemeinsamen Besuch der Trainingsseminare würde den teilnehmenden Lehrkräften nicht nur die Bedeutung neuer Methoden bewusst gemacht, sondern dadurch erhielten sie auch und zugleich Gelegenheit, ihre Teamfähigkeit zu verbessern. Dass diese Teamentwicklung im Kollegium im Zuge der PSE-Arbeit fruchtbare Anstöße erhalten hat, wird in verschiedenen Resümees bestätigt. Bestätigt wird aber auch, dass diesbezüglich in den Schulen noch vieles im Argen liegt. Abhilfe wird einmal erwartet von der erwähnten Teamfortbildung, zum anderen von den vielschichtigen Teamaktivitäten, die das PSE-Programm für die innerschulische Arbeit vorsieht. Dafür braucht es natürlich Freiräume und eine »Anerkennungskultur«, die verhindert, dass die gelegentliche Freistellung engagierter Lehrkräfte für Zwecke der Fortbildung und der Materialentwicklung als schlichte Drückebergerei diskreditiert wird. Diese Grundforderung findet sich in den Resümees mehrerer Schulen bzw. PSE-Teams.

Apropos Materialentwicklung: Bestätigt wird in den 5-Punkte-Programmen der Schulen die grundlegende Bedeutung gemeinsamer Konferenzen und Teamklausurtage zur Erarbeitung einschlägiger Materialien sowie die Notwendigkeit, die erstellten Materialien und Lern- bzw. Trainingsspiralen verstärkt auszutauschen – und zwar sowohl innerhalb der Einzelschule als auch darüber hinaus. Von diesem Materialfluss wird erwartet, dass dadurch die fachspezifische Methodenpflege besser in Gang kommt. Dass diese in vielen Schulen im Argen liegt, ist weithin Konsens. Problemanzeigen werden aber nicht nur bezüglich der Methodenpflege, sondern auch hinsichtlich unzureichender Absprachen formuliert. Für den Erfolg des PSE-Programms sei wichtig, dass es langfristige Planungen und feste Konferenzabsprachen gebe. Die gesamte Schulorganisation müsse auf die Durchführung der PSE-Arbeit umgestellt werden – so das Resümee einer der Steuergruppen.

Allerdings wird auch betont, dass die Umsetzung des PSE-Programms in der Regel nicht ohne Adaption vonstatten gehen könne. Das wird u.a. für den Sonderschulbereich konstatiert. Konstatiert wird von der betreffenden Steuergruppe der Herforder Sonderschule für Lernbehinderte aber auch, dass sich das PSE-Programm in reduzierter und adaptierter Form sehr wohl auf die Sonderschule für Lernbehinderte übertragen lasse. Darüber hinaus wird in den Bilanzen zweier weiterer Schulen als zentraler Punkt festgehalten, dass es im Interesse eines erfolgreichen PSE-Prozesses dringlich erforderlich sei, die geltenden fachbezogenen Curricula im Hinblick auf EVA und Methodenlernen zu überarbeiten.

Damit sind die Rahmenbedingungen angesprochen. Bezüglich der Rahmenbedingungen der schulischen PSE-Arbeit wird in den vorliegenden Resümees nicht nur Klage geführt, es wird auch nachdrücklich Besserung gefordert. Das beginnt bei der Ausstattung der Räumlichkeiten und reicht über günstigere Stundentafeln (Doppelstunden) und Lehrereinsatzpläne (Teameinsatz) bis hin zur Beschaffung von Lexika, Pinwänden und sonstigen einschlägigen Gebrauchsgegenständen und Verbrauchsmaterialien. Die Motivation der KollegInnen müsse durch ein günstiges Umfeld immer wieder angestoßen werden – so heißt es in einem der vorliegenden Resümees.

Dass unter den skizzierten Umständen Pädagogische Schulentwicklung spürbare Entlastungseffekte für die beteiligten Lehrkräfte mit sich bringt, wird von einigen der befragten PSE-Teams in ihren 5-Punkte-Katalogen ganz ausdrücklich bestätigt. Zunächst entstehe Mehrarbeit, aber dann komme es zu zunehmender Entlastung. Die Entlastung der Lehrerinnen und Lehrer sei, wie es in einer anderen Rückmeldung heißt, » ein realistisches Ziel«.

So gesehen lässt sich als Fazit festhalten: Der seit rund einem Jahr laufende PSE-Prozess hat in den beteiligten Schulen manches in Bewegung gebracht und manches auch ganz fraglos positiv verändert. Dass Pädagogische Schulentwicklung ein chancenreiches Unterfangen für LehrerInnen wie für SchülerInnen ist, wird ziemlich durchgängig bestätigt. Bestätigt wird aber auch, dass dieser PSE-Prozess weder automatisch noch reibungslos abläuft. Mit Friktionen und Problemen ist zu rechnen; diese lassen sich aber offensichtlich so in den Griff bekommen, dass der Erfolg des PSE-Programms nicht ernsthaft gefährdet wird. Wenn die Schulleitung mitspielt, die Rahmenbedingungen einigermaßen stimmen, den interessierten Lehrkräften die nötigen Freiräume und Freistellungen gewährt werden, das PSE-Programm möglichst planvoll und systematisch angegangen wird, verbindliche Absprachen getroffen und eingehalten werden und dies alles durch einschlägige Teamfortbildung und Teamklausurtage begleitet und unterstützt wird, dann steht der erfolgreichen Implementierung des PSE-Programms eigentlich kaum noch etwas im Weg.

Die 5 wichtigsten Erkenntnisse

(Resümees einiger Schulen ⇨ Teil 1)

	Gymnasium Neustadt		IGS Wörrstadt
1	PSE bewirkt, dass die SchülerInnen mehr tun müssen und stärker eingebunden werden.	1	Die Schulleitung spielt eine wichtige Rolle und kann vieles ermöglichen, aber auch manches verhindern.
2	Der Unterricht wird vielfältiger und spannender für alle Beteiligten.	2	Die Motivation der KollegInnen muss durch ein günstiges Umfeld immer wieder angestoßen werden.
3	Zunächst entsteht Mehrarbeit, aber dann kommt es zu zunehmender Arbeitsentlastung.	3	Praktische Materialien und Hilfen spielen eine große Rolle.
4	Der Kontakt mit einigen Kolleginnen und Kollegen ist deutlich verbessert worden.	4	Auffrischung durch Fortbildungsseminare ist notwendig.
5	Die Teamfähigkeit im Kollegium liegt noch im Argen und müsste besser geschult werden.	5	Fortschritte brauchen Zeit und einen langen Atem.

⇨ Gymnasium Neustadt   ⇨ IGS Wörrstadt

	Berufskolleg Opladen		Hauptschule Löhne-West
1	Auch elementare Dinge (Methoden) müssen erst mal bewusst gemacht werden.	1	Die Unterrichtsentwicklung muss der Kern der Schulentwicklung sein.
2	Es geht nur ganz kleinschrittig. Man braucht Geduld, aber auch Zielstrebigkeit.	2	PSE ist ohne Personal- und Organisationsentwicklung zum Scheitern verurteilt.
3	Für LehrerInnen ist es anstrengend, sich zurückzunehmen und den SchülerInnen mehr zuzutrauen.	3	Langfristige Planungen müssen sein, um die nötige Teamentwicklung in Gang zu setzen.
4	Absprachen mit KollegInnen sind ohne festen Konferenztermin schwierig.	4	Qualifizierungsmaßnahmen zur Absicherung des PSE-Prozesses sind wichtig (u.a. für die Steuergruppen).
5	Die Rahmenbedingungen (Räume ...) müssten kontinuierlich verbessert werden.	5	PSE braucht Zeit! Nötig sind Freiräume und eine »Anerkennungskultur«.

⇨ Berufskolleg Opladen   ⇨ Hauptschule Löhne-West

Abb. 57 © Dr. H. Klippert

Die 5 wichtigsten Erkenntnisse

(Resümees einiger Schulen ⇨ Teil 2)

1	Die Kommunikation im Kollegium hat sich deutlich verbessert.
2	Die SchülerInnen können und wollen selbstständig arbeiten.
3	Die Entlastung der Lehrerinnen und Lehrer ist ein realistisches Ziel.
4	Der gemeinsame Besuch der Trainingsseminare hat den Teamgeist verbessert.
5	Es wurde endlich mal über den alltäglichen Unterricht gesprochen und kritisch nachgedacht.

⇨ *Realschule Annweiler*

1	PSE ist reduziert und adaptiert auf die Sonderschule für Lernbehinderte übertragbar.
2	Der unterrichtspraktische Ansatz der PSE wirkt motivierend auf das Gesamtkollegium.
3	Begrenzte Ziele und Aufgaben sowie kleinschrittiges Vorgehen sind wichtige Erfolgsbedingungen.
4	Die Qualifizierung von Steuergruppe und Schulleitung in Sachen Projektmanagement ist unverzichtbar.
5	Die gesamte Schulorganisation muss auf die Durchführung der PSE-Arbeit umgestellt werden.

⇨ *Sonderschule Herford*

1	Die Routinebildung auf Schüler- wie auf Lehrerseite ist essentiell. Sonst gibt es keine Entlastung.
2	Die EVA-Arbeit muss in den Folgeklassen unbedingt fortgesetzt werden. Sonst droht Kompetenzverlust.
3	Zwischen den PSE-Teams und PSE-Schülern sollte es einen verstärkten Materialaustausch geben.
4	Den SchülerInnen sollte in jeglicher Hinsicht mehr Eigenverantwortung zugetraut werden.
5	Die Erarbeitung praktischer Materialien zur Methodenpflege in den Fächern muss forciert werden.

⇨ *Gymnasium Landau (MSG)*

1	Nötig ist eine Überarbeitung der fachbezogenen Curricula im Hinblick auf EVA und Methodenlernen.
2	PSE braucht Zeit und verlangt, dass für das Kollegium reale Freiräume geschaffen werden.
3	Die festgefahrene Lehrerrolle macht Schwierigkeiten und lässt gelegentlich Widerstände entstehen.
4	PSE leistet einen wichtigen Beitrag zur Reflexion der (eigenen) Unterrichtsarbeit.
5	Fortbildungsseminare sollten grundsätzlich für Teams angeboten werden.

⇨ *Gymnasium Vlotho*

Abb. 58 © Dr. H. Klippert

8. Nachgefragt: Interview mit einem Schulleiter

Das nachfolgende Interview wurde geführt mit Frank Müller, Konrektor an der Realschule Annweiler im südlichen Rheinland-Pfalz. Diese Schule gehört zu den 22 Versuchsschulen, die im Schuljahr 1998/99 mit der differenzierten Implementierung der Pädagogischen Schulentwicklung begonnen haben. Den vorliegenden Befragungsergebnissen zufolge ist die in Angriff genommene PSE-Arbeit bis dato recht erfolgreich verlaufen. Warum? Darüber soll das Interview mit Frank Müller Auskunft geben. Herr Müller ist Mitglied des schulinternen PSE-Führungsteams und gehört zu den Initiatoren und Wegbereitern der Pädagogischen Schulentwicklung in seiner Schule. Als Konrektor ist er u.a. zuständig für die Stundenplangestaltung. Darüber hinaus betätigt er sich immer wieder als »Feuerwehrmann«, wenn es gilt, der Pädagogischen Schulentwicklung den einen oder anderen Stein aus dem Weg zu räumen. Das nachfolgende Interview stellt insbesondere auf diese Problemlöserfunktion ab und zeigt in exemplarischer Weise, wie das Kollegium der Realschule Annweiler für die besagte PSE-Arbeit sensibilisiert und gewonnen wurde und welche konkreten Maßnahmen ergriffen worden sind, um den auftretenden Problemen und Schwierigkeiten entgegenzuwirken und der konsequenten Umsetzung des PSE-Programms im Schulalltag den Weg zu ebnen.

⇨ *Herr Müller, aus den Rückmeldungen Ihres PSE-Teams lässt sich entnehmen, dass in Ihrer Schule inzwischen 60 bis 70 Prozent des Kollegiums erkennbar hinter dem Klippert'schen Trainings- und Schulentwicklungsprogramm stehen. Durch welche Maßnahmen und Schritte haben Sie diese bemerkenswert breite Mobilisierung erreicht?*

Frank Müller: Es begann alles mit einer Informationsveranstaltung im Stile einer Dienstbesprechung. Kolleginnen und Kollegen wurden über die Vorteile, aber auch über eventuelle Schwierigkeiten (z.B. zunehmende Vertretungsstunden) des PSE-Programms informiert, die dieses für das Gesamtkollegium mit sich bringen könnte. Danach folgte eine Aussprache und schließlich die Abstimmung darüber, ob die Realschule Annweiler am Klippert'schen Trainingsprogramm teilnehmen soll. Dabei standen den Lehrkräften auf einem entsprechend gestalteten Plakat drei Voten offen: Erstens: »Ich bin dafür und möchte an den Fortbildungen teilnehmen«, zweitens »Ich bin dafür, möchte mich derzeit aber aus der Fortbildung heraushalten« und drittens »Ich bin gegen die Teilnahme am Projekt Pädagogische Schulentwicklung«. Durch diese Drei-Spalten-Abfrage war es denjenigen Lehrkräften, die sich zum Zeitpunkt der Abstimmung noch unsicher und/oder überfordert fühlten, die aber nicht gegen das Projekt als solches eingestellt waren, ohne Gesichtsverlust möglich, ihre Reserviertheit, aber zugleich auch ihre Unterstützungsbereitschaft zu signalisieren. Das Ergebnis war, dass sich am Ende keine einzige Lehrkraft gegen das Projekt aussprach. Das war zumindest für unsere Schule ein tolles Ergebnis. Ein weiterer Grund für die breite Mobilisierung in unserem Kollegium war ganz sicher aber auch, dass viele Lehrkräfte durch die gemeinsame Fortbildung sowie durch die gemeinsame Vorbereitungs- und Trainingsarbeit in den fünften und sechsten Klassen schon bald erkannten, dass das Klippert-Programm praktikabel und machbar ist.

⇨ *Teamarbeit ist offensichtlich eine zentrale Voraussetzung für die erfolgreiche Implementierung des PSE-Programms. Darauf wird in den meisten Antwortbögen verwiesen. Betont wird aber auch, dass effektive Teamarbeit von Lehrkräften schwer erreichbar sei. Welche Teamentwicklungsmaßnahmen hat es an Ihrer Schule gegeben?*

Frank Müller: Wir haben in unserer Schule Teamarbeit großzügig ermöglicht. Gleichzeitig haben wir uns im Kollegium darüber verständigt, dass Eigenverantwortlichkeit angesagt ist. Die interessierten Lehrkräfte müssen selbst Teams bilden. Das gilt für die Teilnahme an den Fortbildungsseminaren. Das gilt aber auch für die Lehrerzuordnung zu den Klassen. Wir haben frühzeitig gegen Ende des alten Schuljahres die Klassenleiter für das neue Schuljahr bekannt gegeben, sodass sich interessierte Kolleginnen und Kollegen zu Teams zusammenfinden konnten. Wir haben ferner für das PSE-Projekt eine Wandtafel bereitgestellt; dort können die Lehrkräfte die neuesten Informationen abrufen und sich für die bevorstehenden Trainingstage und Fortbildungstage so eintragen, dass arbeitsfähige Teams entstehen.

⇨ *Mit der Bildung PSE-zentrierter Lehrerteams auf Klassenebene (3er-Teams) sind an Ihrer Schule »sehr positive Erfahrungen« gesammelt worden. Das geht aus dem vorliegenden Antwortbogen hervor. Welches sind die zentralen Positiva, die Sie während der zurückliegenden PSE-Arbeit beobachtet haben?*

Frank Müller: Es ist im letzten Jahr viel mehr miteinander geredet worden als früher. Das ist ein Verdienst des PSE-Programms. Positiv ist aber auch das gemeinsame Vor- und Nachbereiten der Trainingswochen, das Teamteaching, die gegenseitigen Tipps, die sich die beteiligten Lehrkräfte geben. Die gegenseitige Unterstützung, aber auch die gelegentliche Kritik ließen die Teammitglieder enger zusammenrücken. Auch in den Pausen und Freistunden war zu beobachten, dass sich immer wieder Lehrkräfte zusammensetzten und austauschten.

⇨ *Die Konferenzarbeit der mit Pädagogischer Schulentwicklung befassten Lehrkräfte ist an Ihrer Schule – wie die Befragungsergebnisse zeigen – offenbar wesentlich effektiver und produktiver geworden. Was bedeutet das konkret und welche Umstände haben diese positive Entwicklung an Ihrer Schule begünstigt?*

Frank Müller: Die erste Konferenz zur Pädagogischen Schulentwicklung hat bei uns das Führungsteam gemeinsam vorbereitet und verantwortlich moderiert. Das war ein guter Auftakt. Die Konferenz war geprägt von sehr viel Lehreraktivität, was mit den eingesetzten Moderationsmethoden zusammenhing. So wurden z.B. Assoziationen abgefragt; die Schneeballmethode wurde angewendet; es wurden Gruppen mittels Losverfahren gebildet. Auf diese Weise konnten die versammelten Lehrkräfte erfahren, dass jeder mit jedem arbeiten kann – etwas, was wir ja auch im Unterricht haben wollen. Diese Konferenzmethodik strahlt mittlerweile auch auf andere Konferenzen aus, obwohl wir zweifellos noch viel verbessern müssen.

⇨ *Die Schulleitung ist ein wichtiger Faktor im Prozess Pädagogischer Schulentwicklung. Das geht aus den meisten Antwortbögen der befragten Schulen hervor. Sie kann manches ermöglichen, aber auch manches verhindern. Wie sehen Sie die Funktion und die Möglichkeiten der Schulleitung im PSE-Prozess?*

Frank Müller: Die Schulleitung kann die Pädagogische Schulentwicklung initiieren und dafür werben. Und natürlich muss sie diese auch unterstützen. Sie muss z.B. Teamarbeit und Teamkonferenzen ermöglichen und dafür die betreffenden Lehrkräfte auch mal vom Unterricht freistellen. Sie muss auch die Eltern ansprechen und gewinnen. Da haben wir von der Schulleitung her schon manches getan und ermöglicht, was an vielen anderen Schulen erst gar nicht in Erwägung gezogen wird. Aber letztlich müssen die Kolleginnen und Kollegen das PSE-Programm selbst wollen. Ich kenne Schulen, an denen Pädagogische Schulentwicklung von der Schulleitung einfach übergestülpt und in Presseartikeln bereits begeistert gefeiert wurde, obwohl die meisten Lehrkräfte damit noch gar nichts am Hut hatten. Pädagogische Schulentwicklung muss letztlich von unten kommen. Lehrerinnen und Lehrer müssen erkennen, dass dadurch den SchülerInnen etwas Gutes getan wird, dass aber auch für sie selbst Entlastung dabei herauskommt.

⇨ *In den Rückmeldungen mehrerer Schulen wird moniert, dass die PSE-Arbeit bisher noch viel zu wenig systematisiert sei. Aus Ihrer Schule dagegen wird vermeldet, dass es gut funktionierende Fahrpläne und Absprachen gebe, die sich als innovationsfördernd bewährt hätten. Wie sehen diese aus?*

Frank Müller: Wir haben drei Kolleginnen und Kollegen für einen Klausurtag freigestellt, damit sie wegweisende Materialien und Pläne für unsere Schule überlegen und entwickeln. Diese drei »Vorreiter« haben sich außerhalb der Schule getroffen und einige hilfreiche Anregungen und Materialien entwickelt. So entstand z.B. ein Wegweiser in Form eines Fahrplans, der detailliert den Ablauf der geplanten Trainingstage aufzeigte. Dazu muss allerdings gesagt werden, dass diese drei KollegInnen im Bereich Methoden- und Kommunikationstraining schon einige Erfahrungen hatten. Danach haben wir vom Führungsteam aus LehrerInnen aus unterschiedlichen Fachgebieten angesprochen und um weitere geeignete Anregungen und Materialien zu bestimmten Methoden gebeten. So entstand nach und nach für nahezu alle Fächer hilfreiches Material, das bei uns im Lehrerzimmer in Ordnern bereit steht und von den interessierten Kolleginnen und Kollegen genutzt werden kann. Im neuen Schuljahr werden wir in dieser Richtung mit Hochdruck weiterarbeiten. Das haben wir im Kollegium bereits abgesprochen. Denn ohne klare Fahrpläne und hilfreiche Materialien ist es doch ziemlich schwer, konsequent an der Reform dranzubleiben.

⇨ *Die Trainingswochen mit den SchülerInnen laufen an den meisten Schulen offenbar recht erfolgreich. An der anschließenden Methodenpflege im Fachunterricht scheint es indes vielerorts noch kräftig zu hapern. Was wurde an Ihrer Schule unternommen, um die eingeführten Methoden einigermaßen konsequent zu pflegen und zu festigen?*

Frank Müller: Zunächst muss festgestellt werden, dass die Sockeltrainings ohne anschließende Pflege im Unterricht sinnlos sind. Wir haben an unserer Schule die Trainingswochen für die fünften und sechsten Klassen in der Orientierungsstufenkonferenz thematisiert und dabei natürlich auch überlegt, wie wir mit der Methodenpflege verfahren wollen. Von unserer Schule haben mehrere Teams entsprechende Fortbildungsseminare besucht und sich praktische Anregungen geholt. Außerdem haben wir uns verschiedene Literatur und Arbeitshilfen beschafft, die im Lehrerzimmer zum Gebrauch ausliegen. Für das nächste Schuljahr planen wir gezielte Workshops zur Methoden-, Team- und Kommunikationspflege. Was wir allerdings jetzt schon merken: Durch die Teamarbeit und Teamfortbildung achtet eine Reihe von Kolleginnen und Kollegen mittlerweile fast schon automatisch darauf, dass im Unterricht Eigenverantwortliches Arbeiten und Lernen eine Rolle spielt und bestimmte Methoden angewandt werden. Das ist ein Prozess. Je mehr KollegInnen mitarbeiten, umso mehr stecken sie andere an, sodass sich nach und nach eine gute Basis für eine erfolgreiche Trainings- und Pflegearbeit ergibt. Man muss aber auch Geduld haben.

⇨ *Viele Schulen klagen über schlechte Rahmenbedingungen (ständige Lehrerwechsel, ungünstige Räumlichkeiten, fehlende Sachausstattung, miese Stundentafeln, überfrachtete Stoffpläne, keine Teamstunden etc.). Wie sieht das bei Ihnen aus und was haben sie unternommen, um die Rahmenbedingungen für die PSE-Akteure erträglicher zu gestalten?*

Frank Müller: Das letzte Jahr war für uns alles andere als leicht. Durch langwierige Erkrankungen von KollegInnen wurde unser Kollegium stark belastet. Das hat natürlich auch die Stimmung beeinträchtigt. Auch andere Rahmenbedingungen lassen bei uns – wie in den anderen Schulen auch – zu wünschen übrig. Trotzdem ist es in unserem Kollegium zu keinem lähmenden Wehklagen gekommen. Das führe ich einerseits auf das große Engagement zahlreicher Lehrkräfte zurück, zum Zweiten auf die hilfreiche und Mut machende Teamarbeit und Teamfortbildung und zum Dritten sicherlich auch auf die kleineren Vergünstigungen und Unterstützungsmaßnahmen, die wir von der Schulleitung aus angeboten haben. So haben wir z.B. im Stundenplan für verschiedene Teams eine gemeinsame Freistunde »freigeschaufelt«; wir sind wohl wollend mit Fortbildungswünschen umgegangen; und wir haben für einige Teams gemeinsame Klausurtage zum Vorbereiten der Methodentrainings arrangiert. Auch das Wohlwollen der Eltern hilft uns, über manche Unzulänglichkeiten bei den Rahmenbedingungen einfach hinwegzusehen. Wir haben sehr früh erkannt, dass wir die Eltern gewinnen müssen, wenn wir uns die PSE-Arbeit leichter machen wollen. Deshalb haben wir methodenzentrierte Elternabende mit viel Praxisbezug – auch praktischen Übungen – veranstaltet, durch die wir zahlreiche Eltern als Verbündete gewonnen haben. Diese Eltern und Elternvertreter zeigen mittlerweile großes Verständnis, wenn z.B. wegen einer Lehrerfortbildung oder einer Teamklausur mal der Unterricht für einen Tag ausfällt oder wenn die SchülerInnen wegen des Methodentrainings mal eine ganze Woche keinen normalen Unterricht haben. Trotzdem stimmt es natürlich, dass die unzulänglichen Rahmenbedingungen vieles erschweren. Von daher wünschen wir uns natürlich auch vom Ministerium und von der Schulverwaltung größere Unterstützung.

⇨ *Aus dem Antwortbogen Ihrer Schule lässt sich entnehmen, dass die betreffenden Lehrkräfte dem PSE-Programm deutliche Entlastungseffekte attestieren. Das Erstaunlichste dabei: Selbst der Vorbereitungsaufwand habe in erträglichen Grenzen gehalten worden können. Wie haben Sie das geschafft?*

Frank Müller: Vieles von dem, was ich bisher schon zur Rolle der Schulleitung, zur Fortbildung und zur Teamarbeit im Kollegium gesagt habe, gilt auch hier. Unser Vorbereitungsaufwand hat sich deshalb in erträglichen Grenzen gehalten, weil wir den Mehraufwand der Kolleginnen und Kollegen durch gezielte Freistellungen, durch effektive Konferenzen, durch bewährte Fahrpläne und durch die Bereitstellung hilfreicher Materialien weitgehend minimieren konnten. Durch den erwähnten Materialpool, der von einigen erfahrenen Kolleginnen und Kollegen während eines Teamklausurtages aufgebaut und in der Folgezeit erweitert wurde, haben wir uns relativ schnell einen Grundstock geschaffen, der uns mittlerweile Arbeitserleichterung bringt. Auch der Materialaustausch klappt inzwischen schon besser. Davon profitieren natürlich nicht nur die aktiven Mitstreiter, sondern vor allem auch diejenigen, die nachrücken oder neu an unsere Schule kommen und sich der PSE-Arbeit anschließen wollen. Interessant war für mich auch zu beobachten, wie schnell sich Lehrkräfte zu produktiven Lehrerteams zusammenfinden, wenn dieses als sinnvoll und notwendig erkannt und von der Schulleitung unterstützt wird.

VII. Einige bildungspolitische Schlußfolgerungen

In diesem abschließenden Kapitel geht es darum, einige bildungspolitische Schlussfolgerungen und Anregungen zu formulieren, die sich aus den skizzierten Erfahrungen und Überlegungen zum PSE-Programm ableiten lassen. Da bereits recht detaillierte strategische Hinweise in den Kapiteln II und IV gegeben wurden, können die zusammenfassenden Impulse am Ende dieses Buches relativ knapp gehalten werden. Fest steht, dass die Lehrkräfte in den bundesdeutschen Kollegien weniger Kontrolle, Tests und sonstige Reglementierungen brauchen, sondern vor allem überzeugende Unterstützungssysteme, die praxisnah helfen, die anstehende Unterrichtsentwicklung zügig und erfolgreich voranzubringen. Welche politischen Optionen und Handlungsmaximen sich damit verbinden, wird in den nachfolgenden Abschnitten umrissen.

1. Neuorientierung der Lehrerausbildung

In Kapitel I, Abschnitt 3 dieses Buches ist bereits darauf hingewiesen worden, dass die moderne *Wissensgesellschaft* mit ihrem rasanten technologischen Fortschritt und ihren immer kürzer werdenden Verfallszeiten des Fachwissens völlig neue Anforderungen an die Lehrenden und Lernenden im Bildungsprozess stellt, auf die die Lehrkräfte bislang (noch) viel zu wenig vorbereitet sind. Bisher leisten weder die Hochschulen noch die Studienseminare das Nötige, um die angehenden Lehrkräfte entsprechend den veränderten Bedingungen und Anforderungen in der Schule zu qualifizieren. Das gilt sowohl für das praktische Methodenrepertoire als auch für die internalisierten Rollenvorstellungen. Nach wie vor werden die angehenden Lehrkräfte ganz vorrangig mit lehrer- und stoffzentrierten Verfahrensweisen und Vorstellungen konfrontiert und vertraut gemacht, die nur sehr begrenzt in die heutige Zeit passen.

Dieses Dilemma bestätigen nicht zuletzt die rund 1000 Experten, die im Rahmen der im Auftrag des Bundesbildungsministeriums durchgeführten »Delphi-Studie« zu den Perspektiven des bundesdeutschen Bildungswesens befragt wurden. Nach Einschätzung der meisten Experten besteht hinsichtlich der eingesetzten Lernarrangements und Lernmethoden ein dringender Reformbedarf. Dabei bewertet die Mehrheit dieser Experten vor allem fünf Faktoren als fördernd für den Erwerb zukunftsgerechter Kompetenzen, nämlich: Interdisziplinarität, projektbezogenes Lernen, selbstgesteuerte Lernformen, mediengestütztes Lernen und Lernen in Teams (vgl. Delphi-Studie 1998, S. 72). Die Aufgabe der Lehrenden könne es von daher nicht mehr in erster Linie sein, schnell veraltendes Fachwissen zu vermitteln; vielmehr müssten sie sich verstärkt darum bemühen, die jeweiligen Lernenden zum selbstgesteuerten und selbstverantwortlichen Lernen anzuleiten und ihnen Methoden zu vermitteln, die ihnen bei dieser Art des »Selbstmanagements« helfen und die nötige Sicherheit und Zielstrebigkeit vermitteln (vgl. ebenda, S. 72f.).

Diese Lehrerrolle ist den Lehramtsstudenten und -referendaren bislang viel zu wenig geläufig. Sie ist den meisten von ihnen weder hinreichend bewusst noch so vertraut, dass ein entsprechendes Lehrerhandeln gewährleistet ist. Vielen von ihnen mangelt es nicht nur an den entsprechenden Methoden, sondern auch an den korrespondierenden Rollenvorstellungen und Interventionsstrategien. Aktuellen Expertisen zufolge tendiert die Rolle der Lehrenden mehr und mehr in Richtung Lernberatung und Moderation offener Lernprozesse in Gruppen. Die Lehrenden glänzen demnach weniger durch ihr Fachwissen als vielmehr dadurch, dass sie es in überzeugender Weise verstehen, auf Studenten- bzw. Schülerseite effektive Prozesse der Informationserarbeitung und Problemlösung in Einzel-, Partner- und Gruppenarbeit zu organisieren und die betreffenden Lerner diesbezüglich geschickt anzuregen, zu unterstützen, zu beraten und zur angestrebten Selbstverantwortung und Eigenständigkeit beim Lernen zu animieren (vgl. ebenda, S. 74).

Selbstverständlich müssen die Lehrenden Gelegenheit erhalten, sich mit diesem veränderten Lehr-/Lernkonzept vertraut zu machen und einschlägige Methoden, Materialien und Moderationsstrategien zu entwickeln, die ihnen helfen, im Unterricht in kompetenter Weise zu agieren. Dieser Kompetenzerwerb ist offenbar nur unzureichend durch Vorträge, Skripten oder sonstige pädagogisch-methodische Instruktionen und Anregungen der Lehrerausbilder zu erreichen. Das zumindest zeigen die bisherigen Erfahrungen des Verfassers sehr deutlich. Neue Methoden und Rollenvorstellungen müssen ganz offenkundig praktisch eingeübt und im Wege des »learning by doing« möglichst vielseitig konkretisiert und gefestigt werden. Das gilt sowohl für die Schülerinnen und Schüler als auch für die angehenden Lehrkräfte. Fazit also: Die Lehrerausbildung muss verstärkt auf das praktische Training grundlegender Methoden und Techniken des Lehrerhandelns abstellen und mittels richtungsweisender Übungen, Beispiele, Hospitationen, Reflexionen und Rollenklärungen dazu beitragen, dass die angedeutete Rolle des Lernorganisators und -beraters kompetent wahrgenommen werden kann.

Bildungspolitisch folgt daraus, dass die für die Lehrerausbildung verantwortlichen HochschullehrerInnen und FachleiterInnen verstärkt dazu angehalten und befähigt werden müssen, die angedeuteten Methoden und Techniken des »neuen Lehrerhandelns« den angehenden Lehrkräften exemplarisch erfahrbar zu machen und so zu vermitteln, dass überzeugende praktische Anschauungen und Handlungsmuster(-routinen) entstehen. Mit Vorlesungen, Referaten, Diskussionen, Unterrichtsfilmen und gelegentlichen Hospitationen alleine ist diese Innovationsaufgabe offenbar nicht zu bewältigen. Derartige »Inputs mögen gewisse Anregungen geben, aber eine nachhaltige Praxiskompetenz gewährleisten sie erfahrungsgemäß noch lange nicht. Wenn aufseiten der angehenden Lehrkräfte tatsächlich nachhaltige Überzeugungen aufgebaut und tragfähige methodische Kompetenzen verankert werden sollen, dann bedarf es dazu sowohl eines verstärkten »learning by doing« als auch einer sehr viel ausgeprägteren Methodenorientierung der Ausbildung als bisher. Standen und stehen im Ausbildungsprozess bisher ganz vorrangig inhaltliche und didaktische Fragen und Aspekte der einzelnen Fächer im Vordergrund, so käme es für eine zukunftsorientierte Lehrerausbildung sehr viel stärker darauf an, das Erlernen grundlegender Moderations- und Trainingsmethoden zu intensivieren und diese Kompetenzvermittlung in sinnvoller Weise mit dem Erschließen fachwissenschaftlicher, didaktischer und allgemeinpädagogischer Informationen und Erkenntnisse zu verknüpfen.

Die Crux der traditionellen Lehrerausbildung ist nämlich, dass diese Integration von inhaltlich-fachlichem und methodisch-strategischem Lernen in der Vergangenheit viel zu wenig gesehen und geleistet wurde. Das gilt sowohl für die Studienseminare als auch – und vor allem – für die Hochschulen. Die angehenden Lehrkräfte werden über moderne Lehr- und Lernmethoden zumeist nur informiert, nur selten hingegen werden diese Methoden in den Seminaren auch praktisch angewandt. Dass in Vorlesungen mit großen Hörerzahlen keine besonderen methodischen Anstrengungen unternommen werden, mag ja noch angehen. Dass aber in den zahllosen Seminaren mit überschaubaren Studentengruppen methodisch ähnlich einfallslos und antiquiert gearbeitet wird, ist doch ziemlich verwunderlich – und in der Regel auch weder einsichtig noch angebracht. Denn in diesen Seminaren lassen sich Methodenlernen und fachliches Lernen erfahrungsgemäß in höchst effizienter Weise miteinander koppeln – und zwar so, dass die Erarbeitung bestimmter fachlicher, didaktischer, pädagogischer und/oder psychologischer Befunde methodisch so angegangen und gestaltet wird, dass die betreffenden Lehramtsanwärter nicht nur inhaltlich dazu lernen, sondern auch und zugleich grundlegende Moderations- und Trainingsmethoden in Erfahrung bringen.

Das kann im Hochschulbereich dann beispielsweise so aussehen, dass zu bestimmten fachwissenschaftlichen Theorien ein Hearing veranstaltet, zu einem anstehenden fachlichen Problem ein Projekt durchgeführt, zur Konkretisierung spezifischer fachlicher Zusammenhänge ein Planspiel realisiert, zu verschiedenen lernrelevanten Themen Arbeitsblätter und Lernspiele entwickelt, zu ausgewählten Erkenntnissen der Lernforschung eine Visualisierung vorbereitet, zu einem vorgegebenen Thema ein »Spickzettel« erstellt sowie ein Vortrag gehalten, zu unterschiedlichen fachdidaktischen Ansätzen eine Pro-und-Kontra-Debatte simuliert oder zur Veranschaulichung bestimmter Befunde der Sozialisationsforschung ein Rollenspiel durchgeführt wird. Diese Art des »integrierten Methodenlernens« kann sowohl auf anspruchsvollere Methoden zielen als auch auf einfachere »Methödchen« gerichtet sein, wie sie im Rahmen der alltäglichen Unterrichtsvorbereitung in aller Regel vorherrschen (Arbeitsblätter erstellen, Lernspiele entwickeln etc.).

Selbstverständlich ist diese Neuorientierung der Lehrerausbildung nur dann wirksam zu bewerkstelligen, wenn verschiedene Voraussetzungen erfüllt sind. Das beginnt beim zeitlichen Zuschnitt der einzelnen Seminare und reicht über die geltenden sachlichen und administrativen Rahmenbedingungen bis hin zur Qualifikation der Ausbilder. Zunächst zum zeitlichen Zuschnitt der Seminare: Die Seminare im Hochschulbereich sind in aller Regel zweistündig angelegt, was natürlich Probleme bei der Realisierung des angesprochenen Methodenlernens mit sich bringt. Zwar kann das eine oder andere methodische Arrangement durchaus auch mal in einer Doppelstunde durchgespielt und ausgewertet werden; aber bei anspruchsvolleren und zeitintensiveren Verfahren wie dem Planspiel, dem Hearing oder dem Projekt ist dieser Zeitrahmen zu eng und bewirkt, dass der jeweilige Arbeitsprozess über Gebühr auseinandergehackt werden muss. Von daher spricht vieles dafür, an bestimmten Wochentagen zeitlich ausgedehntere Blockseminare verbindlich zu verankern – beispielsweise 4-Stunden-Seminare oder unter bestimmten Umständen sogar ganztägige Seminare. Bewährt haben sich ferner gelegentliche Wochenendseminare, die von Samstagvormittag bis Sonntagnachmittag dauern – sofern die betroffenen Studenten dieser Sonderregelung zustimmen. Voraussetzung dieses erweiterten Zeitrahmens ist natürlich, dass die zuständigen HochschullehrerInnen über ein entsprechendes Methoden- und Moderationsrepertoire verfügen, das ihnen hilft, die angesprochenen Blockseminare sinnvoll auszufüllen.

Gleiches gilt selbstverständlich auch für die Studienseminare in der zweiten Phase der Lehrerausbildung. Wie in Abschnitt II.10 dieses Buches bereits angedeutet wurde, ist es dringend an der Zeit, sowohl die Hauptseminare als auch die Fachseminare methodenzentriert umzugestalten und zeitlich ausgedehntere Trainingssequenzen vorzusehen. Im Rahmen eines Pilotprojekts mit insgesamt 11 Studienseminaren in Nordrhein-Westfalen wird derzeit daran gearbeitet, diese Umstrukturierung zu sondieren und gangbare Mittel und Wege zu finden, wie ganztägige und mehrtägige Trainingscamps installiert werden können, die den betreffenden ReferendarInnen die Möglichkeit eröffnen, nachhaltigere Erfahrungen im Umgang mit den neuen Lern- und Trainingsmethoden zu sammeln. Hierbei ist daran gedacht, sowohl die Hauptseminare als auch die Fachseminare teilweise über ein bis zwei Tage laufen zu lassen und innerhalb dieses Zeitrahmens dezidiert methoden- und handlungsorientiert auszugestalten. Da die Fachseminare zumeist zu wenige Referendare haben, um einschlägige Simulationsspiele durchführen zu können, ist die gelegentliche Zusammenlegung mehrerer verwandter Fachseminare zu so genannten *Fachbereichsseminaren* sinnvoll und geplant. Das eröffnet für das ins Auge gefasste »learning by doing« sehr viel mehr Spielräume und praktische Anwendungsmöglichkeiten. Vorbereitet und moderiert werden diese Fachbereichsseminare von den zuständigen FachleiterInnen, die sich auf diese Weise sowohl in Sachen Methodik als auch in Sachen Teamarbeit »zusammenraufen« müssen.

Diese Konsensbildungs-Erfordernisse gelten in noch stärkerem Maße für die vier einwöchigen Trainingscamps, die für das erste Jahr der Referendarausbildung vorgesehen sind. Auch diese werden von Fachleiterteams vorbereitet/moderiert und finden z.T. in Tagungsstätten außerhalb des jeweiligen Studienseminars statt (mit Übernachtung). Wie die zurückliegende Erprobungsarbeit an einzelnen Studienseminaren in Rheinland-Pfalz gezeigt hat, sind diese Wochenseminare außerordentlich intensiv und ergiebig im Hinblick auf das Erlernen und Internalisieren neuer Lehr-/Lernmethoden. Inhaltlich geht es dabei ganz vorrangig um die vier zentralen Methodenfelder »EVA im Fachunterricht«, »Methodentraining mit SchülerInnen«, »Kommunikationstraining mit SchülerInnen« und »Teamentwicklung im Klassenraum«. Vom Verlauf her sehen die einzelnen Trainingscamps in aller Regel wie folgt aus: Von Montag bis Donnerstagmittag durchlaufen die ReferendarInnen – analog zum intendierten Unterricht – unter Anleitung der zuständigen FachleiterInnen die unterschiedlichsten methodischen Übungen und Arrangements. Sie sammeln auf diese Weise Erfahrungen und reflektieren diese anschließend in kleineren Gruppen oder im Plenum. Auf diesem Wege lernen sie nicht nur neue Methoden kennen, sondern entwickeln auch und zugleich ein Gespür dafür, was durch diese neuen Methoden an Lernen und sozialer Interaktion auf Schülerseite in Gang gesetzt werden kann und welche Schwierigkeiten und Friktionen dabei unter Umständen auftreten können. Dieses »Erfahrungslernen« vermittelt den ReferendarInnen sowohl praktisches

Know-how als auch methodische Sicherheit und Risikobereitschaft. Damit die ReferandarInnen während der besagten Trainingswochen möglichst viele »wegweisende« Methoden in Erfahrung bringen können, wird in den vier genannten Trainingscamps ganz vorrangig auf kleinere methodische Arrangements (»Methödchen«) gesetzt, die sich relativ schnell und wirksam in die alltäglichen Unterrichtsarbeit übertragen lassen.

Dass diese »Trainertätigkeit« die zuständigen Lehrerausbilder vor eine Reihe neuer Anforderungen und Herausforderungen stellt, ist unstrittig. Das gilt für die Gruppe der HochschullehrerInnen genauso wie für die Gruppe der FachleiterInnen. Bildungspolitisch folgt daraus, dass für diese Ausbildergruppen verstärkt korrespondierende Moderations- und Trainingsseminare angeboten werden müssen, die ihnen Gelegenheit geben, sich mit den skizzierten Lern- und Trainingsmethoden besser vertraut zu machen und in die veränderte Ausbilderrolle zunehmend hineinzuwachsen. Diese Qualifizierungsarbeit liegt hier zu Lande bislang noch ziemlich im Argen. Von daher ist es dringend erforderlich, dass in das bestehende Fort- und Weiterbildungssystem möglichst profilierte Qualifizierungs- bzw. Trainingsangebote für HochschullehrerInnen und FachleiterInnen eingebaut werden. Zu befürchten ist nur, dass diese Angebote – sofern sie denn unterbreitet werden – von den betreffenden Zielgruppen nur spärlich angenommen werden, da viele Lehrerausbilder ganz offenkundig eine beträchtliche Scheu davor haben, das eigene Repertoire ernsthaft in Frage zu stellen und sich der skizzierten Methodenschulung verstärkt zuzuwenden und diese gleichwertig neben der traditionell fachwissenschaftlich und fachdidaktisch ausgerichteten »Lehre« gelten zu lassen. Letzteres gilt insbesondere für die Gruppe der Hochschullehrer. Zu überlegen ist daher, wie man in die methodenzentrierte Weiterbildung der genannten Lehrerausbilder mehr Verbindlichkeit hineinbringen kann. Denn es kann ja wohl nicht angehen, dass die angehenden Lehrkräfte weiterhin so methoden- und realitätsfern ausgebildet werden, wie das traditionell der Fall ist. Zu überlegen ist ferner, ob nicht durch eine neue Ausrichtung der Personalauswahl und der Personalentwicklung in den verschiedenen Bereichen der Lehrerausbildung (z.B. Durchführung von Assessments) zeitgemäßere Weichenstellungen vorgenommen werden können.

Freilich liegt der »schwarze Peter« keinesfalls nur bei den Ausbildern, sondern partiell ganz sicherlich auch bei den Rahmenbedingungen und Rahmenvorgaben, unter denen Lehrerausbildung heutzutage stattfindet. Das beginnt bei der vielfach unzureichenden sachlichen Ausstattung der Seminare (zu kleine Räume, fehlende Moderationshilfen etc.) und reicht über die relativ restriktive Ausgestaltung der meisten Ausbildungs- und Prüfungsordnungen bis hin zur ausgeprägten Stofforientierung der geltenden Ausbildungspläne. Wenn die in diesem Buch skizzierte »neue Lernkultur« tatsächlich Wirklichkeit werden soll, dann bedarf es diesbezüglich ganz gewiss gravierender Umstellungen und Verbesserungen.

2. Neuorientierung der Lehrerfortbildung

Einschneidender Reformen bedarf es aber auch im Bereich der Lehrerfortbildung, soll die skizzierte Unterrichtsentwicklung wirksam umgesetzt werden. Das ist in verschiedenen Passagen dieses Buches deutlich gemacht worden. »Innovation verlangt Qualifikation und systematische Unterstützung« – so lässt sich das Motto des hier in Rede stehenden PSE-Ansatzes zusammenfassend formulieren. Zentrales Element dieses Unterstützungssystems ist die Lehrerfortbildung. Die Praxis des hier ins Auge gefassten Lehrerfortbildungssystems unterscheidet sich allerdings deutlich von dem, was traditionell als Lehrerfortbildung ausgewiesen und praktiziert wird. Traditionell ist Lehrerfortbildung vor allem zentrale Lehrerfortbildung, die primär auf Information und Instruktion abstellt und die teilnehmenden Lehrkräfte dahingehend zu steuern versucht, dass sie die Vorgaben der Bildungsverwaltung möglichst beflissen umsetzen. So gesehen hat Lehrerfortbildung traditionell ganz deutlich die Funktion eines »Transmissionsriemens«, der die Weisheiten und Ansprüche der Bildungsverwaltung «top down« nach unten in die Schulen bzw. in die Kollegien transportiert. Schulinterne Lehrerfortbildung und selbstgesteuerte Schulentwicklung haben in diesem Konzept von Lehrerfortbildung einen eher nachgeordneten Stellenwert. Gleiches gilt für die in den letzten Jahren immer stärker ins Blickfeld gerückten Maximen der »Kundenorientierung« und der »Nachfrageorientierung«.

Mittlerweile besteht unter Schulentwicklern weithin Einigkeit darin, dass dieser Primat der »Kundenorientierung« verstärkte Aufmerksamkeit und Beachtung verlangt und verdient. Wenn Lehrerfortbildung größere Wirksamkeit entfalten und die Innovationsbereitschaft und -fähigkeit der schulischen Akteure nachhaltig steigern soll, dann muss sie ihren »Kunden« möglichst überzeugende Unterstützungsleistungen anbieten. Darauf ist an verschiedenen Stellen in diesem Buch immer wieder hingewiesen worden. Dieses Credo findet inzwischen auch die Zustimmung führender Bildungspolitiker. Wie z.B. der rheinland-pfälzische Bildungsminister Jürgen Zöllner bei der Vorstellung seines Programms zum »Qualitätsmanagement im Schulsystem des Landes Rheinland-Pfalz« Mitte 1999 ganz nachdrücklich betont hat, sei es von zentraler Bedeutung, dass den Kollegien auf diesem Weg des Qualitätsmanagements Hilfestellung geleistet und Unterstützung angeboten werde (vgl. Die Rheinpfalz vom 25.6.1999). Das impliziert erstens ein klares Plädoyer für kollegiumsbezoge Lehrerfortbildungsangebote und zweitens ein nicht minder deutliches Plädoyer für die Orientierung der entsprechenden Unterstützungsangebote der Lehrerfortbildung an der Nachfrage aus den Schulen. So gesehen sind Nachfrageorientierung und Angebotsorientierung der Lehrerfortbildung keinesfalls Gegensätze, sondern letztlich nur zwei Seiten der gleichen Medaille. Das wird in der aktuellen Diskussion über Schulentwicklung häufig übersehen.

Der Begriff Nachfrage- bzw. Kundenorientierung besagt zunächst einmal nichts anderes, als dass sich die Lehrerfortbildung bei ihrer Programmplanung und -gestaltung möglichst konsequent an das halten sollte, was die aktuelle bzw. potenzielle Nachfrage aus den Schulen signalisiert. Das heißt, Dreh- und Angelpunkt der Lehrerfortbildung sollte die Problem- und Bedarfslage in den Schulen sein. Diese »Bottom-Up-Strategie« funktioniert zumeist jedoch nur dann, wenn der potenziellen Nachfrage der Lehrkräfte eine überzeugendes Serviceangebot der zuständigen Lehrerfortbildungseinrichtungen gegenübersteht, das qualifizierte Problemlösungen verspricht. Dieser enge Konnex von Angebot und Nachfrage ist aus der ökonomischen Theorie und Praxis hinlänglich bekannt. Will sagen: Aus der potenziellen Nachfrage wird vielfach erst dann eine aktuelle Nachfrage, wenn ein entsprechendes Angebot an brauchbaren Gütern und Dienstleistungen in Aussicht steht. Und genauso verhält es sich auch in den Schulen. Die meisten Kollegien haben in den letzten Jahren ihre Schulentwicklungsbemühungen unter sträflicher Vernachlässigung des unterrichtlichen Bereichs gestartet. Nicht, weil sie den Unterricht nicht als brisantes Problemfeld wahrgenommen hätten, sondern vornehmlich deshalb, weil sie nicht so recht wussten, wie sie den bestehenden unterrichtlichen Problemen und Belastungen begegnen können. Das zumindest lässt sich aus zahllosen Gesprächen mit LehrerInnen und SchulleiterInnen im Rahmen der schulinternen Lehrerfortbildung entnehmen. Erst in dem Augenblick, als sich mit der Präsentation und Erprobung des vorliegenden PSE-Programm eine griffige Handlungsperspektive für den Schulalltag herauskristallisierte, wuchsen in vielen Kollegien die Neigung und die Bereitschaft, die Unterrichtsentwicklung als Kern der Schulentwicklung zu akzeptieren und mittels gezielter Reformmaßnahmen anzugehen.

Diese Erfahrung unterstreicht die zentrale Bedeutung des Innovationsservice, auf die in diesem Buch wiederholt hingewiesen wurde – angefangen beim Trainingsservice über den angesprochenen Beratungs- und Materialservice bis hin zum sporadischen Vortragsservice sowie zur kompetenten Begleitung des PSE-Prozesses durch erfahrene Trainerinnen und Trainer (vgl. Kapitel II, Abschnitt 9). Diesen Service sicherzustellen und ein ebenso profiliertes wie überzeugendes Unterstützungssystem zu gewährleisten, ist Verpflichtung und Perspektive für eine auf wirksame Schulentwicklung bedachte Bildungspolitik. Die Konsequenz aus dieser Maxime ist eine dreifache: Erstens muss das bestehende Lehrerfortbildungssystem so um- und ausgebaut werden, dass das skizzierte unterrichts- und methodenzentrierte Unterstützungsangebot entsteht und die zugehörigen TrainerInnen überzeugend tätig werden können. Zweitens muss zum Zwecke der schulinternen Mobilisierung verstärkt auf Teamfortbildung sowie auf die gelegentliche Freistellung der engagierten Teams vom Unterricht geachtet und gesetzt werden. Und drittens schließlich sind für die PSE-Akteure auf allen Ebenen solche Rahmenbedingungen zu schaffen, dass eine gedeihliche Trainings- und Innovationsarbeit in den Schulen wie im Unterricht möglich wird.

Die bildungspolitischen Instanzen müssen diese Neuorientierung sicherstellen, d.h., sie müssen dafür Sorge tragen, dass das skizzierte Unterstützungssystem aufgebaut und in den Kollegien eine möglichst effektive Mobilisierung erreicht wird. Diese Aufgabe ist mit Instruktionen, Tests, Musteraufgaben, neuen Lehrplänen und allgemeiner Prozessbegleitung und -beratung alleine selbstverständlich nicht zu bewältigen. Prozessberatung und -begleitung machen erfahrungsgemäß immer dann Sinn, wenn bei den schulischen Akteuren bereits eine halbwegs tragfähige Innovationsbereitschaft und -kompetenz vorhanden ist. Diese Innovationskompetenz ist in aller Regel aber sehr stark abhängig von hilfreichen und wegweisenden Inputs sowie davon, dass den interessierten Lehrkräften versierte Innovationsexperten zur Verfügung stehen, die diese Inputs anbieten und überzeugend vermitteln können. Auf die Qualifizierung und den Einsatz dieser Innovationsexperten ist in Kapitel II, Abschnitt 9 bereits näher eingegangen worden. Einige zusammenfassende Überlegungen und Optionen dazu werden im nächsten Abschnitt folgen.

Eine weitere bildungspolitische Schlussfolgerung, die sich aus den Besonderheiten des vorgestellten PSE-Programms ergibt, betrifft die Förderung einschlägiger Teamfortbildung und Teamarbeit in den Schulen. Dass derartige Teamentwicklungsmaßnahmen nicht ohne gelegentliche Vertretungsstunden und gezielte Unterrichtsbefreiung zu haben sind, hat sich im Zuge der zurückliegenden PSE-Erprobung immer wieder gezeigt. Qualifizierte Teamarbeit muss gelernt und immer wieder geübt werden. Das gilt für die SchülerInnen genauso wie für ihre Lehrkräfte. Und dazu muss hinreichend Zeit und Raum gelassen werden – gelegentlich auch während der Unterrichtszeit! Sonst werden sich die anvisierten Innovationen nur schwer einstellen. Eingedenk dieser Erkenntnis ist es natürlich wenig hilfreich, wenn einige Bildungspolitiker in den letzten Jahren »Beifall heischend« verkündet haben, dass der Unterrichtsausfall mit allen Mitteln minimiert werde. Dieses Versprechen ist kurzsichtig und fragwürdig zugleich. Fragwürdig deshalb, weil ein gehaltener Unterricht noch lange kein wirksamer Unterricht ist. Bei genauem Hinsehen lässt sich nämlich feststellen, dass in unseren Schulen Woche für Woche und Jahr für Jahr zahlreiche Unterrichtsstunden zwar vorschriftsmäßig gehalten werden, ohne dass sie bei den SchülerInnen jedoch nennenswerte Spuren hinterlassen. Von daher kann das »Stundenhalten« kein Ziel an sich sein. Vielmehr muss es einer zukunftsorientierten Bildungspolitik ganz zentral darum gehen, den Unterricht zeitgemäß weiterzuentwickeln und eine möglichst effektive Qualifizierungsarbeit in den Schulen sicherzustellen. Und dazu muss unter Umständen auch mal Unterricht ausfallen dürfen. Zwar soll hier keinesfalls einem leichtfertigen Umgang mit dem Unterrichtsausfall das Wort geredet werden, wohl aber müssen sich die verantwortlichen Bildungspolitiker darüber im Klaren sein, dass eine zeitgemäße Umgestaltung und Weiterentwicklung des Unterrichts nicht zuletzt dadurch unterstützt und begünstigt werden muss, dass die betreffenden Lehrkräfte auch mal für die gemeinsamen Fortbildung und/oder Materialentwicklung vom Unterricht freigestellt werden. In Anbetracht der lohnenden Ziele und Chancen, die sich mit derartigen Workshops verbinden, ist das weder für die SchülerInnen noch für Ihre Eltern noch für die Gesellschaft als solche ein bleibender Schaden, sondern eher eine Erfolg versprechende Investition in die Zukunft unseres Bildungswesens.

Zur Neuorientierung der Lehrerfortbildung gehört jedoch noch ein Weiteres: Nämlich die ausgeprägte Betonung des »learning by doing« im Rahmen der Fortbildungsseminare. Dieses »Erfahrungslernen« spielt traditionell in der Lehrerfortbildung bestenfalls eine untergeordnete Rolle. Daraus erklärt sich u.a., warum die Propagierung handlungs- und projektorientierte Methoden in der Vergangenheit so wenig Resonanz und praktischen Niederschlag in den Schulen gefunden hat. Die Vorstellung, Begründung und/oder Demonstration neuer Methoden reicht offenbar nicht aus, um die betreffenden Lehrkräfte nachhaltig genug zu überzeugen und in die Lage zu versetzen, sich dieser neuen Methoden zu bedienen. Neue Methoden müssen ganz einfach erfahren und erlebt werden! Das zeigt die zurückliegende PSE-Arbeit sehr deutlich. Neue Rollenmuster müssen möglichst praxisbezogen und praxisgerecht eingeübt werden, sollen sie längerfristig internalisiert werden. Die tradierte Lehrerfortbildung hat für dieses innovationszentrierte »learning by doing« viel zu wenig Raum gelassen. Von daher sind neue Weichenstellungen geboten – Weichenstellungen, die sowohl die Gestaltung der Trainingsseminare als auch die Qualifizierung der Lehrerfortbildner betreffen. Eine auf »learning by doing« ausgerichtete Fortbildungsarbeit verlangt nun einmal von den Fortbildnern, dass sie nicht nur vorgefertigtes Methodenwissen einbringen, sondern in den Forbildungsseminaren auch und vor allem praxisbewährte Lern- und Trainingsarrangements organisieren, die den teilnehmenden Lehrkräften Gelegenheit geben, erstens die neuen Lehr- und Lernformen in der Schülerrolle einmal ganz konkret zu erleben und zu reflektieren, und zweitens durch das Agieren des jeweiligen Trainers/Moderators einen ersten Eindruck davon zu bekommen, wie die neue Lehrerrolle ausgefüllt werden kann und welche Anforderungen sich von daher für die jeweilige Lehrkraft ergeben.

Zur Neuorientierung der Lehrerfortbildung gehört aber nicht nur die Forcierung des »learning by doing«, der Teamfortbildung, des Methodentrainings sowie die gelegentlichen Freistellung engagierter Lehrkräfte für spezifische Fortbildungszwecke, sondern auch noch manch anderes Serviceangebot. Das beginnt bei der kompetenten Begleitung und Beratung laufender PSE-Prozesse durch versierte Lehrerfortbildner (»Innovationsexperten«) und reicht über die Bereitstellung bzw. Vermittlung einschlägiger Lehr-/Lernhilfen bis hin zur konsequenten Um- und Neuorientierung der Führungskräftefortbildung in Richtung auf mehr pädagogisch-methodisch akzentuierte Fortbildung. Wie sich nämlich im Zuge der zurückliegenden Schulentwicklungsarbeit gezeigt hat, steht und fällt eine erfolgreiche Unterrichtsentwicklung letztlich mit der Sensibilität der zuständigen Führungskräfte gegenüber den anvisierten neuen Methoden und Qualifizierungszielen. Das gilt für die Schulleitungen und schulinternen Steuerungsteams genauso wie für die Vertreter der Schulaufsicht. Von daher ist es ratsam, einschlägige Fortbildungsseminare zum PSE-Programm nicht nur für die Lehrerinnen und Lehrer interessierter Schulen anzubieten, sondern auch und zugleich für die zuständigen Führungskräfte in der Einzelschule wie auf der Ebene der Schulaufsicht.

3. Aufbau überzeugender Trainersysteme

Eine weitere bildungspolitische Herausforderung betrifft die systematische Qualifizierung und Etablierung versierter MethodentrainerInnen, die den interessierten Kollegien als Innovationsexperten und -berater zur Seite stehen, sofern sich diese auf den Weg der Pädagogischen Schulentwicklung machen wollen. Über die Ausbildung und den Einsatz dieser »TrainerInnen« ist in Kapitel II, Abschnitt 9 bereits einiges ausgeführt worden, sodass hier keine nähere Aufgabenbeschreibung mehr nötig ist. Die spezifische Funktion der Trainerinnen und Trainer ist es, den betreffenden Schulen gegenüber vielfältigen Service zu leisten – angefangen beim Trainings- und Beratungsservice über den methodenzentrierten Material- und Vortragsservice bis hin zur gezielten Prozessbegleitung (vgl. Abb. 16 auf Seite 85). Dieses Trainersystem aufzubauen, ist eine zentrale Aufgabe und Herausforderung für die Lehrerfortbildung sowie – mittelbar – eine nicht zu unterschätzende Chance und Verpflichtung für all jene Bildungspolitiker, die sich Pädagogische Schulentwicklung auf ihre Fahnen geschrieben haben. Und davon gibt es mittlerweile in der Bundesrepublik eine ganze Menge, die durch TIMSS und andere Studien aufgeschreckt worden sind und nun nach praktikablen Mitteln und Wegen suchen, wie der aktuellen Krise des Unterrichts erfolgreich begegnet werden kann.

Unterrichtsentwicklung ist mittlerweile zum Schwerpunkt des schulischen Qualitätsmanagements erklärt worden. Das gilt für die Bildungspolitik genauso wie für die Gruppe der Schulentwickler. Die Frage ist nur, wie diese Unterrichtsentwicklung bewerkstelligt werden soll. Viele Bildungspolitiker sähen es wohl am liebsten, wenn sich die Lehrkräfte in den Schulen selbst helfen würden und mit Unterstützung einiger weniger Schul- bzw. Prozessberater die nötige Weiterentwicklung des Unterrichts hinbekämen. Dieser Ansatz der »moderatorengestützten Selbsterneuerung« wird indes nicht nur von politischer Seite favorisiert, sondern auch in verschiedenen Fortbildungseinrichtungen auf Länderebene verfolgt. Dementsprechend wird denn auch das Unterstützungssystem ausgestaltet. Im Zentrum dieses Unterstützungssystems stehen zu »Schulberatern« fortgebildete LehrerInnen, die die Aufgabe haben, den mit Schulentwicklung befassten Kollegien universelle Hilfe und Beratung angedeihen zu lassen, sofern dies im Zuge der schulintern ablaufenden Selbsterneuerungsprozesse erforderlich ist und gewünscht wird. Schulberatung in diesem Sinne ist also in erster Linie universelle Prozessmoderation und weniger professioneller Innovationsservice im Sinne dieses Buches.

Die hier in Rede stehenden TrainerInnen sind demhingegen in erster Linie »Innovationsexperten«, die das skizzierte PSE-Programm auf Grund eigener Umsetzungserfahrungen und einer einschlägigen Ausbildung recht gut kennen. Sie sind erfahrene Praktiker und engagierte Methodiker und als solche ganz dezidiert auf das Konzept und die Implementierung der Pägogischen Schulentwicklung spezialisiert. Diesbezüglich sind sie professionelle Serviceleistende im besten Sinne des Wortes. Für diese Aufgabe werden sie im Rahmen einer zwei- bis dreijährigen Lehrerfortbildungsmaßnahme qualifiziert, die aus je vier »Basisseminaren« und »Trainingsseminaren besteht (vgl. Abb. 17 auf Seite 86). Diese Seminare bilden den Grundstock für die spätere Trainer- und Beratertätigkeit in den PSE-interessierten Schulen. Wie der Begriff »Trainer« bereits besagt, liegt das Hauptaugenmerk der hier in Rede stehenden Innovationsexperten weniger auf der Moderation offener Schulentwicklungsprozesse, sondern ganz vorrangig auf der Organisation und Moderation methodenzentrierter Fortbildungsseminare mit den Schwerpunkten »PSE als Schulprogramm« »EVA im Fachunterricht«, »Methodentraining mit SchülerInnen«, »Kommunikationstraining mit SchülerInnen« sowie »Teamentwicklung im Klassenraum«. So gesehen ist das Aufgabenfeld der TrainerInnen recht begrenzt; infolge dieser Begrenzung und Spezialisierung ist es aber auch recht profiliert und hilfreich für die betreffenden Schulen, die den angebotenen PSE-Service abrufen. Das zumindest lässt sich aus den Rückmeldungen diverser »Versuchsschulen« entnehmen, auf die im letzten Kapitel eingegangen wurde (vgl. Abschnitt 5).

Natürlich muss ein solches Trainersystem erst mal aufgebaut werden. Das betrifft zum einen die Rekrutierung und Auswahl geeigneter Personen, zum Zweiten die einschlägige Qualifizierung dieser Personen und zum Dritten die großzügige Freistellung der (angehenden) TrainerInnen vom Unterricht. Dies alles muss bildungspolitisch abgesichert und ermöglicht werden. Oder anders gesagt: Die jeweils zuständigen bildungspolitischen Instanzen müssen bereit sein, ein entschiedenes Votum zu Gunsten der Pädagogischen Schulentwicklung abzugeben und grundsätzlich dafür Sorge zu tragen, dass die mit diesem Programm verbundenen Rahmenbedingungen und Maßnahmen geschaffen bzw. gebilligt werden. Am leichtesten ist diese Option noch einzulösen, wenn es um die Auswahl geeigneter Bewerber für den Trainerjob geht. Als zentrale Kriterien haben sich hierbei bestätigt und erwiesen: Die angehenden TrainerInnen sollten erstens ein ausgeprägtes Interesse an neuen Lernmethoden mitbringen; sie sollten zweitens im Unterricht fest verankert sein und mindestens noch 10 bis 15 Stunden pro Woche unterrichten; sie sollten sich drittens in Sachen PSE bereits in ersten Ansätzen engagiert haben und längerfristige Ambitionen in den Bereichen Lehrerfortbildung und Pädagogische Schulentwicklung mitbringen; und sie sollten sich viertens durch einen ausgeprägten Pragmatismus auszeichnen und von ihrer persönlichen Ausstrahlung her Überzeugungskraft, Kontaktfähigkeit und sicheres Auftreten signalisieren. Diesen Kriterien entsprechend sind in Rheinland-Pfalz, Nordrhein-Westfalen, München, Nürnberg, Wien und in der Steiermark in den letzten Jahren angehende TrainerInnen ausgewählt worden – und zwar mit nachweislich guten Ergebnissen.

Bildungspolitisch brisanter sind demgegenüber die beiden anderen Optionen, die oben angeführt wurden – nämlich die PSE-spezifische Qualifizierungsoffensive sowie die großzügige Freistellung der Trainerinnen und Trainer vom Unterricht sowohl während ihrer Ausbildung als auch während ihrer späteren Trainer- und Beratertätigkeit an fremden Schulen. Klar ist, dass die Forcierung des PSE-Programms verlangt, dass verstärkt Ressourcen in dieses Feld geleitet werden müssen. Ein Schritt, der den bildungspolitischen Entscheidungsträgern deshalb häufig nicht ganz leicht fällt, weil Pädagogische Schulentwicklung zum einen ein recht differenziertes Innovationsprogramm ist, das infolge der vielfältigen Qualifizierungs- und Freistellungsmaßnahmen keinesfalls zum Null-Tarif zu erhalten ist, und weil PSE zum anderen die Besonderheit besitzt, dass es schon einige Zeit braucht, bis eine größere Anzahl von Schulen in den Genuss des zugehörigen Unterstützungssystems kommt und nach außen hin »erfolgreichen Vollzug« vermelden kann. Da die verantwortlichen Bildungspolitiker in der Regel dazu neigen, schnelle, flächendeckende Effekte zu favorisieren, auch wenn sich diese im Nachhinein häufig als vordergründige »Scheineffekte« herausstellen, ist die oben geforderte PSE-Qualifizierungsoffensive nicht ganz unumstritten. Gleichwohl haben sich Bundesländer wie Nordrhein-Westfalen, Rheinland-Pfalz und Berlin dazu entschieden, das Klippert'sche Trainings- und Innovationsprogramm zu einem Schwerpunkt der landesweiten Schulentwicklungsarbeit zu erklären. Das schließt die skizzierte Trainerausbildung genauso ein wie den Aufbau ausgewählter »Modellschulen«, die gezielte Fortbildung von Schulleitern und Schulaufsichtsbeamten sowie die systematische Unterstützung und Betreuung PSE-interessierter Lehrerteams und Kollegien in den unterschiedlichsten Schularten des jeweiligen Bundeslandes.

Und diese PSE-Offensive schließt selbstverständlich auch mit ein, dass praktikable Modalitäten für die Freistellung der TrainerInnen für ihren »Dienst an anderem Ort« gesucht und gefunden werden müssen. Derzeit wird beispielsweise in Nordrhein-Westfalen im Rahmen des Modellversuchs »Schule & Co« als eine mögliche Regelung erprobt und sondiert, dass die TrainerInnen für ihre Servicetätigkeit an fremden Schulen einen bestimmten Vorschuss an Ermäßigungsstunden pro Woche erhalten (z.B. fünf Wochenstunden), der auf jeden Fall so groß sein sollte, dass für die betreffenden TrainerInnen ein unterrichtsfreier Tag pro Woche möglich wird. Wird dieser Vorschuss nicht durch entsprechende Einsätze während des Jahres aufgewogen, so muss das bestehende Defizit durch entsprechende Mehrarbeit im nächsten Schuljahr ausgeglichen werden. Ist der Einsatz des jeweiligen Trainers dagegen ausgeprägter ausgefallen, als das dem gewährten Vorschuss entspricht, dann wird die gewährte Stundenermäßigung im nächsten Schuljahr erhöht. So unbürokratisch könnte die Trainerfreistellung geregelt werden!

4. Mehr Gestaltungsspielräume für die Schulen

Die erfolgreiche Umsetzung des skizzierten PSE-Programms verlangt natürlich auch in den Schulen selbst Veränderungen – Veränderungen, die den Gestaltungswillen und die Gestaltungsmöglichkeiten der Schulleitungen und der Lehrkräfte fördern. Diese Notwendigkeit wird durch die Rückmeldungen der befragten PSE-Versuchsschulen bestätigt (vgl. Kapitel VI, Abschnitt 5). Beklagt wird von diesen Schulen u.a., dass die schulischen Gestaltungsspielräume durch Lehrpläne, Zeittafeln, Lehrerzuweisung, Bewertungsvorschriften, Finanzierungsrichtlinien und sonstige Verwaltungs- und Rechtsvorschriften viel zu sehr eingeengt seien. Kein Wunder also, dass unter diesen Vorzeichen in den Schulen in erster Linie »Dienst nach Vorschrift« betrieben und in mehr oder weniger akribischer Weise darauf geachtet wird, dass die bestehenden Richtlinien, Erlasse und Curricula ja nur eingehalten werden, damit für den Fall eines Falles alles »justiziabel« ist. Diese Buchhaltermentalität steht einer umfassenden Schulentwicklung genauso entgegen wie einer couragierten Reform und Weiterentwicklung des alltäglichen Unterrichts.

So gesehen müssen neue bildungspolitische und administrative Weichenstellungen her, die den Lehrkräften in den Schulen verstärkt Mut machen und Raum geben, die Implementierung des skizzierten PSE-Programms mit neuen Ideen und unkonventionellen Mitteln anzugehen. Egal, ob es sich hierbei um die Organisation von Trainingswochen und Trainingstagen, um spezielle Maßnahmen zur Teambildung und Teamfortbildung, um die gezielte Verfügung über Teamstunden und Entlastungsstunden, um das Initiieren und Ermöglichen von Teamteaching und selbstorganisierten Hospitationen, um die Einrichtung von Teamklausurtagen und ganztägigen produktiven Fachkonferenzen, um die stärkere Mitwirkung bei Lehrereinstellungen und Lehrerbeurteilungen, um die Einflussnahme auf Ressourcenbeschaffung (Sponsoring) und Ressourcenverwaltung oder um die kreative Ausgestaltung der bestehenden Lehrpläne und Bewertungsverfahren dreht – stets zeigen viele Kolleginnen und Kollegen in den Schulen ein bemerkenswertes Maß an Unsicherheit und Reserviertheit, wenn es darauf ankommt, unkonventionelle Mittel und Wege zu finden, um das skizzierte PSE-Programm im Schulalltag zügig und wirksam umzusetzen.

Diese Haltung und Einstellung muss verändert werden, soll in den Kollegien ein Mehr an Gestaltungsbereitschaft und Gestaltungskompetenz wachgerufen werden. Dazu können und müssen Bildungspolitik und Bildungsverwaltung beitragen. Zwar gibt es in den Kollegien nicht wenige Lehrkräfte, die trotz vorhandener Handlungs- und Gestaltungsspielräume die bestehenden Rechts- und Verwaltungsvorschriften nurmehr als willkommenes Alibi benutzen, um selbst nicht initiativ und innovativ werden zu müssen. Gleichwohl ist nicht von der Hand zu weisen, dass die bundesdeutschen Schulen bis dato über Gebühr verwaltet und reglementiert werden. Von daher ist die Forderung nach mehr Autonomie sowie nach erweiterter Selbstverantwortung und Selbstgestaltung der Einzelschule zweifellos berechtigt und auch zukunftsweisend (vgl. Bildungskommission NRW 1995, S. 146ff.). Wie es in der entsprechenden Denkschrift der Bildungskommission des Landes Nordrhein-Westfalen aus dem Jahre 1995 heißt, müssten die staatlichen Rahmenbedingungen dringlich so gefasst werden, dass die Schulleitungen und die Lehrkräfte in den einzelnen Schulen eine größere Gestaltungsfreiheit und Gestaltungsverantwortung bekämen. Dies gelte vor allem für das pädagogische Handlungsfeld. Hier sollten die staatlichen Pflichtvorgaben deutlich reduziert und den Schulen zusätzliche Entscheidungskompetenzen in den Bereichen Organisation, Personal und Finanzen übertragen werden (vgl. ebenda, S. 160). Diesem Votum der Bildungskommission kann hier nur beigepflichtet werden.

Die daraus sich ergebenden bildungspolitischen Schlussfolgerungen und Empfehlungen verdienen ebenfalls Zustimmung, da sie Rahmenbedingungen umreißen, die der Implementierung des hier in Rede stehenden PSE-Programms nur förderlich sein können. Das gilt für die unterrichtlichen Rahmenbedingungen genauso wie für die Rahmenbedingungen in den Bereichen Personal, Finanzen und Evaluation. Dazu heißt es im besagten Gutachten der Bildungskommission u.a. (vgl. ebenda, Seite 149 sowie Seite 162ff.):

- Die Schulen sollten in Bezug auf die Unterrichtsorganisation mehr Gestaltungsfreiheit erhalten. Sie sollten die Lehr- und Lernzeiten sowie die Unterrichts- und Arbeitsformen flexibler und variantenreicher gestalten können;
- die Schulen sollten Möglichkeiten bekommen, das Lernangebot zu epochalisieren sowie auf der Grundlage landesweiter Basislehrpläne schulbezogene Arbeits- und Lehrpläne festzulegen und neue Formen der Leistungsbewertung zu erproben;
- die Schulen sollten mehr Einfluss auf die Personalentwicklung bekommen und den Personalbedarf, den Arbeitseinsatz und die Fortbildungsarbeit im Rahmen des vereinbarten Schulprogramms stärker mitbestimmen können;
- die Schulleitungen sollten bei der Personalauswahl ein entscheidendes Wort mitreden können und darüber hinaus das Recht erhalten, bestimmte Aufgaben und Funktionen in der Schule unter Umständen zusätzlich zu honorieren;
- die Schulen sollten das Recht erhalten, die zugewiesenen Finanzmittel eigenverantwortlich zu bewirtschaften und zusätzlich zu dieser Grundausstattung weitere Mittel zu erschließen – u.a. durch Sponsoring;
- die so entstehenden »teilautonomen Schulen« sollten verpflichtet sein, Verantwortung für die Qualitätssicherung zu übernehmen und die geleistete Arbeit in ihren Ergebnissen und Prozessen selbst zu evaluieren.

Diese Erweiterung der innerschulischen Gestaltungsspielräume führt zwar nicht gleich zur entsprechenden Gestaltungsbereitschaft und -kompetenz in den Kollegien, wohl aber signalisiert sie den betreffenden PSE-Akteuren neue Möglichkeiten und neue Perspektiven hinsichtlich der Schaffung innovationsfördernder Rahmenbedingungen im Schulalltag. Auf diese Weise kann dem fatalen Hang zur Resignation und zur schlichten Fortschreibung der tradierten Unterrichts- und Verwaltungsabläufe an den Schulen entgegengewirkt werden. Das ist zwar noch keine hinreichende Voraussetzung für eine wirksame Unterrichtsreform, wohl aber eine notwendige Bedingung dafür, dass sich innerhalb der Kollegien ein Mehr an Courage, Eigeninitiative und Gestaltungswille breit macht. Wenn dann noch die Eltern gewonnen werden, indem ihnen im Rahmen einschlägiger Elternseminare zum PSE-Programm überzeugend dargelegt und erfahrbar gemacht wird, was die anvisierten neuen Lern- und Trainingsverfahren den Kindern bringen, dann ist damit eine weitere wichtige Stütze für eine erfolgreiche Innovationsarbeit gegeben. Eine Stütze, die den Kolleginnen und Kollegen in den Schulen Mut macht, die Pädagogische Schulentwicklung offensiv und couragiert in die Hand zu nehmen und die nötigen Rahmenbedingungen für eine gedeihliche Vorbereitungs- und Umsetzungsarbeit selbst zu schaffen.

Aus diesen Überlegungen ergeben sich folgende Maximen für den innerschulischen Innovations- und Gestaltungsprozess: Schulen brauchen weniger Kontrolle, Tests und formale Reglementierung von außen, sondern sie benötigen vor allem Vertrauen, Unterstützung und ermutigende Handlungsspielräume zur kreativen Ausgestaltung des anstehenden PSE-Prozesses. Dementsprechend müssen Lehrpläne »entrümpelt« und neu profiliert, Teambildungsmaßnahmen in den Schulen unterstützt, PSE-spezifische Fortbildungsaktivitäten forciert, entsprechende Freistellungen für engagierte Lehrkräfte gebilligt, finanzielle Ressourcen zur Beschaffung einschlägiger Materialien und Arbeitsmittel aufgestockt, veränderte Kriterien und Verfahren zur Leistungsbewertung gebilligt, erweiterte Mitspracherechte bei der Personaleinstellung eingeräumt (Stichwort: »Schulscharfe Ausschreibungen«) sowie insgesamt Mittel und Wege gefördert werden, die in den Schulen eine möglichst überzeugende »Vereinbarungskultur« entstehen lassen. Eine Vereinbarungskultur, die nicht nur Rechte und Prozeduren regelt und zu mehr oder weniger vagen Beschlüssen und Absichtserklärungen führt, sondern eine Vereinbarungskultur vor allem, die auf Verbindlichkeit setzt und verantwortliches Handeln und Gestalten in den betreffenden Kollegien in Gang setzt und sicherstellt.

5. Förderung regionaler Bildungsnetzwerke

Der Erfolg Pädagogischer Schulentwicklung ist natürlich nicht nur von innerschulischen Veränderungen und Verbesserungen abhängig, sondern auch davon, dass die Einzelschule in ein mehr oder weniger ausdifferenziertes pädagogisches Netzwerk in der jeweiligen Region eingebunden ist, das Unterstützung sichert und ein Mehr an verbindlicher Innovation gewährleistet. Mit anderen Worten: Nötig ist ein regionales Kooperations- und Wettbewerbssystem, das die einzelnen Schulen stärker als bisher fordert und fördert, das hier in Rede stehende PSE-Programm konsequent anzugehen und in Zusammenarbeit mit anderen Schulen und Bildungseinrichtungen in ebenso ökonomischer wie wirksamer Weise zu implementieren. So gesehen verbinden sich mit dem Aufbau derartiger regionaler Bildungsnetzwerke drei zentrale Chancen und Zielsetzungen: Erstens begünstigen diese Netzwerke eine fruchtbare Arbeitsteilung zwischen den mit der PSE-Umsetzung befassten Schulen, zweitens bewirken sie durch den latenten Wettbewerb zwischen den betreffenden Schulen eine größere Dynamik und Innovationsbereitschaft in den einzelnen Bildungseinrichtungen und drittens schließlich unterstützen sie in der jeweiligen Region das Entstehen einer konzertierten Aktion zur systematischen Förderung einer neuen Lernkultur unter Beteiligung unterschiedlichster Personenkreise – angefangen bei den betroffenen LehrerInnen, SchülerInnen und Eltern über die für die beteiligten Schulen zuständigen Schulleitungen, Schulträger und Schulaufsichtsbeamten bis hin zu interessierten Repräsentanten der Wirtschaft und der Jugend und Sozialarbeit.

Schließlich ist Bildung im hier vertretenen Sinne ja nicht nur eine Angelegenheit der Schulen und der LehrerInnen, sondern ihr Gelingen oder Nicht-Gelingen hängt auch und nicht zuletzt davon ab, dass auch die anderen Instanzen und Einrichtungen des regionalen Bildungswesens möglichst wohl wollend mitspielen und die nötigen Vor- oder Nacharbeiten leisten. Das beginnt bei den Kindergärten und reicht über die unterschiedlichen Einrichtungen der Jugend- und Sozialarbeit bis hin zum Bereich der betrieblichen Aus- und Weiterbildung. Wenn diese Einrichtungen die hier ins Auge gefassten neuen Lehr- und Lernformen nicht ebenfalls ernst nehmen und »pflegen«, dann wird der Erfolg des skizzierten PSE-Programms nur von eingeschränkter Reichweite und Dauer sein können. Von daher sind Bildungspolitik und Bildungsverwaltung gut beraten, dem planvollen Auf- und Ausbau regionaler Bildungsnetzwerke mehr Nachdruck zu geben, als das bisher der Fall ist (vgl. dazu auch die korrespondierenden Ausführungen und Argumente in: Bildungskommission NRW 1995, S. 284ff., sowie Lohre 1998, S. 31). Die wichtigsten Komponenten dieses regionalen Bildungsnetzwerks sind das »Informationsnetzwerk«, das »Qualifizierungsnetzwerk« und das »Materialnetzwerk«.

- *Informationsnetzwerk:* Damit ist gemeint, dass zwischen den genannten Instanzen und Einrichtungen des regionalen Bildungswesens sowohl vertikal als auch horizontal darüber informiert und kommuniziert werden muss, was Pädagogische Schulentwicklung bedeutet und welche Beiträge die einzelnen Instanzen und Einrichtungen diesbezüglich erbringen können bzw. sollten. Selbstverständlich geht es dabei weder um Zwang noch um Gleichschaltung, sondern einzig und allein darum, zwischen diesen Einrichtungen den notwendigen Informationsfluss sicherzustellen und ihnen dadurch die Chance zu geben, sich in Sachen Pädagogische Schulentwicklung kundig zu machen und unter Umständen entsprechende Aktivitäten zu starten. So gesehen hat das angesprochene Informationsnetzwerk in erster Linie die Funktion, in der jeweiligen Region Transparenz zu schaffen und vertrauensbildende Maßnahmen in Gang zu bringen.
- *Qualifizierungsnetzwerk:* Dieses Netzwerk betrifft die schulübergreifende Qualifizierung der in einer Region mit PSE befassten Kollegien und Lehrerteams. Dazu gehören in erster Linie die Lehrerteams der allgemeinbildenden und der berufsbildenden Schulen. Hinzu kommen im weiteren Sinne aber auch noch andere Personenkreise – angefangen bei den KindergärtnerInnen über die SozialarbeiterInnen und SchulpsychologInnen bis hin zu den für die betriebliche Aus- und Weiterbildung zuständigen Lehrkräften. In der weiter oben bereits angesprochenen Denkschrift der NRW-Bildungskommission wird diesbezüglich z.B. auf bestehende Qualifizierungsnetzwerke und Weiterbildungsverbünde hingewiesen, zu denen sich in Nordrhein-Westfalen berufsbildende Schulen, Unternehmen, Weiterbildungseinrichtungen verschiedener Träger, und andere Institutionen zusammengeschlossen hätten (vgl. ebenda, S. 288). Zugegeben, diese übergreifende Vernetzung schulischer und außerschulischer Bildungsträger ist bislang noch eine ziemliche Ausnahme – insbesondere im Bereich der allgemeinbildenden Schulen. Deshalb gebietet es der pädagogische Realismus, zunächst einmal auf die gezielte Schaffung horizontaler und vertikaler Netzwerke im engeren Schulbereich abzustellen. Denn wenn es z.B. gelänge, gelegentlich gemeinsame methodenzentrierte Qualifizierungsmaßnahmen für Grund-, Haupt-, Real-, Gymnasial- und Berufsschullehrer zu organisieren und durchzuführen, dann wäre das gewiss schon eine beachtliche Errungenschaft. Und wenn es darüber hinaus verstärkt Praxis würde, dass sich unterschiedliche Schulteams aus der gleichen Schulart unter PSE-Vorzeichen zu gemeinsamen Workshops und/oder zu gemeinsamem Erfahrungsaustausch zusammenzufinden, dann wäre das ganz fraglos ein wichtiger und perspektivreicher Schritt zur erfolgreichen Implementierung des PSE-Programms in der jeweiligen Region. Derartige Netzwerkaktivitäten müssen durch die Verantwortlichen in Bildungspolitik und Bildungsverwaltung verstärkt angeregt und ermöglicht werden.

❑ *Materialnetzwerk:* Damit sind solche Aktivitäten auf regionaler Ebene angesprochen, die den gezielten Austausch einschlägiger Lernspiralen, Unterrichtsmaterialien, Arbeitspläne, Trainingsprogramme und sonstiger Materialien zwischen den unterschiedlichen PSE-Schulen in Gang bringen. Denn die zielstrebige Implementierung des PSE-Programms steht und fällt erfahrungsgemäß mit der Verfügbarkeit praktikabler Planungs-, Organisations- und Unterrichtshilfen. Diese Hilfen können durch das besagte »Materialnetzwerk« in zeit- und arbeitssparender Weise erstellt und den beteiligten Lehrerteams zur schulinternen Verwendung zur Verfügung gestellt werden. Das bewirkt für die betreffenden Lehrkräfte sowohl eine größere Ideen- und Materialvielfalt als auch ein Mehr an Arbeitsökonomie und persönlicher Entlastung im laufenden Innovationsprozess. Mittelfristig können diese Effekte durch die gezielte Nutzung des Internet insofern noch gesteigert werden, als die ins regionale Netzwerk eingebundenen Schulen ihre erstellten Materialien via Internet ausweisen, transportieren und austauschen können. An derartigen regionalen und überregionalen »Materialservern« wird derzeit bereits gearbeitet – u.a. im Rahmen des nordrhein-westfälischen Reformprojekts »Schule & Co«, in dessen Mittelpunkt das PSE-Programm des Verfassers steht.

Ein interessanter Versuch zur systematischen Förderung regionaler Bildungsnetzwerke ist vor kurzem z.B. im Bezirk Knittelfeld in der Steiermark/Österreich gestartet worden. Dort hat die für den Pflichtschulbereich zuständige Schulaufsicht zwecks Verbreitung des PSE-Ansatzes den 5. Juli zum schulfreien Tag erklärt, und zwar verbunden mit der Maßgabe, dass alle Lehrkräfte des Bezirks (ca. 400) an diesem Tag an einem Einführungsseminar zum PSE-Programm in einem größeren Kongresszentrum in Knittelfeld teilnehmen müssen. Diese Auftaktveranstaltung mit Vortrag, Film, Aussprache und praktischen Hinweisen zur schulinternen Umsetzung des PSE-Programms dauerte von 8.30–12.30 Uhr und führte dazu, dass sich die versammelten Schulleiter, Stundenplanmacher und Lehrkräfte des Bezirks relativ intensiv mit den Grundzügen und operativen Herausforderungen der Pädagogischen Schulentwicklung vertraut machen konnten. Darüber hinaus gab es am Nachmittag des gleichen Tages für die Gruppe der SchulleiterInnen noch ein zusätzliches Programm mit gezielten Informationen und klärenden Gesprächen zur bezirksweiten Fortführung des PSE-Arbeit. Denn die besagte Einführungsveranstaltung bildete nur den Auftakt der geplanten PSE-Offensive. Als nächster Schritt wurde bereits fest verabredet, dass es nach den Sommerferien für alle Lehrkräfte des Bezirks einen weiteren unterrichtsfreien Tag geben wird, der von diesen Lehrkräften im Gegenzug verlangt, dass sie wahlweise an einem 1-tägigen Schnupper- bzw. Trainingsseminar zum einen oder anderen erwähnten Methodenfeld teilnehmen (EVA, Methodentraining etc.). Angeboten und moderiert werden diese »Schnupperseminare« von den für die Steiermark ausgebildeten TrainerInnen. Dabei gelten zwei Besonderheiten: Erstens werden die vier Trainingsfelder »EVA im Fachunterricht«, »Methodentraining mit Schülern«, »Kommunikationstraining mit Schülern« und »Teamentwicklung im Klassenraum« gleich mehrfach an unterschiedlichen Schulstandorten angeboten, damit auch alle Lehrkräfte des Bezirks in den Genuss des einen oder anderen Trainingsprogramms kommen können. Und zweitens haben sich die betreffenden Kollegien des Bezirks vorab in je vier etwa gleich große Gruppen aufzuteilen, von denen jede eines der vier genannten Trainingsfelder durchläuft. Auf diese Weise werden regionale Netzwerke gleich auf zwei Ebenen angebahnt: Zum einen auf der Ebene der Einzelschule, indem sich die vier Schulteams im Gefolge der Trainingstagungen über ihre unterschiedlichen Erfahrungen und Übungen austauschen, und zum Zweiten auf Bezirksebene, indem durch die Zusammenführung unterschiedlicher Schulteams in den einzelnen »Schnupperseminaren« schulübergreifende Kooperationsbeziehungen in Gang gesetzt werden. Ausgebaut werden diese Kooperationsbeziehungen in der Folgezeit durch das Angebot weiterer 3-tägiger Trainingsseminare zur Vertiefung und Erweiterung des »Trainerhandwerks«, die von interessierten Teams der unterschiedlichsten Schulen des Bezirks besucht werden können. Dass diese Schulteams auf Grund der sich bildenden Gemeinsamkeiten auch zwischen bzw. nach diesen Trainingstagungen geneigt sind, sich sporadisch oder auch regelmäßig in Sachen PSE zusammenzufinden, um einschlägige Erfahrungen und/oder Materialien auszutauschen, hat sich in der Vergangenheit immer wieder gezeigt (u.a. in der Nordregion von Rheinland-Pfalz). Voraussetzung für diese dauerhafte Netzwerkpflege ist allerdings, dass die verantwortlichen Entscheidungsträger in Bildungspolitik und Bildungsverwaltung eine derartige schulübergreifende Qualifizierungs- und Netzwerkarbeit wohl wollend unterstützen und ermöglichen. Die skizzierte Knittelfelder Initiative zeigt, wie das gehen kann.

6. Fazit: Ohne Investition keine Innovation!

Wie die in den vorangehenden Abschnitten dargelegten bildungspolitischen Schlussfolgerungen und Anregungen verdeutlichen, ist das skizzierte PSE-Programm ganz sicherlich nicht zum Null-Tarif zu realisieren. Egal, ob es sich um die Ausbildung und den Einsatz der TrainerInnen, um die Organisation und Finanzierung mehrtägiger Fortbildungsveranstaltungen, um die Freistellung und Vertretung der Lehrerteams, um die flankierende Qualifizierung von Schulleitern, Steuerungsteams und Schulaufsichtsbeamten, um die Verbesserung der räumlichen Verhältnisse in den Schulen oder um die Bereitstellung zusätzlicher Ressourcen zur Beschaffung einschlägiger Lern- und Arbeitsmittel für den hier intendierten Unterricht handelt – stets zieht diese Innovationsarbeit beträchtliche finanzielle Aufwendungen nach sich. Das gilt vor allem für den Fall, dass Pädagogische Schulentwicklung in großem Stil betrieben und als landesweite Maßnahme zur inneren Schulentwicklung angeboten und in sehr vielen Schulen gleichzeitig realisiert wird. Denn dann kommt einiges an Fortbildung, Freistellungen, Vertretungen und sonstigen Aufwendungen zusammen. Gleichwohl spricht vieles für den Grundsatz: Wenn die Nachfrage der Schulen da ist – und das ist derzeit unübersehbar der Fall –, dann muss eine auf wirksame Unterrichtsentwicklung bedachte Bildungspolitik auch bereit sein, die nötigen Maßnahmen in die Wege zu leiten und entsprechende finanzielle Unterstützung zu gewähren. Denn es wäre ja geradezu fatal und widersinnig, wenn die gleichen Bildungspolitiker, die einerseits für verstärkte »Kunden- und Nachfrageorientierung« plädieren, auf der anderen Seite die von der Lehrerschaft gewünschten Unterstützungsmaßnahmen verweigern, weil diese zusätzliche finanzielle Aufwendungen nach sich ziehen.

Ohne Investition keine Innovation! Diese Einsicht und Forderung hat unlängst auch Altbundespräsident Roman Herzog in seiner Bonner Rede vom 13. April 1999 formuliert, in der er u.a. darauf hinwies, dass mehr Geld für die Modernisierung unseres Bildungswesens notwendig und gerechtfertigt sei (vgl. Die Rheinpfalz vom 14.4.1999). Dem kann hier nur beigepflichtet werden. Zwar bedeuten große Investitionen – wie ein Rückblick in die Sechziger- und Siebzigerjahre zeigt – noch lange nicht, dass dadurch die Bildungsarbeit auch tatsächlich effektiver und zeitgemäßer wird. Ansonsten hätte das bundesdeutsche Schulwesen in dieser Reformära einen fulminanten Qualitätsschub erfahren müssen. Denn Geld war da und wurde auch in großem Stil für Bildungszwecke ausgegeben. Doch die Effekte dieser Finanz- und Reformoffensive sind, wie wir heute wissen, eher bescheiden geblieben. Vor allem die Unterrichtspraxis hat von all diesen Bildungsinvestitionen wenig profitiert. Der lehrer- und stoffzentrierte Unterricht feiert bis heute wahre Urstände, obwohl er auch damals schon in der Kritik stand und durch veränderte Curricula, Lehrwerke und sonstige Rahmenvorgaben in Richtung auf eine stärkere Schülerorientierung reformiert werden sollte. Die Crux war und ist, dass die Investoren der damaligen Zeit vorrangig auf neue Schulstrukturen und neue Curricula, auf moderne Unterrichtstechnologien, neue Gebäude und zusätzliche Lehrereinstellungen gesetzt und das praktische Methodenrepertoire der LehrerInnen und SchülerInnnen als virulentes Problemfeld viel zu wenig ernst genommen haben. Mit anderen Worten: Sie haben bei ihren Investitions- und Reformplanungen bestenfalls am Rande darüber nachgedacht, wie traditionell geprägte LehrerInnen für eine neue Lehr- und Lernkultur im Sinne dieses Buches aufgeschlossen und nachhaltig qualifiziert werden können. Einzig die Ansprüche und Appelle stimmten; die elementare Methoden-, Kommunikations- und Teamkompetenz der LehrerInnen wie der SchülerInnen dagegen wurde durch die Reformstrategien dieser Jahre nur wenig tangiert. So gesehen wurde damals zwar viel investiert, um der drohenden Bildungskatastrophe (Picht) zu entgehen, aber diese Investitionen haben sich letzten Endes nur unzureichend amortisiert.

Von Bildungskrise und Qualifikationsdefiziten ist auch heute wieder die Rede. Zu Recht, wie die Ausführungen in Kapitel I dieses Buches zeigen. Nur die Antworten sind mittlerweile andere geworden. Die Reformstrategien sind pragmatischer geworden und zielen sehr viel stärker als in der Vergangenheit darauf ab, die pädagogische Arbeit an der Einzelschule zu verbessern und das entsprechende Methodenrepertoire der Lehrkräfte ganz konkret weiterzuentwickeln. Das zumindest zeigt die aktuelle Diskussion über Qualitätssicherung und Qualitätsmanagement an Schulen. Und dafür steht auch und vor allem der hier vertretene Ansatz der Pädagogischen Schulentwicklung. Unstrittig ist, dass sich Schule und Unterricht entwickeln müssen. Und unstrittig ist auch, dass dafür die nötigen finanziellen Mittel bereitgestellt werden müssen. Diese letztgenannte Maxime bedeutet indes nicht, dass Pädagogische Schulentwicklung über Gebühr kostspielig sein muss. Der finanzielle Mehraufwand für die oben genannten Qualifizierungs- und Freistellungsmaßnahmen hält sich erfahrungsgemäß in durchaus vertretbaren Grenzen. Dies gilt umso mehr, als viele der skizzierten Maßnahmen und Aufwendungen auch bisher schon in den Budgets der unterschiedlichen Bildungseinrichtungen verankert sind – wenn auch vielfach unter anderen Vorzeichen. Von daher sind die hier geforderten Bildungsinvestitionen gar nicht so sehr »Nettoinvestitionen«, sondern in erster Linie Aufwendungen, die sich über weite Strecken durch eine gezielte Konzentration und Umverteilung der vorhandenen Etatmittel finanzieren lassen. Voraussetzung dafür ist jedoch, dass die verantwortlichen Bildungspolitiker und -administratoren die entsprechenden pädagogischen Akzent- und Prioritätensetzungen billigen. Dass sich eine derartige Prioritätensetzung zu Gunsten der Pädagogischen Schulentwicklung lohnt, ist in diesem Buch hinreichend deutlich gemacht worden.

Literaturverzeichnis

Aebli, H.: Zwölf Grundformen des Lehrens und Lernens. Eine allgemeine Diaktik auf psychologischer Grundlage. Stuttgart 1983.
Arnold, R.: Natur als Vorbild. Selbstorganisation als Modell der Pädagogik. Verlag für akademische Schriften. Frankfurt a.M. 1993.
Aufschnaiter, S. von: Konstruktivistische Perspektiven zum Physikunterricht. In: Pädagogik 7-8/1998, S. 52ff.
Bastian, J.: Pädagogische Schulentwicklung. Von der Unterrichtsreform zur Entwicklung der Einzelschule. In: Pädagogik 2/1997, S. 6ff.
Bastian, J. (Hrsg.): Pädagogische Schulentwicklung. Schulprogramm und Evaluation. Hamburg 1998.
Bastian, J.: Auf dem Weg zum Schulprogramm. Schulpädagogische und bildungspolitische Anmerkungen. In: Pädagogik 2/1998, S. 6ff.
Baumert, J./Köller, O.: Nationale und internationale Schulleistungsstudien. Was können sie leisten, wo sind ihre Grenzen? In: Pädagogik 6/1998, S. 12ff.
Baumert, J. u.a.: TIMSS III. Schülerleistungen in Mathematik und den Naturwissenschaften am Ende der Sekundarstufe II im internationalen Vergleich. Internet-Ausdruck vom 13.1.1999.
Bildungskomission NRW: Zukunft der Bildung – Schule der Zukunft. Denkschrift im Auftrag des Ministerpräsidenten des Landes Nordrhein-Westfalen. Neuwied u.a. 1995.
Brockhagen A. u.a.: Mitarbeiterpotenzial aktivieren – Unternehmen stabilisieren. Qualifizieren für die Zukunft. Hrsg. vom Institut der deutschen Wirtschaft. Köln 1999.
Bruner, J.S.: Der Akt der Entdeckung. In: Entdeckendes Lernen. Hrsg von H. Neber. Weinheim und Basel 1981, S. 15ff.
Bund-Länder-Kommission: Gutachten zur Vorbereitung des Programms »Steigerung der Effizienz des mathematisch-naturwissenschaftlichen Unterrichts«. Heft 60 der Materialien zur Bildungsplanung und zur Forschungsförderung. Bonn 1997.
Burkard, C.: Selbstevaluation – Ein Beitrag zur Qualitätsentwicklung von Einzelschulen. Hrsg. vom Landesinstitut für Schule und Weiterbildung. Soest 1995.
Dahmer, H./Dahmer J.: Effektives Lernen und gezielte Examensvorbereitung. Stuttgart und New York 1976.
Dalin, P./Rolff, H.-G.: Institutionelles Schulentwicklungsprogramm. Eine neue Perspektive für Schulleiter, Kollegium und Schulaufsicht. Soest 1990.
Delphi-Studie 1996/1998: Potenziale und Dimensionen der Wissensgesellschaft – Auswirkungen auf Bildungsprozesse und Bildungsstrukturen. Durchgeführt im Auftrag des Bundesministeriums für Bildung und Forschung. Integrierter Abschlussbericht. München/Basel 1998.
Eikenbusch, G.: Praxishandbuch Schulentwicklung. Berlin 1998.
Glasersfeld, E. von: Radikaler Konstruktivismus: Ideen, Ergebnisse, Probleme. Frankfurt a.M. 1997.
Hage, K. u.a.: Das Methoden-Repertoire von Lehrern. Eine Untersuchung zum Unterrichtsalltag in der Sekundarstufe I. Opladen 1985.
Hilligen, W.: Zur Didaktik des politischen Unterrichts. Wissenschaftliche Voraussetzungen, didaktische Konzeptionen, unterrichtspraktische Vorschläge. Opladen 1985.
Industriellenvereinigung: Qualifikation 2010. Qualifikationsanforderungen in Wirtschaft und Industrie. Hrsg. von der Industriellenvereinigung. Wien 1995.

Keller, G.: Wir entwickeln unsere Schule weiter. Ein Praxisleitfaden für die Innere Schulentwicklung. Donauwörth 1997.
Klippert, H.: Wirtschaftslehre mit Pfiff. Arbeitsblätter für einen produktiven Unterricht. 3 Bde. Stuttgart 1993ff.
Klippert, H.: Methoden-Training. Übungsbausteine für den Unterricht. Weinheim und Basel 1994 (11. Auflage 2000).
Klippert, H.: Kommunikations-Training. Übungsbausteine für den Unterricht. Weinheim und Basel 1995 (6. Auflage 1999).
Klippert, H.: Planspiele. Spielvorlagen zum sozialen, politischen und methodischen Lernen in Gruppen. 10 komplette Planspiele. Weinheim und Basel 1996 (2. Auflage 1998).
Klippert, H.: Schule entwickeln – Unterricht neu gestalten. Plädoyer für ein konzertiertes Innovationsmanagement. In: Pädagogik 2/1997, S. 12ff.
Klippert, H.: Teamentwicklung im Klassenraum. Übungsbausteine für den Unterricht. Weinheim und Basel 1998 (3. Auflage 1999).
Klippert, H.: Unterrichtsentwicklung durch neue Lernformen. Methodentraining als Basisstrategie. In: Unterricht und Schulentwicklung. Stuttgart u.a. 1998, S. 82ff.
Klippert, H.: Auf dem Weg zu einer neuen Lernkultur. Pädagogische Schulentwicklung in den Regionen Herford und Leverkusen. Gütersloh 1999.
Kramer, W./Werner, D.: Familiäre Nachhilfe und bezahlter Nachhilfeunterricht. Ergebnisse einer Elternbefragung in Nordrhein-Westfalen. Hrsg. vom Institut der dt. Wirtschaft. Köln 1998.
Lohre, W.: Schule & Co. Auf dem Weg zur pädagogischen Schulentwicklung. In: Pädagogik 11/1998, S. 30ff.
Maturana, H./Varela, J.: Der Baum der Erkenntnis. Die biologischen Wurzeln des menschlichen Erkennens. Bern u.a. 1987.
Metzig, W./Schuster, M.: Lernen zu lernen. Anwendung, Begründung und Bewertung von Lernstrategien. Berlin u.a. 1982.
Meyer, H.: Schulpädagogik. Band II: Für Fortgeschrittene. Berlin 1997.
Philipp, E.: Gute Schule verwirklichen. Ein Arbeitsbuch mit Methoden, Übungen und Beispielen der Organisationsentwicklung. Weinheim und Basel 1992.
Piaget, J.: Psychologie der Intelligenz. München 1976 (Original: Paris 1947).
Postman, N.: Wir amüsieren uns zu Tode. Urteilsbildung im Zeitalter der Unterhaltungsindustrie. Frankfurt a.M. 1985.
Regenthal, G.: Identität und Image. Corporate Identity. Praxishilfen für das Management in Wirtschaft, Bildung und Gesellschaft. Köln 1992.
Reich, K.: Thesen zur konstruktivistischen Didaktik. In: Pädagogik 7-8/1998, S. 43ff.
Reinmann-Rothmeier, G./Mandl, H.: Wissensmanagement in der Schule. In: Profil 10/1997. Hrsg. vom Deutschen Philologenverband, S. 20ff.
Rolff, H.-G.: Wandel durch Selbstorganisation. Weinheim und München 1993.
Rolff, H.-G.: Die Schule als Organisation erzieht. Organisationsentwicklung und pädagogische Arbeit. In: Pädagogik 2/1995, S. 17ff.
Rolff, H.-G. u.a.: Manual Schulentwicklung. Handlungskonzept zur pädagogischen Schulentwicklungsberatung. Weinheim und Basel 1998.
Roth, G.: Das Gehirn und seine Wirklichkeit. Kongnitive Neurobiologie und ihre philosophischen Konsequenzen. Frankfurt a.M. 1997.
Schräder-Naef, R.: Schüler lernen Lernen. Vermittlung von Lern- und Arbeitstechniken in der Schule. Weinheim und Basel 1991.
Schratz, M./Steiner-Löffler, U.: Die Lernende Schule. Arbeitsbuch pädagogische Schulentwicklung. Weinheim und Basel 1998.
Schubert, G.: Schulentwicklung konkret. Projekte, Organisieren, Praxis. Weinheim und Basel 1998.
Vester, F.: Denken, Lernen, Vergessen. München 1978.
Witzenbacher, K.: Handlungsorientiertes Lernen in der Hauptschule. Ansbach 1985.